Judith Alwin

Ins Netz gegangen

Partnersuche im Internet
Mein Online-Tagebuch

W0193668

Schwarzkopf & Schwarzkopf

INHALT

*»Die größte Liebe ist immer die,
die unerfüllt bleibt.«*
PETER USTINOV (1921–2004)

Try2find – Ins Netz gegangen

Ins Netz zu gehen, damit der passende Partner ins Netz geht, ist derzeit absoluter Trend. Mehr als neun Millionen Singles bundesweit suchen laut Statistik auf diesem Weg nach Mr. oder Mrs. Right (Quelle: Emnid). Alle Altersklassen sind dabei vertreten. Während die stärkste Gruppe, die unter 30-Jährigen, sicher und spaßgetrieben durch die WWWelt surft, stehen die 40-Plusler eher auf wackeligen virtuellen Beinen. Viele versuchen es erst gar nicht. Dabei ist die Online-Partnersuche gerade für die Best Ager ideal, die aus beruflichen Gründen die Real-Partner-Pirsch zeitlich nur eingeschränkt betreiben können oder einfach keine Lust haben, beim nächtlichen In-Szene-Setzen den Altersdurchschnitt in den einschlägigen Lokalen in die Höhe schnellen zu lassen. Das sind gute Argumente, die auch mich überzeugt haben, ins Netz zu gehen. Mein Name ist Judith Alwin, 42 Jahre. Ich bin eine etwas »schräge« freiberufliche Mischung aus Journalistin, Model und Moderatorin.

Als Try2find versuche ich seit drei Jahren, im Internet meinen Mr. Right zu finden. Ziemlich blauäugig startete ich meine Suche und habe mir prompt das Herz brechen lassen. Ich fing an, diese WWWelt genauer zu analysieren und stand bald vor der Frage: Bin ich verrückt oder die anderen? Als Model habe ich Skurriles erlebt. Als Journalistin bin ich mit Außergewöhnlichem konfrontiert worden. Als Moderatorin kenne ich mich in der Scheinwelt der Medien aus. Aber alles ist nichts gegen die wirklich wundersame WWWelt der Partnersuchenden. Kleine Männer werden zu Riesen. Best Ager werfen in Mausklickschnelle die Last vieler Jahre ab. Figurprobleme gibt es nicht. Jeder ist hier schlank. Schwierig wird es erst, wenn der Traumprinz den Schritt in die Realität wagt. Dann hat er ähnliche Probleme wie Cinderella beim zwölften Glockenschlag. Aber auch hier hat das menschliche Ego eine

Lösung gefunden: Die Selbstwahrnehmung passt sich schnell dem virtuellen Wunschdenken an. Ich habe viele Frösche getroffen, die sich für Prinzen hielten. Um schadlos durch diese virtuellen Wirrungen zu kommen, suchte ich mir Hilfe im realen Freundeskreis. Meine bodenständige Freundin Brunhild[*] hat mir immer wieder dazu verholfen, trotz der WWWirren zu meinen klaren Vorstellungen vom realen Leben zurückzufinden. George[*], der mindestens so gut aussieht wie George Clooney, ist Coach und somit bestens geeignet, Fragen zu den Abgründen des männlichen Charakters zu klären. Wir wären bestimmt ein super Paar, wenn wir nicht beide gleichermaßen Männer als Partner bevorzugen würden. Er schon immer. Ich immer noch – trotz meiner Internet-Erfahrungen. Olivia[*] ist der »Spaßfaktor« in meinem »Begleitservice« durchs Web. Sie ist selbst aktiv im Netz und hat mir Einblick in spannende Bereiche der WWWelt der Partnersuchenden gewährt, die ich alleine nie gefunden hätte.

In diesem Buch habe ich die oft seltsamen Verhaltensweisen der paarungswilligen User, die mir während meiner Partnersuche im Netz begegnet sind, festgehalten. Alles ganz persönlich, aus weiblicher Sicht, aber nicht nur für Frauen. Ein Online-Führer durchs Netz der einsamen Herzen mit Tipps, seltsamen und witzigen Begegnungen, Erfahrungen, denen man besser aus dem Weg geht, und Erfolgsstorys, die beweisen: Man kann auch online in eine glückliche Partnerschaft starten oder zumindest viel Spaß haben beim Finden oder Gefundenwerden …

Hamburg, im Sommer 2008

Judith Alwin alias Try2find

---

[*] *Alle Namen sowie die Nicknames der verschiedenen User wurden geändert.*

BUTTER BEI DIE FISCHE:
REIN INS NETZ

Mein Grund, ins Netz zu gehen, ist Liebeskummer. Mein Rotweinkonsum ist seit dem Tage X, an dem ich meinen Freund sozusagen ausgeixt habe, enorm gestiegen. Meine Freundin Olivia sagt, das mache nichts, ich hätte kein Suchtpotenzial. Null. »*Also, was macht da ein Glas Wein mehr oder weniger? Hicks.*«

Das ist in diesem Fall Medizin. Darüber hinaus solle ich mich mit Flirts ablenken, und dafür müsse ich dringend ins Internet, findet Olivia außerdem. Sie selbst hat sehr viel Spaß damit und viele interessante Männer aus dem Netz gefischt. Ich kenne Olivia seit fast 20 Jahren. Wir haben in meiner frühen Modelzeit häufig zusammengearbeitet und irgendwann ist daraus eine Freundschaft geworden. Olivia ist zehn Jahre älter als ich, Model für große Größen, was gut zu ihrer rheinischen Frohnatur und ihrer Lust am Essen passt. Sie begeistert sich spontan für Neues und geht dann mit viel Enthusiasmus ans Werk. O-Ton Olivia in bestem Kölsch: »*Liebschen, dat sind so Phasen.*« Manche halten sie für eine Vegetarierin. Dabei war das eine ihrer kürzesten »Phasen«. Ihre neueste Leidenschaft für Internet-Partnerbörsen habe ich wegen dieser Schnelllebigkeit anfangs auch nicht ernst genommen, muss mich da aber korrigieren: Nach mehr als eineinhalb Jahren ist Olivia immer noch fleißig im Netz unterwegs und hat ihren Freundeskreis enorm erweitert. Aber zu dieser Geschichte kommen wir später.

ALLER ANFANG IST SCHWER?

Alle Partnerbörsen machen es ihren zukünftigen Mitgliedern mit Schritt-für-Schritt-Anweisungen bei der Anmeldung leicht. Selbst meine Freundin Olivia, die nicht mal mit ihrem Handy zurechtkommt, hat es geschafft, sich eigenhändig anzumelden. Außerdem gibt es im Bekanntenkreis immer computerversierte Freundinnen oder noch besser: frauenfreundliche – aber männerliebende – Busenfreunde, wie meinen Freund George. Letztere sind dank zahlreicher Gay-Foren nicht nur in Sachen Anmeldung versierte Helfer, sondern auch tolle Übersetzer männlicher Verhaltensweisen in Sachen »schwierige Fälle, die ins Netz gegangen« sind. Nach dem Motto: Wer hat's erfunden?

Weniger leicht dagegen ist es, je nach Typ die »richtige« Partnerbörse zu finden. Grundsätzlich gibt es zwei unterschiedliche Partnersuchmodelle: kriterienorientiert oder fotoorientiert. Bei Letzteren steht die optische Darstellung im Vordergrund (zum Beispiel Neu.de, Bildkontakte.de). Hier kann man sich gleich mit mehreren Fotos präsentieren. Die kriterienorientierten Online-Portale nutzen gerne Persönlichkeitstests und schützen ihre Mitglieder vor neugierigen Blicken. Parship ist ein gutes Beispiel. Hier muss der Mailpartner erst sein Foto freigeben, bevor »frau« es sehen kann. Die Partnervorschläge werden vorsortiert. Grundlage hierfür ist der Vergleich der Persönlichkeitstests, der Gemeinsamkeiten bei den Partnersuchenden feststellen soll. Je näher sich die prozentuale Übereinstimmung der 100 %-Marke nähert, desto wahrscheinlicher steckt Mr. Right dahinter. Sagt der Computer. Bei allen Partnerbörsen gleichermaßen sind dazu die eigenen Suchkriterien eine Sortierungsgrundlage für mögliche Partner. Ich suche zum Beispiel einen Mann zwischen 40 und 50, ab 182 cm, innerhalb Deutschlands. Wer es ganz genau haben möchte, kann sogar Haar- und Augenfarbe, Schulbildung, Interessen usw. eingeben. Danach macht sich die Suchmaschine auf, um Mr. Right zu finden, und stellt eine Art Katalog mit möglichen Partnern zusammen.

Ich bevorzuge es, mir direkt ein »Bild« meines Gegenübers machen zu können. Anhand der Fotos kann ich viel erkennen. Habe ich es mit einem fröhlichen Menschen zu tun, oder sieht »Mann« sich lieber in cooler Lonesome-Rider-Pose? Ist er modern gekleidet, oder lässt die Schrankwand aus deutscher Eiche im Hintergrund auf eine ebenso solide Lebenseinstellung schließen? Passt die Beschreibung des »sportlichen Mittvierzigers« zum Foto des Aus-der-Form-geratenen-50-Pluslers? Hört sich oberflächlich an, aber glauben Sie mir, nach der Anfangseuphorie kommt die Ernüchterung und damit auch die Kosten-Nutzen-Frage: Wie viel Zeit möchte ich in die Online-Partnersuche investieren?

Die Rubriken für persönliche Texte, wie »Was mir wichtig ist« oder »Wie stellen Sie sich ein gelungenes erstes Date vor?« sind lediglich hilfreiche Tools (Werkzeuge), um leichter ins Gespräch zu kommen. Meine Erfahrung: Männer können besser gucken als lesen ;-)

CAYMAN (37), AUSTRALIA: »*Can't understand anything from your profile ... but you seem charming*«.

Gibt es einen besseren Beweis für meine Theorie? Gute Fotos sind ein MUSS, wenn sich der virtuelle Briefkasten füllen soll. Mein Selbsttest innerhalb derselben Partnerbörse: Ohne Fotos hatte ich zwei Anschriften in einer Woche. Mit Fotos und gleichem Text: 15 am Tag. Je nach Niveau der Flirtline beziehen sich 80 Prozent der eingehenden Kontakte, trotz einfallsreichster textlicher Selbstdarstellung von weiblicher Seite, eher auf das Foto. Schlichte Inhalte sind vorrangig, von: »*Wowwwwww!*« als einfachste Variante bis »*Tolle Augen!*«, was ja immerhin fast ein ganzer Satz ist.

Um der Gerechtigkeit willen: Natürlich legen auch Frauen großen Wert auf das Äußere. Sind die Suchkriterien eingetragen und der »Herrenkatalog« tut sich auf, geht es auch hier vorrangig um Optik, die natürlich immer im Auge der Betrachterin liegt. Mir gefallen freundliche Fotos. Männer, die mich schon in 2D böse angiften, klicke ich weg. Ebenso Kinderfotos. Die Motive »Mann beim Tauchgang« oder »Silhouette einer männlichen Person vor Statussymbol« sowie Hollywoodstars als Platzhalter, wunderbare Landschaft oder nackte Tatsachen lösen bei mir auch keinen Kennenlernwunsch aus. Gegen schlechte Fotos helfen keine guten Worte:

KNOPFIMOHR (43): »*Bitte meine Fotos nur mit großem Abstand betrachten. Ich mag es nicht, fotografiert zu werden, sehe immer aus wie ein geschocktes Steifftier.*«

Damit das nicht passiert, hier aus meiner Modelzeit ein Profi-Tipp für optimale Fotos: Die Abendstunden nutzen, wenn man entspannt ohne Sonnenbrille direkt in Richtung Sonne schauen kann. Das goldene Licht lässt die Augen blitzen und die Haut ebenmäßig schimmern. Gut abpudern! Seitenlicht oder Licht von unten IMMER vermeiden. Das verzerrt das Gesicht und betont jede noch so kleine Unebenheit der Haut. Sollten die Lichtverhältnisse nicht so ideal sein: Auch bei Tageslicht den Blitz benutzen. Ideal: eine Digitalkamera. Das Ergebnis ist sofort sichtbar und hat direkt ein internettaugliches Format. Witzig: Neuerdings gibt es zur Bild-Nachbearbeitung ein »Schummel-Programm«. Es heißt »Digital Face Beautification« (Erfinder: Tommer Leyvand) und verschönert automatisch die Porträtfotos am PC. Die Nase wird schmaler gerechnet, die Stirn höher, die Lippen voller. Außerdem gibt es von Hewlett-Packard eine Kamera mit eingebauter »Pixel-Diät«, die schlank macht. Leider nur virtuell.

Zwischen den Flirtbörsen gibt es neben der Art der Kontaktaufnahme auch noch ein anderes gravierendes Unterscheidungsmerkmal. Bei einigen Portalen ist die Nutzung komplett gratis. Bei anderen kann die Mitgliedschaft bis zu 75 Euro im Monat kosten. Vorsicht: Einige Flirtbörsen lotsen den Neuankömmling ewig durch Fragebögen, sind sehr hilfreich beim Hochladen von Fotos, lassen dann E-Mail-Kontakte von anderen Mitgliedern eingehen, werfen einem die ersten Sätze der eingegangenen Mails zum »Fraße« vor und machen dann deutlich: Erst zahlen, dann lesen …!

Also erst einmal bei www.flirtboersen-ranking.de, www.datingjungle.de oder www.singleboersen-vergleich.de informieren, welche Partnerbörse für die eigene Altersklasse taugt, was sie kostet und was sie dafür bietet.

Ist die Entscheidung getroffen, geht es an das Erstellen eines Profils. Dazu gehören ansprechende Fotos, Fakten wie Größe, Haarfarbe etc. und ein persönlicher Profiltext. Ich bin für Profiltiefe und habe mir entsprechend Mühe mit meinem Text gegeben. Ja, ich habe sogar eine Nacht darüber geschlafen und das Ganze am nächsten Tag feinjustiert. Hier ist das Ergebnis. Mein Profil:

TRY2FIND ... YOU?!
ALTER: 42
ORT: *Hamburg*
FAMILIENSTAND: *Single*
FIGUR: *Schlank*
GRÖSSE: *1,76 m*
AUGENFARBE: *Blau*
HAARFARBE: *Blond*
KINDER: *Nein*
KINDERWUNSCH: *Nein*
ARBEIT: *Selbstständig*
BERUF: *Medien*

»Ich suche einen Partner, mit dem sich das Leben einfach besser anfühlt. Ich suche nicht den perfekten Mann, sondern den Mann, der perfekt zu mir passt ... was ab einem gewissen Alter das Schwierigste ist, was ›frau‹ sich vornehmen kann :-) Aber einfach kann jeder, und ich bin unerschütterlicher Optimist. Natürlich habe auch ich ›Ecken und Kanten‹, deshalb geht es bei diesem ›Suchspiel‹ schlicht darum, jemanden zu finden, an dessen ›Ecken und Kanten‹ ich mit meiner Persönlichkeit nicht anecke ... oder zumindest wenig.

Ich brauche Freiräume, aber auch Vertrauen, Treue und eine gehörige Portion Spannung. Natürlich suche ich einen Partner mit einem guten Charakter, mit Rückgrat und Humor. Aber ich gebe zu: Ich achte auch auf die Optik. Wie heißt es doch so schön: Mit 30 haben wir das Aussehen, das die Natur uns geschenkt hat, mit 40 haben wir das, was wir verdienen! Jeder sollte also nett mit sich umgehen, sich pflegen, Sport treiben, sich gut ernähren. Wer nicht nett zu sich selbst ist, geht auch mit anderen Menschen nicht nett um – meine eigene Theorie! Mein Mr. Right sollte es auf jeden Fall geschafft haben, ein in sich ruhender Mittvierziger zu sein. Ich suche einen modernen Mann, der sportlich ist, sich sein Interesse am Leben bewahrt hat, der auch gerne mal ausgeht und dabei auch im abendlichen Chaos einer Diskothek nicht unangenehm auffällt. Ich suche niemanden, der sich schon auf seine wohlverdiente Altersruhe vorbereitet – in dieser Lebensphase bin ich noch nicht –, aber auch keinen deutlich jüngeren Mann, der noch die Erfahrungen vor sich hat, die ich bereits verarbeitet habe ;-)

Ich suche einen Partner, möglichst Raum Hamburg, Alter: 40–50, Größe: ab 1,82 m, Figur: schlank bis muskulös. ICH ANTWORTE NUR AUF ANZEIGEN MIT BILD.«

Fakten, Fakten, Fakten …, die die andere Seite lediglich als Verhandlungsbasis sieht. Immer wieder gehen bei mir Beschwerden ein, dass »frau« sich erdreistet, einen attraktiven und gepflegten Mann zu suchen. Allerdings durchweg von Herren, die nicht in die gesuchte Kategorie fallen. Nach etwa sechs Monaten bei Match. com platzt mir der Kragen, denn meine Suchkriterien werden schlicht ignoriert.

MEIN PROFIL, DIE VERSCHÄRFTE VERSION: *»Ich bin seit etwa einem halben Jahr in dieser virtuellen Welt, und langsam frustriert mich das Ganze. Ich bin kein virtuelles Unterhaltungsprogramm für verheiratete, aber gelangweilte Bürohengste, und meine Suchkriterien sind keine Verhandlungsbasis!!! Ich führe ein modernes, abwechslungsreiches Leben, bei dem ich viel von der Welt sehe. Wer also eine Schalmeienkapelle sein Hobby nennt, im australischen Outback wohnt, eine Mutter für seine drei Kinder sucht, sollte sich NICHT angesprochen fühlen. Ich bin auch nicht als Motorradbraut geeignet, gehe nicht jedes Weekend segeln oder golfen … und ob du einen*

Porsche fährst oder einen Lotus dein Eigen nennst: Interessiert mich nicht. MICH interessiert: Ob du ›well educated‹ bist – dazu gehört auch die Herzensbildung – und ob du mir optisch gefällst. Ja, wer hätte das gedacht. Bei mir bist du ›nur‹ Luxus, und Luxus muss ansehnlich sein. Ich brauche keinen Versorger. Als Tipp: Ich finde NATÜRLICH George Clooney toll. Wie fast jede Frau. Der Mann hat das Bestmögliche aus sich gemacht, und das ist ein Status, den jeder (Mann) erreichen kann, der an sich arbeitet. ALLE Männer, die mir gefallen, haben auch durchaus Sinn für Mode. ›Mann‹ glaubt es kaum, aber in jedem modernen Outfit steckt auch ein moderner Mensch. Ich hasse schlecht sitzende Anzüge, Jeans, die unter den Achseln kneifen, Frisuren aus dem letzten Jahrhundert, Schnauzbärte und Schwabbelbäuche. Gepflegte, sportliche Männer im besten Alter finde ich dagegen nahezu unwiderstehlich. Für den Part meines Lebens, für den ich einen Partner suche, muss ER sich einfach gut anfühlen!«

Sorry dafür, aber an diesem Punkt hatte ich die hundertste Mail eines Mittsechzigers in der Mailbox, der die geforderten 1,82 Meter nur erreichen konnte, sollte ich ihm meine höchsten Pumps leihen, dafür aber garantiert mit dem NICHT geforderten Schnauzbart und Schwabbelbauch aufwarten konnte. Ich habe diesen Profiltext auch nur ein paar Tage ins Netz gestellt und dann wieder die vorherige Version benutzt. Die Reaktionen auf meinen verbalen Ausrutscher:

ADVENTURE (44): »*Hallo Judith. Du hörst dich ziemlich gefrustet an. Melden sich bei dir nur lauter uninteressante Typen? Ups, vielleicht gehöre ich auch dazu? Sorry, sollte das so sein, aber ich suche keine Mutter für meine Jungs, die haben sie (leider) schon. Porsche fahre ich auch nicht und ist München schon Outback für dich? LG X (vom Busch ;-))*«

Try2find: »*Hallo X. ›Mann‹ glaubt es kaum, aber ich meine tatsächlich das australische Outback. Allerdings habe ich auch viel mit den USA, Chile, Mexiko und den Azoren zu tun. Macht Lust auf Urlaub, oder? ;-) Die Schalmeienkapelle ist auch real vorgekommen. Porsche & Co zielen auf das häufig vorkommende Männermodell: Ich-erfülle-keines-deiner-Suchkriterien, biete dafür aber geldwerte Vorteile. Du siehst, es war dringend nötig, etwas deutlicher zu werden. Ob es hilft? We'll see. LG Judith (von hinterm Deich ;-)).*«

Adventure (44): »*Hi Judith, hm, hört sich schwierig an. Scheinst tatsächlich Pech zu haben mit deinen Zuschriften. Aber weißt du, woran es liegen könnte? Nur so ne Vermutung von mir: Deine Fotos schrecken ›normale‹ Männer ab. Nein, natürlich bist du bildhübsch, und das sage ich jetzt ohne eine Schleimspur hinterlassen zu wollen, noch großartig zu übertreiben (im Gegenteil …), aber du bist einfach zu hübsch, als dass sich ein nicht arroganter, größenwahnsinniger Prahlhans bei dir zu melden trauen würde. Klar, das Bild ist wichtig, sollte auch im Vorfeld schon Aussortierarbeit leisten, aber in deinem Falle wäre es ohne vielleicht besser. Du schreibst so schön, so belustigend, so herzerfrischend, so, dass man sich alleine in deine Worte verlieben könnte … doch dann sitzt ›Mann‹ an der Tastatur, hat das leere Feld vor sich und daneben dein unwiderstehliches Lächeln, deine strahlenden blauen Augen, die einen verzaubern und ›Mann‹ denkt: Darf ich mich überhaupt trauen, dieses einmalige, unerreichbar wirkende Traumwesen anzuschreiben, ohne die Gefahr dabei einzugehen, sich einen Riesenkorb einzufangen? Jeder ›normale‹ Mann wird innehalten weiter zu schreiben, oder gar das schon Geschriebene abzuschicken. Nur Draufgänger und Tunichtgute werden es wagen, dies zu vollenden, was bestimmt schon sehr viele begonnen haben, denn diese uninteressante Kategorie Männer glaubt, mit Machogehabe und Statussymbolen jede Frau kriegen zu können, was leider auch sehr häufig der*

Fall ist, wohingegen du eine lobenswerte und dadurch noch kostbarere Ausnahme zu sein scheinst. Ach, ich hoffe, ich habe mir nun nicht selbst einen Strick gedreht. Ich bin ein hoffnungsloser Romantiker, der einfach noch an Wunder glaubt und deshalb versucht, eine so märchenhafte Frau wie dich zu erobern, und wenn ich gegen Windmühlen kämpfen und mich dem Gespött anderer aussetzen müsste, ich wäre mir meiner selbst nicht treu geblieben, hätte ich es nicht wenigstens probiert. In diesem Sinne lasse ich jetzt einige Schmetterlinge über meinem einzigen Gut, unserem Luftschloss, steigen und warte. Ganz lieb gemeinte Grüße. X«

*

Intro (46): *»Liebe Judith, hallo! Zu deinem Text: Aber natürlich schaut man zuerst auf das Foto und ich muss dir zustimmen: Auch ich »rieche« beim Lesen, wenn mich etwas berechtigterweise skeptisch machen sollte, ja, da kriegt man geradezu eine regelrechte Routine. Sehe ich das Foto, weiß ich schon zu 90 %, ob das Ganze eine Chance hat. Ich bin selbst gut aussehend und achte sehr auf mein Äußeres. Das erwarte ich genauso von einer Frau. Ich treibe viel Sport, a) weil ich gesund sein und bleiben will und b) weil ich gut aussehen will und c) weil ich mir meine Testosteronstruktur so lange wie möglich durch supportive Maßnahmen aufrechterhalten will. Komisch komme ich mir immer noch vor, wenn ich mich eincreme. LG X.«*

*

Daydream (48): *»Hallo Try2find. Du hast – so glaube ich zumindest – dein Profil geändert und konkretisiert. In der Summe sind deine Vorstellungen doch i. O. Es tut mir leid, dass es hinsichtlich deiner Erwartungen noch nicht geklappt hat und dass meinen ›Kollegen‹ und vielleicht auch mir der* *eine oder andere Fehler unterläuft ;-). Inwieweit bewusst oder unbewusst keine Ahnung. (Zumindest bei den anderen.) Da ich ja so etwas im ›Outback‹ sitze und auch nicht deine angesprochene Höhe (Größe) vorweisen kann, werden wir uns höchstwahrscheinlich nicht treffen :-(. Schade. Persönlich arbeite ich seit bestimmt knapp 20 Jahren überwiegend mit jungen Menschen und habe die Erfahrung gemacht, dass deine Auffassung: Modernes Outfit = moderner Mensch, zu bestimmt 95 % zutreffend ist. Wer in unserem Alter wie eine Couchpotatoe aussieht oder sich kleidet wie vor 20 Jahren, ist zwar so alt wie wir, aber er wird sich viel älter ›fühlen‹, ›anfühlen‹ und gedanklich auch wesentlich älter sein. Trotzdem wünsche ich dir alles erdenklich Gute und viel Erfolg hier in der virtuellen Welt. Hoffentlich triffst du in Zukunft weniger Couchpotatoes und mehr ›well-educated men‹ als in der letzten Zeit ;-). LG. X.«*

Try2find: *»Hallo X. Danke für deine Mail und die guten Wünsche. Schön zu sehen, dass meine Ideen zum modernen Outfit und seinem Bezug zu den ›inneren modernen Werten‹ tatsächlich auch mal einen Befürworter finden. Selbst einige meiner Freundinnen sind anderer Meinung. Aber es ist tatsächlich so, dass ich mich selten irre – natürlich nur in den groben Erkenntnissen –, was die Rückschlüsse von Fotos auf die Realität betrifft. Deshalb bestehe ich auch immer auf einem solchen, was die meisten Männer einfach ignorieren, genauso, wie sie meinen Profil-Text entweder nicht lesen oder nicht beachten. (Was von beidem ist eigentlich schlimmer?) Deshalb dachte ich: Ich werde einfach mal ein bisschen deutlicher. Vielleicht hilft es? Dir wünsche ich auch viel Glück bei deiner Suche. LG. Judith.«*

*

ICE (46): »*Hallo! Dir zu schreiben erfordert Mut oder Selbstbewusstsein oder besser beides!? Ich glaube, das ist das anspruchsvollste Profil, das ich hier gelesen habe. Ich schreibe dir, obwohl ich fast im australischen Outback wohne (in den Alpen), Motorrad fahre (ich hätte nichts gegen eine Mitfahrerin) und nicht aussehe wie George Clooney. (Leider!) Aber du gefällst mir und ich musste schmunzeln, als ich dein Profil las. Zwei Attribute, die ich in einer Beziehung nie missen möchte, Humor und Attraktivität. Hör ich von dir? LG X.*«

TRY2FIND: »*Hallo X. Erst einmal: Danke für deine nette Mail. Ist dir eigentlich klar, dass ich über dem von dir genannten ›Verfallsdatum für eventuelle zukünftige EX‹ liege? ;-) Interessant, dass du glaubst, ›Mann‹ müsse Mut und Selbstvertrauen aufbringen, um mir zu schreiben. Den hatten bislang immer die Männer, die ÜBERHAUPT NICHT passen, deshalb habe ich mein vorher sehr viel moderateres Profil in diese verschärfte Version geändert und scheine dadurch ganz erfolgreich die Blender abgewimmelt zu haben. Deutliche Worte verstehen Männer anscheinend auch deutlich besser ;-) … und dann ist da noch dieses Missverständnis, was George Clooney betrifft. Ich wollte damit nur sagen, dass dieser Mann seine beste Version lebt, weil er viel für sich getan hat. Kennst du Jugendfotos von ihm? Dann wüsstest du, was ich meine. Das sollte halt jeder Mann für sich tun. Die Damenwelt würde das durchaus zu würdigen wissen. Grüße ins alpenländische Outback. Judith.*«

*

COUNTRYMAN (55): »*Oh oh, nach dem Lesen deines Profils habe ich mich gefragt, ob es das, was du willst, wirklich gibt? Du scheinst ja bei deiner realen Suche kein Glück zu haben und bei der virtuellen auch nicht. Dabei müsste doch die Schlange deiner Verehrer hier an meinem Haus vorüberzie-*

hen. Das wären gut 45 km. Vielleicht liegt es ja gar nicht an den Männern? Wie hoch hast du deine Erwartungen gesteckt? Einen George Clooney wirst du in der realen Welt nicht finden, und ich glaube auch nicht, dass er Interesse zeigen würde. Das soll hier kein Angriff oder Anbaggern sein, weil ich froh bin, nicht in die nähere Auswahl zu kommen. Mein Leben soll ruhig und besinnlich verlaufen und nicht permanent auf Hochtouren, um deinen Erwartungen gerecht zu werden. Trotzdem liebe Grüße aus der Nachbarschaft.«

TRY2FIND: *»Hallo Herr Nachbar. Du klingst ein bisschen schadenfroh. Aber ich bin froh, dass du meine Suchkriterien respektierst und nicht trotzdem versuchst, in die engere Auswahl zu kommen. Da du dich schon durch das Lesen meines Profils überfordert fühlst. ;-) Auch ich suche ein Gegenüber, für eine entspannte Partnerschaft – auf Augenhöhe. Ein paar Männer sind da in der 45 km langen Warteschlange mit Sicherheit zu finden ... und da die offenbar an deinem Haus vorbeischlängelt, könntest du den unpassenden Herren vielleicht klarmachen, dass sie freiwillig den Platz räumen. Dann bleiben vielleicht noch zwei Meter Schlange übrig. Spart mir Zeit und Nerven. Ich suche nur den EINEN, und das ist für mich nicht George Clooney. Grüße in die Nachbarschaft.«*

*

REDPEPPER (51): *»Geschaut und gesehen. Ich komme leider nicht in Betracht. Trotzdem: Meine Hosen hängen nicht, mein Körper riecht nicht (bzw. gut) und ich bin 7 cm zu klein. Meine nächtliche Google-Suche nach Wachstumshormonen blieb leider erfolglos (hohe Schuhe trage ich nicht). Dazu fahre ich Porsche, aber nur wenige Male im Jahr, weil die wirklichen Anlässe fehlen. Clooney find ich einen Tick besser als von dir beschrieben, dafür finde ich dich einen Tick besser als das, was ich mir vorzustellen gewagt habe. Ich kann flie-*

gen (schnelle Flieger), aber ich weiß, das törnt ab!! Ich habe die höheren Weihen der Universität. Das ist aber so lange her, man sollte nicht mehr drüber reden (müssen). Ich kann mit Messer und Gabel umgehen und 2 Sterne von 3 Sternen unterscheiden, kenne den Unterschied zwischen Grand Cru und Grand Prix, zwischen hübsch und verdammt hübsch (ich würde das gerne anders formulieren) ... tja begegnete ich dir auf einer einsamen Insel ... würde ich dir ein Boot bauen oder aber alle Ausreden dieser Welt erfinden, um es nicht zu tun. Gruß, Redpepper aus dem sonnigen Süden nach Hamburg, die Stadt, die ich mir ausgesucht hätte, wenn ... PS zu deiner Bemerkung mit dem ›anfühlen‹: Ich habe Muskeln an Stellen, da haben manche Männer nicht mal eine Stelle!!«

Try2Find: »*Hallo Redpepper. Heißer Name ... ;-) ... und ansprechendes Profil mit Profiltiefe, was angenehm auffällt. Eigentlich beantworte ich – wie angekündigt – keine Mail ohne Bild, aber dein Schreibstil gefällt mir ausgesprochen gut. Mit George Clooney scheint mir bei der Männerwelt ja der absolute Supergau gelungen zu sein. ;-)) Keine Mail ohne eine Anspielung auf ihn. Nett von dir, dass du ihm seinen Status als Mr.-Right-Vorbild nicht absprichst. Die meisten Herren reagieren darauf eher aggressiv. Dabei habe ich nur ein Beispiel gesucht, welche Art Mann ich mir als Partner vorstelle, eben einen modernen Mittvierziger, der sich in seiner besten Version präsentiert. Schade, dass dein Foto fehlt. Du scheinst eine besondere Art Mann zu sein. Zumindest stellenweise ;-). Vielleicht hätte ich dir ja sogar meine Highheels geliehen, um die fehlenden Zentimeter auszugleichen ... aber du trägst ja keine hohen Schuhe. Sonnige Grüße aus der Stadt, die du dir ausgesucht hättest, wenn ... Judith.*«

*

LARRY (56): *»Hallo Try. Klingt nicht gerade aufbauend, was ich in deinem Profil lese. Ich bin zwar schon länger hier bei Match.com, aber aktiv als Premium-Mitglied habe ich erst heute meine Suche nach der richtigen Partnerin begonnen. Ein halbes Jahr suchen ist lang, aber für eine Entscheidung für das ganze Leben (und daran glaube ich immer noch) muss vielleicht viel Zeit ins Land gehen, um den oder die Richtige zu finden. Meine Jeans sitzen ebenso stilvoll wie mein Anzug oder meine Krawatte, aber leider befinde ich mich mit meinen 56 Jahren nicht innerhalb der von dir angegebenen Suchparameter. Aber meine Bewunderung für die Frau, die mir auf diesem Foto entgegenblickt, wollte ich doch kundtun. Eingedenk dessen, dass ich ganze sechs Jahre über deinem Suchraster liege, hoffe ich ja doch, dass meine junge Seele vielleicht eine Chance hat. Ich würde lügen, wenn ich nicht einen kleinen Funken Hoffnung hegen würde, von dir zu hören, dass ich nicht zu alt für dich bin. Ich wünsche dir ein schönes Wochenende und vielleicht höre ich ja von dir. LG Larry.«*

TRY2FIND: *»Hallo Larry. Nein, der Text meines Suchprofils sollte dich nicht demotivieren. Auch ich glaube ganz fest daran, dass man / frau hier durchaus einen Lebenspartner finden kann, wenn man zum Beispiel die Suchprofile richtig liest. Darauf zielt auch mein neuer, zugegeben etwas heftiger Text. Die erste, anscheinend zu nette Textversion hat dazu geführt, dass meine Mailbox mit Unsinn zugemüllt wurde. Mir fehlt einfach die Zeit, um so was zu beantworten. DIESE Version hat zumindest die Match.com-Nation aufgerüttelt. Die Mails sind deutlich überlegter. Um nichts anderes ging es mir hierbei. Ziel erreicht ;-)) Abgesehen davon bin ich nicht frustriert. Ich habe ein paar sehr nette Menschen kennengelernt. Mr. Right war noch nicht dabei. Das habe ich aber in so einer kurzen Zeit auch nicht erwartet, denn da stimme ich dir zu: Ein halbes Jahr für die Suche nach so einer wertvollen Person reicht nicht aus. Meine Suchkriterien, was das Alter mei-*

nes Traummannes angeht, werde ich nicht ändern. Sorry. Ich wünsche dir viel Glück bei deiner Suche und glaube ganz sicher, dass du deine Traumfrau finden wirst. Liebe Grüße. Judith.«

*

Dipl.verwirrt (53): *»Hallo ›Suche um zu finden‹. Beim Lesen deines Profils musste ich doch sehr schmunzeln. … aber dass ausschließlich in einem gesunden Körper auch ein gesunder Geist stecken soll, darin kann ich dir nicht unbedingt recht geben. Aus meiner beachtlichen Lebenserfahrung heraus weiß ich, dass viele sportliche Frauen mit Modelfiguren, die ich kennengelernt habe, einfach nur hohl waren …«*

Try2find: *»… Dass es auch gut aussehende geistlose Menschen gibt, habe ich nie bestritten. Das ist ein Umkehrschluss zu meinem Statement, den du gezogen hast. Ich verlange lediglich eine gepflegte Verpackung für den gesunden Geist und den guten Charakter und weiß nicht, was es daran zu mäkeln gibt. Seltsamerweise ist das aber in vielen Mails ein Streitpunkt. So, als würde ich damit allen männlichen Personen auf die Füße treten. Aus meiner – inzwischen auch durchaus beachtlichen – Lebenserfahrung :-) weiß ich, dass bei solchen Überreaktionen immer der wunde Punkt getroffen wurde … LG.«*

RELATIVES ALTER

Das Alter ist im Netz eine Glaubensfrage. Die einen glauben, dass sie trotz ihres kurzen Daseins auf dieser Welt durchaus bereit sind, den Geschlechterkampf mit einer doppelt so alten »Sie« aufzunehmen. Die anderen glauben, dass sie – trotz längst überschrittener gesuchter Altersklasse – für selbige »Sie« mit ihrem gefühlten Alter genau der Mr. Right sind, den diese mit klaren Worten umfasst: »Ich suche einen Partner gleichen Alters.« Männer rechnen hier alles ab oder zu, was ihnen in den Kram passt. Von der Minus-Seite – rein altersmäßig – betrachtet, sieht das so aus:

PICASSO (29): »*du siehst echt noch klasse aus für dein alter :-)) hättest du lust auf ein kleines abenteuer mit mir? *g* LG*«

TRY2FIND: »*Danke, aber in meinem Alter muss ›frau‹ die kleinen Abenteuer leider auslassen, um noch so klasse auszusehen. *g* LG*«

*

SOFTICE (26): »*guten morgen, wie geht es dir? störe ich? lg*«

TRY2FIND: »*Du bist tatsächlich ein bisschen früh. Melde dich doch einfach noch mal in, na, sagen wir zehn Jahren. Dann näherst du dich langsam einem für mich akzeptablen Alter :-)*«

*

ERWECKEMICH (24): »*… ich würde so gerne mal mit einer erfahrenen frau sex haben. sei nicht böse, wenn ich das schreibe, aber es ist so!*«

TRY2FIND: »*Sei bitte auch du nicht böse, wenn ich das schreibe, aber auch das ist so: Ich habe auch lieber Sex mit erfahrenen Männern.*«

*

4U(23): »*Ich habe gerade beschlossen, dich näher kennen-zulernen, und wollte dich fairerweise darüber in Kenntnis setzen. Darf man ein paar Zeilen mit dir tauschen?*«

TRY2FIND: »*Klar. Tauschhandel mit Zeilen ist hier erlaubt. Allerdings fällst du weit unter die allerunterste Altersgrenze, was deinen Beschluss, mich näher kennenzulernen, zu einem undurchführbaren Unterfangen macht. Sorry. Viel Glück bei deiner weiteren Suche. LG*«

*

KEANU (32): »*Hi. Auch wenn ich jünger bin, möchte ich dir ein Kompliment machen.*«

TRY2FIND: »*Die Altersgrenze zur Verteilung von Komplimenten liegt natürlich lange nicht so hoch wie die der Kategorie Mr. Right. Danke. LG*«

*

STEVEN (29): »*Ich habe deine VK aufmerksam gelesen. Gefällt mir gut … es würde mich einen Moment lang glücklich machen, wenn du mir die Möglichkeit geben würdest, dich kennenzulernen. Das Alter ist übrigens relativ. LG*«

TRY2FIND: »*… wenn ich mit so wenig Aufwand jemanden glücklich machen kann … Aber da du offensichtlich meine VK aufmerksam gelesen hast, weißt du auch, dass du deutlich zu jung für mich bist. Nur im unwahrscheinlichen Fall, dass ich in diesem Jahr noch einen Job als Astronautin finde und mich einige Jahre im Weltall aufhalte, hättest du eine relative Chance mich einzuholen – sagt Einstein! LG*«

*

RAIN (31): »*ich weiß, dass ich die altersgrenze nicht ganz er-fuelle. aber 31 + MwSt sind schon fast 40.*«

TRY2FIND: »*In meiner Buchhaltung ist die Mwst. leider nur ein durchlaufender Posten. Ich müsste also einen Teil von dir an das Finanzamt abführen ... und das kann wehtun ;-)*«

*

JUST (25): »*sexy ... antworte doch mal! ;-)*«

TRY2FIND: »*Erst, wenn du im passenden Alter bist.*«

JUST (25): »*... bin ich doch ;-) ... hatte schon mal ne frau, die genauso alt war wie du :-)*«

TRY2FIND: »*Ich hatte auch schon mal einen Partner in deinem Alter ... aber da war ich 25.*«

JUST (25): »*na so lange ist das bei mir jetzt nicht her*«

TRY2FIND: »*Ist ja auch nicht möglich. Da gab es dich noch nicht.*«

*

ER (30): »*Du entschuldige, ich kenn' dich, bist du nicht die Kleine, die ich schon als Bub gern gemocht hab'? Die mit 13 schon kokett war, mehr als es erlaubt war, und enge Jeans ge-tragen hat? Ich konnt' nächtelang nicht schlafen, nur weil du im Schulhof einmal mir zugezwinkert hast. Komm wir strei-chen alle Jahre, hol'n jetzt alles nach, als ob dazwischen ein-fach nichts war.*«

TRY2FIND: »*Ich bin das nicht. Als ich 13 war, warst du gerade mit der Menschwerdung im Mutterleib beschäftigt.*«

*

BACHELOR (30): »*Hallo. Warum schreibe ich dich an? Weil ich finde, du bist sehr attraktiv, und nun möchte ich gerne etwas mehr über dich erfahren und dabei die Frau ›dahinter‹ kennenlernen, denn nicht nur das Äußere ist entscheidend. Bin ein sportlicher Bachelor, der auf eine Antwort hofft. Bis bald.*«

BACHELOR (30): »*Was passt bei mir nicht??*«

TRY2FIND: »*Dein Alter … Sorry.*«

BACHELOR (30): »*Danke für die Antwort, aber es ist doch bloß eine Zahl und sonst nichts, sie hat doch nicht mal eine Bedeutung!! Was mache ich nur falsch?? Würde dich sehr gerne kennenlernen!!!*«

TRY2FIND: »*Hey, an dem Punkt waren wir schon. Das nennt sich Endlosschleife? ;-) Du erinnerst dich: Frage von dir: ›Was passt bei mir nicht??‹ – Antwort von mir: ›Dein Alter.‹ Daran hat sich auch in den letzten fünf Minuten nichts geändert. Deshalb steige ich an diesem Punkt aus dem Kreislauf aus. Viel Glück bei deiner weiteren Suche.*«

*

SETTER (28): »*hi, lust noch etwas spontan zu unternehmen? kino? etwas trinken gehen? wie lange dauert es eigentlich, bis die mein foto freigeschaltet haben? lg x*«

TRY2FIND: »*Ich kann dir nicht genau sagen, wie lange es dauert, bis dein Foto freigeschaltet wird, aber ich kann dir sagen, dass es mindestens noch zehn Jahre dauert, bis du in eine Alterskategorie kommst, mit der ich etwas unternehmen möchte ... LG*«

Die älteren Herren pirschen sich gerne über die Ratgebermasche an, räumen dabei ein, dass sie natürlich weit über der gesuchten Altersgrenze liegen, um dann aber ihren Marktwert ins rechte Licht zu rücken:

ROADRUNNER (66): »*... öffne dich für ein größeres Altersspektrum. Ein älterer Mann hat intuitive Lebenserfahrung, die ein Gleichaltriger erst in zehn Jahren erlangt. Männer reifen später :-) Sensualität und Sexualität sind individuell und nicht altersgebunden. Es gibt ja auch alte Autos, die noch in ›perfect condition‹ sind ...*«

TRY2FIND: »*... auch wenn ›ältere Autos‹ durchaus TÜV-tauglich sind, würde ich mich immer für ein neuzeitliches Modell entscheiden. By the way: Das ist auch schon die Klasse ›komfortable Limousine‹. Ich bin schließlich kein Teenie mehr. Dementsprechend haben die ›Gefährte(n)‹ gleichen Alters eine durchaus seriell ausgereifte Lebens-Kurvenlage.*«

*

SNOBBY (56): »*Ich suche eine junge Frau, schön, schlank, intelligent, selbstbewusst, vielseitig interessiert, eigenes Geld verdienend, sicher auf jedem Parkett, die einen erwachsenen Mann sucht, der höchsten Ansprüchen im Aussehen, Auftreten, in gesellschaftlichem Standing und sportlichen Ambitionen genügt. Spiele Golf mit Handycap 16. Alles klar?*«

Meine Top-3-Antwortliste: (Habe ich wegen guter Erziehung nicht verwendet!)

1– TRY2FIND: »*Sorry, aber das geforderte UND vorhandene Suchkriterium ›intelligent‹ macht es einer Frau leider unmöglich, positiv auf so eine Mail zu reagieren.*«

2 – TRY2FIND: »*Ich spiele kein Golf, habe lieber noch Sex ... Alles klar?*«

3 – TRY2FIND: »*Wenn ich all diese Kriterien erfülle, kann ich mir doch auch einen zehn Jahre Jüngeren nehmen, mit dem ich dann richtig Spaß habe!*«

*

HOMEZONE (54): »*Habe keine Fotos hier, die dir Aufschluss über mich geben könnten. Biologisch und mental bin ich einiges jünger als mein chronologisches Alter ...*«

TRY2FIND: »*... das biologisch-mentale Alter ist so eine Sache. Ich habe mich auch ganz gut gehalten – für mein Alter. Also sorry, damit bleibt – (chrono)logisch gesehen auch der biologisch-mentale Altersunterschied erhalten ...*«

*

BESTEWAHL (56): »*Du hattest mir geschrieben, dass mein Foto nicht deinen Vorstellungen entspricht, und ich wundere mich, dass Frauen in unserem Alter (Unser? Der Mann ist fast 15 Jahre älter als ich!!!) immer noch ihren äußerlichen Traummann suchen. Da ich deine VK und deine Fotos sehr sympathisch finde (und ich bin da ziemlich wählerisch), wollte ich mit meiner lakonischen Antwort sehen, ob ich noch eine Reaktion provozieren kann. Anbei noch mal mein Foto ...*«

TRY2FIND: »*Danke, dass du mich wegen meines guten Charakters ausgesucht hast.*«

*

ZELLHAUFEN (54): »*Unkompliziert hört sich doch ganz nett an. Du suchst einen Partner, der mit dir was unternimmt, mit dem man plaudern kann. Finde ich cool. Aber die Damen sind ja auch nicht ganz einfach. Na gut. Manches war okay. Aber bei manchen Treffen bekommt man glatt eine Frau, die zehn Jahre älter ist. Wie sieht das denn bei dir aus?*«

TRY2FIND: »*Wenn du zehn Jahre wartest, schaffe ich das auch.*«

ALTERSKLASSEN

Eigentlich sollte man annehmen, das Alter sei eine einfache Tatsache. Nicht mehr, seit es das Internet gibt. Seither sind Menschen der Alterklasse 40-Plus nahezu ausgestorben. Die Damen stoppen ihren Alterstacho gerne bei 39! Die Herren finden sich noch bis Ende 40 völlig okay, aber kaum bricht bei ihnen das fünfte Jahrzehnt an, wird auch hier an den Zahlen gedreht. Ein paar Jährchen zu schönen verschafft virtuell in manchen Fällen einen Flirtvorteil. Denn Tatsache ist: In der Kategorie bis 40 wird heftiger geflirtet als bei den 40-Pluslern. Oft werden Altersklassen für Suchende vorgegeben, zum Beispiel 30–39. Ist »frau« ein Jahr »zu alt«, verschwindet sie in der selten gesuchten Seniorenklasse. Faustregel: Je höher das reale Alter, desto mehr wird geschwindelt. Die Mittfünfziger tunen ihren Alterstacho im Allgemeinen um acht bis zehn Jahre nach unten, die 40-Plusler rechnen den altersmäßigen Wohlfühlfaktor um ca. fünf Jahre herunter. Einen Eintrag ins Guinness-Buch der Lügen-Rekorde hat ein Ex von mir verdient (Was »frau« im

Netz so alles wiederfindet!!!), mit dem ich mal in grauer Vorzeit zusammen war. Damals war er 16 Jahre älter als ich. Heute ist er vier Jahre jünger!!!! Das Internet ist also ein wahrer Jungbrunnen! ... Der offensichtlich aber nicht immer wirkt, zumindest nicht im »Real-Life-Modus«. Hier der O-Ton eines Herren, der den Schritt in die reale Welt zu seiner virtuellen Traumfrau wagte: »Eine Frau öffnete die Türe, und ich hoffte, es wäre ihre Mutter ...!«

Bei einigen Flirtbörsen wird beim Anmelden stichprobenartig der Pass verlangt. Das reale Alter steht dann unwiderruflich im Flirtprotokoll. Für Olivia war das durchaus ein Grund, diese Partnerbörse fluchtartig wieder zu verlassen :-) Virtuell ist sie bei 48 stehen geblieben. Real ist sie 56. Aber nicht nur online schwindeln die Deutschen bei der Angabe ihres Alters. Laut einer Untersuchung (Quelle: Opodo) verjüngen sich 25 % auch im realen Leben auf diese Art. In den Ferien ist das sogar DIE Lieblingsschwindelei.

Tipp: Den Altersdurchschnitt der jeweiligen Flirtbörse beachten. Es ist nicht schön, als Fossil in »jungen Börsen« wie Bildkontakte oder Ilove zu landen. 40-Plusler sind bei Match.com, Yahoo-Dating, Parship, Elite ... deutlich besser aufgehoben.

Seit ich die 40er-Grenze überschritten habe, tummeln sich zu 90 % 50-Plusler auf meiner VK (Visitenkarte) ... und das Plus kann durchaus 20 Jahre betragen. Männer scheinen zu glauben, dass Frauen über 40 dankbar sein müssten, ÜBERHAUPT noch IRGENDEINEN Partner zu bekommen, während sie selbst NATÜRLICH eine mindestens zehn Jahre jüngere Partnerin verdient haben. Der größte Teil der Suchprofile der männlichen 50-Plusler startet mit seiner Suche in der Alterklasse 25 und endet bei 40. ICH habe dieses Alter überschritten. Steht auch in meinem Profil. Trotzdem schreiben mich Männer an, die, laut eigenen Angaben, eine deutlich jüngere Frau suchen. In diesen Fällen mache ich mir gerne den Spaß mit einem freundlichen »Sorry, aber ich bin zu alt für dich« zu antworten. Für mich der beste Weg, mit dieser anmaßenden Art von Jugendwahn umzugehen. Dabei erinnere ich mich gerne an eine Begegnung vor etwa zehn Jahren, die beweist, dass virtuelle und reale Welt sich in diesem Punkt durchaus gleichen. Ich war Anfang 30. Ein männliches Wesen um die 40 verwickelte mich in einem Restaurant in ein Gespräch, in dem er mir unbedingt mitteilen musste, dass Frauen über 30 für ihn absolut nicht mehr infrage kommen. Gleichzeitig flirtete er aufs Intensivste mit mir und versuchte seine männlichen Qualitäten ins rechte Licht zu rücken, was mir klarmachte, dass er mich für ein Deutlich-unter-30-Exemplar hielt. Trotzdem war mein Gerechtigkeitssinn zu Tode beleidigt. Was bildete sich dieser Kerl eigentlich ein, ein Verfallsdatum für Frauen zu bestimmen? Das dann auch noch locker zehn Jahre unter seinem eigenen lag. Tauschte er seine Freundinnen um, wenn die ihren Dreißigsten feierten?

Solche Fälle bedürfen einer lehrreichen Sonderbehandlung. Ich strahlte ihn also an und erklärte mich absolut solidarisch mit seiner Experten-Meinung. O-Ton: »Du hast ja so recht!« Ein Gewinnerlächeln seinerseits. »Ich kann mit Männern über 30 auch GAR NICHTS anfangen und, glaub mir, Männer altern ja noch viiiiieeeel schneller als Frauen. Sobald da die 30er-Grenze überschritten ist, fängt der Bierbauch an, und die Kerle werden zu langweiligen Couchpotatoes«, erklärte ich ihm fröhlich. Keine fünf Minuten später war mein Gesprächspartner weg. Ich bin sicher: Er startete noch am gleichen Abend mitten in die Midlife-Crisis.

CHIROCCO (46, SUCHT FRAU ZWISCHEN 24 UND 40): »*Hallo Try2find. Deine VK gefällt mir sehr. Ich würde dich gerne kennenlernen. LG X.*«

TRY2FIND: »*Danke für deine Mail. Da ich die Profile immer sehr genau lese, ist mir natürlich sofort aufgefallen, dass ich das von dir gesetzte ›Verfallsdatum‹ für liebevolle, selbstbewusste, starke Traumfrauen längst überschritten habe. LG Judith.*«

CHIROCCO (46): »*Hallo, liebe Judith, welch ein fataler Fehler, die Altersbegrenzung ... sie ist sofort aufgehoben!!!!!!! Ich freue mich über deine Nachricht und würde dich sehr gerne kennenlernen. LG.*«

TRY2FIND: »*Danke für die ›Fristverlängerung‹ ;-) Aber wahrscheinlich hätte ich das Problem, jährlich einen solchen Antrag stellen zu müssen; und immer an der ›Verfallsgrenze‹ herumzuschrappen würde meinem an sich sehr gesunden Selbstbewusstsein irgendwann unnötigen Schaden zufügen. Viel Glück bei deiner weiteren Suche. Judith.*«

Diese Absage meinerseits enthält einen wahren Kern. Ich kann Männer, die im Grunde ihres Herzens glauben, nur mit einer sehr viel jüngeren Partnerin glücklich werden zu können, als Mr. Right nicht ernst nehmen.

ZEITREISENDER (61): »*Habe mich eigentlich nur kurz hier eingetragen, damit ich dich kontaktieren kann. Habe dich die letzten 25 Jahre permanent um Bruchteile verpasst. Aber deine Zeit ist nun gekommen. Jetzt bist du fällig ;-)*«

TRY2FIND: »*Vor 25 Jahren war ich noch minderjährig und du etwa in meinem Alter!*«

*

OLDIE BUT GOLDIE (66): »*ich glaube, du verdienst mich, uneingeschränkt und total, und wenn du nach dem dinner nicht zufrieden bist, fress ich den von dir mitzubringenden besen. lg vom x.*«

TRY2FIND: »*Ich glaube, ich verdiene dich nicht, denn ich war immer brav. Was ich zu verdienen glaube, steht in meinem Profil: einen Partner im gleichen Alter. Den von dir zu beschaf-*

*fenden Besen solltest du dazu verwenden, dir die Flausen aus
dem Hirn zu fegen.«*

Und hier nun mein Niedergang vom »wunderbaren Wesen« zum
Ladenhüter:

RÜSTI RUSTY (59, steht jedenfalls in seinem Profil. Ich schätze
ihn anhand seines Fotos auf weit über 60): »*Wunderbares
Wesen. Liebe und schöne Dame, ihre reichliche Beschreibung
mit sehr originellen Berücksichtigungen über das unterschied-
liches Benehmen der Menschheit in allen Alter hat mich sehr
amusiert und interessiert. Erlauben Sie mir Sie einzuladen
meine Beschreibung zu lesen, und, wenn sie irgend ein Interesse in Ihnen geweckt hat, bitte ein kleines Lebenszeichen mir
zu machen! Dann werde Ich Ihnen besser von mir erzählen!
Entschuldigen Sie mein Deutsch ein bisschen vergangen: hatte
damals Arzt Studium in Zürich gemacht. Herzlichst X aus
Lausanne (Schweiz)«*

TRY2FIND: »*Hallo X. Vielen Dank für Ihre Mail, aber sorry, ich
suche einen Partner gleichen Alters. Viel Glück bei Ihrer weiteren Suche. Grüße aus Hamburg (Deutschland). Judith.«*

RÜSTI RUSTY (59): »*Kleiner Rat. Liebe Judith, respektierend
ihre Entscheidung, erlaube ich mir, Ihnen einen Rat zu geben.
Sie sind 42 J. alt. Sie müssen akzeptieren, dass Sie sich befinden in den letzten wenige Jahren ihrer Zeugungs-Fähigkeit,
was längst nicht ist der Fall ist bei einem Mann meines Alters.
Ein anderes Gebiet ist noch viel wichtiger: das von kulturelle
und geistliche Sehnen eines Mensches, wo kleine Alters-Unter-
schiede nicht ausschlaggebend sein sollten. Ich habe Sie falsch
geschätzt. Schade ... nicht für mich!!! Herzlichst X«*

Also schade für mich? Ein Schweizer Arzt im besten zeugungs-
fähigen Alter! In Hinblick auf das anhängende Foto eines fast

greisen Herrn möchte ich dazu allerdings nicht unbedingt mein Vorstellungsvermögen bemühen. Ich finde ihn ganz schön unverschämt. Na warte!

TRY2FIND: *»Hallo X. Danke für die uneigennützigen Ratschläge ;-) Zu Punkt eins: Ich möchte keine Kinder – wie ›Mann‹ in meinem Profil lesen kann – und wenn, wäre mir auch dann ein Vater wichtig, der mit seinen Kindern noch agil spielen kann, während sie heranwachsen. Zu Punkt zwei: Genau dieses ›geistliche Sehnen‹, das Sie erwähnt haben, ist mir wichtig. Ich möchte einen Menschen finden, der über einen ähnlichen Erfahrungsschatz verfügt wie ich, das heißt, der die Ausläufer der 70er Jahre live mitbekommen hat, weiß, wer die Bay City Rollers waren, dem ich nicht die Dinge erklären muss, die für mich selbstverständlich sind. Aber ich brauche auch keinen Geschichtsunterricht live. Es tut mir leid, dass Sie offensichtlich enttäuscht sind. Sie sehen, mir sind die Untertöne nicht entgangen. Ihr Weltbild, was die Mann-Frau-Beziehung angeht, scheint mir antiquiert. Passt also gar nicht zu meinem. Im ›richtigen Leben‹ ist es inzwischen so, dass viele meiner Freundinnen seit Jahren mit sehr viel jüngeren Männern zusammen sind. Trotzdem: Danke für die ›wohlmeinenden Tipps‹. Best-Ager-Grüße. Judith.«*

RÜSTI RUSTY: *»Dear Judith, danke für ihre ausführliche Antwort: was mich betrifft stimmt nicht. Dafür wünsche ich Ihnen und ihren ›klugen Freundinnen‹ good luck. Nur ein Wort dazu: Amen!!!! X.«*

Entrüsteter Rusty. Gerade in der Altersfrage messen die »Herren der Schöpfung« gerne mit zweierlei Maß. Wenn »frau« die gleichen Kriterien anwendet – nämlich weit unter ihrer eigenen Altersklasse sucht –, bringt das die Männerwelt völlig durcheinander. Olivia ist auf »junge« Männer fixiert. Da verhält sie sich so wie die meisten Männer Mitte 50. Alles über 40 fällt durch ihr Suchraster. O-Ton: »*Alt bin ich selber!*« Dabei sieht sie als Mittfünfzigerin blendend aus und kann auch im realen Leben locker auf ihr virtuelles Alter von 48 geschätzt werden. Doch die Natur lässt sich nicht täuschen. Die ersten Zipperlein haben sich eingestellt und erinnern sie immer öfter an ihr reales Alter. Der virtuelle Spaßfaktor soll darüber hinweghelfen.

O-Ton: »*Im nächsten Jahr bekomm ich ne neue Hüfte, da geht das alles nicht mehr so, also leb ich das jetzt aus.*« Noch vor dem Frühstück geht sie online und nimmt Kontakt zu ihrer virtuellen Fangemeinde auf. Einige der Herren kennt sie natürlich schon persönlich. Manche sind Freunde geworden.

Andere stehen wegen Fehlverhaltens »unter Beobachtung!« oder Quarantäne: »*Stell dir vor. Der ist ständig im Netz, nur bei mir meldet er sich nicht mehr.*« Besonders ärgert sie sich, wenn so ein Mann es geschafft hatte, ihr »Etablissemang« zu erobern, und nach dem realen Körperkontakt wieder in der virtuellen Welt verschwindet, um neue »Opfer« zu suchen, sie dabei aber völlig ignoriert. Seine Anwesenheit im Netz zeigt der »Ist Online«-Button an, der eigentlich dazu gedacht ist, um mit anderen besser in Kontakt zu kommen, also zeitgleich zu chatten. Aber dieser Button ist natürlich bestens dazu geeignet, jeden Schritt eines Bösewichtes zu überwachen. Sollte Olivia einmal keine Zeit dazu haben, übernehmen entsprechende Freundinnen, die natürlich alle längst vom Internet-Virus infiziert sind, den Überwachungsdienst. In ganz »bösen« Fällen, wenn Olivia sich ganz besonders über jemanden ärgert, erfährt der entsprechende Herr sogar eine Sonderbehandlung und sollte sich nicht wundern, wenn er bei den nächsten zehn Verabredungen alleine im Café sitzt. Die Angebetete, auf die er vergeblich wartet, ist garantiert eine Freundin Olivias und die geplatzte Verabredung eine Strafmaßnahme.

Olivias Internet-Welt ist ein Unterhaltungsprogramm. Einen wirklichen Partner sucht sie nicht. »*Ich will nur spielen*« ist ihr Leitsatz. Aber: Erlaubt ist, was gefällt. Wichtig ist zu verstehen, wie das Netz funktioniert, um dann das herauszufischen, was zum eigenen Schema passt. Mit ihrem ganz persönlichen Jugendwahn bringt

Olivia jedenfalls den »normalen« Gang der Dinge völlig durcheinander und die meisten Männer auch. Die fühlen sich nämlich ausgegrenzt, sobald sie die 40 überschritten haben, und wollen einfach nicht einsehen, dass sie damit bei Olivia keine Chance mehr haben. Dabei müssten doch gerade die Herren dafür vollstes Verständnis zeigen. Nahezu jeder 50-Jährige sucht altersmäßig bis höchstens eine Generation unter der eigenen Altersklasse. Manche Übermütige starten ihre Suche sogar bei Frauen ab 25 und vergessen dabei völlig, dass die neue Angebetete sie selbst dabei leicht gegen zwei Gleichaltrige tauschen kann. Gerade die Herren dieser Alterklasse setzen dabei gerne Statements in die Welt wie: »*Eine Frau über dreißig wird eher vom Tiger gefressen, als dass sie einen Partner findet.*« Olivia hat dieses »Männergesetz« umgekehrt: »*Nicht vom Tiger gefressen, sondern von jungen Männern vernascht*«, ist ihr Motto. Sie hält es damit genau wie Madonna, die mal gesagt hat: »*Junge Männer wissen zwar nicht, was sie tun ... aber sie tun es die ganze Nacht!*«

Zurzeit hat Olivia »*drei Jungs gleichzeitig zu Unterhaltungszwecken*«. Zwei davon haben es zeitgleich zum Mr. Right geschafft. O-Ton: »*Das Leben lebt von der Abwechslung.*« Dabei ist Olivia absolut ehrlich. Beide Herren wissen voneinander, und es scheint sie nicht weiter zu stören. Ich höre mir ihre Geschichten immer wieder staunend an. Ohne Olivia hätte ich diese Seite des Internets – und des Lebens – wahrscheinlich nie ganz entschlüsselt. Zugegeben, das passt nicht in mein Weltbild. Ich habe es lieber romantischer. Trotzdem bin ich froh, dass ich weiß, wie es auch sein kann. Das schützt mich vor allzu viel blauäugigen Fehlern, die wehtun.

Olivias neueste Geheimwaffe soll für weitere Abwechslung im »Etablissemang« sorgen: »*Ich hab mir jetzt Handschellen gekauft!*« Die Gegenfrage einer Freundin: »*Hast du denn neuerdings ein Eisenbett mit Gitterstäben?*« Olivia: »*Nee, ich hab ein RUF-Gesundheitsbett, wegen der Hüfte!*«

Allerdings scheint die Natur auch bei Olivia eine Altersgrenze für mögliche Partner eingebaut zu haben, wie ihr letztes Date gezeigt hat. Olivia: »*Da sitzt mir so ein Jüngelchen gegenüber. Ein ganz anderer Typ als auf dem Foto, das er mir geschickt hat. So ein schmächtiges Kerlchen, mit einem Milchbubigesicht, 32 und Lehrer, sieht aber aus wie 24! Ich habe ihm gesagt: Das einzige Gefühl, das sich bei seinem Anblick in mir regt, ist der Mutterinstinkt!«* Der 32-jährige Lehrer, der im Körper eines 24-Jährigen gefangen ist, gibt zu: »*Ich weiß. Auch meine Kollegen übersehen mich immer zwischen den Schülern.*«

FÜR ALLE FÄLLE, HIER DAS REZEPT
FÜR DEN MÄRCHENPRINZEN – ZUM SELBERMACHEN:

MAERCHENPRINZ (42): »*Man nehme ca. 80 Kilo männliche Unfehlbarkeit, einen Esslöffel Selbstironie, drei Stangen Charme, eine Hand voll Esprit, einen guten Schuss Lebenslust, sowie eine Prise Neugier. Das Ganze 42 Jahre gut durchkneten und dann in einer attraktiven Form auf 188 cm ausrollen. Den Teig in einem Sud aus Chardonnay goldbraun frittieren. Zwei schöne braune Augen dazugeben und fertig ist der Märchenprinz. Die entzückende Frau, der das zu kompliziert ist, kann hier einen vorgefertigten, voll funktionstüchtigen Prinzen mit leichten Gebrauchsspuren bestellen.*«

Schiff ahoi:
Partnerbörsen

Viele »User« sind gleich bei mehreren Flirtbörsen eingetragen. So kommen sicher auch die unglaublichen Mitgliederzahlen zustande, die manche Partnerbörsen angeben – denn die sind dann fast so hoch wie die Zahlen, die unabhängige Institute für den gesamten Markt der Partnersuchenden ermittelt haben. Das kann zu Verwirrungen führen. Im Gesamtbild genauso wie bei einzelnen Usern. Ein Mail-Partner bei Match.com hat auf eine Absage meinerseits so reagiert:

VERWIRRT ER (46): »*Hallo Judith, du wirst verstehen, dass ich ein wenig enttäuscht bin, aber ich akzeptiere deine Entscheidung. Ich wünsche dir für deine Zukunft und Suche hier bei Parship alles Gute. Tschüß H.*«

Nachdem ich als Anfängerin bei Neu.de fast drei Monate herumgesurft bin, habe ich zu anderen Flirtbörsen gewechselt. Ich wollte herausfinden, ob es große Unterschiede gibt, und tatsächlich: Die gibt es. Erst einmal vorweg: Hat »frau« sich an eine Benutzeroberfläche gewöhnt, ist alles andere erst mal komisch.

Bei Friendscout und Bildkontakte habe ich mich trotzdem schnell zurechtgefunden. Beide Portale sind ähnlich wie Neu.de angelegt. Parship.de dagegen ist ein ganz anderes System. Es basiert auf einem Persönlichkeitstest, den alle Mitglieder machen sollten. Danach stellt die Suchmaschine eine Liste zusammen. Eine Art Top Ten der passenden Partner. Das Ganze passiert erst einmal ohne Foto und ist als To-do-Liste zu sehen, denn ab hier ist Eigeninitiative gefragt: anschreiben, auf Antwort warten, hoffen, dass das Foto, wenn es vom Mailpartner freigeschaltet wird, einen Mann zeigt, der gefällt. Bei Heartbooker habe ich mich durch sämtliche Fragen und Aufgabenbögen navigiert, um dann festzustellen, dass ich lediglich auf Umwegen zur kostenpflichtigen Anmeldung gelotst worden war. Ein Kundenfangsystem, das von vielen Partnerbörsen verwendet wird. Das gilt auch für Yahoo-Dating und Match.com. Trotzdem habe ich mich irgendwann bei beiden angemeldet.

Nach drei Monaten Yahoo-Dating habe ich zu Match.com gewechselt. Neben dem unterschiedlichen »Klima« innerhalb eines Forums, das zum Beispiel mit Stil, Altersklassen und Umgangsformen zu tun hat, ist die unterschiedliche Schnelligkeit, mit der die Mails beantwortet werden, ein Auswahlkriterium. Bildkontakte hat mich glatt überfordert. Es schwirrten mehr Mails in meine Mailbox, als ich beantworten konnte, und ich schreibe schon sehr schnell. Neu.de war für mich genau richtig. Ist der Mailpartner online, werden die Mails hier innerhalb einiger Minuten beantwortet. Match.com und Yahoo-Dating sind schon etwas langsamer. Hier geht das Flirten sowieso meist über den privaten Mail-Account weiter. Viele Match.com-User flirten privat über den Messenger weiter. (Instant Messaging heißt so viel wie »sofortige Nachrichtenübermittlung«. Dem Chatten ähnlich ermöglicht es den Teilnehmern, nahezu in Echtzeit Nachrichten auszutauschen. Dazu muss ein spezielles Programm, ein Instant Messenger wie »ICQ« oder »MSN«, installiert werden.) Ich habe den Messenger bisher nicht benutzt, mir reicht der normale E-Mail-Kontakt.

Parship ist das langsamste Forum, das ich kenne. Hier kann es Tage dauern, bis man eine Antwort erhält. Bei Neu.de kannte ich nach einigen Monaten die Dauer-Surfer im Forum. Was ich besonders nervig fand: Ich hatte eine Art Fanclub, bestehend aus Herren, die immer wieder auf »nette Art« ihr Glück versuchten. Ich habe also den leichten Weg gewählt, mein Profil gelöscht und mich erst bei Yahoo-Dating, dann später bei Match.com angemeldet. Es scheint, als wären Match.com und Yahoo-Dating inzwischen ein eheähnliches Verhältnis eingegangen, denn ich habe in den letzten Monaten meiner Mitgliedschaft bei Match.com immer wieder

Zuschriften von Yahoo-Usern erhalten. »Wie gefällt es dir hier bei Yahoo?« Anfangs dachte ich, ich hätte es mit einem Internetsüchtigen zu tun, der in allen möglichen Börsen gleichzeitig unterwegs ist und einfach das Forum verwechselt hat. Doch auf die entsprechende Frage meinerseits war »Mann« sich ganz sicher, von Yahoo aus gestartet zu sein:

SEGELFAN (62): »*Ich bin passionierter Segler und es würde mich sehr betrüben, würde ich mich derart vernavigieren. Ich bin mir absolut sicher, dass ich im richtigen Fahrwasser bin. Auch meinen Heimathafen kenne ich genau: Es ist Yahoo-Dating.*«

MATCH.COM

Match.com habe ich noch in der ersten Version erlebt. Nach zwei Tagen in dieser Partnerbörse – als zahlendes Mitglied (52,50 Euro für drei Monate) – hatte ich ungefähr verstanden, wie die Kontakte laufen. Damals nämlich noch nicht innerhalb der Plattform, sondern verschlüsselt über meine private E-Mail. Nach zwei Tagen »herummatchen« hatte ich komplett den Überblick verloren. Ich wusste nicht mehr, wer wer ist. Ich hatte dafür zwar eigens eine zweite E-Mail-Adresse auf meinem Computer angelegt, die sich im Zweifelsfall löschen ließ. Einen Message-Verlauf im Forum selbst gab es zu dieser Zeit noch nicht. Ich hätte eigene Ordner auf meinem Computer anlegen müssen, um die Mail-Flut zu katalogisieren. Immerhin konnte »frau« sehen, wer die eigene VK besucht hat, und so den einen oder anderen wiederfinden. Meine Selbstdarstellung in eigenen Worten fand ich ganz schön schwierig und deutlich aufwendiger als bei Neu.de, aber es hat mir geholfen, mir klar darüber zu werden, was mir bei einem Partner wirklich wichtig ist. Herausgekommen ist meine Selbstdarstellung, wie ich sie auf den ersten Seiten dieses Buches angegeben habe. Das Hochladen eines

Fotos war einfach. Mehr als ein Foto war zu Anfang nicht möglich, was ich nach der Foto-Flut in anderen Börsen eigentlich ganz angenehm fand. Außerdem legte das Match.com-Team großen Wert auf seriöse Darstellungen und gab das Foto erst nach Begutachtung frei. Damit fallen viele seltsame Selbstdarstellungen weg.

Stiftung Warentest hat Match.com mit einer 2,4 bedacht (16 Singlebörsen im Test, Heft 10/2005) und somit schon die alte Version dieser Partnerbörse für gut befunden. Seither hat sich bei Match.com viel getan. Die neue Match.com-Version besitzt einen Message-Verlauf innerhalb des Forums. Es ist übersichtlicher geworden. Dazu lassen sich 21 (!) Fotos ins Netz stellen. Im Bereich »Wer hat mein Profil angesehen« fand und findet man auch eine Online-Funktion, die anzeigt, wer gerade aktiv ist, allerdings gibt es nicht die Möglichkeit zu einem Direkt-Chat. Was die ganze Konversation natürlich erheblich verlangsamt, wenn man Match.com zum Beispiel mit Neu.de vergleicht.

Positiv: Der Umgangston ist sehr höflich, der Altersdurchschnitt entspricht meinen Vorstellungen. Die Kontakte sind international, oft in Englisch. Schön, wenn man über Brieffreundschaften seinen Englischwortschatz aufbessern kann. Für mein Anliegen ist das aber am Thema vorbei: Was nützt mir ein Mann aus Dubai, Chile oder Japan? Aber das ist meine persönliche Ansicht. Auch neu: »Mann« kann »Zwinkerer« verschicken, das heißt ohne Kommentar, also ohne großen Aufwand, die eigene Web-Visitenkarte schicken, und »Mann« scheint das zu lieben. Meine Mailbox ist fast geplatzt vor lauter »Zwinkerern«. Als Antwort kann »frau« eine E-Mail zurückschicken, zurückzwinkern oder ein »*Nein danke*« ankreuzen. Fallen die letzten beiden Varianten eigentlich noch unter Kommunikation? Diese »Zwinkerer« sind das Pendant zu den »Virtuellen Küssen« bei Yahoo-Dating oder den »Flashs«, die es neuerdings bei Neu.de gibt. Die »Zwinkerer« lassen sich leider nicht abstellen. In den ersten Tagen haben mir bereits 96 Herren zugezwinkert. Aber sorry: Ich finde, unter erwachsenen Menschen, die ernsthaft nach einem Partner suchen, sollte bei der ersten Kontaktaufnahme mindestens ein vollständiger Satz formuliert werden.

Auf »Zwinkerer« reagiere ich nicht, höchstens allergisch, und das habe ich auch in mein Profil geschrieben.

MATCH.COM IN KÜRZE: »*Testsieger 10/2005« bei der Stiftung Warentest. Ca. 1.800.000 Mitglieder im deutschsprachigen Raum. Über 20 Millionen aus sechs Kontinenten. Premium-Mitgliedschaft erforderlich, um Mails zu versenden und zu beantworten. Kosten: Von 25 Euro für einen Monat bis 75 Euro für ein halbes Jahr. Ernsthaft Partnersuchende sind hier richtig. Der »schnelle Flirt« tritt hier mangels Chatfunktion innerhalb des Forums in den Hintergrund.*

YAHOO-DATING

In den ersten Tagen gehen bei mir Dutzende »Virtuelle Küsse« ein, die mich animieren sollen, Kontakt zu den jeweiligen Mitgliedern aufzunehmen. Grauenhaft. Die »Virtuellen Küsse« sperre ich also erst einmal. Immerhin ist das bei Yahoo möglich, anders als bei den »Zwinkerern« von Match.com.

Auch Yahoo-Dating hat es bei Stiftung Warentest auf eine 2,4 gebracht. Im gleichen Test wie Match.com. Beide Singlebörsen sind ähnlich aufgebaut. Besser als bei Match.com gefällt mir der Message-Verlauf innerhalb der Flirtbörse. Allerdings gibt es auch hier keinen direkten Chatroom im Forum selbst, nur die Anzeige, dass verschiedene »User« online sind. Ich bin zahlendes Mitglied für drei Monate (52,50 Euro), habe drei von möglichen fünf Fotos hochgeladen, eine Selbstdarstellung formuliert und diesen Text auf die Visitenkarte gesetzt. VK-Fotos und Text werden, wie bei Match.com auch, durch die Redaktion geprüft, was es Fakes (gefälschten Profilen) schwerer macht. Bei Neu.de zum Beispiel habe ich virtuell schon einige Brad Pitts und George Clooneys getroffen. Ja, sogar der Papst war dabei. Diese offensichtlichen Fakes fallen bei strenger redaktioneller Prüfung natürlich weg, was aber auch den Unterhaltungsfaktor reduzieren kann. Eine Garantie, dass hinter den angezeigten Profilen tatsächlich die beschriebenen Personen stecken, gibt es allerdings nie!

Die meisten Männer, die Interesse bekunden, sind räumlich erreichbar, das heißt aus dem deutschsprachigen Raum. Nur Kontakte aus den USA sind ebenfalls häufiger in der Mailbox zu finden. Meist handelt es sich dabei um deutschstämmige Auswanderer. Was den Umgangston betrifft, steht Yahoo-Dating Match.com in nichts nach. Neben den »Virtuellen Küssen« gibt es bei Yahoo außerdem vorgefertigte Telegramme, die gerne für Erstkontakte genommen werden. »Tolle Bilder. Erzählst du mir mehr von dir?« ist eines davon. Besser als virtuelle Küsse, aber ein persönlicher Satz wäre mir lieber. Ich komme mir dabei vor, als wäre ich im Verteiler einer Massen-Mail-Aktion. Nach dem fünfzigsten »Dein Lächeln gefällt mir, erzählst du mir mehr über dich« wird es langweilig, und ich sehe nicht mehr ein, warum ich mir die Mühe machen soll, etwas Persönliches zu schreiben. »Danke, aber ich glaube, wir passen nicht zusammen« aus der Abteilung »Vorgefertigte Antwortsätze« ist bei mir schließlich im Dauereinsatz und wahrscheinlich irgendwann nur noch in verwaschenem Hellgrau zu lesen statt in sattem Schwarz. Diese für mich klare Absage wird von der Gegenseite allerdings nicht als Nein anerkannt, sondern lediglich als Diskussionsgrundlage für Vielleicht-geht-ja-doch-irgendwas-irgendwie. Ich wechsle zum Vordruck: »Danke, aber ich bin gerade dabei, jemand anderen kennenzulernen.« Der männliche Gedankengang scheint zu sein: Hier hat ein anderer gewonnen! Es ist der einzige Antwortsatz, bei dem ich sicher sein kann, dass meine etwas andere Formulierung von »Danke, ich will nicht« Erfolg hat und ich meine Ruhe. Natürlich sind die guten alten E-Mails auch hier nicht ganz aus der Mode gekommen. Ich hatte einige sehr unterhaltsame Konversationen. Genau wie bei Match.com auf gehobenem Niveau. Beide Partnerbörsen haben mir gut gefallen. Seriös Partnersuchende sind hier bestens aufgehoben.

Nachtrag: Auf der Yahoo-Dating-Seite steht inzwischen offiziell: Provided by Match.com. Mein Eindruck war also richtig. Beide Börsen – sind es eigentlich noch zwei? – arbeiten zusammen.

WWW.DATING.YAHOO.DE IN KÜRZE: *Geschätzte Mitglieder 240.000. »Testsieger 10/2005« bei der Stiftung Warentest. Yahoo-Dating ist eine der führenden Singlebörsen auf dem amerikanischen Markt. Kostenlos kann man bislang noch eine Kontaktanzeige mit Fotos aufgeben, die volle Suchfunktion nutzen und auf Flirt-Mails reagieren. Nur wer zahlt, kann selbst flirten. Die Premium-Mitgliedschaft kostet ab 19,90 Euro pro Monat.*

BILDKONTAKTE

Erst einmal Luft holen. Das ist eine deutlich schnellere Flirtline als Match.com oder Yahoo-Dating. Auch schneller als Neu.de, was im Tempo schon deutlich über den beiden Erstgenannten liegt. Schnell heißt in diesem Fall: Kaum ist eine Mail beantwortet, sind schon drei neue im Posteingang. Am ersten Tag bin ich über Stunden im Dauereinsatz, um die Mail-Flut einzudämmen. Ich bediene mich dazu aus der umfangreichen, animierten Smiley-Liste, die Bildkontakte.de ihren Usern zur Verfügung stellt. Smileys, die wutentbrannt einen Computer zerkleinern, Küsse verteilen, rot werden, eine La-Ola-Welle fabrizieren oder Dinge in aller Öffentlichkeit tun, für die wir in der realen Welt aus moralischen Gründen weggesperrt würden. Smileys für jede Lebenslage. Wie kleine Insekten hüpfen sie über meine Mails. Ich fertige ein »Danke« plus knicksendem Smiley-Girl vor. Das kopiere ich inzwischen in fast jede Antwortmail.

Ich beantworte NATÜRLICH immer noch jede Mail. Olivia lächelt darüber. Ich empfinde es nach wie vor als einen Akt der Höflichkeit. Hier stoße ich allerdings an meine Grenzen. Wer hat denn so viel Zeit? Der Inhalt: inhaltslos. »Hey schöne Frau« – »Wie geht's« – »Tolle Augen« – und immer knickst mein dankendes Smiley-Girl-mit-Schleifchen brav in meiner Antwortmail. Was soll das?!? Was mach ich hier!?! Ich habe aber durchaus ein paar

»Gespräche« nebenbei laufen. Ja. Richtige, ganze Sätze. Denn natürlich bestätigen auch hier Ausnahmen die Regel. Ein User erklärt mir sehr nett, wie es in diesem Forum so läuft. Ich erfahre von meinem Chatfreund, dass ich gerade die Number One bin?! Die Erklärung: Bei Bildkontakte.de gibt es für alles eine Voting-Liste. Für die fleißigsten Chatter, die attraktivsten User. Dort befinde ich mich gerade mit meinem Foto auf Platz Nummer eins der Damenriege. Wow! Ich gebe zu, ich war ein bisschen stolz. Na und? Kleine Schwächen sind erlaubt :-). Judith (41) kommt noch vor Sandra (23), Melly (17) und hundert anderen attraktiven Twenty-Somethings. Okay. Tut dem Ego ja auch mal gut. Aber, wie schon erwähnt, Bildkontakte.de ist eine superschnelle Kontaktbörse, in der nicht nur die Mails hin- und herfliegen, sondern auch die ruhmreichen Momente schnell verfliegen. Mein Chatpartner verabschiedet sich von mir, er muss seine Kinder verköstigen (?). Endlich habe ich Zeit, mir sein (?) Profil anzusehen. Er ist eine Sie! Schon wieder sind wir bei einer Besonderheit von Bildkontakte. de. Innerhalb des Forums können auch Frauen mit Frauen chatten. Bei vielen anderen Portalen ist das nicht möglich. Aber in diesem Forum geht es wohl auch um freundschaftliche Bande. Drei mir völlig fremde Herren haben mir bereits offiziell ihre Freundschaft angeboten, die ich per Tastendruck annehmen oder ablehnen kann. Sorry, das ist mir zu blöd. Ich bekomme eine Anfrage seitens des Systems, ob ich einen Eintrag in mein Gästebuch zulassen möchte. So was hab ich auch? Keine Ahnung. Meinetwegen. Natürlich betrete ich neugierig den Chatroom. Etwas betreten verlasse ich ihn kurze Zeit später wieder. Ich habe nichts von dem »Gespräch« verstanden. Die meisten der Chatter sind weit unter 30. Vielleicht ist das die Lösung? Als mich dann noch irgendein Kerl virtuell beschimpft, weil ich seine Mail in dem Wust, anscheinend ohne sie zu lesen, weggeklickt habe (O-Ton: *»Du Tusse, Du bist doch 'n Kerl!«),* melde ich mich ab und fühle mich irgendwie befreit. Bezahlt habe ich für diese Woche nichts. Das war eine Versuchsversion. Nur Nerven gelassen. Einzig mein knicksendes Smiley-Girl fehlt mir irgendwie.

Bei Bildkontakte.de ist nicht nur die Taktung der Mails schneller, sondern auch der Umgangston lockerer. Man hat dort die Möglichkeit, komplexere Bild-Smileys in die Nachrichten einzubauen. Als ein User – seine VK sagt »verheiratet« – nicht verstehen wollte, dass ich mich nicht als Nebenfrau rekrutieren lasse, konnte ich ihm das durch die entsprechenden aussagekräftigen Smileys nachdrücklich vermitteln.

Natürlich habe ich mir den Scherz erlaubt, auch meine Freundin Olivia bei Bildkontakte anzumelden. Sie hat genau den spitzen Schrei losgelassen, den ich erwartet habe, als sie das erste Mal in ihre Bildkontakte-Mailbox geschaut hat. O-Ton: »*Neeee!!!! Ja, die spinnen doch! 90 Mails. Da geh ich sofort wieder raus!!!!!*« Ist sie natürlich nicht. Dazu ist sie viel zu neugierig. Aber auch bei ihr hat es nur drei Tage gedauert, bis ihr dieses Forum zu viel wurde. Hier sind diejenigen richtig, die Spaß an leichter Unterhaltung haben. 40-Plusler auf der Suche nach einem passenden Partner sind hier ganz klar falsch. Der Altersdurchschnitt liegt weit unter dreißig.

WWW.BILDKONTAKTE.DE IN KÜRZE: *Alle wichtigen Kontaktfunktionen für Frauen und Männer sind kostenlos. Eine bemerkenswert lebhafte Community mit rund 930.000 registrierten Mitgliedern. Zielgruppe sind kontaktfreudige Singles jedes Alters, die an lockeren Chats oder Flirts Spaß haben. Mein Eindruck: Jüngere User unter 30 sind hier deutlich in der Überzahl. Alle Profile haben ein Foto. Premium-Mitgliedern stehen Zusatztools zur Verfügung. Mitgliedsbeitrag zwischen 3,98 Euro für eine Woche bis 99,90 Euro für 24 Monate.*

Auch das gibt es inzwischen: Videoseiten (z. B. www.chatlovers.de). Hier wird sogar damit geworben, dass man mit seinem Video Geld verdienen kann. Was das heißt, dürfte klar sein. Aber auch »normale« Foren bieten neben dem klassischen Text-Chat auch andere Möglichkeiten an. Voice-Chats gibt es z. B. bei Finya. Allerdings habe ich den Eindruck, dass Menschen meiner Altersklasse so was überflüssig finden und froh sind, wenn sie mit den »normalen« Möglichkeiten des Internets umgehen können.

Neu.de

Hier fühle ich mich heimisch, denn hier habe ich mit meinen Online-Aktivitäten begonnen. Deshalb bin ich auch eher Neu.de-freundlich eingestellt. Allerdings fällt der anfängliche Kostet-nix-Faktor für Frauen inzwischen leider weg. Es ist noch gar nicht lange her, da durften Frauen bei Neu.de gratis surfen. Die Herren mussten dagegen zahlen, was zugegebenermaßen ein bisschen ungerecht war. Der Gerechtigkeit ist inzwischen also Genüge getan. Wer Neu.de sinnvoll nutzen möchte, muss sich als zahlendes Mitglied anmelden. Egal ob Mann oder Frau.

Bei Neu.de geht nichts ohne Bild. Ich habe es ausprobiert und nach zwei Monaten Partnersuche meine Fotos für einen Monat gelöscht. Ansonsten blieb meine Visitenkarte unverändert im Netz. Ohne Fotos ist die Resonanz gleich null! Einige Herren, mit denen ich zu meinen »bildhaften« Neu.de-Zeiten ab und zu Kontakt hatte, schauen immer mal wieder nach – das kann man anhand einer Besucherliste sehen –, aber Mails gehen nicht ein. Um das festzustellen, brauche ich nicht einmal das Portal zu betreten. Die Neu.de-Redaktion schickt mir, falls mich ein User angeschrieben hat, eine Nachricht auf meine Privat-E-Mail. Um die Original-Mails zu lesen, muss ich mich dann allerdings bei Neu.de einloggen. Das ist ein Service, den viele andere Flirtbörsen auch bieten und der sich natürlich auch abstellen lässt.

Die Favoritenliste ermöglicht den Überblick, wer der von mir als interessant eingestuften Herren online ist. Anders als bei Match.com oder Yahoo-Dating gibt es bei Neu.de die Möglichkeit, im Portal in trauter Zweisamkeit einen Privat-Chat zu führen. Zum Privat-Chat wird »frau« von interessierten Usern eingeladen und kann dann annehmen oder ablehnen. Diese schnelle Version des E-

Mail-Austauschs gefällt mir sehr gut, aber ich liebe es auch, mich mit wortgewandten Männern auszutauschen. Meine Freundin Olivia ist da anderer Meinung. Sie fühlt sich gerade von der Schnelligkeit gestresst und bevorzugt das übliche Mailing, was bei Neu.de auch schon sehr viel schneller ist als bei Match.com oder Yahoo. Bei Neu.de kommt die Mail-Antwort oft innerhalb einer Minute. Bei den beiden anderen Foren variiert das zwischen einigen Stunden und Tagen. Bei Parship geht es noch gemächlicher zu. Also: Schnell und langsam ist auch im Internet relativ.

Allerdings ist bei Neu.de die Anzahl der Fake-Profile (gefälschte Darstellungen) sehr viel höher als bei Match.com. Ganz offensichtlich wird das, wenn »frau« auf George Clooney, Brad Pitt oder den Papst trifft. Diese Fotos hätten bei einigen Online-Portalen keine Chance, durch die redaktionelle Prüfung zu kommen. Dafür ist der Unterhaltungswert bei Neu.de größer, ich habe sehr viele lustige Momente in diesem Portal erlebt. Der Flirtfaktor steht hier im Vordergrund, die ernsthafte Partnersuche ist erst einmal nur als »Unterton« zu spüren. Bestes Hilfsmittel gegen allzu nervige User ist der »Blocken«-Button, der es diesen Herren unmöglich macht, weitere Mails zu schicken. Der ist auch bei anderen Partnerbörsen zu finden. Ich habe ihn innerhalb eines Jahres nur zweimal benutzen müssen.

WWW.NEU.DE IN KÜRZE: *Im Februar 2008 wurde Neu.de mit Meetic, dem größten Kontaktanzeigen-Portal Europas, zusammengelegt. Registrierte Mitglieder: ca. 5 Millionen in Deutschland. Auch hier gilt: Nur Premiummitglieder können uneingeschränkt flirten. Ab 24,95 Euro für einen Monat, bei drei oder sechs Monaten zahlt man monatlich weniger.*

FINYA

Finya ist eine der Flirtlines, die ich auf jeden Fall empfehlen kann. Das Portal finanziert sich über Werbung, dafür ist es für Männer und Frauen kostenlos. Es ist eine sehr einfach zu bedienende Plattform. Es gibt die Rubrik »My Finya«, wo sich das Profil bearbeiten lässt. Zum kompletten Profil gehören: ein Foto, ein Fragenkatalog, ein Message-Verlauf, ein Gästebuch, ein Chatforum, ein Internet-Telefon. Die Telefonmöglichkeit habe ich nie benutzt. Ich habe auch niemals jemandem etwas in sein Gästebuch geschrieben. Das ist ähnlich wie ein Poesiealbum zu Schulzeiten. Jeder kann es lesen, man erfährt da einiges über den Besitzer. Zum Beispiel, ob er intelligent mit dusseligen Einträgen umgeht. Er kann dazu nämlich ein Statement schreiben. Ob er dusselig auf intelligente Einträge reagiert. Ob er überhaupt reagiert. Es ist möglich, Einträge im eigenen Gästebuch zu löschen, wenn man sie nicht mag.

Finya scheint in enger Beziehung zu Parship zu stehen, denn man wird direkt zum Partnertest von Parship gelotst. Außerdem findet sich die Werbung von Parship häufig auf der Finya-Plattform. Überhaupt geht ständig ein Pop-up-Fenster mit Werbung auf. Mich hat das nie gestört. Ein Klick, und es ist weg. Ebenfalls in Mausklickschnelle kann man durch die User-Fotogalerie blättern. Egal was »frau« sucht, ob einen Partner in einer bestimmten Altersklasse, in einer besonderen Region, alles lässt sich vorher als Suchkriterium festlegen. Auch möglich: Die Option »ist online«, um gleich mit einem anderen User, egal ob Mann oder Frau, in Kontakt zu treten. Bei einem Voting lassen sich Attraktivitätspunkte vergeben. Aber anders als bei Bildkontakte haben die meisten diese Funktion ausgeschaltet. Sie ist einfach nicht wichtig.

Mir gefällt es sehr gut bei Finya, und ich glaube, auch mit einem festen Partner würde ich hier bleiben, um einige Bekanntschaften zu pflegen. Das ist für mich eine neue Einstellung, denn bisher habe ich mich von virtuellen Freundschaftsangeboten eher verfolgt gefühlt. Auf dieser Plattform bin ich entspannter, denn bis auf einen einzigen Mann konnten bisher alle gut mit einem »*Nein danke*« in Sachen Partnerschaft umgehen und waren danach auch nicht mehr aufdringlich. Finya ist, nach meinem Empfinden, etwas norddeutsch-lastig. Olivia surft hier natürlich auch herum. Sie hat sich über die begrenzte Auswahl an Kölnern beklagt. Doch insgesamt ist Finya genau das richtige Unterhaltungsportal für sie. Der Umgangston ist freundschaftlich-nett. Alle Alterklassen sind hier vertreten. Darunter natürlich auch viele Männer unter 40. Olivias Zielgruppe. Sie hat hier einige ehemalige Kontakte aus Neu.de wiedergefunden und sich sehr darüber gefreut. Außerdem ist es supereinfach zu bedienen. Wir können uns sogar gegenseitig E-Mails schicken, das ist, wie gesagt, nicht in jedem Forum so. Olivia ist bei mir unter »My Friends« gespeichert, und ich kann sehen, wann sie online ist. Dann weiß ich: Sie ist zu Hause, und ich kann sie anrufen :-) Zugegeben, das ist die antiquierte Art, aber bei Freunden ist mir das eigentlich immer noch die liebste Form der Kommunikation. Bei Finya kann man außerdem ein Sprachprofil erstellen und Sprachnachrichten schicken. Beides habe ich nie probiert und selbst auch nie eine Sprachnachricht erhalten. Dazu gibt es noch die Möglichkeit, ein zur Plattform gehörendes Telefon zu nutzen. Das ist gut, wenn man sehr vorsichtig mit der Herausgabe der eigenen Telefonnummer umgehen möchte.

WWW.FINYA.DE IN KÜRZE: *Laut www.datingjungle.de liegt das Portal im guten Mittelfeld der Gratis-Partnerportale. Finya bietet einen umfangreichen Service: Singlebörse, Fotovoting und Kontaktanzeigen sind hier vereint. Das Ganze ist sehr übersichtlich gestaltet, schnell und vor allem komplett kostenlos für alle.*

MEIN TIPP: Der Kostet-nix-Faktor ist ein Argument für Anfängerinnen. Weitere kostenlose Singlebörsen findet man unter *www.datingjungle.de/kostenlose-partnersuche.htm.*

PARSHIP

So, jetzt ist es passiert. Ich bin gerade 179 Euro losgeworden für eine sechsmonatige Mitgliedschaft bei Parship. Ich will jetzt wissen, ob meine Freundin Brunhild recht hat mit ihrer Behauptung, dass, wenn Partnersuche über das Internet überhaupt funktioniert, dann hier.

Ihr Argument: Bei Parship würde keiner durch ein Foto abgelenkt. Hier ginge es erst einmal um die Persönlichkeit. Dazu sei die Mitgliedschaft nicht billig, und das hielte die »Unseriösen« ab. Ich bin grundsätzlich anderer Meinung. Ein Foto ist mir wichtig. Daran kann ich schon zu 80 % erkennen, ob der Mann zu mir passt oder nicht. Mit einem Partner möchte ich schließlich nicht nur über den Weltfrieden diskutieren, und wenn es um körperliche Nähe geht, dann brauche ich ein gepflegtes, knackiges Gegenüber. Einen Mann, den ich gerne anfasse. Und ob Geld mit gutem Charakter gleichzusetzen ist, bezweifle ich. Trotzdem: Versuch macht klug, und es geht hier nicht darum, recht zu haben, sondern darum, einen Partner zu finden. Also nehme ich mir die Zeit, den Persönlichkeitstest bei Parship auszufüllen. Ich werde gefragt, welche der gezeigten Formen mir besser gefällt. Kreuze die Möglichkeit zwischen A und D an, die auf die gestellte Frage für mich am ehesten zutrifft …

Eine Viertelstunde später habe ich mein Ergebnis. Sehr umfangreich werden meine verschiedenen Lebensbereiche in Skalen dargestellt. Meine Persönlichkeit setzt sich demnach so zusammen: 18 % Gefühl (sollte ich jetzt beleidigt sein?), 56 % Instinkt (damit ist Darwins Theorie bestätigt!?), 26 % Verstand (Ist das zu viel für eine Blondine, muss ich jetzt die Haarfarbe wechseln?). Als Text hört sich das so an: »*Sie lassen sich in Ihrem Verhalten gern von Ihren Instinkten leiten und geben gern und oft Ihren Bedürfnissen nach (56 %). Da Sie zudem aber auch recht realitätsbezogen und umsichtig sind (Verstand-Anteil 26 %), bleibt der äußere Erfolg nicht aus. Gefühle spielen bei Ihren Entscheidungen meist keine große Rolle (Gefühls-Anteil 18 %).*«

Sorry, aber damit bin ich überhaupt nicht einverstanden. Die Entscheidung, um die es hier geht, hat NUR mit Gefühl zu tun! Das fängt ja schon gut an. Das ist also die Basis, auf der der Paarungscomputer von Parship meine möglichen Partner auswählt. Nicht ohne mir noch ein paar Tipps mit auf den Weg zu geben: »*Die Unterdrückung herzlicher, gefühlsbetonter Momente lässt Sie sonst leicht unterkühlt und Ihre Entscheidungen womöglich egoistisch erscheinen. Im Geschäftsleben mag das durchaus angemessen sein, aber eine Frau, die einen echten Partner sucht, wünscht sich im Zweifel doch ein wenig mehr Zuwendung und Herzenswärme.*«

Anscheinend hat mich das System in die Kategorie »Geschäftsmann« eingeordnet. Na toll!

Immerhin erscheinen auf meinem Profil unter »Partnervorschläge« durchweg Männer. 19 Seiten zeigen mir je zehn Herren, die prozentual mal mehr, mal weniger mein Mr. Right sein könnten. Sagt der Computer! Klar sehe ich jetzt immer noch nicht, was natürlich hauptsächlich an den verschwommenen Fotos liegt, die von den »Usern« erst freigegeben werden müssen, damit »frau« sich ein Bild von ihrem neuen Brieffreund machen kann. Genau hier habe ich Bedenken. Wenn ich direkt ein Foto sehe, kann ich auch direkt sagen, ob dieser Mann ein möglicher Partner für mich werden könnte. Kommt er für mich nicht infrage, schreibe ich ihn natürlich nicht an. Bekomme ich aber von ihm Post, dann versuche ich einen »guten Grund« in seinem Profil zu finden, um ihn mit meiner Absage nicht zu kränken. Argumente, die ich gerne benutze, sind zum Beispiel: Zu weit weg. Keine gemeinsamen Interessen. Kinderwunsch seinerseits. Das sind höfliche Möglichkeiten eines geordneten Rückzugs, die niemanden persönlich beleidigen. Wenn ich mich aber erst mit einem Mann beschäftige und hin und her maile. Er ist dann garantiert auch noch nett, denn sonst gäbe es keinen großartigen Kontakt. Dann schaltet er sein Foto frei. Ich erschrecke mich! Und jetzt? »*Sorry, aber du gefällst mir nicht!?*« Mal ehrlich. Das ist doch absolut gemein. So was möchte ich nicht sagen. Hier fängt für mich die Misere an. In solchen Fällen versuche ich, diesen Kontakt durch lange Pausen auslaufen zu lassen, winde mich bei jeder neuen Mail wie ein Wurm, um bloß nicht in die *»Lass uns doch mal treffen«*-Schiene zu geraten. Das klappt zu 50 %. Der andere verliert die Lust oder ist so feinfühlig zu erspüren, dass wir nicht zusammenkommen. Die anderen 50 % erkennen das nicht oder wollen es auch nicht erkennen. Die habe ich als eine Art Pseudofreunde an der Backe. Den richtigen Moment für eine Absage habe ich verpasst, und der kommt auch nicht wieder. Es hilft in diesen Fällen auch überhaupt nicht, mit Sätzen zu arbeiten wie: *»Klar können wir uns auf einen Kaffee treffen. Aber erwarte bitte nicht zu viel davon.«* Nur bei feinfühligeren Menschen kommt diese Botschaft als *»Du kommst für mich als Partner nicht infrage«* deutlich an. Aber die gehören ja zu den ersten 50 %, die sich bereits verabschiedet haben. Übrig bleiben die Männer, die diese Zwischentöne überhören. Irgendwann kommt bei mir dann der Punkt, an dem mir ein Ende mit Schrecken lieber ist als ein Mailkontakt ohne Ende, denn der wird bei Desinteresse meinerseits immer seichter und irgendwann sogar peinlich. Trotzdem trudeln die Mails weiterhin ein, und ich fühle mich verpflichtet, sie zu beantworten. Blöde Situation, der ich nur mit einem Treffen ein Ende bereiten kann.

Ein Beispiel: Er ist aus der Werbebranche. Das lässt immerhin auf Gemeinsamkeiten hoffen. Unser Mailkontakt ist okay bis unterhaltsam. Dann schaltet er sein Foto frei, und – sorry – das geht gar nicht. Ich versuche die *»Ich verschwinde langsam von der Bildfläche«*-Masche. Stelle meinen Mailkontakt ein mit der Begründung: *»Sorry, ich habe viel zu tun.«* Doch keine Chance, aus der Nummer herauszukommen. Nach einigen Wochen kommt es zu einem Treffen. In meiner letzten Mail habe ich deutlich zu verstehen gegeben, dass er nicht zu viel von diesem Date erwarten sollte. Vielleicht wird daraus ja eine Freundschaft?

Wir treffen uns in einem Coffee-to-go-Laden. Ich erkenne ihn nicht. Er mich sofort. Er sitzt schon da mit einem Kaffee. Ich hole mir auch einen an der Theke. Als ich in der Schlange vor der Kaffeetheke stehe, verfluche ich mich selbst, dass ich mich darauf eingelassen habe. Die Begrüßung war mir schon unangenehm. So verkrampft. Selbst schuld. Da muss ich jetzt durch. Ich setze mich also zu ihm auf die Bank vor das Café. Unsere Unterhaltung dreht sich weitgehend um sein berufliches Tun. Ich sitze da, höre zu, und meine Meinung festigt sich, dass es reine Freundschaften zwischen Männern und Frauen nicht gibt. Warum versuche ich es also immer wieder? Wir wechseln das Lokal. Um die Ecke gibt es ein Eiscafé. Ich bin froh, dass ich mich bewegen kann. Er ist ziemlich groß und breit und quetscht sich mir gegenüber hinter das kleine Caféhaustischchen auf die Bank.

Irgendwie wirkt er so, wie ich mich fühle: fehl am Platz. Mir fällt kaum etwas ein, was ich zum Gespräch beitragen kann. Das ist selten. Also redet er: »*Ich habe mir gestern ein Stück vom Vorderzahn herausgebrochen*«, lässt er mich wissen, »*so was passiert ja immer vor einem Date!*« Nach diesem Satz weiß ich: Er hat meine Bemerkung mit dem »*Bitte nicht zu viel erwarten*« völlig überhört. Das erklärt auch, warum er so nervös mit dem Fuß wippt. Ich habe einen Kloß im Magen. Ich will hier weg. Ich habe mich, ganz bewusst, mit einer Freundin zum Kaffee verabredet und nur eine Stunde für dieses Treffen eingeplant. Die ist mir vorgekommen wie eine Ewigkeit. Ich zahle unsere Rechnung und bin froh, dass ich gehen darf. Beim Verlassen des Lokals versuche ich nicht gehetzt auszusehen. Ich komme mir blöd vor. DAS hätte ich uns beiden wirklich ersparen können. Fazit: Es hilft niemandem, sich aus purer Höflichkeit zu treffen. Am Abend erhalte ich eine SMS: »*... und, wie viele Punkte habe ich bekommen?*« Darauf weiß ich wirklich keine Antwort.

Ich frage meinen Freund George, wieso Männer meine Bemerkungen im Vorfeld nicht beachten und warum ich mich bei solchen Treffen so schlecht fühle. Er ist schließlich Coach und sollte die Männer nicht nur deshalb besser verstehen als ich, sondern natürlich auch, weil er selbst einer ist. George: »*Wenn du dich mit einem Mann triffst, auch wenn du vorher klargestellt hast, dass du nicht mehr von ihm willst als reine Freundschaft, wird er aus der Tatsache, dass du dich nett mit ihm unterhältst, immer den Schluss ziehen, dass er trotz deiner Aussage eine Chance hat. Du fühlst dich dann natürlich schlecht, weil er dabei eine Grenze übertritt, die du gesetzt hast, und du dich als Person respektlos behandelt fühlst ... Also: Ich glaube, es ist nahezu unmöglich, eine Freundschaft zwischen Mann und Frau zu entwickeln, wenn einer von beiden an einer Partnerschaft interessiert ist.«*

Wie dem auch sei, ich habe mir mit meinem Parship-Profil durchaus Mühe gegeben. So sieht es aus:

EIN TAG IST FÜR MICH PERFEKT, WENN: *»ich keine der spaßigen Spaßmails erhalte.«*(Spaßmails sind eine Sonderform der Kontaktaufnahme bei Parship, die ich sehr sonderlich finde. Beantwortet »frau« die verschiedenen Fragen der Spaßmail korrekt, gibt der Herr als Belohnung seine Fotos zur Sichtung frei.)

FÜNF WORTE, UM MEIN ÄUSSERES ZU BESCHREIBEN: *»Mit dreißig haben wir das Aussehen, das uns die Natur geschenkt hat. Mit vierzig haben wir das, was wir verdienen. Ja, ich bin eitel! Im positiven Sinne. Ich treibe viel Sport, esse gesund und gehe überhaupt sorgfältig mit mir um. Ich mag mich, und wenn ich jemanden mag, bin ich nett zu ihm ;-) Ich wünsche mir einen Partner, der das ähnlich sieht und seine beste Version lebt.«*

EIN ORT, AN DEM ICH MICH BESONDERS WOHLFÜHLE: *»Ich liebe jeden Strand dieser Erde, wenn die Außentemperatur deutlich über 20 Grad liegt. Aber auch dem Gardasee kann ich mehr als eine schöne Seite abgewinnen. Nach dem Motto: Wenn ich diesen See seh', brauche ich kein Meer mehr! Das Hochgebirge finde ich ausgesprochen eindrucksvoll und würde gerne einmal von Bozen über den Brenner nach Venedig wandern. Außerdem kann ›Mann‹ mich in jeder Metropole dieser Welt aussetzen. Nicht zum Shoppen, das finde ich eher langweilig. ... Und keine Sorge. Ich habe eine eigene Kreditkarte.«*

WAS MEIN PARTNER ÜBER MICH WISSEN SOLLTE: »*Das ist ein Ausschnitt aus meinem Parship-Test: ›Für die Partnerwahl bedeutet das, dass Sie bei einem Mann durchaus auch einen Beschützerinstinkt wecken und daher für einen starken, selbstbewussten Mann eine reizvolle Partnerin sind. Für einen sehr sanften Mann eignen Sie sich zwar als gute Freundin, aber nicht unbedingt als Partnerin.‹ Ich bin mir nicht so sicher, dass dieser Paarungscomputer von Parship weiß, was er tut ;-) Meine Selbstbeschreibung klingt so: Ich bin ein sehr unabhängiger Mensch, liebe das großstädtische Leben, meinen Beruf und bin relativ viel auf Reisen ...*«

ZWEI SACHEN, VON DENEN ICH MICH NIE TRENNEN KÖNNTE: »*Ich bin stolz darauf, überhaupt nicht an ›Sachen‹ zu hängen.*«

WENN ICH NICHTS ZU TUN HABE, MACHE ICH FOLGENDES: »*Ah, eine Fangfrage!? ;-) ... Ist das nicht ein Widerspruch an sich? Die richtige Antwort wäre hier: Nichts! ...!?*«

ICH REAGIERE ALLERGISCH AUF: »*Besserwisserei & Dummheit. Wobei sich beides oft wunderbar und wundersam ergänzt.*«

ICH WÜNSCHTE, ICH KÖNNTE ...: »*mich entscheiden, was ich zu können wünschte, wenn ich's mir wünschen könnte ...*«

In den ersten 14 Tagen erhalte ich nicht mal zehn Mails. Nur ein Mann ist dabei, der mich interessiert. Er hat sich mit seiner Mail kurz und knapp vorgestellt und sofort sein freigeschaltetes Foto mitgeschickt. Ich finde ihn sympathisch. Er ist Geschäftsführer eines Unternehmens in Hamburg. Geschieden. Zwei mittelgroße Kinder. Klingt alles gut. Wir telefonieren ziemlich schnell nach der Kontaktaufnahme. Er klingt sympathisch. Alles ist sehr unkompliziert, und wir wollen uns direkt am Montag, also fünf Tage später, treffen. Er ist noch beruflich unterwegs. Am Freitag erhalte ich per SMS die Anfrage, ob sich das Date verschieben lassen würde, auf Freitag nächster Woche …!?! Ich stecke gerade in dieser Phase, in der es nie zu einem ersten Date kommt, weil die entsprechenden Herren plötzlich und unerwartet die Welt oder zumindest einen Weltkonzern retten müssen, Unaufschiebbares zu erledigen haben oder schlicht krank werden. Ich versuche trotzdem gelassen zu reagieren, denn immerhin ist diese »Umbuchung« frühzeitig eingegangen, und dieser Mann kann nichts für die Verfehlungen seiner Vorgänger. Trotzdem spüre ich aufkommende Zweifel. Judith, think positive! Zumindest schaffe ich es, die Angelegenheit neutral in der Schwebe zu halten, gestatte mir aber keinerlei Vorfreude, um nicht wieder enttäuscht dazustehen.

Das Treffen findet statt, ist sogar sehr unterhaltsam, und der Mann, der sich mir präsentiert, ist sehr sympathisch, allerdings etwas wortkarg. Er sitzt neben mir, lässt mich reden. Immer wenn ich ihn zu seinem Leben befrage, erhalte ich knappe Antworten mit dem Schlusssatz: »*Da gibt es nicht viel zu erzählen.*« Okay. Ich kenne diesen Blick, mit dem er mich betrachtet. Der begegnet mir immer, wenn ich auf Männer treffe, die ein sehr bodenständiges Leben führen. Denen erscheine ich wie ein Paradiesvogel, obwohl ich mich gar nicht so sehe. Prinzipiell ist das aber nicht schlimm, solange der Mann über das nötige Rückgrat verfügt, damit umgehen zu können. Bis jetzt also noch keine negativen Eindrücke. Ich spüre sogar ein leichtes Kribbeln in der Magengegend. Sollte da ein Schmetterling aus seinem Winterschlaf erwacht sein? Für ein erstes Date ist das nicht schlecht. Wir haben beide nur eine Kleinigkeit gegessen und ein Glas Wein getrunken. Er fragt höflich nach, ob ich noch ein weiteres Glas trinken möchte. Gefällt mir. Ich mag gutes Benehmen. Danach fährt er mich bis vor die Haustüre, versucht, mir beim Abschiedskuss auf die Wange zusätzlich einen Kuss auf die Lippen zu drücken. Das ist mir noch ein bisschen früh, aber nicht unangenehm … Und er fragt, ob wir uns wiedersehen. Natürlich! Der nächste Dienstag soll es sein. Also schon in ein paar Tagen. Morgen, am Samstag, müssen wir beide arbeiten, und ich nehme an, seine Kinder sind zum Wochenende da. Deshalb das nächste Treffen Anfang nächster Woche?

Am Samstag führen wir noch ein kurzes Telefonat. Er ist unterwegs und schlecht zu verstehen. Trotzdem: Nett, dass er anruft. Das sage ich ihm auch. Ansonsten ist es ein relativ kurzes Telefonat. Ich muss auch gleich los. Mein Wochenende ist arbeitsreich. Es bleibt nicht viel Zeit, um über diesen neuen Mann in meinem Leben nachzudenken. Aber er taucht trotzdem immer wieder in meinen Gedanken auf. Schönes Gefühl. Ich habe auch noch viele Fragen an ihn. Beim nächsten Treffen kann er sich nicht so einfach mit »*Da gibt es nicht so viel zu erzählen*« herausreden. Ich bin sicher, da gibt es viel Interessantes zu entdecken. Ich freue mich schon auf Dienstag und bin gespannt, welchen Treffpunkt er sich da so vorgestellt hat. Die letzte Location habe ich ausgesucht, jetzt möchte ich sehen, welche Lokale ihm gefallen. Am Montag höre ich nichts von ihm. Okay. Das kommt bei Männern, die viel zu tun haben, häufig vor. Der Termin steht. Was soll's? Ich will ihn nicht stören. Allerdings höre ich auch am Dienstagmorgen nichts von ihm. Nicht am Mittag. Nicht am Nachmittag. Ich ahne, meine Erst-Date-Phobie wird sich zu einer Erst-UND-Zweit-Date-Phobie ausweiten.

Um 19 Uhr schicke ich ihm eine SMS: »*Hallo X, offensichtlich findet unser Date heute nicht statt. Natürlich ist es deine Entscheidung. Allerdings hätte ich es fair gefunden, wenn du mich vorher darüber informiert hättest. Judith.*«

Zurück kommt eine überraschte SMS seinerseits: »*Hallo Judith. Da handelt es sich um ein Missverständnis. Ich hatte nach unserem Telefonat und der folgenden Funkstille den Eindruck, dass von deiner Seite kein großes Interesse besteht. Jetzt bin ich schon anderweitig verabredet. Lass uns doch morgen mal telefonieren.*«

Ich bin baff. Wir hatten einen unterhaltsamen Abend am Freitag, haben ein neues Date für den Dienstag verabredet, am Samstag ein nettes Telefonat geführt. Gut. Sonntag und Montag haben wir keine Liebesschwüre am Telefon ausgetauscht. Aber so weit sind wir doch auch noch nicht? Ich brauche etwas Zeit, um mich an neue Männer in meinem Leben zu gewöhnen. Ausnahmen bestätigen die Regel, aber mit diesen Ausnahmen bin ich auch ziemlich auf die Nase gefallen. Was ich aber noch interessanter finde, ist die Tatsache, dass er sich schon ein neues Date verordnet hat. So austauschbar möchte ich bei meinem Mr. Right nicht sein. Genau das macht den Unterschied. Ich möchte erkennen können, dass ein Mann mich meint und nicht, dass ich sofort ersetzbar bin. Tatsächlich ruft er am nächsten Morgen an. Ich gehe nicht ans Telefon. Dazu gibt es nichts mehr zu sagen. So viel zu meinem Erst-Date bei Parship. Ich finde dieses Forum ausgesprochen langsam. Zehn Zuschriften in 14 Tagen. Danach Schweigen im Walde. Natürlich habe ich auch einige Herren angeschrieben. Mein Favorit, den mir die Suchmaschine aus dem Netz gefischt hat – mit 82 % auf der Parship-Skala für Traummänner –, ist der Geschäftsführer eines Handwerksbetriebes aus NRW. Meine Mail an ihn: »*Hallo X, Der Paarungscomputer von Parship hat Sie auf den ersten Platz meiner Partnervorschläge gesetzt. Danach müsste ich 82 % von Ihnen sofort heiraten. Allerdings bin ich mir nicht so sicher, ob ›frau‹ einer Maschine in diesem Bereich trauen kann. Da Sie aus dem Bereich Handwerk kommen und sicher viel mit Maschinen zu tun haben, können Sie mir da vielleicht weiterhelfen? Liebe Grüße aus Hamburg, Judith.*« Ich schicke die Mail ab und gebe meine Fotos für diesen Herrn frei. Es folgt: Nichts. Keine Antwort.

Einige Tage später trudelt eine knappe Mail eines Hamburger Rechtsanwalts in meiner Mailbox ein. Sein Foto hat er direkt freigeschaltet. Das finde ich schon mal gut. Einige Männer schreiben mich an, ohne das zu tun. Das gibt natürlich den Blick nur halb frei auf den Menschen dahinter. Damit kann ich nicht viel anfangen. Ich betrachte seine Fotos. Drei an der Zahl. Kein schlechter Mann, wenn auch nicht direkt auf den ersten Blick mein Typ. Aber es ist auch selten, dass ich mich in ein Foto verliebe. Gott sei Dank! Allerdings erscheint mir sein Schreibstil ziemlich aggressiv: »*Soso, Moderatorin sind Sie … und eitel sind Sie auch … und Sie leben also ihre beste Version … Davon würde ich mich gern selbst überzeugen …*«

Was habe ich denn davon zu halten? Ist der Mann auf Krawall gebürstet, ohne mich zu kennen, oder verstehe ich da was falsch?

Immerhin, es ist nicht einfach, sich bei gesichtslosen Unbekannten schriftlich zu melden. Also gut. Abwarten. Vielleicht ist es auch nur der Jargon der Branche, aus dem er nicht herauskommt? Ich schalte also meine Fotos frei und schicke ihm die Mail: »*Zur Begutachtung freigegeben. LG Judith.*« Mehr fällt mir dazu im Moment nicht ein. Zurück kommt: »*Aha, Judith heißen wir ... nette Bewerbungsfotos ... sind mir allerdings etwas zu künstlich ... geht es auch anders?*«

Klar! Es geht auch ganz anders. Ich klicke ihn weg, im Parship-System heißt das: Verabschieden ...! Damit ist jeglicher Kontakt unterbrochen. Wieder einige Tage später meldet sich ein Unternehmer, der laut Profil in Hessen zu finden ist, aber trotzdem in Hamburg wohnt, wie er mir in seiner Mail mitteilt. Muss »frau« das verstehen? Er schreibt wirklich schön, ein bisschen getragen. Bisher hat er sich stilvoll in seinen Mails dargestellt. Allerdings zeigen seine Fotos einen Mann, der mir nicht gefällt. Er wirkt altmodisch, fast schon ältlich.

Abgesehen davon, dass ICH so einen Mann nicht suche, können solche Männer mit mir auch nichts anfangen. Sie brauchen eine ganz andere Art Frau, eine, die ihnen den Rücken freihält und ganz in ihrer Rolle als Frau an seiner Seite aufgeht. Aber kaum ein Mann denkt darüber richtig nach. Dabei würde das die Partnersuche im Internet deutlich einfacher machen und erfolgversprechender sein. Die Realität sieht so aus: Hübsche Fotos! Die passt! Bestell ich mir im Internet! Müßig zu erwähnen, dass aus dem Unternehmer und meiner Wenigkeit auch nichts wird. Ich blocke das Ganze ab. Allerdings wird mein »*Nein danke*« nicht so einfach akzeptiert. Es braucht mehrere Mails, weil von der anderen Seite immer wieder gute Argumente für ein Treffen im Postkasten liegen, bis endlich Funkstille herrscht. Als ich später noch einmal diesen Mailkontakt durchlese, finde ich mich fast schon aggressiv. Einerseits kein Wunder, wenn die eigenen Wünsche nicht respektiert werden, aber trotzdem muss man Menschen so nicht behandeln. Ich möchte so einfach nicht sein. Aber das lässt sich ja wiedergutmachen. Mit einer Entschuldigung:

TRY2FIND: »*Hallo X, ich hab mir in einer stillen Stunde noch einmal unsere ›Korrespondenz‹ durchgelesen. Gott, bin ich eine Ziege! Dafür möchte ich mich in aller Form bei Ihnen entschuldigen. Sie haben es wirklich nicht verdient, dass man so mit Ihnen umgeht. Dafür schreiben Sie viel zu nett. Wahrscheinlich haben gerade Sie das abbekommen, was andere verdient hätten. Eigentlich gehört die Abteilung ›Ziege‹ nicht unbedingt zu meinen Charaktereigenschaften, aber das Internet holt die dunkelsten Seiten einer Persönlichkeit hervor. Meine scheint dieses Untier zu sein. Es tut mir wirklich leid. Ich wünsche Ihnen viel Glück bei Ihrer Suche. Judith.*«

Einige Tage später erhalte ich eine weitere Mail von ihm, in der er mich vom »Cliff« grüßt, einem Lokal, das ich an diesem Tag ebenfalls besucht und wo ich einen Mann bemerkt hatte, der mir sehr gut gefallen hatte. Unser Blickkontakt war derart intensiv gewesen, dass ich davon ausgehen kann, dass das kein einseitiger Eindruck war.

War das tatsächlich mein Unternehmer von Parship? Vielleicht ist das Schicksal mir ja gnädig und präsentiert mir meinen Mr. Right doch noch auf dem Silbertablett? Sollten seine Fotos so sehr täuschen und dem »Original« gar nicht gerecht werden? Das finde ich heraus, schwöre ich mir. Nichts ist für mich schlimmer als eine verpasste Gelegenheit. Ich rufe ihn also an. Seine Handynummer hat er mir in einer seiner Mails mitgeschickt. Eine getragene Stimme am anderen Ende der Leitung antwortet, die gar nicht zu dem glutäugigen, modernen Mann vom »Cliff«, den ich gesehen habe, passen will. Natürlich ist er verwirrt, dass ich mich bei ihm melde. Ich muss das Gespräch erst einmal in Gang bringen und frage ihn direkt, was die Grüße »*vom Cliff*« aus der gestrigen Mail zu bedeuten haben.

Ob er dort gewesen sei und wir Augenkontakt gehabt hätten. Das seien »*einfach nur so Grüße*« gewesen. Jetzt bin ich langsam völlig verwirrt. Wie jetzt? War er nun gestern im »Cliff« oder nicht? Überhaupt: Erst Mannheim als Wohnort, dann an der Alster zu Hause, jetzt ist er in Frankfurt, grüßt mich aber vom »Cliff«? Ich komme zu dem Schluss, dass er lediglich seine Ausgangsposition ein wenig schönen wollte. Ich frage noch mal nach, ob er denn gestern in Hamburg gewesen sei. Nein. War er nicht. Auch gestern war er in Mannheim. (Endlich mal ne klare Antwort.) Er würde aber gerne am nächsten Wochenende nach Hamburg kommen, um mich zu besuchen, lässt er mich wissen. Inzwischen ist er am Telefon aufgetaut. Bei mir tritt gerade der gegenteilige Effekt ein. So ein netter Mensch, wie mich die Mails haben glauben lassen, ist er mit Sicherheit nicht. Er ist einfach nur zielorientiert? Er plaudert inzwischen fröhlich vor sich hin und kommt zum alles entscheidenden Satz: »*Meine Freunde sagen auch immer: Der Hugo, der hat immer die schönsten Frauen!*« Ich werde immer stiller. Aha. Ich bin also als Sammlerstück gedacht! Damit ist klar, dass ich keinen Besuch von ihm am nächsten Wochenende möchte. Weder aus Mannheim noch aus Frankfurt. Trotzdem bin ich froh, dass ich der Sache auf den Grund gegangen bin. Die Entschuldigung hätte ich mir wahrscheinlich von vornherein sparen können. Aber so weiß ich wenigstens, dass mir der tolle Typ vom »Cliff« nicht durch eigenes Verschulden entgangen ist.

Inzwischen sind die sechs Monate um. Viel hat mir Parship nicht gebracht. Nicht an E-Mail-Kontakten – gerade mal 30 – noch an realen Dates. Die kann ich an einer Hand abzählen. Das letzte Date davon hatte ich einen Tag zuvor. Darauf bin ich eingegangen, weil es nach Wochen der erste Versuch eines Mannes war, überhaupt mit mir Kontakt aufzunehmen. Es war ein unterhaltsamer Abend mit einem niveauvollen Menschen, aber es passte von beiden Seiten nicht.

Mein Fazit: Mir ist Parship zu langatmig. Ich hatte zwischenzeitlich sogar vergessen, dass ich dort angemeldet bin. Wahrscheinlich ruft sich die Parship-Redaktion deshalb ab und zu in Erinnerung mit Mails wie: »*Ihr Profil weckt reges Interesse und wurde von diesen Mitgliedern besucht. Vielleicht ist Ihr Seelenverwandter darunter, Ihr Partner für eine harmonische Partnerschaft – finden Sie es heraus! Unser Tipp: Warten Sie nicht, bis andere auf Sie zugehen. Ergreifen Sie die Initiative und vergrößern Sie Ihre Chancen.*«

Klar. Wenn ich die »Chance« nicht ergreife und schreibe, tut es hier keiner. Mein Handwerksmeister aus NRW hat sein Profil lieber gelöscht, als mir zu antworten. Drei weitere Kontaktaufnahmen meinerseits sind genauso im Sande verlaufen. Bei drei Zuschriften, die ich bekommen habe, haben mich die freigegebenen Fotos so erschreckt, dass ich die Profile der entsprechenden Herren auf der für mich zusammengestellten Vorschlagsliste von Parship gelöscht habe, mit der Begründung, ich hätte inzwischen jemanden gefunden, der zu mir passt. Das war natürlich eine glatte Lüge, aber was hätte ich sagen sollen: *Sorry, ich möchte mir nicht vorstellen, dich jeden Morgen beim Frühstück zu sehen?*

Und noch etwas zum Thema Seriosität: Einer der Ersten, die mich bei Parship angeschrieben haben, ist der Quartalsplan-Erfüller aus meinem Sauna-Interview (von dem später noch die Rede sein wird), ein Mann, der im Netz auf Frauenfang geht und sie – O-Ton – *»der Reihe nach flachlegt«*. So, Brunhild, von wegen seriös!

Nachdem meine Mitgliedschaft ausgelaufen ist, höre ich nahezu täglich von Parship. Gleich drei Nachrichten erhalte ich: »Ihr Parship-Profil hatte neue Besucher« … »Neue Parship-Kontaktanfrage – mit Nachricht!« Dann die Steigerung: »X zeigt Ihnen sein Bild!« Das Ausrufezeichen signalisiert schon die Wichtigkeit dieser Nachricht. Ich logge mich ein. Mein Passwort gilt noch. Aber lesen kann ich die Mail nicht. Ich werde direkt zu den Zahlungsmodalitäten geleitet und soll mich wieder als Mitglied anmelden. 179,40 Euro für sechs Monate hat die Parship-Redaktion schon mal für mich angekreuzt, damit spare ich dann 40 % im Vergleich zum dreimonatigen Erfolgspaket von stattlichen 150 Euro. Ich muss nur noch bestätigen. Nach diesem halben, doch recht kontaktarmen Jahr finde ich es nahezu seltsam, dass sich die »Taktung« der Kontaktanfragen gegen Ende so deutlich erhöht hat. Ich glaube nicht, dass Mr. Right plötzlich in meinem Briefkasten liegt – dann noch mit Bild! Ein kleiner Trick der Parship-Redaktion, um mich wieder als zahlendes Mitglied zu gewinnen? Zumindest wird mir plötzlich eine Möglichkeit bewusst, warum mir einige Männer nicht geantwortet haben könnten. Vielleicht waren sie zu dem Zeitpunkt in der gleichen Lage: noch im System präsent, aber nicht mehr handlungsfähig. Aus dieser skurrilen Situation ergeben sich auch die oft enormen Mitgliederzahlen der verschiedenen Partnerbörsen. Nicht nur bei Parship. Es werden immer auch die inaktiven Mitglieder mitgezählt, die lediglich vergessen haben, ihr Profil zu löschen, oder den Löschvorgang nicht hinbekommen haben. Der Ausgang ist oft schwer zu finden.

Parship landet in meiner persönlichen Hitliste jedenfalls nicht unter den Top Ten. Eine »hauseigene« Studie von Parship belegt allerdings, dass ich mit meinen fünf Dates im halben Jahr deutlich über dem Schnitt liege. Nach einer Umfrage unter 1300 Internetnutzern haben deutsche Singles gerade mal 2,3 Dates pro Jahr.

WWW.PARSHIP.DE IN KÜRZE: *Mit 1.207.039 Mitgliedern hält Parship den Deutschland-Rekord. Allerdings sind wenige davon als Premium-Mitglied registriert und können somit weder Mails schreiben noch darauf antworten, sind also völlig unbeweglich. Andererseits wird Parship von namhaften Medien immer wegen seines »gehobenen Niveaus« gelobt, und die Erfolgsquote ist mit sagenhaften 31 bis 45 % angegeben. Stiftung Warentest sagt dazu:* »*Die Partnerangebote waren im Test aber selbst bei einer Laufzeit von einem halben Jahr etwas enttäuschend.*« *Die Meinungen zu Parship sind also ziemlich konträr. Versuch macht also klug, aber auch ärmer. Mit stolzen 150 Euro für drei Monate startet das preiswerteste Angebot.*

WEITERE PARTNERBÖRSEN

WWW.ICH-LIEBE-BRASILIEN.DE: *Frauen und Männer aus Deutschland und Brasilien haben die Möglichkeit, sich in diesem kostenlosen und informativen Portal kennenzulernen. Sie finden Übersetzungshilfen und zahlreiche Informationen.*

WWW.MV-SINGLE.DE: *Portal für Singles aus Mecklenburg-Vorpommern: Kontaktanzeigen mit guter Single-Aktion – alles kostenlos. Rund 1.500 Mitglieder.*

WWW.LANDFLIRT.DE: *Hier finden sich Singles vom Lande. Die Idee ist neu und das Portal hat ca. 1.000 Mitglieder. Außerdem finden sich zahlreiche Zusatzinformationen. Mitgliedschaft ab 10 Euro (für einen Monat).*

WWW.VAYBEE.DE: *Mit über 30.000 Mitgliedern ist das türkische Kontaktanzeigenportal wohl das größte seiner Art in Deutschland. Das Portal ist zweisprachig und hat ein Verhältnis von ca. 90 % türkischen und 10 % deutschen Mitgliedern.*

WWW.CP-DIENST.DE: *Partnervermittlung für Christen mit ca. 5.000 Mitgliedern (anonym). Ziemlich hohe Aufnahmegebühr (325 Euro), dennoch scheint der cpd seriös und erfolgreich zu vermitteln.*

WWW.ISLAMHEIRAT.DE: *Die Kontaktanzeigen werden geprüft und sind meist mit Foto. Die Seite ist auf Deutsch und Englisch. Es finden sich ca. 300 Inserate, zumeist von in Deutschland lebenden Muslimen, jedoch auch ein paar internationale Anzeigen.*

WWW.JEWISH-SINGLES.DE: *Schöne kostenlose Kontaktbörse für in Deutschland lebende jüdische Singles. Etwa 1.500 Inserate, oft mit Foto. Auch Schwule und Paare können teilnehmen. Gute »Wer-ist-online«-Funktion.*

WWW.PV-FEUER-UND-FLAMME.DE: *Partnervermittlung für christlich orientierte Menschen (alles anonym). Die Aufnahmegebühr beträgt 49 Euro, und dann müssen noch 250 Euro bei einer Heirat bezahlt werden.*

WWW.SENIORFRIENDFINDER.COM: *Partnerbörse aus den USA. Spezielle Singleforen für ältere Menschen sind in Deutschland leider noch selten. Kontaktfreudige Senioren sollten sich einfach bei einer der großen Kontaktbörsen umsehen, z. B. bei FriendScout24.*

WWW.DZF.DE: *»Der zweite Frühling« hat sich zum Ziel gesetzt, Menschen ab 40 bei der Partnersuche zu unterstützen. Ein umfangreicher psychologischer Persönlichkeitsfragebogen bildet auch hier die Grundlage eines Partner-Abgleichs.*

WWW.LANGESINGLES.DE: *Kontaktportal für große Singles. Zahlreiche überdurchschnittlich große Singles (Frauen ab 1,80 m und Männer ab 1,90 m) treffen sich und können sich kennenlernen (alles kostenlos).*

WWW.GROSSELEUTE.DE: *Richtet sich ebenfalls an groß gewachsene Menschen. Sie finden kostenlose Kontaktanzeigen und hilfreiche Tipps (z. B. zum Einkaufen). Ca. 2.500 Inserate.*

WWW.MOMS-DADS-KIDS.DE: *Die erste Partneragentur im Internet für Alleinerziehende und Singles mit Familiensinn. Schöne Seite zum Kennenlernen und Austauschen. Sie finden ca. 800 Inserate und können für 45 Euro (in drei Monaten) inserieren und Kontakt aufnehmen.*

WWW.DATE-A-DOG.DE: *Kennenlernen beim Gassi-Date. Hier erschnüffelt der beste Freund des Menschen den richtigen Zweibeiner für Herrchen oder Frauchen.*

WWW.BEAUTIFULPEOPLE.NET: *Netzwerk für schöne und erfolgreiche Menschen. Wer Mitglied werden möchte, muss es mit seinem Profil nebst attraktivem Foto durch ein dreitägiges Votingverfahren schaffen. Die Jury besteht aus den Mit-*

gliedern des anderen Geschlechts, die darüber abstimmen, wer attraktiv genug ist, um Mitglied im Beautiful People Network zu werden. Der Andrang scheint groß. Die Hürde zur Aufnahme schwer. Fast 8.000 Anfragen stehen gegen knapp 1.800 Mitglieder (Stand: März 2008, Beautiful People).

WWW.BINICHATTRAKTIV.DE: *Keine Partnerbörse, sondern ein kostenloser Bildbewertungs- und Attraktivitätscheck im Internet. »Bin ich attraktiv?« ist hier die Frage, die seit Anfang 2000 anhand einer Skala von 1 bis 10 von anderen Usern beantwortet wird. Als Tool gibt es das in verschiedenen Flirtbörsen auch. Gut, um das eigene Foto, das man zum Flirten ausgesucht hat, im Vorfeld zu testen, wenn man sich nicht sicher ist.*

Weitere Möglichkeiten: Flirten mit Osteuropa, Blind Dates, Seitensprung-Agenturen, Astro-Datings, Single-Börsen für Dicke (www.molly-paradies.de), Behinderte, Veganer, Sado-Maso-Fans, Schwule, Lesben; wer lediglich seinen Freundeskreis erweitern will, sucht zum Beispiel bei www.new-in-town.de. Diese Plattform bietet u.a. die kostenfreie Möglichkeit, über Sport- und Freizeitinteressen Gleichgesinnte in der Nähe zu finden.

Aber auch das sind nur kleine Inseln in der WWWelt. Neuerdings gibt es auch Flirtbörsen für Fußballfans, Autotuning-Liebhaber/innen, Kunstinteressierte … Und wer ganz im virtuellen Äther aufgehen möchte, kann das bei Second Life. Hier kann man gleich ein ganzes Leben installieren. Man schafft sich einen Avatar, ein künstliches Ich, dem man ein ideales Aussehen gibt, baut virtuell ein Haus, in das man seine virtuellen Freunde einlädt. Es gibt schon eigene Shops großer Modelabels, die virtuell ihre Mode verkaufen. Gegen echtes Geld, versteht sich. Eigentlich hat diese Welt alles, was es auch in der realen Welt gibt: vom Fernsehen über Zeitungen bis hin zur Disco. Es gibt sogar Menschen, die durch Landverkauf in der virtuellen Welt zu realen Millionären geworden sind. Ich persönlich kann das alles nur bedingt nachvollziehen und hoffe, dass das eine Randerscheinung des Internets bleibt.

Eingetaucht:
Verrückte WWWelt

Dörfliche Idylle

Das Internet ist ein Dorf. Man trifft über Monate und Jahre immer wieder auf dieselben User in den verschiedensten Foren. Diese Langzeit-Begleiter erlangen oft so eine Art virtuellen Freundschaftsstatus. Allerdings gibt es auch solche, die »frau« nie wahrgenommen hat.

> Mk3 (47): »Hi Try2find. Kannst du dich noch an mich erinnern? Vor einem Jahr, da war mein Nick Mk2, jetzt Mk3. War lange weg. Bin aber jetzt wieder da. Ich finde dich immer noch sehr attraktiv. Ich wünsch dir trotzdem viel Glück hier. Lieben Gruß dein alter Mk2.«

> Try2find: »Hallo Mk3 formerly known as Mk2. Danke ›trotzdem‹. LG Try3find.«

Dazu kommen die Immer-Online-User der verschiedenen Foren, die wie Haie im virtuellen Userpool kreisen, immer auf der Suche nach Frischfleisch. Oft sind die Nicknames der Newcomer im Forum blutrot gekennzeichnet, oder die Profile der »Neuen« werden an alle verschickt, die nach einer Person mit diesen Attributen suchen. Deshalb ist die eigene Mailbox zu Anfang auch brechend voll. Im Laufe der Zeit reduziert sich das aber auf ein erträgliches Maß, also zu Anfang bitte nicht erschrecken.

Um ihre Jagd effizienter zu gestalten, verfügen die Internethaie meist über ein Art Mailkatalog, dessen einzelne Mails sie in strikt festgelegter Reihenfolge an die frische Beute schicken. Oft hatten Olivia und ich zeitgleich dieselbe Mail im Postfach – und haben identisch darauf geantwortet. Wir waren gespannt auf die Reaktion des entsprechenden Mannes, aber solche Männer schockt die Tatsache, dass sie aufgeflogen sind, nicht weiter. »*Echt witzig!*« ist die kurze Antwort und dann wird zu den nächsten Opfern gewechselt. Ein adeliger User, der unter seinem berühmten Namen sogar eine Website betreibt, auf die er auch direkt in seiner ersten Mail verweist, ist in Hamburg inzwischen bekannt wie der sprichwörtliche »bunte Hund«. Jede meiner Freundinnen hatte diese fürstliche Klette bereits im Postfach. Mit einem »von« vor dem erhabenen Namen macht »Mann« aber trotzdem keinen so gravierenden Altersunterschied wett: »*62-Jähriger sucht Frau zwischen 39 und 55*« ... sind ja im besten Fall nur 23 Jahre Altersunterschied. Tipp: Nach dem Sohn fragen. Nicht zu unterschätzen ist auch der Wiedererkennungswert virtueller Personen in der realen Welt. Das wurde mir schlagartig bewusst, als ich mit Olivia bei einem ihrer zahlreichen Hamburg-Besuche an einem schönen Sommertag im Café saß und wir das rege Treiben auf der Alster beobachteten. Mein Blick blieb an einem gut aussehenden Mann hängen, der seine beiden Kinder im Paddelboot über den Fluss schipperte. Ich habe ein bisschen länger gebraucht, um diese idyllische Szene mit den Abgründen des Internets in Verbindung zu bringen. Aber plötzlich wurde mir klar: Das war derselbe Mann, der im Netz nach Frauen suchte, die sich gerne nackt unter dem Küchentisch anketten und sich von ihrem Meister mit Sushi füttern lassen.

Viele Männer werden mich inzwischen im realen Leben erkennen, auch wenn ich nie Kontakt mit ihnen hatte. Wer das nicht mag, sollte mit seinen Fotos entsprechend vorsichtig umgehen.

Folgender Mann hat mich ohne Foto angeschrieben und wollte mir auch nicht seinen Namen nennen. Unschwer zu erraten: Er kennt mich aus dem »richtigen Leben«:

NAMELESS (47): »*Ich spreche nie in Rätseln, bin klar und deutlich und sehr direkt, lache genauso herzlich, wie du es immer machst. Vor allem, wenn du deine kleinen Geschichten erzählst. Bei dir ist ja alles miteinander vereinigt: Mimik, Gestik, Arme und Beine – Naja, wie du so bist. (Ehrlich, verzeih – quicke gerade vor Entzücken!!!! Smile) Und immer ein klein bisschen mehr – herrrrrrrlich. Nennen wir es doch so: Der große Blonde mit dem braunen und dem schwarzen Schuh. Dennoch – dir einen lieben Gruß und eine wunderbare Nacht. Viel Spaß beim Rätseln.«*

Der Mann glaubt doch tatsächlich, dass ich eine schlaflose Nacht habe, weil ich nicht weiß, wer er ist? Und will sich auf meine Kosten amüsieren. Den Spieß drehe ich um:

TRY2FIND: *»Ich muss dich mit der enttäuschenden Wahrheit konfrontieren: Doch, du SPRICHST in Rätseln. Klar und deutlich geht anders! Da du namenlos bist und ohne Foto für mich unsichtbar, kannst du ab jetzt auch stumm sein. Dazu verhelfe ich dir gerne. Ich wünsche dir noch viel Spaß hier – ohne mich :-)«*

Danach habe ich ihn geblockt. Am nächsten Tag hat er mehrfach versucht, mit mir in Kontakt zu treten. Das konnte ich an seinen Besuchen auf meinem Profil erkennen. Aber schreiben konnte er mir nicht mehr. Wie heißt es so schön: Wer zuletzt quickt ... und ich habe gequickt bzw. gequietscht vor Vergnügen.

Das Internet ist also bei weitem nicht so anonym, wie viele glauben. Wer seine Privatsphäre schützen möchte, sollte nicht nur sehr vorsichtig sein bei der Weitergabe persönlicher Daten, wie E-Mail, Telefonnummer oder Adresse, sondern auch überlegen, ob sich die Fotofrage nicht anders lösen lässt. Die verschiedenen Möglichkeiten:

Manche Foren (z. B. Friendscout) machen es möglich, Fotos in einen VIP-Bereich zu laden und diese dann nur für bestimmte Personen gezielt freizugeben. Bei anderen Partnerbörsen (z. B. Match. com) lassen sich Fotos im Mailanhang verschicken. Eine gute Alternative ist auch, auf www.flickr.com ein eigenes Fotoalbum anzulegen und diese URL (Adresse) dann an interessierte Mailpartner weiterzugeben. Natürlich stehen dann die eigenen Fotos für viele sichtbar im Netz, aber niemand kann sie mit dem Flirtprofil in Verbindung bringen, und Fotoalben gibt es inzwischen unzählige. Unnötig zu erwähnen, dass man natürlich nicht seinen Namen auf der Website nennt. Eine weitere Variante: Man legt eine zweite E-Mail-Adresse an (gratis z. B. bei www.web.de oder www.gmx.de) und verschickt Fotos über diesen Weg. Im Zweifelsfall lässt sich diese Mailadresse schadensfrei wieder löschen, und »frau« kann eine neue anlegen. Aber bitte NIEMALS die eigene Privatmail für solche Dinge nutzen!

Blocken

Manche Männer wollen es einfach nicht verstehen. Ich habe kein Interesse an ihnen. Ich sage das deutlich, aber es hilft nichts. Das Mail-Bombardement geht weiter. Fall 1: Ein Asiate, wohnhaft in Barcelona – komme ich oft hin –, der mir theatralische Texte auf Englisch in einer Art Baukastensystem zuschickt.

ALL4U (44): »*Hi!, Judith! If I can steal your heart, I hope to steal your heart! When I think about you, I feel like young more … I hope to be in your heart, You also hope to be in my mind. Could you some give me your freshment and attractivity? You are the style that I hope to become … Your lover, X!*«

ALL4U (44): »*Hi! My lover, Judith! What time do you usually get up in the morning? I hope to have a stroll along the park with you. The thing that can hear a bird sing a song is big fortune! Light mind come down …! It do a role of tranquiler … and … The thing that have met you is also big fortune for me! I hope to be always with you. Your lover, X!*«

Ich vermute, dass er kaum Englisch spricht. Zumindest nicht gut genug, um »*Sorry, but I am searching for somebody living in Hamburg*« als Absage zu verstehen. Dreimal habe ich versucht, ihm mein »*Nein danke*« auf verschiedene Art näherzubringen. Erfolglos. Danach habe ich mich aufs Schweigen verlegt. Die Mails füllten weiterhin meinen Briefkasten. Nach der zehnten unbeantworteten Mail hat er sich beschwert, dass er mich nicht einzuschätzen weiß, weil ich ja nie antworte. Das hat ihn aber nicht davon abgehalten weiterzumachen. Mein E-Mail-Programm leitete diese Mails irgendwann direkt in den Papierkorb. Gehen Sie nicht über LOS, gehen Sie sofort ... Ich wollte nicht so unhöflich sein, ihn zu blocken. Aber irgendwann war ich es leid und habe den Blocken-Button doch gedrückt, um einen Kontakt für ihn unmöglich zu machen. Diese Funktion musste ich insgesamt aber nur dreimal in drei Jahren anwenden. Trotzdem: Gut, dass es den Blocken-Button gibt. Zum Beispiel bei notorischer Bösartigkeit, wie bei dem folgenden Beispiel aus meiner Zeit bei Match.com:

Coward nennt sich der Mann, der mir gleich dreimal hintereinander diese böse Mail geschickt hat. Sein Profil hat er dabei verborgen, sodass er für mich unsichtbar blieb. Aus dem Verborgenen heraus solche Hassattacken zu verschicken, finde ich schon ziemlich heftig – und feige! Wahrscheinlich bin ich aber nicht das einzige Opfer:

COWARD (41): »... *du suchst keinen menschen, sondern nur jemand, der deine eitelkeit, die nichts anderes als tiefe selbstzweifel sind – kompensieren. bastel dir doch eine mischung aus kermit der frosch, quasimodo, dick oder doof und lerne endlich die wichtigen sachen, kleine prinzessin ...*«

CHATROOM

Der Chatroom. Unbekannte Weiten. Wir schreiben das Jahr 2008. Eine neue Art der Gesprächsführung ist aktuell. Hierbei handelt es sich um eine Website, über die mehrere Internetnutzer interaktiv miteinander kommunizieren können, indem sie Sätze über die Tastatur eingeben, die dann allen anderen Chattern erscheinen, die sich wiederum auf gleiche Weise dazu äußern können. Außerdem gibt es in verschiedenen Foren den »Privat-Chat« zwischen nur zwei Flirtenden. Der ist natürlich von keinem anderen einsehbar, sondern so etwas wie ein virtuelles Date. Okay, es fehlt der persönliche Eindruck. Trotzdem kann »frau« viel aus diesen »Gesprächen« herauslesen. Schlaflos in HH. Ich bin erstaunt, wie viele Menschen außer mir noch unter Schlaflosigkeit leiden. Um Mitternacht tummeln sich fast 10.000 User im Netz bei Neu.de. Zwei davon hatten mich offensichtlich schon auf ihrer Favoritenliste vorgemerkt, denn kaum gehe ich online, füllt sich meine Mailbox. Verschiedene Pop-up-Fenster springen auf und mir somit ins Auge. So ein Fenster zeigt im besten Fall ein kleines Foto des entsprechenden Users, auf jeden Fall aber seinen Nickname, und natürlich enthält es eine Mail, auf die ich antworten kann. So entstehen folgende »Gespräche«, hier im O-Ton, auch in Bezug auf die Rechtschreibung:

USER1 (46): »*Was machst du? Keine Zeit für einen Kaffee?*«

Es ist 24 Uhr!!!! Darauf fällt mir schon mal keine Antwort ein!

USER1: »*Hhallo, würde gern mal ein paar zeilen mit dir austauschen.*«

TRY2FIND: »*Schlaflos in Hamburg. Scheint ja nicht nur mir so zu gehen.*«

USER1: »*schade! und ich dachte schon das du nicht antworten würdest.*«

Ist das jetzt schade, dass ich geantwortet habe, oder was????

USER1: »*was hast du heute gemacht?*«

Oh ne! Bitte nicht die Kategorie: Liebes Tagebuch, heute habe ich …!

TRY2FIND: »*Wieso schade? Du bist irgendwie zu schnell oder ich zu langsam. Ich versuche gerade, deine letzte Mail zu beantworten, da trudelt schon die nächste ein.*«

USER1: »*was machst du beruflich?*«

Kann es sein, dass wir aneinander vorbeireden? Oder gibt es auch im Netz Selbstgespräche?

TRY2FIND: »*Ich bin Journalistin.*«

USER1: »*dann bin ich raus.*«

Wie? Journalistinnen sind hier wohl nicht gefragt.

TRY2FIND: »*Gute Nacht.*«

USER1: »*schade.*«

TRY2FIND: »*Was ist jetzt schon wieder ›schade‹? Möchtest du keine gute Nacht?*«

USER1: »*und ich dachte du suchst wirklich.*«

Natürlich suche ich wirklich, und ich bin mir sicher, dass meine Suche hier noch nicht zu Ende ist.

TRY2FIND: »*An welchen ›Symptomen‹ hast du denn das Gegenteil festgestellt?*«

USER1: »*Ich wollte eine interessante Frau kennenlernen.*«

Soll das eine Antwort sein und wenn ja, auf welche Frage?

USER1: »*ich kann zwischen den Zeilen lesen.*«

Bis gerade eben dachte ich, er könnte vielleicht schreiben, aber nicht lesen, das würde diesen Wirrwarr erklären.

TRY2FIND: »*Ich schaffe gar keine Zwischenzeilen, weil du so schnell neue Fragen stellst, dass ich überhaupt nicht nach-komme.*«

USER1: »*Was suchst du?*«

TRY2FIND: »*Auf jeden Fall einen Mann, den ich spannend finde. (Seitenhieb, den er garantiert nicht versteht!!!) Wie soll ich das beschreiben? Kannst du genau sagen, was du suchst?*«

USER1: »*Ja, ich suche eine Frau, die stark ist.*«

Fühle ich mich gerade schwach!

USER1: »*Was hälst du von einem Leben, das nie langweilig wird?*«

TRY2FIND: »*Genau meine Richtung. Langeweile ist das Schlimmste. Ich gehe jetzt schlafen. Gute Nacht.*«

Zeitgleich läuft ein weiteres Gespräch mit einem anderen User, das ich persönlich sehr viel unterhaltsamer finde:

USER2 (35): »*wow!!!!!!!!!!!!!!!!!!!!!!!!!!!!!!!!!!!!!*«

TRY2FIND: »*Danke ;-).*«

Guter Anfang. Darauf reagiert jede Frau positiv, falls das VK-Foto nicht unbedingt Quasimodo zeigt.

USER2: »*kein problem! schade, dass du so jung aussiehst. wenn ich mit dir hand in hand durch die stadt spazieren würde ... was sollen die leute von mir denken?*«

TRY2FIND: »*Danke. Erst 35 und schon so ein vollendeter Gentleman ... ;-).*«

USER2: »*bevor ich dich in verlegenheit bringe sage ich gute nacht. obwohl ich dich bestimmt zu einem tee eingeladen hätte wenn du hier um die ecke wohnen würdest!*«

Geschickt gemacht: kurzer Rückzug, um dann noch mal zuzuschlagen.

TRY2FIND: »*Danke trotzdem für die Fast-Einladung. Schlaf gut. Werde ich jetzt wohl auch wieder tun ... LG.*«

USER2: »*wieso wieder?*«

Aha, ist wohl nichts mit Schlafengehen seinerseits? Hätte mich auch gewundert.

TRY2FIND: »*Ich bin etwas schlaflos. Nicht in Seattle, aber in HH. Keine Ahnung, warum.*«

USER2: »*das hört sich nicht gut an! aber ich habe eine lösung für deine schlafprobleme: wir telefonieren. Ich bin so langweilig, dass du gleich am apparat einschläfst.*«

Geschickter Übergang. Wir haben aber nicht telefoniert. Es war einfach zu spät am Abend und zu früh, was den Kontakt betraf und das Alter von USER2 ;-). Jedenfalls ist mir ein nettes »Gespräch« mit einem Jüngling lieber als gesettelte Langeweile.

TIPP: Nie sofort beim ersten Chat die Telefonnummer rausrücken. Erst mal schauen, was noch so kommt. Manche Kontakte haben sich bei mir nach wenigen Tagen komplett gedreht: Aus den charmanten Gentlemen wurden aufdringliche Kerle, und ich war mir selbst dankbar, dass ich nicht in der ersten Euphorie meine Telefonnummer genannt habe.

INFO: Pop-up-Fenster erscheinen direkt auf der Computeroberfläche, wenn »frau« online ist. Es handelt sich hier vorwiegend um Direktmails von anderen Usern, die zeitgleich online sind, oder auch um eine Chat-Einladung. Viele Pop-up-Fenster enthalten aber auch Werbung, wie »Jetzt Schnäppchen-Reise buchen« etc., und finden sich vorwiegend bei kostenlosen Portalen wie www.finya.de.

DOS AND DON'TS

Im Netz gibt es nichts, was es nicht gibt. Auch Callboys sind online. Dabei sind sie weniger aufdringlich als manch »seriöser« User und leicht zu erkennen: viel Muskeln, viel Haut, wenig Kleidung. Okay. Letzteres bieten auch einige der anderen Herren, aber Callboys sind optische Highlights im vorwiegend schwabbeligen Männerpool … und dann wäre da noch die Art der Kontaktaufnahme. O-Ton:

CALL ME (33): »rrrrrrrrrrrrrrr schau doch mal in meine neue homepage: www.ichbineincallboy.de (Die URL ist natürlich von mir geändert) jetzt auch endlich zum reinhören!!! viel spasssssssssss«

Gerade ist mir aufgefallen, dass ich völlig vergessen habe, das zu tun. Brauche ich schließlich für meine Recherchen!

Manche Herren verstecken sich hinter gefälschten Profilen. Andere sind präsentierfreudiger: Die zwanzig Zentimeter, wegen denen Frauen angeblich nicht einparken können, werden gleich mit ins Netz gesetzt. Diese Männer verstecken sich hinter Nicknames wie 69-IM-STEHEN, STOLZER HENGST, FRAUENBEGLÜCKER, DON DILDO.

Okay. In der Rubrik »Callboys« fällt das unter »technische« Ausstattung und gehört zum Arbeitsmaterial. Allerdings stellen sich diese Männer nie ganz bloß, obwohl sie sich das eher leisten könnten als die, die es tun. Genau wie dieser Herr, der sich folgendermaßen auf seiner VK präsentiert: eine ausgemergelte, schwarz gekleidete Gestalt mit weißen Haaren, in amerikanisch angehauchter Kulisse mit viel Gold und Kitsch, an einen großen Kamin gelehnt. Stellen Sie sich Siegfried ohne Roy in 20 Jahren vor. Das ungewöhnliche Entree-Foto zwingt förmlich zum Weiterklicken. Das nächste Foto springt auf und zeigt die gleiche hagere Gestalt nackt, mit einladender Geste vor einem großen pompösen Bett. Dieser Anblick ist bestens dazu geeignet, Freundinnen zu erschrecken und ihnen ein lautes »Iiiiiiiiihhhhh!!!!« zu entlocken.

Ganz besonders gut kam dabei ein aufgebautes Bügelbrett am Rand dieser Szenerie an. Olivia fasste das so zusammen: »*Liebschen, wahrscheinlich sollste danach die Satinbettwäsche wieder glattbügeln. Son Spruch findeste ja auch oft auf öffentlichen Toiletten: Verlassen Sie diesen Raum so, wie Sie ihn vorfinden möchten!*« Allerdings schien die letzte Dame da nicht mitgespielt zu haben, denn das Bett sah nicht sehr einladend aus und das grinsende Rippengestell daneben noch viel weniger. Wo nehmen gerade solche Männer eigentlich ihr übersteigertes Selbstwertgefühl her? Bei meinen Recherchen bin ich auf einige Damen gestoßen, die sich gerade solche Männer für ihre Online-Spielchen aussuchen. Sie betreiben es als Sport, sich Fotos seines »besten Stücks« als Mail-Anhang mitschicken zu lassen und zu sammeln. Ich habe mich über die umfangreiche Sammlung einer dieser Ladys gewundert und mich ge-

fragt, ob Männer wohl ernsthaft glauben, dass Frauen beim Anblick ihres »besten Stückes« das Wasser im Munde zusammenläuft
vor Begehren? Mir jedenfalls blieb schlicht die Spucke weg vor Lachen, als ich durch diese seltsame Bildergalerie blätterte. Immerhin
ist dieses Hobby ausgefallener als Briefmarkensammeln. Natürlich
habe ich Olivia davon erzählt, die sich wunderte, dass ich mich darüber wunderte. Olivia: »*Aber Liebschen, die Schwänze und sonstige Einzelteile kriegst du doch jederzeit!*« Also mir ist das noch nie
passiert, und das wundert mich jetzt auch wieder! In solchen Mo-
menten frage ich mich immer, was Menschen, die eigentlich eher
auf sexuelle Abenteuer aus sind, in den normalen Partnersuchbör-
sen tun. Warum gehen die nicht einfach zu den Foren, die darauf
eingerichtet sind?

TIPP: Für alle, die an Kontakten der »speziellen« Art interessiert
sind, gibt es entsprechende Internet-Foren, wie *www.seitensprung.
de, www.poppen.de* oder andere diverse Hotlines, bei denen es hot
zugeht.

Neben seltsamen optischen Selbstdarstellungen ist »frau« auch
einem Bombardement von einfallslosen oder dummen Mails aus-
gesetzt:

SÜSSER (37): »*Hi Süsse! Wo hast du dich denn fotografieren
lassen, im Solarium? Gruß nach Hamburg, Süsser*«

Auf meinem Foto sitze ich erkennbar im Strandkorb.

WONDERBOY (38): »*Woooooooooooooooooooooowww du siehst
sehr nett aus. ;-) – Sehr schöneeeeees Gesicht!!! Wooww*«

Ooooooooooooooooo jeeeeeeeeeeeh!

FLYHIGH (34): »*Ich mache es kurz und nicht kompliziert wie
alle andern Herren! Schreib mir wann wir uns treffen kön-*

*nen? ;-) Mein MSN: xx@msn.com bin gerade online. Mein
Yahoo Messenger: X. Falls du mein Bild sehen möchtest:
http://profiles.yahoo.com/xxxxxxx* (Ich habe mir tatsächlich
das Foto angesehen. Es zeigt: die verschwommene Silhouette
eines Mannes auf einem Motorrad an einem traumhaften
Strand ... und dafür der ganze Aufwand!) *Übrigens ich bin
Flugbegleiter – nicht schwul – bin romantisch aber später wild
im Bett, wenn du mithältst ;-) Papa kommt aus L.A. Mama aus
Pinneberg, geboren in Hamburg, damit keine Missverständ-
nisse später auftreten. Weitere bekommst du später! komm zu
msn: xx@msn.com. Ich hab webcam und NUR wenn du webcam hast. Danke. und jetzt du? Kusssssssssssss«*

TRY2FIND: »*Ich mache es auch mal kurz und unkompliziert:
Nichts gegen forsche Männer, aber aus dem Kennenlernen
wird nichts, mal ganz davon abgesehen, dass du mir zu jung
bist. Darüber, ob ich ›mithalten kann‹, brauchst du dir an diesem Punkt überhaupt noch keine Gedanken zu machen ...
und am Schluss einer Mail sollten forsche, aber hoffentlich
dennoch von der Mama aus Pinneberg gut erzogene, nicht
schwule Flugbegleiter den Namen setzen ... So. Judith.«*

*

FEINGEIST (46): »*Betreff: Stimmt es so? Try 2 find – gets in
my mind..sie möcht' nen Mann in Augenhöhe – sodass auch
ich, was funkelt, sehe – sie glaubt daran, was kommen muss:
Charisma, WIR, – im Umkehrschluss.«*

TRY2FIND: »*Walter von der Vogelweide ... ? Er lebt!«*

*

LOEWEMANN (52): »*Hallo. Hier ist der X aus HH. War längere
Zeit nicht hier und wollte mal sehn, was so los ist. Und? Was*

muss ich hier sehn? Es ist einfach nicht zu fassen. Das ist ja hoch interessant. Das glaubst du nicht! Das glaubt mir keiner! Da laufe ich mir monatelang die Füße platt und wen finde ich jetzt hier? DICH! Ja, richtig. Genau dich. Was soll ich dazu sagen bzw. schreiben? Ganz einfach. EINFACH SEHR SEHR ANSPRECHEND UND SUPER SEXY!« (Weil einfach, einfach einfach ist?) *So, nun zu mir. Keine Angst, ist nicht viel. Ich bin ein attraktives,* (Attraktiv geht anders!!! Ich habe sein Foto gesehen) *leicht durchgeknalltes* (leicht?) *einsames, sauberes und gepflegtes, tollerantes* (toll!), *fantasievolles, ungebundenes, unabhängiges, 192 cm kleines, 100 Kilo leichtes niveauvolles Hamburger Löwenmännchen zur Zeit mit kurzer graublonder Mähne und mit teilweise ohne Fell* (mit ohne also) *aber dafür blauen Augen. Mit ein bisschen Glück verirrst du dich in mein Profil und meldest dich mal bei mir. Ich würde mich freun. In diesem Sinne, vielleicht bis bald.«*

*

DERDIETER (48): *»Hallöööööööööööchen, Kleine. Ich würde gerne mehr über dich, deine Wünsche und Vorstellungen erfahren. LG X.«*

Mein größter Wunsch: Ich mag nicht mit: »Hallöööööööööchen, Kleine« angesprochen werden!

JONBOVI (100, steht tatsächlich im Profil), ohne Foto, ohne Profiltext: *»Lass uns doch chatten?«*

Warum sollte ich das tun?

*

LUI (41): *»Halloo :-) Ein seeeehr schönes Profil!!!!!!!! Gefällt Dir meines auch ein wenig?«*

Sein Foto ist genauso ungepflegt wie sein Profiltext. Ich spüre kurz ein böses Kribbeln in den Fingern, unterdrücke aber den Reiz, ihm die Wahrheit zu schreiben, denke nur: *»Das willst du nicht wirklich wissen!«* ... und lösche ihn gnädig.

SMILEY (31): *»psst ... kurz den Kopf reingestreckt und Tagchen gesagt.»*

Daran kann ich ihn leider nicht hindern. Hilft in diesen Fällen vielleicht Experten-Rat?

Das Heartbooker-Team rät mir beim Umgang mit Usern dieser Art Folgendes: *»Hallo Judith, allgemein gilt: Freundlichkeit, Höflichkeit, Achtung und Wertschätzung für das Gegenüber und natürlich sich selbst.* (Gerade diese Aufgabe lässt sich manchmal schlecht gleichzeitig lösen.) *Fassen Sie sich in Ihrem ersten Schreiben ruhig kurz und lassen Sie sich Zeit. Achten Sie auf eine korrekte Rechtschreibung.* (Sagt das auch jemand den anderen?) *Wenn Sie jemanden kontaktieren, geben Sie auf keinen Fall Ihre Telefonnummer preis. Keine Mail muss innerhalb kürzester Zeit mit Pep und Witz beantwortet werden. Wenn Ihnen ein interessanter Gedanke oder eine gute Formulierung einfällt, notieren Sie diese. So haben Sie in kurzer Zeit eine Basis, mit der Sie spielen können.* (Aha, so kommen also die vorgefertigten Mailkataloge verschiedener User zustande.) *Wenn Sie angeschrieben werden, lesen Sie den Text genau. Wenn Sie Fragen haben, sprechen Sie die Person in Ihrer Antwort darauf direkt an, um sich Klarheit zu verschaffen. Wichtig: Nicht jedem Menschen ist ein perfekter Schreibstil in die Wiege gelegt. Oft steckt jedoch dahinter ein interessanter Mensch, den es sich lohnt kennenzulernen. Wir wünschen Ihnen viel Erfolg! Bei Fragen wenden Sie sich einfach an uns. Liebe Grüße – Ihr Heartbooker Service Team«.*

Bringt mich das jetzt irgendwie weiter? Richtig ist sicher, dass Achtung und Höflichkeit immer die Basis für einen Kontakt sein sollten. Aber: Muss man darauf extra hinweisen?

Während die Experten-Teams der verschiedenen Foren immer einen guten Rat in Sachen »Netiquette« für andere parat haben, habe ich mich im folgenden Fall so geärgert, dass ich mich sofort wieder abgemeldet habe: Beim Preismodell von »Datingcafe« gilt seit dem 1. Dezember 2006: »*Die Premium-Teilnahme ist für Frauen bis 44 Jahre kostenlos. Seitdem ist die Teilnahme auch für Männer, die eine Frau ab 45 Jahren suchen, kostenlos.*«

Klar. Ladenhüter müssen weg! Auch ein No-go für mich sind falsche Angaben, die bei »Bedarf« in die richtige Richtung geschönt werden, um sich in eine gute Ausgangsposition zu bringen. Eine Masche, die der folgende User anwendet:

YOGIBAER (38, MALMÖ): »*Wir haben, laut Suchmaschine, 23 übereinstimmende Kriterien, was wohl heißen soll, dass wir irgendwie zueinander passen! Vielleicht gibt es sogar noch mehr? Let us remain in contact! VG. X*«

TRY2FIND: »*Hi X. Danke für deine Mail, aber sorry, ich glaube diesen Suchmaschinen nicht … abgesehen davon wohnen wir deutlich zu weit auseinander, und du bist mir zu jung. Viel Glück bei deiner weiteren Suche. Grüße aus Hamburg, Judith.*«

YOGIBAER (38, MALMÖ): »*Hallo Judith, ich glaube dieser Maschine auch nicht, aber zu weit voneinander entfernt sind wir nicht! Mein Wohnort ist Timmendorf. Wenn ich schnell fahre, bin ich in 50 Minuten in Hamburg. Da braucht man von Bergedorf nach Altona länger! Und wenn wir schon die Wahrheit sagen – ich bin nicht 37, sondern 48 –, die Bilder habe ich aber jetzt erst gemacht. Und nebenbei bin ich Hamburger! Ich finde dich super interessant, also warum nicht??? ;-) VG. X*«

TRY2FIND: »*Vielleicht, weil das schon zu Anfang zu viel Durcheinander ist? Statt Malmö – Hamburg, statt 37 – 48 Jahre. Vielleicht bist du auch gar kein Mann, sondern eine*

Frau? :-) Ich glaube dieser Maschine nicht, aber dir jetzt leider noch weniger.«

Neben den seltsamen textlichen Darstellungen gibt es natürlich auch optische Verfehlungen. Fotos von dümmlich grinsenden Männern mit Mickey-Mouse-Mütze, alienartig vermummte Ledermänner auf ihrem Motorrad, Witzbolde als dunkle Schatten unter der Wasseroberfläche beim Schnorcheln, Röntgenaufnahmen zur Präsentation der »inneren Werte«. Oft vertreten sind natürlich auch »nackte Tatsachen«. Die Faustregel hier scheint zu sein: Je unästhetischer das Subjekt, desto lieber. Andere Herren machen einen eher naiven Eindruck, als hätten sie mal gehört, dass Frauen so was lieben, und wollten ihnen diesen Gefallen tun … auch wenn sie sich dabei alles andere als wohlfühlen.

DIE ÄNGSTE DER MÄNNER

In Profilbeschreibungen von Männern kommt das Wort »ängstlich« nie vor. Es scheint aber eine ernst zu nehmende Charaktereigenschaft von ihnen zu sein, denn anders lassen sich manche seltsamen Verhaltensweisen nicht erklären. Vor allem nicht die hohe Ausfallrate bei einem ersten Treffen oder die hart erkämpften, aber dann doch nicht benutzten Telefonnummern. Auf die Idee, dass »Mann« Angst vor mir haben könnte, bin ich nicht mal selbst gekommen. Erst durch zahlreiche Mails zu diesem Thema:

FUFFY (50): *»Hallo Try2find. Wieso ist eine Frau wie du überhaupt solo? Bist du zu wählerisch oder haben die Männer Angst vor dir?«*

TRY2FIND: *»Beides?«*

Meine nicht empirischen Erhebungen in Sachen »Was ängstigt Männer bei Frauen?« hat Folgendes ergeben: Hübsche Frauen haben das Prädikat »will ich haben«. Auffallend hübsche Frauen werden in geldwerte Vorteile beim Mann aufgewogen: »Du bist superhübsch, dafür habe ich dir viel zu bieten.« Hier kommt es also auf die Stellung des Mannes in der Gesellschaft an, ob sie unter »will ich haben« fällt oder unter »zu anstrengend«. Auffallend hübsch UND intelligent fällt bei fast jedem Mann durch und liegt somit abgeschlagen auf den letzten Plätzen der Beliebtheitsskala, noch hinter »nicht so hübsch, aber nett«.

DR. NO (53): »*Ich sehe hier manches aus der Sicht eines Therapeuten. Ich arbeite u.a. als Paartherapeut. Allerdings nicht zu häufig, denn solche Aktivitäten führen zu einem erheblichen Frustrationspotenzial und ich möchte schon noch an die romantische Liebe glauben :-). In diesen mitunter seltsamen Sitzungen berichten Männer unverblümt über ihre Angst vor Frauen. Viele Männer können ihre Rolle in der heutigen Welt nicht mehr finden. Frauen sind zu selbstständig. Ich dagegen finde es wunderbar, mich mit einer erwachsenen, intelligenten und einfühlsamen Frau auszutauschen. Überhaupt vergeht die Zeit sehr schnell und ich will sie nicht mit Spielereien verschwenden. Ich wünsche dir einen schönen Tag.*«

Mal abgesehen von einigen Dauerchattern und Internetsüchtigen, die im Netz nur ihre Unterhaltung suchen, geht es doch den meisten darum, einen Partner für das reale Leben zu finden. Dachte ich zumindest, als ich mit dem Partnersuchspiel im Online-Modus anfing. Seltsamerweise verschwindet ein Großteil der anfangs superinteressierten Herren oft schon vor dem ersten Treffen, ja bereits vor dem ersten Telefonkontakt im Off. Mein schlauer Freund George kannte dieses seltsame Verhalten aus seiner Erfahrung aus der virtuellen Gay-Welt: »Gib ihnen deine Telefonnummer, und du hörst nie wieder etwas von ihnen«, gab er mir mit auf den Weg durch die WWWirren. Ich wollte ihm nicht glauben. Nach dem Motto: Meine WWWelt ist anders. Aber leider: Er hat recht :-(

Im Telefonbuch meines Handys tummeln sich die Jens Yahoos, Norbert Neu.des, Markus Match.coms. Alle sind Karteileichen. Nach der Anfangseuphorie – wohl gemerkt ihrer! –, in der sie um meine Telefonnummer gekämpft haben, als hinge ihr Leben davon ab, herrscht Schweigen. Anfangs dachte ich an unbeabsichtigte Zahlendreher meinerseits oder Mails, die ich falsch verschickt hätte. Inzwischen weiß ich: Sie wollen einfach nicht heraus aus ihrer virtuellen Welt. Leider betrifft das fast die Hälfte der Kontakte, die es geschafft haben, mein Interesse zu wecken. Eine Erfahrung, die ich nicht nur mit meinen Freundinnen teile, sondern auch mit vielen Männern:

BEAU (38): »*Glaub mir, Judith. Das liegt überhaupt nicht an dir. Unglaublich wie viele VK's einfach nur Fakes mit hübschen Bildern sind, die nur als Köder ins Netz gestellt wurden, um das heruntergekommene Selbstwertgefühl zu streicheln. Ich schätze, maximal 20 % sind ernsthafte Kontaktanzeigen. Ist einfach nur ein Erfahrungswert.*« (Diese Mail stammt von einem 38-jährigen, sehr gut aussehenden Mann.)

Anfangs habe ich noch – ganz »selbst ist die Frau« – die Initiative ergriffen und habe zum Telefonhörer gegriffen. Bei einem Herrn aus Berlin, mit dem ich zwei Wochen intensiv gemailt hatte, führte das zu einer Mischung aus Hyperventilieren und Sprachlosigkeit. Er sei gerade in einem Restaurant und sowieso kurz davor, nach Thailand zu fahren, würde sich aber möglichst bald melden. Ich nehme an, er ist vorsichtshalber ausgewandert, denn ich habe nie wieder etwas von ihm gehört. Nicht mal per Mail.

Eine andere meiner Karteileichen lebt auf Ibiza. Schon seit einem halben Jahr erhalte ich regelmäßige Mails mit sonnigen Grüßen von der Insel. Die Telefonnummern haben wir schon vor Monaten ausgetauscht, aber seine Stimme ist noch nicht an mein Ohr gedrungen. Da es sich hier um eine meiner ersten Erfahrungen in Sachen »seltsame Verhaltensweisen männlicher User bei Androhung des telefonischen Erstkontakts« handelte, blieb ich frohen

Mutes. Nachfragen meinerseits wurden mit »*Sorry, ich habe es ein paar Mal versucht, dich aber nicht erreicht*« beantwortet. An dem Schweigen-der-Lämmer-Zustand änderte sich dadurch allerdings nichts. Meine nach mehreren Monaten nachlassende Begeisterung löste eine Mail der besonderen Art aus: Ich bekam die Handynummer meines Ibicencos zugemailt, mit der Bitte, eine SMS zu schicken, damit er mich über die so eingehende Nummer anrufen könne. Nach dieser SMS – natürlich habe ich sie geschickt – hörte ich ganze drei Wochen nichts von ihm. Bis wieder »*sonnige Grüße*« eintrafen. Diesmal nicht per Mail, sondern per SMS. Ja, ist das jetzt eine Verbesserung?

Fall 2: Ich habe einen mir sympathischen Herrn aus Frankfurt angeschrieben. Ein nettes Online-Geplauder über mehrere Tage folgte, mit der Idee der Gegenseite, dass er mich an einem Wochenende in HH besuchen käme. Am besten sollte es gleich das folgende sein. Auf meine vorsichtige Frage, ob wir nicht vielleicht erst einmal vorher telefonieren sollten, bekam ich als Antwort die Handynummer geschickt, mit der Bitte, eine SMS zu schicken, damit er mich dann über diese eingehende Telefonnummer anrufen könne. Wieso kam mir das nur so bekannt vor? Ich schickte also per SMS »*Liebe Grüße aus Hamburg*«. Seine Antwort, ebenfalls per SMS: »*Was hältst du davon, wenn wir in den nächsten Tagen einmal telefonieren?*« Ich: »*So ungefähr habe ich mir das vorgestellt ;-)*«

Ich habe wochenlang nichts mehr von ihm gehört, bis ich folgende SMS von ihm erhielt: »*Hallo … und ich würde gerne weiterhin mit dir Kontakt halten.*« Welchen Kontakt? Darauf habe ich nicht mehr reagiert und auch nie wieder etwas von ihm gehört.

Ähnliches kann aber auch beim Direkt-Chat passieren, wie zum Beispiel bei Neu.de möglich. Hier können zwei User unter Ausschluss der Öffentlichkeit eine Art Online-Date in Echtzeit erleben. Ich nehme also die Chat-Einladung eines Users an, der sich immer wieder auf meinem Profil einfindet, mir aber noch nie eine Mail geschickt hat. Heute ist er mutig. Er schickt mir eine Einladung zum

Chat. Die erscheint in Form eines Pop-up-Fensters auf dem Bildschirm. Ungefähr so: *Winner (55) lädt Sie zum Chat ein. Möchten Sie annehmen oder ablehnen?* Ich bin neugierig und klicke auf *»annehmen«*. Das System informiert mich: *» Winner betritt den Chatroom.«* Zwei Sekunden später: *» Winner verlässt den Chatroom.«*

Zugegeben, zwischen diesem Kommen und Gehen sollten im Normalfall einige Sätze gewechselt werden. Aber für Winner war das offensichtlich zu nervenaufreibend. Er hat den Chatroom fluchtartig wieder verlassen und sich weiterhin monatelang täglich meine VK angesehen, wie ich anhand der Besucherliste erkennen konnte. Er war nie wieder so mutig, mich zu kontaktieren.

Ein anderer Mann hat wochenlang an mir herumgegraben, bis er mich endlich zu einem Date überredet hat. Mit diesem Treffen wollte ich eigentlich nur dieses endlose Mailen beenden. In seinem Fall war ich der festen Überzeugung, dass er sicher ein netter Mensch ist, aber nicht als Partner für mich infrage kommt, was ich ihm auch mehrfach deutlich geschrieben hatte. Er wollte aber partout ein Date, um mich von seinen Qualitäten zu überzeugen, denn im realen Leben, so meinte er, sei er einfach unschlagbar. Es passiert mir öfter, dass ich mich bei netten Männern im Mailkontakt verheddere, der von meiner Seite aus lediglich freundschaftlich-freundlich gemeint ist. Ich stimmte also diesem Date zu. Oft lösen sich Probleme und virtuelle Verehrer einfach in Luft auf. So auch in diesem Fall. Dieser Mann hat sein Profil noch vor unserem ersten Date gelöscht!

Zwei weitere Erst-Dates fanden ebenfalls »erst« gar nicht statt. Immerhin hatte »Mann« hier ein paar interessante Ausreden parat: Der eine Nicht-Dater musste ein krankes Pferd pflegen, der andere wurde gleich selbst krank. Dieses Erst-Date-Fieber ist mir oft begegnet. Es erwischt virtuelle Personen, die ins ungewohnte reale Leben treten wollen. Ähnlich wie Raumfahrer, die nach ihrer Rückkehr mit der Schwerkraft der Erde nicht mehr klarkommen, weil ihnen die entsprechenden Muskeln fehlen, schwächeln bei diesen virtuellen Personen vor allem die Muskelgruppen, die das Rückgrat stützen.

Hier die Gedankengänge eines »normalen« Mannes im Vorfeld eines Dates:

PRAKTIKANT (44): *»Hi Judith. Ich weiß ja nicht, ob du schon mal so ein Date gehabt hast! Und wenn, wie es dir dabei ergangen ist! ;o) Hast du nicht ein paar Tricks parat für mich? Dass ich nicht ganz versinke in meiner Verlegenheit? Aber wenn es ganz schlimm kommt, dann kann ich ja noch absagen. Sollte ich irgendetwas vielleicht mitnehmen? Wie begrüßt man sich? Hand geben, ist doch blöd, oder?«*

TRY2FIND: *»Hallo X. Blöd wäre es, vorher abzusagen. Vielleicht verpasst du dadurch deine Traumfrau. Aus meiner Sicht sind ›Tricks‹ völlig unnötig. Wenn man sich verstellt, anders ist als im normalen Leben, kann es sogar sein, dass man gerade dadurch den anderen verprellt, der einen vielleicht im ›Normalzustand‹ ganz toll gefunden hätte. Bleib also einfach locker. Geh auf jeden Fall hin. Vielleicht ist es nur zum Üben, aber irgendwie wird dich dieses Date schon weiterbringen … Und was die Begrüßung betrifft: Ich habe mich bei einem Treffen mal mit einer Küsschen-auf-die-Wange-Begrüßung so verhakt, dass wir uns aus Versehen auf den Mund geknutscht haben. War ein bisschen peinlich für beide, aber auch lustig. Geh also hin und schau, was dich erwartet. Ich persönlich finde verpasste Gelegenheiten am schlimmsten. LG Judith.«*

PRAKTIKANT (44): *»Du meinst, ich sollte das Date machen, um es einfach zu erleben? Um Profi zu werden? ;o) Klar werde ich mich nicht verstellen! Das hab ich auch gar nicht nötig. Ich denke auch, Gesprächsstoff werde ich reichlich haben. Aber, was mach ich denn, wenn ich ihr gar nicht gefalle? Oder sie mir nicht? Trotzdem Programm durchziehen? Oder sagt man das gleich? Hey du, dich hab ich mir aber anders vorgestellt?«*

TRY2FIND: »*Das ist natürlich der schwierige Part. Ich kann dir keine allgemeingültigen Verhaltensregeln mit auf den Weg geben. Stell dir einfach vor, du triffst dich mit einem guten Freund. Ich hatte, bis auf wenige Ausnahmen, immer einen netten Abend, auch mit den Männern, die ich mir völlig anders vorgestellt habe. Genau genommen war meine Vorstellung nie so wie die Realität. Manchmal war die einfach nur überraschend anders, aber durchaus auch anders gut. Mr. oder Mrs. Right zu finden ist und bleibt schwer ... wird aber nie erfolgreich sein, wenn man es nicht versucht. LG Judith.*«

Keine der kleinen Enttäuschungen, die ich so im Netz erlebe, ist für sich genommen schlimm, aber ich merke, dass mich die Summe abstumpfen lässt. Ich habe schon ein bisschen die Ex-und-hopp-Mentalität von Olivia angenommen. Wenn »er« nicht so funktioniert, wie ich es gerne hätte, lasse ich die »Altlast« zurück und suche mir einen neuen Online-Partner. Auch Anfragen, die sich durch meinen Suchtext eigentlich von selbst ausschließen: zu klein, zu alt, zu jung, zu verheiratet, zu kinderreich, klicke ich einfach weg. Okay. Das machen andere auch, und »frau« kann es sowieso nicht der ganzen Welt recht machen, aber im »Normalzustand« würde ich mir die Zeit nehmen, eine freundliche Absage zu formulieren. So möchte ich nicht mit Menschen umgehen, und wenn ich schon meine eigenen Benimmregeln breche, weil ich zeitweise vor Wut kochend vor dem Computer sitze, brauche ich dringend Ferien vom Internet.

Diese Auszeit-Intervalle kommen auch meinem Arbeitsrhythmus sehr entgegen. Ich bin eine Art Saisonarbeiter. Im Frühjahr und im Herbst ist in der Modebranche Hochsaison und ich arbeite durchgehend. Dann habe ich keinerlei Energie frei, um diese Mailfluten zu bewältigen. Im Gegenteil. Sie nerven mich. Im »Dazwischen« kann ich meine Zeit frei einteilen, habe mich von den letzten Internet-Erfahrungen erholt und »Mann« findet mich wieder im Netz, erholt und hoffnungsvoll, denn irgendwo muss es für mich einen passenden Partner geben, auch wenn ich ein schwieriger Fall zu sein scheine. Zumindest bin ich nicht unter »normal« einzustufen, dagegen spricht schon mein seltsames Berufsbild. Neben meiner journalistischen Tätigkeit arbeite ich immer noch und immer wieder gern als Model. Wenn im Frühjahr und im Herbst die ganzen Messen und Shows sind, arbeite ich über einige Wochen in einem festen Team, das für eine namhafte Modefirma die Kollektion präsentiert. Neben den glitzernden Shows gibt es auch eine nüchterne Verkaufszeit in den verschiedenen Showrooms, die der Modefirma gehören. Hierher kommen die Einkäufer großer Modehäuser, um die Kollektion zu sichten und zu ordern. Zum »harten Kern« unseres Modeteams gehören Maria, eine gestandene Dame, früher selbst mal Model und heute als Repräsentantin tätig, und Leonie, die etwa in meinem Alter ist. Sie ist die Handelsvertreterin der Firma und somit unser Boss. Beide sind seit vielen Jahren glücklich verheiratet und kennen die Welt des Internets nur aus meinen Erzählungen. Beim morgendlichen Einstimmungs-Kaffee im Showroom unserer Modefirma hören sie sich gerne meine »Updates« in Sachen Netz-Bekanntschaften an. Anfangs haben sie meine Begeisterung für diese Art der Partnersuche geteilt und waren davon überzeugt, dass ich bald schon fündig werden würde. Inzwischen sind beide eher vom Gegenteil überzeugt und glauben, dass sich im Netz alle Verrückten dieser Welt tummeln. Die Männer in ihrem Bekanntenkreis benehmen sich ihrer Ansicht nach deutlich besser als mein »seltsamer Umgang«. Ich dagegen glaube, dass es sich um dieselben Männer handelt. Den Unterschied macht lediglich die Anonymität im Netz. Hier kann sich jeder benehmen, wie er möchte, ohne Konsequenzen befürchten zu müssen. Das macht die meisten gut erzogenen »Real Life«-Dr. Jekylls zu virtuellen Mr. Hydes.

Besonders Maria ist aus ihrer Jugend einen gewissen Ehrenkodex bei den Herren gewohnt und kommentiert meine Erlebnisse gerne mit: »*Also, das glaube ich ja nicht!!!!*« Mit ihrem schwarz gewellten Haar und den dunklen Augen wirkt sie wie ein ehemaliger UFA-Star. Leonie dagegen heißt nicht nur so, ihr Sternzeichen ist tatsächlich Löwe. Ihr blondes Haar gleicht einer störrischen Löwenmähne und auch ihr Temperament macht dem König der Tiere alle Ehre. Diejenigen, die ihr gerechter Zorn trifft, überleben das nur knapp, haben es aber meist auch verdient. In diesem Moment verdiente es gerade ein Hamburger, eine neue Bekanntschaft von mir aus dem Netz. Leonies »Mähne« stand im Zeichen höchsten Unmutes zu Berge. »*Wie, er hat das erste Date abgesagt? Gestern Abend. Zwei Stunden vorher?*« Auch Marias dunkle Augen schauten verächtlich und funkelten dabei so schwarz wie der Morgenkaffee in ihrer Tasse. Ich selbst fühlte mich trotz der frühen Stunde und des starken Kaffees ein bisschen müde. Ich sollte mir mal wieder eine Internet-Pause gönnen. Lag es an mir, dass ich immer die Falschen aus dem Netz zog? Aber wie sollte ich es anders anstellen?

»*Du bist viel zu stark als Frau. Die Männer haben Angst vor dir*«, tönte Maria mal wieder. Danke! Das habe ich gerade noch gebraucht. Bei meiner Wiedergeburt werde ich bei IQ »blond« ankreuzen und bei Selbstbewusstsein »gerade überlebensfähig«. Vielleicht hilft das? Wie dem auch sei. In diesem Leben bringt mich das nicht weiter. Trotzdem: Ich bin davon überzeugt, dass ich irgendwo den passenden Partner finden werde. Dieser hier ist es aber offensichtlich nicht. Also vergessen und weitersuchen?! Wenn das so einfach wäre. Ich habe eine ziemliche Wut im Bauch. So möchte ich mich einfach nicht behandeln lassen!

Drei Wochen lang pflegten wir bereits regen Mailkontakt. Er traut sich sogar, mich anzurufen, und das regelmäßig. Auch keine Selbstverständlichkeit im Netz. Sein Beruf: sehr bodenständig. Seine Art zu schreiben: sehr intelligent. Alles okay. Bis jetzt, da das erste Date geplatzt ist. »*Das ist doch schon wieder einer von denen, die kalte Füße bekommen, sobald du dich mit ihnen treffen willst*«, schimpft Leonie. Aus dieser Kategorie ist mir inzwischen schon ein ganzes Bataillon begegnet. Was der Kampf ums erste Date soll, das danach nie stattfindet, weiß ich bis heute nicht. Bei diesem Herrn hatte ich bisher – mal wieder – den Eindruck, dass er es tatsächlich ernst meinte. Aber Eindrücke können täuschen und Frauen sich auch, wie man sieht. Nicht nur Leonie war auf 180. »*Alles Weicheier!*«, urteilte Maria so gar nicht ladylike. Aus ihrem roten Mund klang das doppelt verächtlich. *»Du brauchst einen Mann mit Rückgrat!«* Na toll. Das habe ich auch schon festgestellt und sogar in mein Suchprofil wörtlich niedergeschrieben. Hier scheint allerdings die komische Selbstwahrnehmung der verschiedenen Herren der Knackpunkt zu sein. Offensichtlich halten sich auch alle »Weicheier« für Typen mit Rückgrat?!

Am Abend nach meinem Showroom-Tag muss ich mich erst mal beim Joggen abreagieren. Ich habe richtig Wut im Bauch. Dieses Date hat mich bereits seit einer Woche beschäftigt. Ich weiß nicht, wie andere das erleben. Mich kostet es jedes Mal Energie, wenn ich mich auf fremde Menschen einlasse. In diesem Fall habe ich sämtliche Phasen durch. Erst kommt bei mir die uneingeschränkte Vorfreude, dann der aufkeimende Zweifel. Wird das Treffen vielleicht doch nur wieder eine Enttäuschung? Zuletzt mündet das Ganze bei mir in eine Art Ruhe vor dem Sturm. Ich versuche objektiv an die Sache heranzugehen. Eine vorsichtige Vorfreude ist mit dabei. Ein Level, das ich nicht lange halten kann. In diesem speziellen Fall wollte ich einfach wissen, wer hinter diesem »User« steckt. Ungewissheit ist für mich das Energieraubendste überhaupt. Aber mit dieser Meinung scheine ich ziemlich alleine dazustehen. Die meisten anderen Spieler in diesem Spiel verlieren sich anscheinend lieber in ihren irrealen Traumwelten, als den entscheidenden Schritt in die Realität zu wagen. Vielleicht liegt hier schon die grundlegende Entscheidung: Treffe ich Menschen mit »normalem« Gefühlsleben nur außerhalb der virtuellen Welt? Und wenn das so ist: Gehöre ich zu den »Unnormalen« und halte mich nur für »normal«? Darüber werde ich mir später Gedanken machen. Im Moment möchte ich erst mal die aktuelle Situation klären. Auch ein Phänomen des Internets: Mit den Problemen und Fragen ist man letztlich immer allein. Warum weiß dieser Mann nicht vorher, dass er heute keine Zeit hat … und stimmte das überhaupt?

Ich ließ unser Telefongespräch innerlich immer wieder Revue passieren, und wenn ich an die Stelle kam, wo er mich um ein neues Date bat, kochte meine Wut so richtig schön hoch. Das sollte nämlich erst in der nächsten Woche stattfinden. Nicht am morgigen

Freitag oder am folgenden Samstag. Dieser Typ hatte doch eine Beziehung, wenn er am Wochenende keine Zeit hat? Wieder nur ein Griff meinerseits in die Kategorie Fake? Außerdem ärgerte mich die Begründung seiner Absage. »*Viel zu tun … Projekt muss morgen fertig sein*« ist für mich keine Entschuldigung. Mein Terminplaner ist zurzeit täglich mit mehreren Terminen belegt. Trotzdem bin ich pünktlich … Und wieder bin ich an dem Punkt: So möchte ich mich einfach nicht behandeln lassen! Was ich jetzt möchte: meine Wut loswerden! Die einzige Möglichkeit dazu: eine E-Mail. Eine Stunde und zwei Gläser Rotwein später bin ich in der richtigen Stimmung für eine entsprechend stimmungsvolle Mail:

TRY2FIND: »*Hallo X, ich war gerade joggen – das macht den Kopf so schön klar nach einem Tag im Showroom – und habe dabei über deine Absage nachgedacht. Den ›Korb‹, wie du es genannt hast. Nette Formulierung übrigens. Vielleicht verstehe ich so was nicht, weil ich zu den Menschen gehöre, die es immer schaffen, eine Verabredung einzuhalten. Selbst während einer anstrengenden Saison. Was ich natürlich verstehe, ist, dass du heute viel zu tun hattest und auch Wichtiges. Keine Frage. ›Mann‹ muss Prioritäten setzen. Ich gehöre offensichtlich aber nicht dazu. Leider? … Gerade das ist aber MEINE Priorität. Ich suche jemanden, dem ich wichtig bin, und ich weiß, wenn ›Mann‹ etwas wirklich will, schafft er es sogar, beim Tauchgang zu telefonieren bzw. sich die Zeit zu nehmen, mich kennenzulernen. Der Vorschlag zu diesem Date kam übrigens von dir. Vergessen? Zwei Stunden vor einem Date abzusagen halte ich für ganz schlechtes Benehmen. Ich möchte auf einen weiteren Date-Versuch verzichten. Wenn es schon am Anfang nicht funktioniert, funktioniert es nie … Da habe ich gelernt, auf mein Bauchgefühl zu hören. Ich wünsche dir viel Glück. Judith.*«*

So. Jetzt geht es mir besser. Wenn ich meine Meinung gesagt und Dinge ausgesprochen habe, ist für mich das Thema durch. Ein bisschen traurig fühle ich mich noch. So schnell vergesse ich eine Enttäuschung nicht, aber die Situation ist klar, und klar ist auch, dass ich von diesem Mann bestimmt nichts mehr hören werde.

Am nächsten Morgen fühle ich mich schon wieder ganz gut. Zumindest befreit. Um ca. 11 Uhr erhalte ich dann direkt zwei Mails meines Fast-Date-Partners:

Timeless (41): »*Liebe Judith. Nun sitze ich hier, bin ganz erschüttert und schaue ungläubig auf den Bildschirm und lese deine Mail, ... vielleicht noch ein Wort der Erklärung: Wie dir ja sicherlich aufgefallen ist, habe ich recht häufig an dich gedacht und auch versucht, dass du mir – obwohl ja eigentlich noch unbekannt – wichtig bist, Priorität besitzt ... Punkt zwei: Ich habe gestern bis fast halb zehn gearbeitet, weil ein wichtiger Auftrag fertig werden musste und zwei meiner drei Mitarbeiter im Urlaub sind. Da bin ich zeitlich ins Schleudern geraten. Der Auftrag musste heute fertig sein und es gab für mich keine andere Möglichkeit, als es so zu erledigen. Nochmals sorry, es tut mir leid und es hat absolut gar nichts damit zu tun, dass du mir schon zu Beginn gleichgültig bist und du keine Priorität besitzt. Vielleicht hätte ich es nur etwas differenzierter und ausführlicher erklären sollen. Na ja, irren ist bekanntlich männlich. Ich respektiere deinen Wunsch selbstverständlich, wenngleich die Akzeptanz etwas auf der Strecke bleibt und sich auch manchmal ein im Bauch befindliches Frühwarnsystem irren kann. Lieben Gruß. X*«*

Na so was. So viel Standing hatte ich von X gar nicht erwartet. Hatte ich mich vielleicht doch getäuscht? Oh nein! Jetzt fängt das Hätte, Würde, Könnte ... schon wieder an. Bleiben wir bei den Tatsachen, und Tatsache ist: Es hat kein Kennenlernen stattgefunden! Schluss damit. Das ist besser. Aber ist es das? Oder werde ich dadurch nur immer das Gefühl mit mir herumtragen, Mr. Right verpasst zu haben? Ich weiß es nicht. Ich werde ein paar Tage verstreichen lassen und dann noch einmal darüber nachdenken. Im Moment wäre ich sowieso nicht fähig, mich mit diesem Mann normal zu unterhalten ...

Einige Tage später. In meiner Freundin Kriemhild findet X eine verständnisvolle Fürsprecherin. Natürlich kennt sie sich als gute Freundin in meinem verkorksten Liebesleben fast so gut aus wie ich selbst. Ihr könnte es auch passieren, dass sie sich mit der Zeit verschätzt, kommentiert sie den Fall X. Nicht jeder habe so ein gutes Zeitmanagement wie ich, deshalb müsse X noch lange kein schlechter Mensch sein und habe noch eine zweite Chance verdient. So etwa lautet die Zusammenfassung unserer knapp zweistündigen X-Verhaltensanalyse. Das Ergebnis: Ich schreibe ihm eine Entschuldigungs-Mail:

TRY2FIND: *»Hallo X. Nach zweimal ›Drüberschlafen‹ kommt mir meine Reaktion viel zu heftig vor. Es tut mir leid. Ich möchte dich trotzdem gerne kennenlernen. Ich hoffe, du nimmst die Entschuldigung an und gehst morgen mit mir spazieren? Judith.«*

Tatsächlich. Wir treffen uns im richtigen Leben! Na bitte, geht doch! Ich bin in diesem Fall allerdings sehr entgegenkommend. Im wahrsten Sinne des Wortes, denn ich besuche ihn. Nein. Nicht zu Hause. So mutig ist er nicht. Unser Treffpunkt ist ein Parkplatz in der Nähe der Autobahn. Wir ziehen weiter in ein nahe gelegenes Waldstück und spazieren etwa zwei Stunden durch die schöne Gegend. Mit Hund. Wie erwartet sind mir Hund und Herrchen sehr sympathisch. Aber mein Bauchgefühl sagt mir, dass ich ihm nicht ganz geheuer bin.

Er wirkt fast schüchtern. Trotzdem unterhalten wir uns gut. Mehr als eine flüchtige Berührung am Arm ist von seiner Seite nicht drin. Andererseits bin ich »ganz sein Typ«, wie er mir erklärt. Damit, so weit verstehe ich die Männer inzwischen, meint er mein Aussehen.

Meine Art, die sicher etwas forscher ist, als er sich anhand meiner Fotos ausgemalt hat, scheint ihm unheimlich zu sein. Bei diesem Problem kann ich ihm leider nicht helfen. Aus mir wird auch bei größter Anstrengung keine hilflose Elfe mehr.

Nach unserem Treffen herrscht wieder reger Funkkontakt zwischen uns. Einige Telefonate. Ein neues »richtiges« Date steht an ... und wird von ihm abgesagt. Dieses Mal nehme ich es mit Humor, denn inzwischen ist mir klar, dass aus uns bestimmt kein Paar wird. Aber ich bin neugierig. Was steckt dahinter? Ist er gebunden? Mache ich ihn unsicher und wenn ja, warum? Jetzt interessiert mich »der Fall« an sich. Vielleicht lerne ich durch ihn verstehen, warum ich mit vielen anderen Männern ähnliche Probleme habe. Ich spiele also brav mit. Wochenlang bleibt es beim Simsen und Telefonieren. Nach zwei Monaten reduziere ich diese Interaktionen von meiner Seite deutlich. Diese Art der Recherche in Sachen seltsames Männerverhalten bringt mich auch nicht weiter, und ich suche keinen virtuellen Begleiter, sondern einen realen. Dieser Liebesentzug führt tatsächlich zu einem zweiten realen Treffen. Wieder ist es ein Spaziergang. Mit Hund. In der Lüneburger Heide. Wir verbringen einen sehr netten Nachmittag, den wir bei einer Tasse Tee im romantischen Garten eines Cafés ausklingen lassen. Ich fühle mich total entspannt. Der Hund ist es auch. Sein Herrchen eher weniger. Ich komme allerdings immer noch nicht dahinter, was ihn so anspannt. Er fährt mich nach Hause. Ich lade ihn zum Essen ein. Nein, natürlich geht das von seiner Seite aus unmöglich an diesem gleichen Abend. Er hat noch Wichtiges zu tun. Ich schlage als Ausweichtermin den folgenden Abend vor. Dazu muss er erst noch seinen Terminkalender befragen, der natürlich zu Hause liegt, und will sich am nächsten Morgen diesbezüglich melden. Vor dem Schlafengehen erhalte ich noch eine nette SMS mit Gutenachtwünschen und einem Dankeschön für den traumhaften Tag und dem Statement, dass ich eine wunderbare Frau sei. Danach höre ich nie wieder etwas von ihm. Die wunderbare Frau bleibt leicht verwundert zurück. Meine Einschätzung war also von Anfang an richtig. Das ganze Hin und Her zwischen dem ersten »Korb« und diesem letzten Kontakt war also nur ein Hinauszögern des voraussehbaren Endes. Immerhin war diese ganze Interaktion nicht nur pure Zeit- und Energieverschwendung, sondern auch der Beweis, dass ich ein gutes Bauchgefühl besitze, auf das ich mich mehr verlassen sollte. Das Einzige, was mich wurmt, ist, dass ich so gar keine Erklärung von ihm erhalte. Womit wir wieder bei der Sache mit dem Rückgrat wären. Wichtig ist mir in solchen Situationen, den »Schaden«, den solches Verhalten bei mir anrichtet, möglichst gering zu halten. Ich versuche, die Situation zu analysieren und für mich erklärbar zu machen. Das ist schwer, wenn man keinerlei Anhaltspunkte hat. Ich gehöre zu den Menschen, die Klarheit brauchen, deshalb bin ich jedem dankbar, der mir erklärt, warum er so oder so reagiert, auch wenn ich dabei nicht gut wegkommen sollte. Umso schneller kann ich so eine Begegnung verarbeiten. Die größte Kunst bei der Partnersuche in gehobenem Alter besteht meiner Meinung nach darin, positiv und reinen Herzens, ja geradezu blauäugig auf einen möglichen nächsten Partner zuzugehen. Ein neuer Partner kann nichts für die Fehler seiner Vorgänger in der Vergangenheit. Wir alle tragen eine ganze Menge individueller Varianten von diesen schlechten Erfahrungen mit uns herum. Das kann schnell zu den so genannten »Self-fulfilling Prophecies« führen: Man verhält sich unbewusst so, dass genau das eintritt, was man befürchtet. Ich sollte es schaffen, ohne vorgefasste Meinung auf andere zuzugehen. Zugegeben, das ist schwer. Aber: Einfach kann jeder!

Ein weiteres großes Problem im Netz ist, dass Männer und Frauen eine ganz andere »Euphoriekurve« haben. Das kenne ich nicht nur aus eigener Erfahrung. Viele meiner Freundinnen haben das bestätigt. Männer sind anfangs hin und weg, sie beginnen ein Mail-Bombardement und fassen ihre überschwängliche Gefühlswelt in blumige Worte, mailen und simsen wie die Weltmeister. Für mich ist das zu diesem Zeitpunkt ein Zuviel von allem. Früher stand ich fassungslos in diesem warmen Mail- und SMS-Regen und habe die »andere Seite« immer ein bisschen zu dämpfen versucht. Vergeblich. Der Dauerbeschuss hielt an, wurde sogar noch mit guten Argumenten als einzig sinnvoll untermauert. Bei den Herren, die mir als mögliche Partner für das reale Leben erschienen, habe ich das natürlich zugelassen und bin dann irgendwann in die Falle getappt, mich diesem Rhythmus anzupassen. Ist »frau« dann aber so weit, die eintrudelnden Mails und SMS als gegeben hinzunehmen, diese brav zu beantworten, ja sogar zu erwarten ... bleiben sie aus! ER hat sein Pulver verschossen und steuert im Glauben, auf der Zielgeraden zu sein, in ruhigeres Fahrwasser. Sie missdeutet seine neue Verhaltensweise als Desinteresse. Ein Klassiker im Missverständnis-Katalog zwischen Mann und Frau, der schon frühzeitig ins Beziehungs-Aus führt. Doch auch, wenn alle Hürden in der virtuellen Welt mit Bravour genommen werden, das größte Hindernis scheint für viele Männer in der realen Welt zu warten: das bedrohliche erste Date.

Inzwischen schaue ich auf eine ganze Versetzt-werden-Serie zurück. Oft habe ich erst ein paar Stunden vor dem Treffen erfahren, dass mein Date-Partner in unvorhersehbare Zeitnot geraten ist, was mit Sicherheit in 90 % der Fälle eine Ausrede war. Wahrscheinlich waren diese Herren genauso nervös wie der Praktikant vom Anfang dieses Kapitels und haben sich dann kurzfristig entschieden, einfach abzusagen. Während ich anfangs noch auf die »Ich muss die Welt retten und bitte um Nachsicht«-Erklärungen verständnisvoll reagiert und einem Ausweichtermin zugestimmt habe, bin ich inzwischen gnadenlos rigoros: Ein zweites Treffen gibt's nicht mehr. Meine Erfahrung hat gezeigt: Wenn es beim ersten Date nicht klappt, klappt es nie, denn auch der »Ausweichtermin« wurde in diesen Fällen männlicherseits, ganz unmännlich, wieder abgesagt. Meist so kurzfristig, dass ich kaum eine Chance hatte, mich mit Freunden zu verabreden. Mein Verständnis für so ein Verhalten geht Richtung null. Mir selbst passiert so etwas nie. Nicht beruflich und auch nicht privat.

Natürlich habe ich meinen Freund George zu diesem Thema befragt, der ja Coach ist. Er meinte: »*Ich bin mir sicher, dass in deinem Fall die Angst der Männer vor starken Frauen der Grund ist. Du bist einfach zu selbstständig. Starke Frauen nehmen dem Mann seine angestammte Beschützerrolle. Er sieht die Frau eher als Rivalin, statt sie als Partnerin wahrzunehmen. Auch in so genannten gleichberechtigten Partnerschaften versucht der Mann immer noch eine Nuance überlegener zu sein. Alles andere bedeutet für Männer puren Stress.«* Na toll. ICH bin also schuld? George: *»Das ist keine Schuldfrage. Hier geht es um passt oder passt nicht. Allerdings ist die Auswahl für dich geringer, denn du musst schon einen besonderen Mann suchen.«* Okay. Damit kann ich leben. Das tue ich sowieso. Bis ich den Richtigen gefunden habe, amüsiere ich mich einfach mit den Falschen?!

VERFLIXTE(S) ERSTE(S) MA(I)L

Ich gebe zu: Es ist schwierig, einem völlig fremden Menschen eine erste Mail zu schreiben. Leider gibt es auch kein Patentrezept, wie man/frau es richtig macht. Vieles hängt von der eigenen Persönlichkeit ab. Vieles aber auch von der Persönlichkeit des Adressaten. Interessiere ich mich für einen Mann, lese ich seinen Profiltext sehr genau. Habe ich es hier mit einer sehr ernsthaften Person zu tun, oder mag dieser Mensch witzige Wortspiele? Gleichen sich unsere Hobbys? Habe ich eine ernsthafte Frage zu einer seiner Aussagen? Profiltexte sind also ein wichtiges Tool im Internet, deshalb sollte »Mann« mit Überlegung an diese Eigenpräsentation gehen. Bei vielen Männern habe ich allerdings das Gefühl, sie verfassen eine Verkaufsanzeige für ihr Auto mit mehr Liebe als ihre Anzeige in Sachen Partnersuche für sich selbst. George kommentiert das gerne so: *»Kein Wunder. Das Auto kennen sie auch besser!«*

Mit Profilen wie dem folgenden kann ich überhaupt nichts anfangen:

MEINE SELBSTBESCHREIBUNG: *groß 184 cm, ing., technik, sport, kunst*
MEHR ZU MEINER SCHULBILDUNG: *elektrotehnik*
MEIN RELIGIÖSER HINTERGRUND: *nicht wichtig*
OHNE DIESE DINGE KANN ICH NICHT LEBEN: *Garten, Kunst, Fernsehen, Sport*

MEINE NAHEN UND FERNEN LIEBLINGSPLÄTZE: *Meer*
MEINE HOBBYS: *Garten, Kunst, Fernsehen, Sport*

Ein Foto ist natürlich auch nicht dabei. Wahrscheinlich finden sich in der Mailbox dieses »Elektrotehnikers« inzwischen Spinnweben. Profiltexte und der Fragen-und-Antworten-Katalog sind eigentlich dazu da, um die eigene Persönlichkeit ins rechte Licht zu setzen, wenn »Mann« eine hat. Bei folgendem Herrn, der ohne Foto im Netz ist, fehlt mir die Inspiration. Ihm scheint es ähnlich zu gehen:

WAS MEINE PARTNERIN ÜBER MICH WISSEN SOLLTE: *erzähl ich nur ihr*
DREI DINGE, DIE FÜR MICH WICHTIG SIND: *was das wohl sein könnte ... – finde es heraus*
ZWEI SACHEN, VON DENEN ICH MICH NIE TRENNEN KÖNNTE: *na? finde es heraus*

Bei Parship nutze ich zum Beispiel die angegebenen Prozentzahlen, die angeblich zeigen, wie gut der Auserwählte und ich zusammenpassen. Laut Suchmaschine. Dazu stelle ich die Frage, ob er als technisch versierter Mann glaubt, dass »frau« einer Maschine trauen kann, und schalte meine Fotos für ihn frei, um mich gleich komplett zu präsentieren. Das sind natürlich alles nur Anhaltspunkte. Wichtig ist, dass die eigene Persönlichkeit erkennbar wird durch einen individuellen Schreibstil und sich das Interesse an der anderen Person zeigt. Lang muss eine erste Mail nicht sein. Im Gegenteil. Für meinen Geschmack liegt in der Kürze die Würze.

Die folgenden Mails habe ich als Erstkontakte erhalten. Die in eine Klammer gefassten Sätze halte ich für überflüssig. ER nennt seinen Namen am Ende der Mail noch mal und auf seine VK schaue ich sowieso, wenn es mich interessiert. ICH würde auch niemals ein »*wider Erwarten*« in einer Mail verwenden, so wie es folgender Mann macht. Wenn er sowieso nicht glaubt, dass ich ihm ant-

worte, wieso schreibt er mir dann? Damit schmälert er die Wirkung
der an sich sehr schönen Mail:

UNDERCOVER (49): »*Guten Morgen Try2find (Ich bin x. Wer
oder Was schreibt mir hier, wirst du dich fragen. Schau doch
einfach mal in meine VK. Solltest du wider Erwarten den un-
widerstehlichen Wunsch haben, mich näher kennenlernen zu
wollen, give me an answer.) Auch ich suche dieses wunderbare Gefühl von Schmetterlingen im Bauch, dieses Gefühl,
das man eigentlich gar nicht so richtig beschreiben kann, das
einen so total crazy macht. Ich weiß, dass es dieses Gefühl
wirklich gibt, habe es aber leider verloren und versuche es
wiederzufinden. Leider lässt sich dieses Gefühl nicht erzwingen, nicht erbitten, es wird uns geschenkt oder versagt. Es ge-
deiht nur in Freiheit, denn eingezäunt muss es verkümmern.
Schreib mir doch einfach und wir sehen, was passiert. Viele
Grüße U*«

*

REALLIVE (48): »*Ich fühle mich angesprochen und bin bereit. LG X. Verzeihe bitte diese kurze Form der Kommunika-
tionsaufnahme. Für mich war es schon eine Hürde, das Profil anzulegen.*«

Sein Profil beweist Profiltiefe. Damit kann ich viel anfangen und
wir haben einen unterhaltsamen Mailkontakt.

EINFALLSLOS ER (43): »*Hallo und einen schönen Tag. Hallo
und einen schönen Tag. Hallo und einen schönen Tag. Hallo
und einen schönen Tag. Hallo und einen schönen Tag. Hallo
und einen schönen Tag. Hallo und einen schönen Tag Hallo
und einen schönen Tag.*«

Muss »frau« das überhaupt noch kommentieren?

Der folgende »Träumer« hat eigentlich auch keine Chance. Selbstbeschreibungen dieser Art bekomme ich oft. Sie passen auf Millionen von Männern. Dazu sind seine Daten auch noch außerhalb meines Suchbereichs. Das Einzige, was ihn weitergebracht hätte, ein sympathisches Foto, ist auch nicht dabei. Diese Mail hätte er sich und mir also direkt ersparen können.

DREAMER (39): »*Du bist einfach traumhaft, darf ich mich kurz vorstellen ... In der Hoffnung, dass ich dir auch gefallen könnte: 1,75 m groß, 58 kg sind die exakten technischen Daten. Die inneren Werte sind: frech – kreativ – anders – sensibel – lausbubenhaft – etc ... Mein Foto schicke ich dir gerne.*«

TRY2FIND: »*Danke. Du darfst zu deinen Eigenschaften: frech, kreativ, anders ... auch noch charmant hinzufügen, allerdings auch: zu jung und deshalb nicht geeignet. LG Judith.*«

Hätte er mich mit schlechtem Verhalten geärgert, hätte meine Antwortmail auch weniger nett ausfallen können, z.B: »*Danke. Mit 1,75 m kann ›Mann‹ sich auch nur kurz vorstellen!*« Aber wir wollen ja die Netiquette einhalten.

ERWARTUNGSHALTUNG

Das Internet ist NICHT der Otto-Katalog. »*Find ich schön, will ich haben*« funktioniert nicht. Hier hat die Ware ein Mitsprache-, ja sogar ein Veto-Recht!

BUSINESSMAN (47): »*... könnte mich evtl. für dich begeistern. Denke, wir könnten ein hübsches Paar sein, auch wenn der hier vorgegebene Übereinstimmungsgrad nicht 100 % ist. Ich neige normal nicht dazu, meine Gefühlsschwankungen außer*

Kontrolle geraten zu lassen, aber in diesem Falle muss ich bekunden, ich bin nahezu begeistert von dir. Ich könnte nun natürlich diverse Dinge der Selbstbeweihräucherung über mich schildern, dazu bin ich jedoch wenig motiviert. Ich kann nur insofern von mir selbst sprechen, als dass ich ein interessantes Leben auf einem gewissen Niveau führe, und könnte mir vorstellen, dass es auch für dich dann und wann von Gefallen sein könnte, mich durch die Hürden des Lebens zu begleiten.«

TRY2FIND: *»Danke für deine Mail. Ich bin immer etwas verwirrt, wenn die Herrn hier in Begeisterung ausbrechen, nur weil sie mich in 2D, also als Foto, sehen. Meist ist das lediglich eine Projektionsfläche für die eigene Interpretation von Mrs. Right, was dann mit meiner Person fast nichts zu tun hat. Aber okay. Irgendwie muss ›Mann‹ ja anfangen. ... Und was heißt: dann und wann durch die Hürden des Lebens begleiten? Also als Hilfe, wenn's gerade schwierig wird? Aufräumen, Auto waschen, Knopf annähen :-) LG. Judith.«*

BUSINESSMAN (47): *»Hi, genau, alles was du willst! ;-)) Bin gerade auf dem Sprung, wir können ja morgen etwas länger talken. Mein Handy ist übrigens xxxxx. Schönen Abend.«*

Sein Schreibstil ist eher geschäftlich. Knapp. Für ihn ist das aber vielleicht schon ein Gefühlsausbruch. Schreibt er ja sogar. Viele Männer tragen halt nicht ihr Herz auf der Zunge, können aber trotzdem nette Kerle sein. Höflich ist er. Mein Versuch, aus seinem Profil mehr Persönliches herauszulesen, misslingt mangels Masse. Die meisten Fragen hat er gar nicht beantwortet. Aus seiner Art zu schreiben erkenne ich wieder nur den Geschäftsmann. In seinem Profil-Text beschreibt er fast ausschließlich die Frau, die er sucht: Hübsch muss sie sein (Natürlich!), und er steht – seit er seinen Zweitwohnsitz in Spanien hat (Klug das Niveau gehoben!) – auf den mediterranen Typ. Doch auch einer attraktiven Blondine könne er durchaus etwas abgewinnen.

Vielleicht bin ich inzwischen etwas zu empfindlich geworden oder heute einfach schlecht drauf? Ich bin nach diesem Satz ziemlich angesäuert. Sein einziges Foto zeigt: Er im Anzug. Habe ich auch fast erwartet. Ein geöffneter Zweireiher. Ist das bei Zweireihern nicht ein Fauxpas? Wie dem auch sei. Zweireiher sind seit Jahren out in der gehobenen Geschäftswelt, zu der er sich offensichtlich zählt, ergo: Das Foto ist älter. Er inzwischen also auch. Außerdem ist er eine Blondine. Und: Ich steh auch eher auf dunkel. Hah! Ansonsten zählt er sicher zur Kategorie »attraktiv« – wenn man Blondinen mag.

Alles in allem ist er für mich als Person aber nicht greifbar. Nichts in seinem Profil lässt mich glauben, dass es irgendeinen Sinn macht, mich mit diesem Mann näher zu befassen. Von meiner Seite aus entsteht einfach kein Will-ich-kennen-Gefühl. Mal ganz abgesehen davon, dass ich das nach nur drei Mails auch verfrüht finde. Er dagegen scheint das ganz anders zu sehen.

BUSINESSMAN (47): »*Hallo Judith, ich hoffe, du hast ein schönes Wochenende verlebt, ich hätte mir gewünscht, von dir gehört zu haben, dann hätten wir vielleicht das ein oder andere unternehmen können (hätte dir auch einen Knopf angenäht bei Dringlichkeit) ;-). Vielleicht hast du ja Lust zu telefonieren. Hier meine Nr. xxx. Dann warte ich mal ab und verbleibe mit lieben Grüßen.*«

TRY2FIND: »*Sorry, aber ich bin nicht so schnell mit dem Kennenlernen im realen Leben. Außerdem weiß ich so gut wie nichts über dich, und irgendeinen ›erfühlbaren‹ Grund – außer dass Blondinen an der Reihe sind, falls der mediterrane Typ gerade nicht zur Verfügung steht – sollte es schon geben, warum wir telefonieren oder sogar uns treffen sollten. LG. Judith.*«

BUSINESSMAN (47): »*Du machst es aber kompliziert. Ich betrachte dich nicht als ›Notnagel‹, da solltest du einmal die*

diversen Mitstreiterinnen sehen, virtuell wie auch real. Nein,
dich habe ich nun auserkoren, da ich dich wirklich sehr at-
traktiv befinde und mir zudem deine etwas freche und forsche
Art und Weise gefällt. ... habe eigentlich keine Lust hier sei-
tenlange Lebensbeichten abzuliefern. Wie auch immer. Hier
noch mal meine Telefonnummer xxx. Angenehme Nacht und
glückliche Träume. X«

In der Geschäftswelt ist das »Will-ich-haben-kauf-ich-Prinzip« erfolgreich, wenn der Gegenwert stimmt. Bei der Partnerwahl sind
andere Werte gefragt. Wie kommen Männer eigentlich darauf,
dass es reicht, wenn SIE einen Kontakt wollen? Da sich das Bestell-
Objekt aus dem Internet-Katalog – also: moi – wenig kooperativ
zeigt und einfach nicht anrufen will, löscht er sich aus dem System.
Das Geschäft ist also gescheitert.

ZEITGLEICH IM »RICHTIGEN LEBEN« ...

Ich, bzw. wir, fahren über Pfingsten für eine Woche nach Sylt. Unser
Dreierteam setzt sich aus zwei Blondinen und einer Brünetten zusammen. »Brunhild« ist mit ihrem Smart vorgefahren. Ich sitze mit
»Kriemhild« in ihrem goldigen historischen VW-Käfer und am frühen Nachmittag schon auf dem Autozug. Richtung Sylt. Brunhild
hat ihre Gourmet-Tour bereits begonnen, sitzt in ihrem Lieblingsrestaurant in der Sonne und ist inzwischen bei Erdbeerkuchen mit
Schlagsahne angekommen. Ich bin auch froh, angekommen zu sein,
denn der arme Goldi hat deutlich an seinem Gewicht zu tragen.
Aber er läuft und läuft und läuft. Es ist ein besonderer Tag, denn es
ist Brunhilds Geburtstag. Wir haben ihr eine von mir mit Herzblut
verfasste Großanzeige in der »Süddeutschen Zeitung« geschenkt,
mit der wir einen Mann als Geburtstagsgeschenk für sie suchen.
Partneranzeigen sind ihr Steckenpferd. Ihren ersten Partner nach
langjähriger Ehe hat sie so kennengelernt. Auch diese Beziehung hat
lange gehalten. Brunhild ist sowieso die Beständigste von uns. Ihr

Sternzeichen ist Stier, und somit sind ihre Ansichten unverrückbar. Kriemhild dagegen ist das personifizierte Chaos und als erheiternder Unterhaltungsfaktor im Team tätig. Ich liege wahrscheinlich irgendwo dazwischen. Schwer, sich selbst richtig einzuschätzen. Was uns alle drei auszeichnet, ist allerdings eine gehörige Portion Toleranz. Anders wäre ein Zusammenleben dreier Single-Frauen auf 50 Quadratmetern auch nicht möglich. Sinnigerweise hat unser Apartment drei Ebenen, und nach der zweiten Nacht – schnarche ich? – zieht Kriemhild unter lautem Gepolter mit ihrer Matratze die Wendeltreppe hinunter in den ebenerdigen Wohnraum. Brunhild hat sich das »geerdete« Kellergeschoss gesichert und ich residiere, ganz wassermannsches Luftzeichen, unterm Dach.

Unsere Ankunft auf der so genannten Whisky-Meile mit Goldi ist neben all den Ferraris und Porsches tatsächlich goldig. Dass der bis unter den Rand vollgepackte Käfer – erinnert mich an meine Studienzeit – gleich zwei Blondinen ausspuckt, scheint Interesse zu wecken. Dazu die Herzchenluftballons für Brunhild. Na gut. Damit wären wir im Dorf eingeführt.

Kriemhild ist Fitnesstrainerin und kennt nicht nur deshalb, sondern auch aus früheren Zeiten, die halbe Insel. Unter anderem Tom, der sich auch gleich meldet, denn einem »Späher« ist unser Auftritt nicht entgangen. Die Mundpropaganda scheint hier also bestens zu funktionieren. Kurzer SMS-Kontakt, und wir sind zum Kaffee verabredet. Buhne 16. Schöner Platz. Ich bin begeistert von der Insel. Die Pfingst-Vorsaison lässt Platz zum Atmen.

Tom findet uns auch sofort, und sofort erfahre ich auch, dass der »Späher«, an dem wir direkt vorbeigelaufen sind, mich unglaublich nett findet. Ich ahne Schreckliches und wehre mich mit einem »*Also, mir ist niemand aufgefallen*«. Was nichts anderes heißt als: Da war kein Mann, der mich interessiert hätte. Aber das überhört Tom. Er ruft sogar den Späher, der sich gerade wieder in Hamburg aufhält, kurz mal an und hält mir spontan sein Handy ans Ohr, aus dem mir eine freudige Männerstimme entgegenschallt, die mich wissen lässt, dass er Jerry heißt und sich unglaublich auf ein Wiedersehen freuen würde. Er wäre in zwei Tagen wieder da! »…!«

Ich komme mir vor, als sei ich in eine Episode von »Vorsicht Kamera!« geraten, in der Tom und Jerry die Hauptrollen spielen, und habe mich gerade per Handy verlobt. Das erste Gefühlstief während meiner schönen Urlaubszeit macht sich in mir breit. Ich hasse diese Situation, von der ich jetzt schon weiß, dass ich mich fies benehmen muss, um aus der Nummer wieder rauszukommen. Der Running Gag in den ersten Tagen geht also voll auf mich. *»Kaum eine Stunde auf der Insel und schon deinen Traummann gefunden!«* So und ähnlich amüsieren sich die beiden »Hildes« auf meine Kosten. Uns allen ist schon klar, dass es kein männliches Wesen bei unserer Ankunft gab, das unser Interesse geweckt hätte. Außerdem ist inzwischen das Alter des Mr.-Right-Bewerbers bekannt, und das liegt deutlich über sechzig! Was Kriemhild vor Lachen japsend mit dem Kommentar versehen hat: *»Ja, Judith. Das ist doch genau die Altersklasse, die du suchst!«*

Von all dem bekommt Tom natürlich nichts mit. Wir erfahren von ihm den neuesten Tratsch der Insel. Damit kann ich nicht so viel anfangen. Ich bin das erste Mal als Urlauberin hier und kenne die Leute nicht. Also habe ich Muße genug, mir die Szene um das Gespräch genauer anzusehen. Brunhild ist gerade wieder bei einem Zwischen-Gourmet-Gang. Kaum zu glauben, was diese zierliche Person so alles essen kann. Tom flicht gerade ziemlich ungeschickt die Story einer super Hotel-Hopping-Tour mit seiner letzten Angebeteten ein. Sie: schlank, rassig, dunkelhaarig. Also das glatte Gegenteil von ihm :-) Offensichtlich erwartet er Szenenapplaus. Zumindest von Kriemhild. Die versteht gerade gar nicht, was hier läuft. Jetzt wird es aber interessant. Ich beobachte gerne Menschen. Nachdem er mit der rassigen Iranerin nicht zu Potte kommt, geht Tom zu anderen Sticheleien über. Wieder völlig aus dem Zusammenhang gerissen, kommt er auf die Frage, wie alt wir denn wohl seien, beantwortet sie gleich selbst mit *»Na, so um die 35«.* Wir strahlen ihn an, was er als Zustimmung wertet, und er setzt genüsslich seinen Verfallsdatum-Gag noch mal an, mit dem er schon aufgewartet hat, der aber von Kriemhild ungehört floppte. Scheint ihm aber besonders wichtig zu sein, dass wir wissen, wo wir auf der männlichen Suchliste für zukünftige Partnerinnen stehen. Auf Grund unseres hohen Alters zwar gerade noch bei den Auslaufmodellen, aber schon in Sichtweite der Abteilung Ladenhüter. Dass Tom, nach seiner eigenen Rechnung, 20 Jahre mehr auf dem Buckel hat, verdrängt er offensichtlich. Der Gag ist so wichtig, dass er im Laufe des zweistündigen Gespräches noch mehrmals Erwähnung findet. Jetzt fällt es sogar Kriemhild auf. Sie findet das einfach frech. Klar, sie hat als Bild ja auch den knapp 60-jährigen Tom vor Augen, während Tom sich selbst in der mindestens 20 Jahre jüngeren Version abgespeichert hat. Brunhild nimmt es so, wie sie selbst ist. Sie sagt, was sie denkt. Ohne Schnörkel. Für sie steht der Mann eben auf junge, dunkelhaarige, superschlanke Iranerinnen. Überhaupt nicht schlimm. Niemand von uns will was von ihm. Ihren gesunden Appetit wird sie deshalb jedenfalls nicht verlieren. Ich bin mir dagegen sicher, dass Tom sich, besonders bei Kriemhild, die er offensichtlich ganz toll findet, richtig positionieren möchte. Als äußerst begehrenswertes männliches Prachtexemplar, das jede haben kann und sich eventuell, wenn Kriemhild besonders nett zu ihm ist, dazu herablassen würde, sich näher mit ihr zu befassen. Obwohl sie blond ist! Sorry. So blond bin ich dann nun doch nicht. Aber bei meinen Mitstreiterinnen – im Moment im wahrsten Sinne des Wortes – bekomme ich mit meiner Einschätzung der Lage kein Recht. Jede bleibt bei ihrer Meinung, und Kriemhild kann sich nicht mal annähernd vorstellen, dass Tom tatsächlich etwas von ihr will, wo er sich doch so schlecht benimmt. Das Ganze wird vertagt. Apropos: Tage. Zwei ruhige habe ich noch. Dann erscheint Jerry auf der Bildfläche. Ich verdränge das erst mal, und zwar so geschickt, dass ich zwei Tage später in meinem Strandkorb hocke und ihn gar nicht bemerke, obwohl er ständig seine Kreise um mich zieht.

Ich hasse es, unhöflich sein zu müssen. ICH HABE URLAUB! Ich muss mich nicht mit so was rumschlagen. Brunhild versteht meine Jerry-Aggressionen nicht. So etwas hat sie nie erlebt. Mir passiert das ständig. Immer bei den schlimmsten Typen. Deshalb reicht bei mir auch ein Antippen meines wunden Punktes, und ich gehe in die Luft. Erwartungshaltung hat, wie man sieht, also auch viel mit

Erfahrungen zu tun. Ich habe mir als Abwehrmaßnahme eine wirkungsvolle unterkühlte Ausstrahlung antrainiert, die mich in den meisten Fällen schützt. Kaum einer wagt es, mich im Eisbergmodus anzusprechen. Auch Jerry nicht, der offensichtlich schon seit Stunden in einem Strandkorb hinter mir hockt und auf seinen Auftritt wartet. Erst als ich mich ankleide – ich hasse es, wenn mich jemand dabei beobachtet – und einen Strandkorb vorrücke zu Kriemhild, um gemeinsam zum Dinner aufzubrechen, tut sich etwas am Horizont. Ich sitze wartend im Sand – Kriemhild hat schließlich noch das eine oder andere zu suchen, unter anderem fehlt ein Slip, aber das ist eine andere Geschichte ... –, da taucht von hinten Tom auf, fragt uns, ob denn Jerry schon da gewesen sei. Kaum gesagt, kommt NATÜRLICH Jerry ZUUUUUUFÄLLIG auch vorbei und bleibt neben mir stehen. Ich gebe dem ungepflegten Catweazle-Typ im Rentenalter artig die Hand. Die Hintertür über Freund-eines-Freundes-einer-Freundin-Masche macht mein wirkungsvolles Eis-Klima sofort kaputt, und ich sitze schutzlos mit meiner anerzogenen Freundlichkeit vor diesem Typen im Sand. Meinerseits ist von Klimaerwärmung allerdings nichts zu spüren. Ich weiß genau, dass es Kriemhild gerade innerlich vor Lachen zerreißt!

Aber das spürt Jerry überhaupt nicht. Er bastelt gerade an einer Verabredung für den nächsten Tag. Toms Versuch, seinen Freund Jerry direkt bei uns zu parken, können wir noch geschickt abwehren. Dreimal hat Jerry jetzt schon erwähnt, dass er auf jeden Fall und unumstößlich morgen um zwei in einem bestimmten Café in Westerland sitzen werde, genau wie Tom, der sich dort mit Kriemhild verabredet hat. Ich stelle mich tot. Mit einem »*Na, dann bis morgen*« verabschiedet sich Jerry und ist sicher davon überzeugt, dass wir verabredet sind, auch wenn ich nicht ein Wort mit ihm gewechselt habe. Wie bescheuert ist das eigentlich?

Keine halbe Stunde später stoßen wir zu Brunhild auf ihrer Gourmet-Tagestour in unserem Lieblingsrestaurant mit Selbstbedienung und bestem Überblick über die Whisky-Meile von Sylt. Hier trifft sich Gott und die Welt. Leider hat Letztere bekanntlich nicht nur ihre schönen Seiten. Meine persönliche Klimakatastrophe, Jerry, ist leider auch hier. Der traut sich aber ohne Tom nicht an unseren Tisch und hat sich in den Innenraum verzogen. Ich habe sofort wieder schlechte Laune. Besonders, als ich mir das Bild von Kriemhild wieder vor Augen führe, wie sie sich nach dem Abgang von Tom und Jerry vor Lachen auf die Schenkel klopft und sich im Strandkorb förmlich abrollt, während ich mich bemühe, meine gute Laune wiederzufinden. »*Dass der sich auch ausgerechnet Judith aussucht*«, erzählt sie Brunhild von unserer Begegnung der dritten Art. Sie wird immer noch von Lachkrämpfen geschüttelt, und auch Brunhild amüsiert sich köstlich auf meine Kosten. Ich habe den beiden einige Exemplare der Gattung Mann gezeigt, die ich optisch ansprechend finde. Meist sind sie groß, breitschultrig, sportlich, gepflegt und dunkelhaarig mit schönen braunen Augen. Sorry. Ich gerate ins Schwärmen. Kriemhild: »*... ich hatte immer das Männerbild von Judith vor Augen, und da steht dieser ungepflegte Typ in seinem schmierigen Hemd, mit diesen Bartfetzen und den Hängeschultern ...*« Beide amüsieren sich köstlich. Na toll. Ich werde in dieser Woche ein Running Gag bleiben.

Kaum stehe ich mit Brunhild vor der Theke, um unser Abendmahl zusammenzustellen, schnellt Jerrys Kopf zwischen uns hindurch, als wäre uns ein dritter Hals gewachsen, um uns wichtigtuerisch mitzuteilen, dass wir die Ruhe hier unbedingt noch genießen sollten. Ab morgen sei es damit, wegen der Pfingsttage, vorbei. Ich teile Brunhild lapidar mit, dass dieser Kopf zu Jerry gehört. Ohne ihn anzusehen. Sie bestellt mit einem »*Aha*« ihr Abendessen – auch ohne ihn anzusehen –, und ich hoffe, genug Unfreundlichkeiten versprüht zu haben, um Jerrys Erwartungshaltung mir gegenüber zerstört zu haben. Ich jedenfalls würde mit mir jetzt nicht mehr sprechen. Ich würde mich jetzt für eine arrogante Ziege halten.

Der nächste Tag: Jerry hat – Tatsache – nichts von meinem unmöglichen Verhalten bemerkt und sitzt mit Tom bereits in dem Café in Westerland, als Kriemhild eintrudelt. Sofort wird er den Satz los, der ihm wahrscheinlich seit Tagen auf der Zunge brennt. Er sei sehr interessiert an mir, tut er kund. Kriemhild genießt die

Stunde der Wahrheit. Sie hat sich noch sehr über die Verfallsdatumsangaben von Tom geärgert und zielt jetzt darauf, selbigem klarzumachen, dass das Verfallsdatum auf seiner eigenen Verpackung wohl schon lange nach einem Recycling schreit. Kriemhilds Hinweis an Jerry, dass er doch bestimmt bemerkt hätte, dass ich meinerseits keinerlei Interesse an ihm habe und das wohl auch deutlich gezeigt hätte, beantwortet Jerry mit einem erstaunten Blick. Aha. Hat er also nicht. Kriemhild hat sich vorgenommen, heute ganz besonders böse zu sein. Sie ärgert sich immer noch kräftig über die ständigen Sticheleien von Tom. Neben dem Verfallsdatum gehören auch Sätze wie »Ihr Frauen seid ja wie Blumen. Ihr verblüht einfach viel zu schnell« dazu. Ziemlich uncharmant, ja geradezu dumm von Tom. Nach meiner Analyse spiegelt sich darin lediglich seine Unsicherheit wider. Die sollte er dann aber besser in Charme umwandeln, damit käme er bestimmt weiter, auch bei Kriemhild. Die glaubt weiterhin, dass Tom dunkelhaarigen Rasseweibern zugetan ist, weil er ihr ständig über seine Erfahrungen mit selbigen berichtet. Ich dagegen glaube, dass sich überhaupt keine Ladys in Toms Leben tummeln. Wäre in seinem Leben irgendwo eine zarte Frauenhand tätig, würde er nicht immer die gleiche speckige Weste und ein Hemd mit Schweißrand tragen. Überhaupt sieht er ein bisschen verwahrlost aus. Dabei ist das Grundmaterial gar nicht schlecht. Wenn er aber immer so uncharmant mit den Mädels umgeht, wird das garantiert nie was mit der guten Pflege. Die folgende Attacke von Kriemhild gegen Jerry ist also eigentlich für Tom gedacht. Aber zwei auf einen Streich ist für die immer noch angesäuerte Kriemhild auch okay.

Sie erzählt Jerry also genüsslich, mit welchen Attributen mein Mr. Right ausgestattet sein müsste. Gut, in ihrer Version ist er noch jünger. So Mitte dreißig. Nach Toms Einschätzung also etwa in meinem Alter. Was allerdings die Diskrepanz zu dem Alter der beiden anwesenden Herren erheblich steigert. Mein Mr. Right der Kriemhild-Version hat ein Sixpack – Tom trägt seines gut verpackt unter einer schützenden Fettschicht, bei Jerry hat die Natur den Einbau schlicht vergessen –, ist charmanter, gepflegter und dunkelhaariger als in der Ur-Judith-Version – was beide Herren nicht sind. Dann setzt Kriemhild zum Todesstoß an: »*Na, und dann hast du natürlich das Verfallsdatum längst überschritten!*« Jerry schaut ziemlich blöde drein. Tom dagegen hat überhaupt nicht in Erwägung gezogen, dass das auch für ihn gelten könnte, sondern weidet sich genüsslich an Jerrys Demütigung. Deshalb erklärt ihm Jerry jetzt netterweise deutlichst: »*Das gilt auch für dich. Blödmann!*« Jetzt sitzen beide gleich bedröppelt vor ihrem Cappuccino, während Kriemhild bestens gelaunt davonrauscht. Merke: Ärgere nie eine Blondine!

Ich bin nicht nur amüsiert, sondern auch erleichtert, als sie mir die Story brühwarm erzählt. Jetzt habe ich garantiert meine Ruhe.

Tom scheint das Ganze allerdings zum Nachdenken angeregt zu haben ... und zur Änderung seiner Taktik. Vielleicht hat ihm auch Jerry noch das eine oder andere erklärt?

Am Abend treffen sich Kriemhild und Tom zufällig auf dem Dorfparkplatz. Kurzes Geplänkel über Kriemhilds goldigen Oldtimer. Dann geht Tom spontan zum Angriff über und versucht der völlig verdutzten Kriemhild einen Kuss abzuringen, was sie spontan in die Flucht schlägt. Ihren irritierten Einwand, er stehe doch auf dunkelhaarige superschlanke Südländerinnen, kommentiert er verblüfft mit »*Quatsch, wie kommst du denn darauf?*«.

Mein Bauchgefühl hatte also mal wieder recht. Das gibt auch Brunhild zu, obwohl sie solch seltsames Verhalten weder versteht noch für gut befindet. Leider funktioniert mein siebter Sinn nur so richtig gut, wenn ich das Leben anderer betrachte. Stecke ich selbst bis zum Hals drin, verliere ich schnell den Überblick und benehme mich umso bescheuerter, je mehr Emotionen dabei eine Rolle spielen. Mein einziger Trost: Anderen geht es auch so.

An unserem letzten Abend ziehen wir drei Mädels los, um einen Abschiedsdrink auf die wunderbare und unterhaltsame Ferienwoche zu nehmen. Brunhild muss überredet werden, sie steckt schon in freudiger Erwartung ob der ganzen Post, die hoffentlich von ganz netten Herren auf unsere Geburtstags-Annonce in Sachen

Partnersuche auf sie wartet. Auf die Realität hat sie nicht so große Lust. Sie ist fest davon überzeugt, dass sie in freier Wildbahn keinen passenden Mann für sich findet. Auch eine Erwartungshaltung, und zwar eine sich selbst erfüllende. Brunhild verkrümelt sich nach dem ersten Drink sehr schnell, wir beiden Blondinen bleiben zurück. Der Abend ist ausgesprochen lustig. Irgendwann kommt Kriemhild von ihrem Ausflug zu den Restrooms zurück und hat zwei Herren aus Hamburg im Schlepptau. Alte Bekannte. Beide sind sehr unterhaltsam. Irgendwann klebt Kriemhild an der stolzgeschwellten Brust des dunkelhaarigen Exemplars. Die Story dazu: Beide kennen sich schon seit über 15 Jahren und finden sich gegenseitig unglaublich toll, haben aber nie ein Wort darüber verloren. Wieder die böse Erwartungshaltung. Jeder macht sich so seine Gedanken, was denn alles schiefgehen könnte, wenn man/frau sich outet. Erst in der klaren Sylter Luft sieht man/frau klarer. Ein schönes Paar. Mir gegenüber sitzt das absolute Gegenstück zu meinem Dunkelhaarig-coolen-Mr.-Right-Männerbild. Die erwachsene Version von Michel aus Lönneberga: Strohblond, groß, absolut nordisch mit einem spitzbübischen Lachen ... und ich find's toll!

Merke: Erwartungshaltungen können viel kaputtmachen. Wer es schafft, das Leben so zu nehmen, wie es kommt, hat meist die besseren Karten. Vielleicht sogar den besseren Herzbuben.

Zitat von Hape Kerkeling aus seinem Buch »Ich bin dann mal weg – Meine Reise auf dem Jakobsweg«, mein ›Reisebegleiter‹ auf Sylt, zum Thema Erwartungshaltung: »*Man darf sich nicht nach dem sehnen, was hinter dem Tor ist, und nicht das hassen, was vor dem Tor ist. Es ist gleichgültig. Vielleicht ist Gleichgültigkeit ja Lebensfreude? Keine Erwartungen, keine Befürchtungen. Erwartungen verursachen Enttäuschung. Enttäuschung verursacht Befürchtung und Befürchtung ist ja wieder Erwartung. Hoffnung erzeugt Angst, Angst erzeugt Hoffnung ...*«

Mein Freund George plagt sich beim Coaching seiner Supermanager oft mit dem Thema Erwartungshaltung herum. Er definiert sie als »*Verstimmungen in der Zukunft*«. Aber auch privat hat er ab und zu mit diesem Thema zu tun. George ist auch im Internet präsent. Bei einer Gayline. Optisch gesehen, gefällt er vielen Männern, aber kaum einer macht sich die Mühe, sich mit dem Menschen dahinter zu befassen. Das führt leicht zu Enttäuschungen bei einem Date im »richtigen Leben«, denn gegen ein individuell zusammengestelltes Ideal, das über genau die Eigenschaften verfügt, die sich sein Date-Partner wünscht, und das genau im richtigen Moment sagt, was sein Date-Partner hören möchte, hat selbst ein Traummann wie George keine Chance, wie folgende Mail beweist. Immerhin erkennt dieser Träumer das fehlerhafte System hinter seinem Verhalten:

TRÄUMER (44): »*Hallo George, ... bevor wir uns getroffen haben, ist bei mir schon irgendwie ein Film abgelaufen und ich habe viele meiner Wünsche und Sehnsüchte auf dich projiziert, ohne dich zu kennen. Optisch bist du eben ganz mein Typ. Als wir uns dann getroffen haben, warst du ein ganz anderer Mensch, als ich mir vorgestellt habe. Obwohl ich dich immer noch toll finde, ist der Funke von meiner Seite aus nicht übergesprungen.*«

SCHUBLADENDENKEN

Erwartungshaltungen machen das Leben und das Lieben schwer, weil man den realen Menschen gar nicht wahrnimmt. Manchmal formen die eigenen Vorstellungen ein so ideales Wesen aus dem Mailpartner, dass man sich selbst dagegen klein und unwürdig vorkommt und man sich lieber nicht mit diesem Menschen trifft, um sich nicht zu blamieren. Auch das ist mir schon passiert, wie folgendes Beispiel zeigt, über das ich heute noch ein bisschen traurig bin. Ich kann mir vorstellen, dass mir dieser Mann gut gefallen hätte. Auch im realen Leben. Ich habe es aber leider nicht geschafft, aus der Schublade »toughe Businessfrau«, in die er mich gesteckt hat, herauszuklettern, und offensichtlich hat der Mann vor toughen

Businessfrauen Angst. Warum er mich trotzdem angeschrieben hat, bleibt sein Geheimnis. Bei seiner ersten Mail war er einer von vielen Gesichtslosen, die sich ohne ein Foto bei mir vorgestellt haben. Darauf reagiere ich immer zurückhaltend.

NEUHIER (44): »*Betreff: 3 ... 2 ... 1 ... leider nicht meins! Hallo, ich finde dein Profil sehr ansprechend, da es meinen Vorstellungen in vielen Dingen sehr nah kommt. Ich möchte dir gerne ein Bild von mir schicken. Da ich mein Bild aber ungern hier über das ganze Internet verbreiten möchte, würde ich mich freuen, wenn du mir deine Mailadresse geben würdest. Grüße, J.*« (Er hat tatsächlich nur mit »J« unterschrieben!)

TRY2FIND: »*Hallo J ..., wenn ich ehrlich bin – und sorry, das bin ich fast immer –, ärgert es mich schon, dass du mir zu deinem fotolosen Profil noch nicht mal deinen Namen verrätst. Aus deinem Profiltext lässt sich auch nicht viel herauslesen, außer den Dingen, die ich zu erfüllen hätte, falls ich mich für den Posten der Mrs. Right bewerbe ... Ich bin bisher nicht ›im Bilde‹, mit wem ich es zu tun habe. ›Mann‹ kann übrigens ein Bild als Anhang mitschicken ... Liebe Grüße, ›J‹.*«

NEUHIER (44): »*Hallo Jacquelin, Jacquelin? Jetzt habe ich schon zweimal eine ausführliche Mail an dich geschrieben und ein Foto angehängt. Beide Male hat mich das Programm beim Versenden einfach rausgeschmissen. Dabei hatte ich so verbindliche und charmante Formulierungen gefunden, dass es sehr schade ist, dass du diese Mails nicht bekommen hast. Bevor ich es jetzt ein drittes Mal versuche, möchte ich höflich anfragen, ob du möglicherweise doch eine ›normale‹ Mailadresse hast, die du mir freundlicherweise anvertrauen könntest. Schöne Grüße, Jan.*« (Er hat mit Sicherheit eine zu große Datei angehängt. Wie es richtig geht, kann »Mann« im Hilfemenü nachlesen.)

NEUHIER (44): »*Hallo, da ich von dir bisher keine Reaktion auf meine Mail bekommen habe, möchte ich nun doch an dieser Stelle noch mal die Gelegenheit nutzen und mich in aller Form entschuldigen. Es lag mir wirklich fern, Ärger auszulösen! Dass meine Mails bei dir nicht angekommen sind, kann ich mir nur so erklären, dass ich versucht habe, ein Foto mitzuschicken. Beide Male hat es dann nicht geklappt. Als ich dir dann die dritte Mail sendete (diesmal ohne Foto), ging die Mail ohne Probleme raus. Insofern wird es schwer, dir ein Foto zu schicken, ohne dass du mir eine andere Mailadresse nennst. Schade! Schöne Grüße, Jan.*«

TRY2FIND: »*Hallo Jan, meine private Mailadresse gebe ich ungern heraus, denn ich würde so in kürzester Zeit eine private Hotline für partnersuchende Männer betreiben. Schöne Grüße, Judith.*«

NEUHIER (44): »*Hallo Judith, das mit der möglichen Hotline wundert mich nicht. Du bist eine attraktive Frau und das übergroße Interesse der Männer bestätigt das! Ich würd's als Kompliment sehen ... Danke für die Preisgabe deines Vornamens! Typmäßig erscheinst du auf deinen Fotos relativ ›mondän‹ (ich hoffe nur, dass ich mit dieser Behauptung jetzt nicht schon wieder Ärger kriege ;-)!) in den schicken Sachen* (Ich trage auf den Bildern eine Bluse von H&M für ca. 15 Euro) *und deinem verführerischen Lächeln. Wie sieht denn die ›Alltags-Judith‹ aus? Immer durchgestylt oder auch mal lässig in ausgefranster Jeans* (Trage ich auch auf dem Foto. Sieht man nur nicht.) *und altem T-Shirt? Ich selbst bin den steifen Business-Dresses mittlerweile entwachsen und kleide mich eher leger-lässig, allerdings ohne die Vorliebe hoher Qualität verloren zu haben, was sich dann in meinen bevorzugten Marken wie Prada oder Hugo Boss ausdrückt. Ich verstehe, dass du Probleme mit der Herausgabe deiner Mailadresse hast, habe ich nämlich auch! Meine Lösung war die Einrichtung*

*eines Mail-Accounts bei XX (jan@xx.de, so, jetzt hast du
einen Vertrauensbeweis meinerseits), was übrigens ganz leicht
geht.* (Danke. Ich bin doch nicht doof! Ich kann sogar Fotos
im Mailanhang verschicken!) *Solltest du mir gegenüber auch
einen Vertrauensvorschuss gewähren können, kann ich dir
dann auch gerne mein Foto schicken. Du kannst bei mir versichert sein, dass ich dich in keiner Weise belästigen werde.
Solltest du mit mir nicht mehr kommunizieren wollen, werde
ich dies bedingungslos akzeptieren. Na, ist das ein Deal?
Liebe Grüße, Jan.«*

TRY2FIND: *»Hallo Jan, danke für den Tipp mit dem zusätzlichen Mail-Account ... Die ›Alltags-Judith‹ sitzt oft aus beruflichen Gründen mit ihrem lässigen Shirt und den ausge-
fransten Jeans – oder war es andersherum? – vor ihrem Computer. Wahrscheinlich hat die ›Alltags-Judith‹ deshalb keine
Lust auf zusätzliche ›Freizeit-Computer-Erfahrung‹ ... ;-)
Warum sollte ich auch DEIN Computerproblem lösen? Ich
brauche keinen zusätzlichen Mail-Account. MEIN Profil steht,
nebst Fotos, vollständig im Netz ... Du bist also dem Business-Dress entwachsen? Ich hoffe doch nicht, weil er zu klein
geworden ist und du auf Prada-Shirts in XXL ausweichen
musstest? Ich versuche gerade, mich daran zu erinnern, auf
welchen Fotos ich mondän gestylt wirken könnte ... und das
in H&M? Das wäre jetzt vielleicht eine philosophisch zu lö-
sende Frage: Machen Kleider nun Leute oder geht das auch
umgekehrt ...? Da es nun offensichtlich doch so ist, dass ich
mich mit dir beschäftige, obwohl ich immer noch nicht ›im
Bilde‹ bin, habe ich mir dein Profil noch einmal durchgelesen.*
(In seinem Profil steht: Hobby: Rotwein und Käse, Sport, Ka-
minfeuer, ... Buchtipp: »Nachzug nach Lissabon«) *Du spielst
also gerne mit (Kamin-)Feuer? ... Und bei deinem Buchtipp
habe ich mich gefragt: Ist es ein Buch über das Auswandern
– in diesem Fall nach Lissabon – oder ein Krimi, in dem auch
ein Buchstabe verstorben ist? ;-) Liebe Grüße, Judith.«*

NEUHIER (44): »*Judith, entgegen meiner ersten Einschätzung wirst du ja sogar in deiner Kommunikation mit mir ein bisschen lässiger und entspannter! Das fängt ja an, richtig Spaß zu machen … Um aber an dieser Stelle sofort irgendwelchen wilden Mutmaßungen entgegenzuwirken: Ich bin sportlich-schlank-durchtrainiert und meine Shirts liegen von Trainingseinheit zu Trainingseinheit immer näher an meinem Körper, da sich nicht das Fett maximiert, sondern eher die Muskeln. Sagen wir mal so, ich bin wohl ganz ansehnlich, wobei man die hanseatische Zurückhaltung, die mir sehr zu eigen ist, mit ins Kalkül ziehen muss! Dem Business-Dress bin ich deshalb entwachsen, weil ich früher in leitenden Positionen in Unternehmen gearbeitet habe und ich jetzt schon seit einiger Zeit selbstständig bin und ich den Dresscode für mein kleines Unternehmen selbst bestimmen kann. Danke, dass du so genau bist. Natürlich heißt es ›Nachtzug nach Lissabon‹ und ist ziemlich anspruchsvoll! Ich schätze, du bist Controllerin oder etwas Ähnliches, stimmt's? Ich muss zugeben, dass mich deine Verballhornung des Wortes ›Auswandern‹ in Zusammenhang mit meinem Fauxpas ziemlich beeindruckt hat. Spricht für dich … In der Kleiderfrage gebe ich dir recht: Kleider machen Leute – geht auch umgekehrt! Was ich mutig finde, ist die Tatsache, dass du jetzt echt mit mir kommunizierst, ohne ein Bild von mir gesehen zu haben. Ich könnte dir ja auch was vorgemacht haben und aussehen wie ein Schluck Wasser in der Kurve … was hat man nicht schon alles im Internet erlebt, da ja bekanntlich die Eigenwahrnehmung immer seeeehr relativ ist. Du müsstest doch da schon über weitreichende Erfahrungen verfügen. Verbindlichste Grüße, Jan.*«

TRY2FIND: »*Hallo Jan, da du den T-Shirt-Effekt so genau verfolgen kannst, ist es wohl so, dass du sportlicher Anfänger bist? … Besser spät als nie … Controllerin bin ich übrigens nicht … eher schwer zu kontrollieren. Aber ich liebe Wortspiele und gute Kommunikation. … Und um auf mei-*

nen Mut zu sprechen zu kommen bzw. den häufig auftreten-
den Fall der Selbstüberschätzung: Vielleicht wäre ich ja viel
mutiger, mit dir MIT vorhandenem Foto zu kommunizieren.
We'll see: Foto bitte an Try2find@xx.de ... und wehe, ich erschrecke mich! ;-) Viele Grüße, Judith.«

NEUHIER (44): »Betreff: Mein Foto und andere Kleinigkei-
ten ... Liebe Judith, das mit dem ›sportlichen Anfänger‹ ist
leider falsch gemutmaßt. Ich war schon immer sehr sportlich, habe allerdings auch gewisse Ups and Downs aufgrund
des Workloads, den ich zu bewältigen habe. Davon leitet sich
dann leider jeweils mein aktueller Fitnesslevel ab. Und da ich
in der geschäftlichen ›Sommerpause‹ mal wieder ein bisschen
mehr Zeit für den Sport hatte, hat sich da in der letzten Zeit
auch wieder viel positiv verändert. Ich bin ja fast geneigt, dich
noch ein bisschen länger auf die Folter zu spannen und dir
mein Foto noch vorzuenthalten. Aber, da du mir nun doch
so viel Vertrauen entgegenbringen konntest und mir deine
Mailadresse mitgeteilt hast, will ich nun auch nicht so sein.
Ein bisschen scrollen musst du allerdings: Schreck, lass nach!
Schreck, lass nach! Schreck, lass nach! Schreck, lass nach!
Schreck, lass nach! Schreck, lass nach! Schreck, lass nach!
Schreck, lass nach! Schreck, lass nach! Schreck, lass nach!
Schreck, lass nach! Schreck, lass nach! Schreck, lass nach! So,
hat's geholfen? Liebe Grüße, Jan.«

Ich öffne sein anhängendes Foto und sehe: Nichts! Alles viel zu
dunkel, um etwas darauf erkennen zu können. Erst nachdem ich es
mit Photoshop bearbeitet habe, lässt sich darauf ein sportlicher, für
meine Begriffe sympathischer Mann erkennen. Immerhin.

TRY2FIND: »Hallo Jan, danke für das Foto. Witziger als die
Scroll-Leiste – war aber auch schon richtig gut ;-) – ist aber
die Tatsache, dass ›frau‹ auf dieser ›Nachtaufnahme‹ kaum
etwas erkennen könnte ... wenn sie nicht zufällig über ein

funktionierendes Photoshop-Programm verfügen würde, das Licht ins Dunkel bringt ... ›Mann‹, bist du arbeitsintensiv! Ein Schreck war es übrigens nicht. :-) Viele Grüße, Judith.«

Drei Tage später, in denen ich nicht vor dem Computer gesessen habe, weil ich auch mal andere, wichtige Dinge zu tun habe:

NEUHIER (44): »*... Judith! ... melde mich aus einem langen, geschäftlich geprägten WE zurück und vermisse doch wahrlich die Präsenz einer – wie eigentlich immer – amüsant zu lesenden Mail von dir. Was is'n los, hat's dir nach meinem Foto doch die Sprache verschlagen? Es grüßt verbindlich, Jan.*«

TRY2FIND: »*Hallo Jan, es hat mir nicht die Sprache verschlagen. Ich stecke nur bis zur Halskrause in Arbeit und bin irgendwie nicht ganz bei mir. Alles, was ich zurzeit anfasse, löst sich in seine Einzelteile auf, mein Hab und Gut habe ich in den letzten beiden Tagen in der Weltgeschichte verteilt, und ich werfe Dinge weg, die ich brauche, behalte dafür aber den Müll ... Gerade erst habe ich mit einem Salat-Dressing – dummerweise nicht gerührt, sondern geschüttelt – meine geputzte Küche komplett versaut ... UND DA VERLANGST DU VON MIR EINE WITZIGE MAIL!!! ;-) Ich hoffe, dieser Zustand gibt sich bald, sonst bringe ich mich noch aus Versehen um ... Es könnte sich also hier um die letzte von mir je geschriebene Mail handeln. Heb sie also bitte sorgfältig auf ;-) Liebe Grüße, Judith. PS. Ich muss jetzt erst einmal bei meiner Freundin mein Portemonnaie abholen, das ich gestern vergessen habe ...*«

Sechs Tage später:

TRY2FIND: »*Jan! ... nur der Neugier halber: Bin ich als virtuelles Unterhaltungsprogramm der Kategorie ›witzige Mails‹ abgesetzt, hast du deine arbeitsreichen Weekends zu Week-*

Never-Ends ausgedehnt oder habe ich lediglich die Auf-
gabenstellung rund um die Aktion: ›Mann sendet Foto auf
Privatmail‹ nicht richtig verstanden und das diente lediglich
dem Zweck, dass ich darum herum einen kleinen Altar er-
richte? Verbindlich geht nämlich anders ... Judith.«

NEUHIER (44): *» Hi Judith, also, das mit dem Altar ist es nicht!*
Keine Lust auf schmachtende Verehrerinnen ... Eingedenk
(klasse Wort, nicht wahr?) allerdings der Tatsache, dass sich
in diesen Portalen i.d.R. die weiblichen Teilnehmer vor Avan-
cen und Mails nicht retten können, habe ich lediglich ein biss-
chen vornehme Zurückhaltung geübt, da ich nicht aufdring-
lich erscheinen wollte. Zudem finde ich, dass ich relativ viel
Initiative gezeigt und jeweils freundliche Reaktionen von dir
bekommen habe. Bisher hattest du allerdings daher auch nie
Eigeninitiative zeigen müssen. Diese Eigeninitiative ist für
mich allerdings ein Zeichen, dass auch auf deiner Seite über
die üblichen Mailplattitüden geifernder Männer hinaus ein ge-
wisses Interesse an dem Kontakt besteht. Insofern freue ich
mich über deine Mail! Leider sind derzeit die Weeks termin-
lich bei mir ziemlich voll. Aber wie sieht es denn bei Dir am
übernächsten WE aus? Das ist bei mir relativ relaxt. Hast Du
Lust auf ein Glas Wein, guten Käse und ein anregendes Ge-
plauder auf hohem Niveau irgendwo in HH? Na, wie verbind-
lich ist denn das?!?!? Sonnige Grüße, Jan.«

TRY2FIND: *»Nichtsdestotrotz (... auch gut, nicht wahr?)*
scheinst du dich mit den Problemen der weiblichen Spezies in
›diesen Portalen‹ gut auszukennen? Oder kennst du einfach
nur deine männlichen Mitstreiter? Geifernde Männer mag ich
übrigens überhaupt nicht. Ich kann das schon bei Bernhardi-
nern und anderen diversen Hunderassen nicht ab. Wobei ich
von Zeit zu Zeit das Animalische im Mann natürlich durch-
aus zu würdigen weiß ... ;-) Was den voll gestopften Kalender
betrifft, geht es mir zurzeit ähnlich wie dir. Am Freitag komme

ich erst wieder zurück nach Hamburg. Auf ein entspanntes Glas Wein am Samstag oder Sonntag würde ich mich danach doppelt freuen. Das ist jetzt natürlich sehr verbindlich. Viele Grüße, Judith.«

NEUHIER (44): *»Dann setze ich der Verbindlichkeit doch einmal die Krone auf ... und verabrede mich mit dir! Mir würde der Samstag auch gut passen. Hast du einen Vorschlag, wo? Ich würde übrigens sagen, dass ich mich sowohl in die weibliche Seite einfühlen, als auch die Abneigung gegen geifernde Männer maximieren kann. Was ich dann an Frau von Zeit zu Zeit zu schätzen weiß, ist hingebungsvolle Sinnlichkeit ... ;-) Das ist jetzt natürlich noch verbindlicher, nicht wahr? Jan.«*

TRY2FIND: *»Okay. Dann also der Samstag ... Ein richtiges Blind Date? ... Ganz schön mutig ...!? Kennst du dieses relativ neue Weinlokal auf der Xstraße? Das wäre mein Vorschlag bei schlechtem Wetter. Sollte der Sommer sich doch noch mal sehen lassen, wie wäre es mit dem X an der Alster. Sonnenuntergang plus Wein hat doch was sehr Romantisches. Verbindlicher geht's jetzt nicht mehr, oder? LG Judith.«*

NEUHIER (44): *»Ja, fast ein richtiges Blind Date, bis auf die Tatsache, dass wir uns schon von Bildern ›kennen‹. Das Weinlokal ist ein guter Vorschlag. An die Sommerwetteralternative glaube ich nicht mehr! Ist natürlich schade, denn mit dir einen romantischen Abend zu verbringen ist bestimmt eine verführerische Idee. Wenn du bis nächste Woche Freitag weg bist, sollten wir dann jetzt schon mal eine Zeit festlegen. Ich schlage 20 Uhr vor. Muss man dort reservieren? Mache ich dann auch gerne. Oder kann man dich zum Ende der nächsten Woche auch noch per Mail erreichen? Kann dich leider an Verbindlichkeit nicht mehr übertreffen! ;-) Allerverbindlichste Grüße, Jan.«*

TRY2FIND: »*Schön, dann freue ich mich, dich im realen Leben zu treffen. Vorsichtshalber schicke ich dir meine Handynummer mit. Sollte irgendetwas dazwischenkommen, dann schicke mir bitte eine SMS oder ruf mich an, da ich in der nächsten Woche auch unterwegs bin und meine Mails nur sporadisch lese. Liebe Grüße, Judith.*«

Am Samstagnachmittag, etwa fünf Stunden vor unserem Date, erhalte ich eine SMS: »*Liebe Judith. Ich muss unser Treffen heute Abend leider absagen. Ich bin krank. Tut mir leid. Ich melde mich wieder bei Dir. Jan*« Meine Antwort: »*Hallo Jan. Das tut mir leid. Gute Besserung. Auf ein anderes Mal. LG J.*«

Erstaunlich, dass dieser Mann das erst fünf Stunden vor unserem Date weiß, aber okay. Vielleicht ist es ja tatsächlich so. Im Zweifel für den Angeklagten. Am folgenden Montag nimmt er wieder Kontakt per Mail auf:

NEUHIER (44): »*Betreff: … the days after … Hallo Judith, melde mich zurück bei den Gesunden. Danke für deine Genesungswünsche von Samstag. Hast du eventuell morgen Abend Zeit und Lust auf ein Glas Wein? Sieht bei mir für den Rest der Woche inkl. WE ansonsten leider wieder mal sehr eng aus. Ansonsten müssten wir unser Date aufs übernächste WE verschieben :-(… Es grüßt, Jan.*«

TRY2FIND: »*Betreff: … the days after … Hallo Jan, schön zu hören, dass du überlebt hast. Ist bei Männern ja nicht so ganz selbstverständlich ;-) Ich komme morgen wahrscheinlich erst gegen 21 Uhr in HH an. Ist vielleicht ein bisschen spät für ein Glas Wein? Wie wär's mit einer vorausschauenden Planung? Vielleicht 48. Kalenderwoche. Weihnachtsmarkt am Rathaus. Ein leckerer Glühwein?* (Wir haben gerade Anfang September!) *Vitaminreiche Grüße, Judith.*«

NEUHIER (44): »*Stimmt, Männer leiden ja, was das Zeug hält, insbesondere bei einem Schnupfen! Also morgen Abend habe ich noch einen geschäftlichen Termin, der bestimmt bis acht geht. Falls du doch ein bisschen früher ankommst, könntest du mir ja ›unverbindlich‹ (jetzt bewegen wir uns also in die andere Richtung, gell? ;-)) eine SMS zukommen lassen. Was hältst du davon? Damit will ich doch nun gerne dem Sarkasmus deiner Vorausschau auf den Weihnachtsmarkt ein wenig entgegenwirken. Grüße, Jan.*«

Ich schicke ihm also am nächsten Tag eine SMS, wie abgemacht. Ich schaffe es tatsächlich, etwas früher wieder in Hamburg anzukommen, was ein paar logistische Klimmzüge erforderte. Einem Glas Wein steht also nichts im Wege. Irgendwie freue ich mich jetzt auch darauf. Meine SMS am frühen Nachmittag: »*Hallo Jan. Ich bin heute tatsächlich etwas früher wieder in Hamburg und freue mich, deine Einladung von gestern annehmen zu können. Bin also 20 Uhr im X. LG Judith.*«

Jan per SMS zwei Stunden vor meiner Ankunft in HH: »*Hallo Judith. Tut mir wirklich leid, aber ich muss für heute passen. Ich habe einen Rückfall und muss ins Bett. Sorry. Ich melde mich bei Dir. LG Jan.*«

Am nächsten Tag geht es wieder per Mail weiter:

NEUHIER (44): »*Hallo Judith, tut mir leid wegen gestern, aber die nicht wirklich auskurierte Erkältung hat dann ihren Tribut gefordert und ich war plötzlich so fertig und müde, dass ich nur noch schnell ins Bett musste. Die Ruhe und das längere Schlafen haben mir dann aber auch wirklich gut getan und heute fühle ich mich seit Tagen das erste Mal wieder einigermaßen gesund. Normal finde ich das ja auch nicht. Aber was ist schon normal: Ich nicht und möchte es auch nicht sein. Aber jeder hat ja so sein Scherflein zu tragen und das ist bei mir auch nicht anders. Eine Sache ist z. B. meine freie*

Zeit. Das hast du ja auch schon gemerkt ;-). Das muss ›frau‹
erst mal verkraften ... Bei dir sieht es aber auch nicht so un-
stressig aus, oder? Du bist doch auch viel unterwegs. Was
ich allerdings mutmaße, ist, dass wir doch sehr verschiedene
Typen sind. Nach deinen Bildern zu schließen, bist du eher die
Businessfrau mit einem klassisch-eleganten Stil. Ich dagegen
bin sehr leger, eher lässig und sportlich unterwegs. Ich bin mir
nicht sicher, ob das passt? Rekonvaleszente Grüße, Jan.«

Na, das ist toll. Nach all dem Stress, den er sich gemacht hat, um
mir doch irgendwie sein Foto zu schicken. Diese ganzen Mails.
Dieser Zeit- und Energieaufwand. Und jetzt bin ich plötzlich wieder die toughe Businessfrau aus den ersten Mails, die ihm da schon
Angst gemacht hat? Die ein so unglaublich wichtiges und tolles
Leben führt, dass sich selbst ein weltgewandter, viel gereister Unternehmer davor fürchten muss, vor ihren übergroßen Erwartungen
zu bestehen. Das scheint ja der eigentliche Tenor der Geschichte
zu sein. Da ist wohl einer über seine eigene Phantasie gestolpert.
Um es kurz zu machen: Ich habe Jan nie getroffen. Zwei kurzfris-
tige Absagen muss ich nicht noch durch eine dritte toppen, und
um sich selbst davon zu überzeugen, dass es sich bei mir bestimmt
nicht um eine Schwester von Hillary Clinton handelt, müsste er
sich mit mir im realen Leben treffen. Den Mut hat er aber offensichtlich nicht. Da beißt sich die Katze in den Schwanz. DAS soll
»frau« verstehen!!!!!!!!!!!! Aber vielleicht gehört er auch nur in die
Abteilung »gelangweilter Bürohengst«? Von denen sitzen täglich
Millionen während ihrer Arbeit parallel im Netz und lassen sich
mit Mails beballern.

KLEINER TROST,
FALLS MR. RIGHT AUF SICH WARTEN LÄSST

Singles sind die ausgeschlafeneren Menschen: Wer sich das Bett mit jemandem teilt, schläft nicht nur kürzer, sondern gefährdet auch seine mentale Fitness für den nächsten Tag, besagt eine Studie der Uni Wien aus dem Jahre 2007.

Das Weitersuchen lohnt sich trotzdem, denn: Heiraten ist geradezu lebensverlängernd – nicht nur gefühlt, um hier dem uralten Männerwitz schon mal vorzubeugen. Männer sind die absoluten Gewinner bei einer Heirat: Sie verlängern ihre Lebenszeit um zehn Jahre gegenüber ihren unverheirateten Geschlechtsgenossen. Frauen gewinnen vier Jahre.

NETZEROTIK

Im Netz geht es eigentlich immer um das Thema Erotik. Irgendwie. Das ist schließlich seit Jahrhunderten das Spiel zwischen Mann und Frau. Trotz dieser langen Zeit scheint mir die Verführungstechnik der meisten Männer nicht dem neuzeitlichen Standard zu entsprechen. Viele schlagen mit ungeschliffenen Worten um sich wie die Neandertaler mit der Keule. Andere sind geübter im Umgang mit Worten, haben aber immer noch nicht begriffen, dass es so was wie einen erotischen Spannungsbogen gibt, der sich bestenfalls langsam steigert, und fallen gleich mit der ersten Mail durch den Postkasten ins Haus. Ich mag es überhaupt nicht, wenn ein völlig Fremder mit intimsten Szenarien aufwartet, nicht mal, wenn er aussieht wie George Clooney. Allerdings lassen meine Erfahrungen nur eine Faustregel zu, die in die gegenteilige Richtung weist: Männer, die derart plump ihren Wunsch nach Sex äußern, tendieren auf der Schönheitsskala eher Richtung Danny DeVito.

VOLLBLUT (43): »*Ich fühle sehr gerne ... sowohl das Herz, wie auch samtige Haut ;-) Einzig die 180 cm erreiche ich nicht in der Länge. Ansonsten bin ich mit allem ausgestattet, was das Fühlen erst so richtig angenehm macht ;-) So, liebe Traumfrau mit den blauen Augen – mehr kann ich ja zurzeit nicht sehen. Jetzt ist es an dir, mich auszuprobieren. Ich freue mich darauf und bin voller Spannung ;-) Im Dunkeln, mit Kerzenschein und einem guten Gläschen Wein? Ein Abend voller ... Erotik ? ;-) Lass es uns ausprobieren! Dein brennender Wassermann ;-)«*

TRY2FIND: *»Du hast da ein paar wichtige Schritte übersprungen und liegst gerade mit der Tür im Haus. ;-)«*

*

ALEXCANDRO (37): *»... ich habe ursprünglich auch gedacht, hier eine Partnerin zu finden. Ich stellte aber schnell fest, dass viele Frauen gelangweilt, enttäuscht und sogar verbittert sind und sich ihre Zeit hier nur vertreiben. Ich bin von meinem Ziel abgerückt. Nun unterhalte ich lediglich eine reine sexuelle Beziehung zu den Frauen (2) ...«*

Und gleich mit zwei Frauen! Das macht ihn für mich als möglichen Partner natürlich DOPPELT attraktiv!!! Das ist ein Teufelskreis. Fangen alle hier »seriös« suchend an und werden danach zu Monstern? Schuld sind natürlich die schlechten Erfahrungen, und seine gibt dieser Herr ja gerade an die Damenwelt weiter. Er trifft jetzt auf Frauen, die seriös versuchen, einen Partner zu finden. Allerdings werden diese Damen schnell einsehen, dass dieser Mann sich hier nur die Zeit vertreiben will – mit IHNEN! Daraufhin verbittern die Ladys, sind enttäuscht und rücken von ihrem eigentlichen Ziel ab, um nur noch eine rein sexuelle Beziehung zu den Männern hier zu unterhalten? DIE WWWELT IST VERRÜCKT!

TWENTYEIGHT (28): *»Lust auf niveauvollen Sex?«*

TRY2FIND: »*Ausschließlich!!! ... und ausschließlich mit einem Partner in meinem Alter.*«

*

ER (38) – hat eine feste Freundin: »*guten morgen :-) du hast auch lust auf ein dinner for two? ... oder besser noch: for three? wir suchen eine schöne liaison a troi ... :-) mb. ron*«

TRY2FIND: »*Nein danke. Ich esse auch allein schon für drei! ;-)*«

Außerdem vergeht mir der Appetit auf alles, wenn ich mir sein Foto ansehe.

BEZIEHUNGSLOS (50): »*Warum immer gleich eine Beziehung. Man kann auch so viel Spaß haben. Lass uns doch erst einmal kennenlernen ...*«

NIGHTMARE (46): »*Ich liebe deine spitzen Schreie in der Nacht, den Kampf um die Macht, wenn du unterliegst, dein Stöhnen, wenn du dich geknebelt auf mich stürzt, wie du dich zierst, um dir die Kleider vom Leib zu reißen, mit dir frivol auszugehen, und alle Männer die Köpfe drehn.*«

WÜRDELOS (42): »*Hallo, dich würde ich sehr gerne!!!!!!!!*«

TRY2FIND: »*Danke. Du mich auch!!!!*«

So viel zum Thema Verbalerotik. Die lässt sich bei Nichtgefallen leicht abstellen. Durch den »Blocken«-Button.

SKURRIL (48): (ohne Foto) »*... dein foto gefällt mir. bin 1,86 schlank dunkelhaarig und gehe jeden tag zur arbeit, war noch nie verheiratet, habe keine kinder und wohne im eigenen bun-*

galow. vielleicht stört es dich, das ich nebenbei an damen des gewerbes vermiete (aber sollte es nicht) das hat nichts mit unserer eventuellen freundschaft zu tun ich bin trotzdem allein. gruß X, meine website www.xxx.de.«

Nach dieser seltsamen Selbstdarstellung habe ich – natürlich – seine Website angeklickt: »Die nachfolgenden Seiten bieten erotische Inhalte. Minderjährige und Personen, die die Betrachtung erotischer und sexueller Inhalte ablehnen, oder Personen, denen es vom Gesetz her verboten ist, werden aufgefordert, diese Seiten sofort zu verlassen. Alle Fotos, Texte und sonstige Materialien sind freiwillig zur Verfügung gestellt.« Ich habe diese Warnung beherzigt und diese Seite nicht betreten, war aber leicht betreten.

Während Frauen oft zickig auf plumpe Erotik reagieren, sind Männer eher gerne dafür zu haben. Natürlich umso lieber, je besser »frau« auf ihrem Foto rüberkommt. Olivia ist auf dem Gebiet der Verbalerotik Meisterin. Es ist sogar genau »ihr Spiel«, wie sie es selbst beschreibt, das ihr im Netz so viel Spaß macht. Da darf es dann durchaus handfester zugehen, und es hängt nicht unbedingt mit einer bestimmten Person zusammen. Anders als bei mir. Ich brauche einen Mann als Gegenüber, der mir sehr wichtig ist. Also einen Mr.-Right-Anwärter. Der muss gut mit Worten umgehen können und statt plumper Verbalattacken eine malerische Sprache verwenden, die elegant umschreibt, worum es geht, und Freiräume lässt. »Jeder Jeck ist anders« war mal ein Motto im Düsseldorfer Karneval und lässt sich super auch hier anwenden.

Was bei Frauen nie gut ankommt, ist respektloses Verhalten, wie der folgende Fall zeigt. Hier ein Auszug aus dem »persönlichen Statement« einer Userin (der Platz auf einem Profil für einen ganz freien Text), in dem sie auf einen Mailkontakt mit einem Herrn – Jockel2005 – eingeht, über dessen ungebührliches Verhalten sie sich geärgert hat:

SIE (47): »*Auf so eine blöde Anmache würde ich gern verzichten.*«

JOCKEL2005: »... *denke du kannst einen steifen schwanz ganz gut gebrauchen*«

Wahrscheinlich denkt der Depp ausschließlich damit!

Eine weitere Hürde gilt es dann zu bewältigen, wenn sich die Erotik ins reale Leben schleicht. In Form eines als ideal erkannten Partners. Ich formuliere das deshalb so vorsichtig, weil es mir tatsächlich passiert ist, dass ich mich »vergriffen« habe.

Nach langer Suche hatte ich einen Mann gefunden, der auf seinen Fotos aussah wie der »Camel-Man« aus der Werbung. Sehr männlich. Sehr groß. Breite, gerade Schultern, und er hatte ein tolles Lachen. Dazu schrieb er sehr nett, gar nicht überheblich, eher wie der »nette Junge von nebenan«, und seine Telefonstimme war supersexy. Es dauerte nur wenige Mails, und ich hatte dieses unbeschreibliche Kribbeln im Bauch. Mein Sexualleben lag seit langer Zeit brach, und ich hatte vor, das zu ändern. Angeblich sollen Frauen während des Eisprungs ja auf besonders männliche Typen stehen. Ich habe leider versäumt nachzuprüfen, ob es in diesem Fall so war. Nehmen wir es einfach mal an, denn nicht nur die Entscheidung war schnell getroffen, sondern auch die Umsetzung passierte innerhalb weniger Tage.

An dieser Stelle wird es vielleicht auch mal Zeit, mit einem etablierten Vorurteil aufzuräumen, das das Sexualverhalten von Frauen und Männern betrifft. Ich erinnere mich an eine wissenschaftliche Untersuchung, die vor einigen Jahren Furore machte und im »Stern« genauso als Thema diskutiert wurde wie im »Focus« und in zahlreichen TV-Sendungen. Der Tenor der Geschichte in überzeichneter Form: Männer haben ständig Sex, Frauen nie. In meinem sehr liberalen Freundinnenkreis wurde das in der Grundaussage schon als Blödsinn entlarvt. Auch die verschiedenen Reportagen verrieten letztendlich: Alle machen das Gleiche. Allerdings versuchen Frauen aus gesellschaftlichen Gründen immer noch, das Ganze geheim zu halten. Männer geben damit an, weil sie das anerkanntermaßen dürfen, ja sie sogar zu »tollen Hechten« werden lässt. Sorry, dass ich jetzt mit Logik komme, aber mit wem sollte die »Angeberseite« fremdgehen, wenn auf der »Vertuschungsseite« keine Frau mitspielt? Das Fazit wäre: Alle Männer sind schwul! Das ist nicht nur nicht wünschenswert, sondern mit Sicherheit falsch. Eine Seite schwindelt also, wenn nicht sogar beide. Wahrscheinlich ist das sowieso eher eine Typfrage denn eine Frage des Geschlechts. Ich habe einige Freundinnen, die sehr locker mit diesem Thema umgehen und jedem Mann mit Jagdinstinkt die Schützenkrone abjagen könnten. Andere gehen mit diesem Thema so um, als lebten sie im Zölibat. Die meisten bewegen sich irgendwo im Mittelmaß, was die Menge der Beziehungen betrifft und setzten lieber auf »Klasse statt Masse«. Außer zwei Freundinnen hatte jede schon mindestens einen One-Night-Stand, auch wenn das immer noch die Ausnahme ist. Mit George habe ich natürlich auch über dieses Thema gesprochen. Er hat mir bestätigt, dass es sich in der Männerwelt ähnlich verhält. Vom Sexmonster bis zum Enthaltsamen ist hier ebenfalls jeder Typ Mensch vertreten. Für mich persönlich gehört eine erfüllte Sexualität zu einem glücklichen Leben. Abgesehen davon macht Sex nicht nur das Leben schöner, sondern uns selbst gleich mit. Das ist sogar wissenschaftlich bewiesen: Sex ist gut für straffe Haut und fürs Wohlbefinden. Dafür sorgen die Glückshormone, die dabei ausgeschüttet werden.

Aber zurück zu meinem Camel-Man und dem von ihm verursachten Kribbeln im Bauch. Vielleicht war wirklich der Eisprung schuld? Jedenfalls verschwand das Kribbeln so schnell, wie es gekommen war. Bei mir genauso wie bei ihm – Letzteres macht die Eisprung-Theorie natürlich zunichte. :-) Schön: Ich hatte hier einen Mann gefunden, der wirklich Rückgrat besaß. Wir konnten über dieses Thema reden und kamen beide zum Schluss, dass »*unser Herz nicht warm wurde*«. Das war seine Formulierung. Ich hätte es aber nicht besser ausdrücken können. Es blieb kein schales Gefühl zurück. Keine unerledigte Angelegenheit. Keine Fragen, auf die man keine Antworten hatte. Wenn alle im Netz so verantwortungsvoll miteinander umgehen würden, die WWWelt wäre ein wundervoller Ort! So wurde diese Begegnung, trotz unseres Scheiterns, zu einem der positiven Erlebnisse, die mir das Internet beschert hat.

Es ist auch immer eine Frage, wie »frau« sich im Internet präsentiert. Es gibt zum Beispiel Sätze, die man nie verwenden sollte, wenn man »seriös« sucht. Einer dieser Sätze ist: *Ich bin offen für alles.*« Was im Profil der Userin lediglich als »vielseitig interessiert« gemeint war. Aus den Zuschriften, die gleich mit den verschiedensten Sexualpraktiken gespickt waren, ließ sich aber schnell erkennen, dass Männer etwas anderes herauslesen.

Aber auch bei einer völlig »normalen« Art der Darstellung können wundersame Reaktionen entstehen. Bei Finya hatte ich innerhalb einer Stunde eine Anfrage einer dominanten Dame in der Mailbox, die in mir ihre devote Sklavin gesehen hat. Eine halbe Stunde später meldete sich ein fotoloser User, der sich von mir verhauen lassen wollte ... Ich habe ihn an die dominante Dame weitergeleitet, in der Hoffnung, dass damit beide glücklich würden. Allerdings hat es mich doch verblüfft, dass ich auf einen Teil der Menschheit dominant wirke, auf einen anderen Teil devot. Also dazwischen liegen nun wirklich Welten! Vielleicht ist es aber auch nur das Phänomen des Internets: Jeder kann in eine Darstellung hineininterpretieren, was er gerne sehen möchte. Auf diesem Trick basiert schließlich die ganze Faszination des Netzes, und jede Singlebörse spielt mit diesem Wunschdenken. Je mehr es Richtung Sex, Drugs and Rock'n'Roll geht, desto mehr Phantasie ist im Spiel, und die User aus dem »gegnerischen Lager« erscheinen immer attraktiver. Realistisch gesehen ist es allerdings anders. Sorry, wenn ich desillusionierend wirke. Letztlich finden sich im Netz im Durchschnitt genauso viele Traumtypen wie im täglichen Leben.

Olivia wäre nicht Olivia, hätte sie nicht auch eine dieser Erotikseiten im Netz besucht. Natürlich wurde sie hier schnellstens fündig und hat sich einen »Spielgefährten« gleichen Schlages aus dem Netz gezogen. Sie war völlig in ihrem Element und ließ sich von ihrer Phantasie beflügeln. Anderes blieb ihr auch nicht übrig, denn ihr »Objekt der Begierde« schickte ihr nur ein sehr undeutliches Foto seiner selbst, entführte sie dafür aber verbal in die Regionen der Erotik, die sie faszinierend findet. Olivia war hin und weg und fieberte ihrem ersten Date im realen Leben entgegen. Das sollte erst einmal in einer Bar stattfinden, die allerdings schon ein bisschen Richtung Rotlichtmilieu tendierte. Olivia packte ihre weiblichen Reize entsprechend in ein knalliges Lederkorsett, das sie natürlich unter einer stilvollen Jacke versteckte. Erst einmal. An diesem Tag hätten wir besser gleich eine telefonische Standleitung zwischen Köln und Hamburg installiert. Alle fünf Minuten gab es noch etwas Wichtiges zu besprechen. Olivia wähnte sich am Ziel ihrer Suche nach einem erotischen, knackigen Kerl. Körperlich ein Bauarbeiter, mit dem Stil eines Gentleman, der das lustvolle Spiel mit der Erotik beherrschte. Für Olivia hieß die Kurzform: Nie wieder Langeweile im Bett! Bei unserem letzten Telefonat vor ihrem abendlichen Date vibrierte sie förmlich. Sie versprach, vorsichtig zu sein und mich am nächsten Morgen direkt anzurufen, um über ihr Traumdate zu berichten. Der Anruf kam schon recht früh am nächsten Morgen. Ich hörte schon an ihrer Stimme, dass etwas nicht stimmte. Auf meine Frage: »Und?« folgte die knappe Antwort: »Ein Lurch!« Es stellte sich heraus, dass Mr. Erotik leider im Körper eines untrainierten Gentleman steckte, die Manieren eines Bauarbeiters hatte und einen Kopf kleiner war als angegeben und als Olivia. Unschwer zu erraten, dass Olivias Jacke stilvoll geschlossen blieb. Das Date dauerte auch nicht allzu lange, aber lange genug, um sich mit einem anderen Herrn zu beschäftigen: Bacchus, dem Gott des Weines. Olivia: »*Ach Liebschen. Ich hab mich dann einfach betrunken. War auch mal ganz schön.*«

FAKE

Der Promifaktor im Internet ist hoch. Hollywood ist en masse vertreten. Viele No-Names versuchen, mit entsprechenden Fotos der bekannten Womanizer ihrem Profil mehr Profil zu geben. Ich habe sogar Brad Pitt entdeckt und ihm eine Mail geschickt, um ihm mitzuteilen, dass seine Kollegen Hugh Grant und George Clooney auch online sind. Natürlich handelt es sich hier nicht um die realen Hollywood-Größen, sondern nur um die entsprechenden

Nicknames im Netz, oft mit Fotos der Originale, hinter denen sich »Otto Normalverbraucher« oder »Mario Mustermann« verstecken. Offensichtlich verfügt der Online-Brad-Pitt über wenig Humor: Er hat nicht geantwortet. Hugh und George waren da viel kommunikativer:

TRY2FIND: »*Hallo George. Welche Frau hätte zu träumen gewagt, dass sich George Clooney so einsam fühlt, dass er hier im Netzt surft. P.S. Brad Pitt und Hugh Grant sind auch da.*«

GEORGE CLOONEY: »*Interessant. Danke. Werde die Jungs gleich mal anmailen und fragen, ob sie Lust auf ein Bier haben heute Abend ... übrigens habe ich mir deinen Profiltext durchgelesen. Danke für die positive Darstellung meiner Person ... Hughs. George.*«

Neben den drei Hollywood-Größen habe ich zahlreiche hübsche No-Name-Gesichter der Werbewelt gefunden und sogar den Papst. Bleibt die Frage: Was hat »Mann« davon, sich hinter dem Foto eines anderen zu verstecken? Im Zweifelsfall erst mal eher eine Chance, in der Masse aufzufallen, wie man an meiner Reaktion sieht. Doch spätestens beim ersten Real-Date führt das zu bösen Überraschungen. Oft ist ein Date aber gar nicht das Ziel dieser Männer: Viele suchen nur Unterhaltung.

Die andere Variante: Er ist kein optisches Highlight, weiß das auch, ist aber durchaus an realen Kontakten interessiert. Dieser Mann nutzt die höhere »Fangquote« der Promifotos, um seinen Marktwert durch gezielte Aussagen zu erhöhen. Beliebteste Ausrede: »*Ich stehe in der Öffentlichkeit und kann mein Gesicht nicht zeigen. Ich bin aber vom Typ her ähnlich.*«

Neben der sehr offensichtlichen Schwindelei mit weltbekannten Schauspielern wird oft mit eigenen Fotos gemogelt. Gern wird ein altes Foto des jüngeren Selbst ins Netz gestellt oder eine schön retuschierte Fassung der eigenen Person. Gesundes Misstrauen ist also durchaus angebracht. Völlig paradox finde ich es allerdings, dass Männer mich angeschrieben haben, um mich als Fake zu »entlarven« – um dann mit mir zu flirten.

AQUA (44): »*Ein wirklich schönes Foto. 1A retuschiert und überarbeitet :-) Ja, da kenne ich mich aus. George Clooney kann mir nicht das Wasser reichen, denn den gibt es nur auf Hochglanzpapier. Mich hingegen gibt's zum Anfassen :-) und ... ich fühle mich gut an. Try2find Out!*«

TRY2FIND: »*Du hast es erkannt. Unretuschiert bin ich so unansehnlich, dass ich deine Expertenaugen im realen Leben nicht beleidigen möchte und wohl mit dem hochglänzenden George vorliebnehmen muss.*«

VERNETZUNGEN

MANHATTAN (48, wohnt auch tatsächlich in Manhattan): »*Hmmmmm ... Vielleicht kann ich ja das Zuviel an Entfernung mit einem Zuwenig an Charakter wettmachen?;-) Take a look!*«

TRY2FIND: »*Hmmmmm, die Version ›Charakterlos-dafür-zu-weit-weg‹ scheint mir auf den ersten Blick nicht sehr erstrebenswert ... :-) LG*«

*

EMPEROR (38, AUSTRALIEN): »*... ur eyes are just to die for ... i am ready ... ;-)*«

TRY2FIND: »*Thank you ... but believe me, I would not like to be the reason for your early death. So, please, try2 stay alive. Greetings from Hamburg.*«

*

AUSTRIA (43): »*Ich bevorzuge gestandene Frauen, anstelle des Modells ›Möchtegern-Barbie‹! Dabei besitze ich durchaus Verständnis und Toleranz z. B. für das weibliche ›Schuh-Gen‹ und ›Einpark-Hilfen‹.*«

TRY2FIND: »*... ich bin ganz begeistert, dass es tatsächlich Männer gibt, die das weibliche Schuh-Gen akzeptieren. Allerdings halte ich die Einpark-Hilfe für veraltet ;-) LG.*«

*

KOCHGEHILFE (38): »*Gratulation!!! Du hast gewonnen. Unter 12.587 Teilnehmerinnen wurdest du zur hübschesten Frau im Forum gewählt. Da wie zurzeit überall das Geld etwas knapp ist, konnten wir nur einen ersten Preis (Dinner für zwei mit dem Schreiber) als Hauptpreis vergeben. Dieser ist jedoch jederzeit einzulösen. LG*«

TRY2FIND: »*Super! Wo ich doch sonst niiiiiieeee gewinne! Ich nehme an, ich muss selbst kochen – wegen erwähnter Geldnot – und du stehst mir als Kochhilfe zur Seite? Originelle Idee. Damit hast du bestimmt auch bei den anderen 12.586 Gewinnerinnen großen Erfolg. ;-). LG aus HH.*«

*

Mein neuer Profileintrag: »*Ich habe das Glück, hier einen sehr interessanten Mann kennengelernt zu haben, und hoffe, dass er Mr. Right wird. Deshalb möchte ich auf andere Dates erst einmal verzichten. Über nette Kontakte freue ich mich aber auch weiterhin.«*

HANSEAT (42): *»Ich hoffe doch das Beste für dich und würde mir wünschen, das Gleiche von mir schreiben zu können ;-) Wenn es nicht dein Mr. Right wird, kannst du dich frei fühlen, mich wieder zu kontaktieren, vielleicht werde ich dann dein Mr. Left ;-) LG. X«*

TRY2FIND: *»Hallo X, ich werde im Zweifelsfall darauf zurückkommen ... Blondinen kommen sowieso immer bei rechts und links durcheinander. LG Judith.«*

*

SCHLOSSER (41, Kommentar zu meinem Foto im Strandkorb): *»Schöne Achseln hast du! ;-)«*

TRY2FIND: *»Da solltest du erst mal die Achsaufhängung sehen! ;-)«*

SCHLOSSER (41): *»Die schau ich mir doch gerne an. Bei Bedarf würde ich sie auch ölen ;-)«*

*

MASTERCARD (43): *»Ich suche nicht wirklich, aber bei dir könnte ich schwach werden ...«*

TRY2FIND: *»Ich liebe zwar starke Männer mit Rückgrat, aber kleine schwache Momente unterstütze ich sogar von Fall zu Fall :-) ...«*

GÄSTEBUCH

Ein Gästebuch gibt es nicht in jeder Partnerbörse, wenn aber doch, findet »frau« gerade hier interessante Infos über den jeweiligen User. In so ein Gästebuch trägt sich jeder ein, der es nicht lassen kann. Mal bedankt sich eine Dame für den »super Abend«, den charmanten Kontakt. Aber es gibt auch Beschwerden, oft versteckt. An den Reaktionen des jeweiligen Gästebuch-Besitzers – natürlich darf »Mann« einen Kommentar zum jeweiligen Eintrag schreiben – lässt sich zum Beispiel sein Humor erkennen und die Art, wie er mit Frauen im Allgemeinen umgeht. Reagiert er intelligent auf dumme Einträge oder dumm auf intelligente Kommentare? Aber Vorsicht: Auch wenn »nur« Positives drinsteht, sollte »frau« das nicht überbewerten. Gästebucheinträge lassen sich vom Profilbesitzer bei Nichtgefallen löschen.

Auf jeden Fall sind diese Gästebücher durchaus unterhaltsam. Der Eintrag einer Userin in das Gästebuch eines Mannes, der auf die Frage *»Mögen Sie spontane Begegnungen?«* im Fragenkatalog seines Profils folgende Antwort gab:

ER (48): *»In der Regel schon.«*

EMMA (33): *»So, ich hab grad meine Regel, also wie wär's?«*

NO-GO

DER AUF DEM WIND REITET (40): *»naaaa du … einen kleinen zärtlichen kuss auf deine nasenspitze, nur mal so zwischendurch …«*

Naaaa du? Einen kleinen, schnellen Schlag auf die Schnauze, nur mal so zwischendurch?

WINNE (55): »*wow bist du eine süße zährtliches küsschen von winne.*«

Da wird die »Süße« sauer.

SCHNELLMERKER (32), Kommentar zu meinem Foto im Strandkorb: »*hmmm, süßes bild von dir. ist das in einem strandkorb gemacht??*«

Dem Mann macht »frau« nichts vor.

KATER (41): »*Ein freundliches Miau für dich!*«

?!?! ?!?! ?!?! ?!?!

*

AFFENFREUND (24): »*... Hm. Mist. An so ein Abenteuer mit einer richtigen Frau statt mit einem Mädchen zu kommen, ist ja schwerer, als ich dachte ... und dabei hielt ich es schon für kaum machbar!! Argh.*«

Ich leide überhaupt nicht am »Mrs.-Robinson-Syndrom«.

GUATEMALA (42): »*Your are, very, very, beautiful woman, and sweat!!!! I desire know your for friends, love or bussines? the time decide kisses fron guatemala city C.A.*«

Aha. Ich bin zwar hübsch, habe aber ein Schweiß-Problem? Und was ist denn das für eine Alternative: Love or Business? Um welches Gewerbe handelt es sich hier?

VERHEIRATET (39) sucht »Frau für nette Stunden«: »*Gehst du mit mir einen Kaffee trinke? Ich möchte dich kennenlernen. Kises. X*«

VERHEIRATET (39): »*na du, … krieg ich noch ne antwort? … :-))
kises*«

TRY2FIND: »*Ja: Nein ;-)*«

Falsche Küsse von verheirateten Männern mag ich überhaupt
nicht!

KLEIN ER (32, DEN HAAG): »*Hai, I want to chat xx@x.x*«

Dann mach das.

TOMMY (38): »*Hallo du bist DIE erste DAME der ich schreibe.
Wie kann ich dir ein Foto schicken. Keine Ahnung wie das
geht.*«

Ich werde ihm das auch nicht verraten.

DEPRESSIV (47): »*Hier laufen wirklich nur gestörte rum, die
mit ihren Altlasten so voll gestopft sind. Ich kann dir da so
einige Geschichten erzählen, die ich selbst schon erlebt habe.
Ich habe leider nur die Erfahrung gemacht, das die Frauen
auch nur 3 Gehirnzellen haben, nur das die eine im unte-
ren Bereich liegt. Ich weis auch nicht mehr, was ich noch tun
kann, aber ich hoffe doch immer noch darauf die Frau fürs
Herz und fürs Leben zu finden. … Ich würde auch gerne noch
mal studieren, aber ich weis nicht wie ich das finanzieren soll.
Ist nur eben alles eine Kostenfrage. Ich finde wir haben viel
gemeinsam und ich würde mich jedenfalls freuen, wenn wir
uns einmal kennenlernen. Alles liebe. X*«

TRY2FIND: »*Hallo X. Bei der Frage, was du denn noch tun
solltest, um hier vielleicht doch Mrs. Right zu finden, kann ich
dir schon mal einen guten Tipp geben: Jeder, der deine Mail
liest, hat einen total negativen Eindruck von dir. Gemeinsam-*

keiten kann ich da überhaupt nicht erkennen: ICH BIN EIN POSITIVER MENSCH und suche ein entsprechendes Gegenüber ... Und ganz im Ernst: Glaubst du, dass irgendeine Frau freundlich auf dich reagiert, wenn du deine Idee mit den »drei Hirnzellen« anbringst? ... Meine drei Hirnzellen habe ich jetzt überstrapaziert. Ich wünsche dir viel Glück bei deiner weiteren Suche. Judith.«

*

YORFRIEND (46, SCHWEDEN): »*tanks for you answer me you are a very nice i wish i could moved to you in Hamburg thats should be nice if i could do that hug kent*«

TRY2FIND: »*Sorry, I do not speak the Swedish version of Englisch. I am sorry. Hugs. Judith.*«

*

AREYOUMYLOVESTAR (34): »*E?*«

Häh?

WOBLOSS (37): »*test test 1 – 2 ...?*«

TRY2FIND: »*Durchgefallen! Bei mir muss ein Mann mindestens bis 3 zählen können.*«

*

DONGCHENG (40, PEKING): »*hi nice to meet you, i want make good friend with you, ok? i hope and wait for you. thank you yang.*«

There are two million bicycles in Bejing ... und einer der Fahrrad-fahrer aus diesem kleinen chinesischen Dorf, das dem Autoverkehr immer noch erfolgreich Widerstand leistet, hat sich auf meine Seite verirrt. Da kann ich nur sagen: Falsch abgebogen! Hey, spreche ich Chinesisch? Auf meiner VK steht deutlich »700 km im Umkreis von Hamburg». Nicht 7.000!

*

JUNGGEBLIEBEN (52): »*Suche die Frau, die mit beiden Beinen im Leben steht und die einem zeigt, dass es sich lohnt weiter zu leben.*«

Als psychologischer Begleitdienst für Lebensmüde bin ich nicht ge-eignet.

*

MOIN MOIN (48): »*Sportlicher Träumer hat keine Lust, län-ger sein Profil hier einzugeben. Ständig ergebnislos die Er-gebnisse zu studieren und wieder und wieder und wieder und wieder auf die nächste Antwort zu warten.*«

Bekommt »Mann« auf so was überhaupt eine Antwort?

*

UHHH (48): »*ich bin eine normale man. mochte eine normale frau kenen lernen wir schpas und ales was zu zwait schenes ist. spasch, spatziren, kino, urlap, abent esen und wilich dir frischtik ins bet pringen*«

Unsittliches Angebot in Esperanto? Was ist zwischen »*abent esen*« und »*frischtik*« geplant?

Seit Beginn meiner inzwischen umfangreichen Online-Aktivi-täten werde ich das Gefühl nicht los, dass Männern ihre Eigen-präsentation nicht gerade leicht fällt:

146

EINSAM (45): »*Auch allein? Muss nicht sein. Lebe allein mit meiner 15-jährigen Tochter in Harburg, gehe zur Arbeit und sonst ist eigentlich alles normal. Ich möchte hier nicht meinen Gefühlszustand offenlegen. Solltest du Interesse an mir haben, melde dich. LG*«

Ich glaube, den Gefühlszustand kann »frau« auch so herauslesen.

NIEWIEDER (38): »*Puhhh dat ist ja was was ich nicht gut kann also wenn du was von mir wissen willst dann frage mich doch lieber. :-) Aber eins sage ich jetzt schon ich möchte nie wieder endtäuscht werden wie vor kurzen.*«

Könnte aus der gleichen Therapiegruppe stammen wie EINSAM (45)?

WEIHNACHTSMANN (38): »*Suche Hilfe auf 400-Euro-Basis. Ich schaffe das mit den Geschenken nicht mehr ...*«

Der Mann ist tatsächlich schwer im Verzug. Wir haben Pfingsten!

WUNDERLICH (46): »*Dies ist ein Funktionstest!*«

DAS funktioniert bei mir nicht. Welch seltsames Exemplar Mann hat sich denn hier wieder in meinen Briefkasten verirrt? Ich schaue mir seinen Profiltext an, der mich aber auch nicht schlauer macht. Ich antworte nicht – worauf auch? – und bekomme eine zweite Mail.

WUNDERLICH (46): »*Ich möchte hier eigentlich nichts von mir erzählen, ich glaube, das ergibt sich dann schon. Und nach wem ich suche, weiß ich genau. Das zu bekommen, fast unmöglich. Wichtig ist, dass es jeden Tag spannend und interessant ist.*«

Sehr wunderlich. Er möchte also nichts erzählen, schreibt aber trotzdem eine Mail? Allerdings eine nichtssagende. Insofern: Ziel erreicht.

WUNDERLICH (46): »*Entschuldige meinen Test. Ich weiß nicht, ob du meine Nachricht erhalten hast? Also auf ein Neues.*

Müsste für mich jetzt nicht mehr sein. Der Mann hat sich durch seine seltsame Art längst ins Aus katapultiert. Aber er macht weiter:

WUNDERLICH (46): *Es sieht so aus, dass Du mit beiden Beinen fest im Leben stehst. Ich denke, das ist bei mir genau so. Aber den richtigen Partner an seiner Seite zu finden im Leben, ist nicht einfach, zumal die Wahrscheinlichkeit aufgrund der großen Bevölkerungszahl sehr gering ist.*

Seltsame Logik. Ich dachte, das erhöht die Chance zumindest prozentual. Es würde aber erklären, warum Adam und Eva zusammengekommen sind. Und er beschließt die Sache:

WUNDERLICH (46): *Gut wenn Du ein Bild von mir brauchst, schicke ich Dir das gerne per E-Mail. Meine Adresse: xx@xx.de. Wenn ich von Dir eine Mail erhalte, sende ich Dir das Bild. Gruß X*«

Danke, aber ich glaube, ich bin schon »im Bilde«.

TOMSEGLER (46): »*Du bist sehr schon. Mochte mit dir schreiben?*«

Die Antwort ist nein.

BASSMAN (42): »*Hallo Frau. Lust mich kennenzulernen? Alles Weitere dann.*«

Die Antwort ist nein!

VONDERVOGELWEIDE (37): »*Nun fang ich schon zum dritten an meine Worte wollen noch nicht fallen. Ich such die Eine oder andere Frau. So schreibt dir hier ein siebenunddreißig-jähriger Jüngling und er ist wirklich schon ein großer Dichter. Ein Bild von mir möchtest du erblicken, so beschrieb ich dir erst wie der Klick mich zu dir führte. Und ich fand in mir einen Jüngling mit sehr angenehmen Gesichtszügen und außerordentlich liebenswürdigen Manieren. Solltest du mich verlocken können mit deines Geistes Kräften sollst du es bekommen und du wirst frohlockend lächeln. Ein netter Jüngling mit eloquent, gepflegter Ausdrucksweise. Wenn die Oberflächlichkeit dich überkommt, dann schreib mir Bitte noch ein letztes mal, sage mir aus Höflichkeit Auf Wieder sehn, ich werd dich dann verlassen und deinem Glücke nicht im Wege stehn ...*«

TRY2FIND: »*Sorry. Ich bin nicht die Ein oder Andere, ich bin nur eine, die damit nichts anfangen kann. Viel Glück.*«

VONDERVOGELWEIDE (37): »*Welch harte Worte aus diesem Munde, doch weiß ich nicht ob dies gezeigte Antlitz du besitzt. Viel Gram (Gram? Du nervst!) aus deinen Worten ich vernehme. Mögest du in deinen Sphären mit dem Mann der Träume schweben. Ich mag die Prosa schon seit Kindesbeinen. Das ist es was der Welt heut fehlt!*«

Also mir fehlt das gar nicht.

MARSUL (35): »*hallo, eine sehr schöne guten abend, ich bin X 35 jahre, from Berlin, wie gehts dir, also, will nür sagen du bist katze so gutenacht, so ich bin neu imTraum.P das weswegen sory katze keine bild, aber keine angst, bin auch kater. MFG X*«

TRY2FIND: »*Hallo X, ich weiß zwar nicht, warum ich eine Katze bin, aber es scheint etwas Positives zu sein. Also: Danke dafür. Liebe Grüße und viel Glück bei deiner weiteren Suche.*«

MARSUL (35): »*Hallo, katze, willst weissen warum du eine katze bist, das ist die wahrheit, weil du bist einfach sehr sehr schön, ich lüge nicht, auch wenn du nichts meine Trauem frau warst Also Katze, ich bin mann, und wenn du brauchst eine an deine seite Tell me Süße, wenn du willst mir auch mehr kennen das auch super, bevor ich dir schreibe Hamburg, ist meine liebling Stadt, und das war durch meine arbeit, So dein kater. MFG X (Berlin)*«

Mein Mietvertrag verbietet mir die Haustierhaltung.

AKATUKIGATA (39): »*Hello. My hobby is traveling. Tell your hobby. To June – July. You think that it wants to go to Sapporo with the bedstead limited express.*«

Was will der Mann von mir?

LUISBESSO (57, MADRID): »*CÓMO ESTÁS, nuevamente trato de comunicarme con vos, espero que entiendas español, yo por vos me pondria a estudiar alemán, realmente sos hermosa. Un beso luis.*«

Kommt mir spanisch vor, was schlecht ist, denn ich spreche diese Sprache nicht. Steht in meiner VK. Kein Kreuzchen bei Spanisch! Das ist der Teil des Profils, der in die jeweilige Landessprache übersetzt wird.

SPALTI (48): »*Hallo Webgirl, stimmt du bist eine Hübsche, und ich hoffe, DU hast Humor und liebst es, herzlich zu lachen, dann bitte lies die fröhlich gemeinten Zeilen an dich!*

Du hast vor einigen Tagen den netten Versucht unternommen mit mir in Kontakt zu kommen, (Habe ich ganz sicher nicht versucht!) *lach ganz verschmitzt oder habe ich dies geträumt, weil es mein intensiver Wunsch war?????. Wir Menschen tun diese Dinge---erträumen uns eine schöne Welt. Leider hat es nicht geklappt, grins ... und wir haben beide blöderweise keine weiteren Versuche unternommen, was wahrscheinlich an der n i c h t zu bewältigenden Flut von schreibwilden ›match – Männern‹ liegt. Oder träumte ich schon wieder??? Aber als ich D i c h das erstemal ›entdeckte‹, und was ich las GEFIEL MIR außerordentlich und du bist jetzt auch GANZ BESTIMMT GEMEINT, habe ich mir vorgenommen, bei DIR hartnäckig zu bleiben auch wenn die Konkurrenz nur noch mit dem Schwert und Morgenstern zu vertreiben ist, grins. Denn DU hast viele Eigenschaften, die meinem Idealbild einer Klassefrau entsprechen. Und soooo viele laufen da auf dieser Erde nicht herum. Du darfst dich jetzt ganz und gar umworben fühlen, lach verschmitzt. Lass uns doch einfach mal herausfinden, ob wir zusammen nicht so etwas wie ein wertvoller Goldschatz auf dieser Erdkugel sein könnten, denn weniger wäre Verschwendung und mehr wäre Wahnsinn, ich gestatte mir schon wieder zu träumen, lach verschmitzt! Liebe Grüße«*

Ich glaube, das geht eher Richtung »mehr«: Also Wahnsinn!

STRGA: »*Hallo Hamburg. Da gibt man nun o ein, von wegen des erwanderbaren Bereiches und siehe da, man landet nur ein paar Kilometer stromab. Aber so ganz unrecht hat der Computer auch nicht, habe nur vergessen, wie es dazumal mit der Flaschenpost war, demnach ja nach den hiesigen, die Angehaltenen weiter die Niederen und letztlich die Freien am Bach liegen und irgendwie wohl etwas miteinander zu tun haben könnten. Zudem ist die Null scheinbar eine begehrte Zahl; man hat sie einfach gern – vor dem Komma. Dein Compu-*

ter spielt genauso gerne wie du mit dem Teil herum, wenn er spinnt. Macht's aber nicht. Ist scheinbar lieb. Vielleicht weil ich ihn täglich einschalten darf. Ansonsten, es sollte erbaulichere Dinge geben als diese Erfindung. Tschüss.«

Was ist denn hier die richtige Antwort: Ja? Nein? Wird hier überhaupt eine Antwort erwartet, oder handelt es sich hierbei lediglich um eine Mitteilung?

POLICEMAN (44): *»ACHTUNG!!! ACHTUNG!!! Hier spricht die Polizei! Legen Sie SOFORT ihre Hände auf die Tastatur ... drehen sich ja nicht vom Bildschirm weg ... und kommen Sie bloß nicht auf die Idee, sich ausm Staub zu machen! So ... und nun erzählen Sie mir mal, was Sie da in ihrem ... Kopf haben! *fg* Uuund ... wenn du nächstes Wochenende mit mir um die Häuser ziehst, hast du 'n Knöllchen frei! ;-)«*

Isch 'abe gar keine Auto :-)

CRAZY (57): *»Auch das noch *stöhn* ... habe dir in meinem Schreibwahn zu viel hingekritzelt ... yahoo lehnt ab »NACHRICHT ZU LANG« ... shit ... hab's folgerichtig lesbar von hinten nach vorne gesplittet!!! ... also kannst du von hier aus herunterlesen ... viel Spaß!!! – part one –... mein Browser ist grad abgeschmiert (irgend ne falsche Tastenkombi gedrückt) und ich war mit meinem Schreiben an dich praktisch fertig ... verfl ... OnlinE-Mail ... also noch mal alles in etwa so. Oh ... mein Gott ... Du süße Zaubermaus, WOOOOOO-OOW!!! ... die Frau für's Leben suche ich ... Perspektiven zu zweit ... keine Hausbesitzerinnen oder sonst was ... das habe ich selbst ... zumindestens noch ... Jetzt schalte ich diesen Rechenknecht an und sitze mal grübelnd vor deinem Profil und diesen von dir geleisteten Äußerungen – natürlich hast du vollkommen recht ... und ich bin absoluter Optimist, die Richtige zu finden ... spontan bin ich sowieso ... hmm, als*

*Volltrottel hat mich jedenfalls noch niemand bezeichnet ...
also hoffe ich auch auf irgendeine Antwort deinerseits. Fotos
von mir habe ich grad mal aktuell vor kurzer Zeit hier hochgeladen ... hmmm .... Auch habe ich keinerlei Berührungs-
ängste, dir zu schreiben ... ich wäre ja ein kompletter Trot-
tel, wenn ich's nicht täte, um es nicht wenigstens zu versuchen!!! ... es wäre ja einfach saublöd, DICH zu ignorieren ...
hihi ... Ansonsten ... *grml* ... baute mir meinen 1. Rechen-
blechkasten 1983 und hier in meiner Butze liefen bis zu 6 von
diesen selbstgebauten Blechkumpels im Rechenverbund über
Netzwerk ... installiere und konfiguriere den Krempel natürlich mit links selbst, weil ich 'ne absolute Technikmacke habe.
Und wenn ich dich so anschaue, vor allen Dingen deine tollen
sternstrahlend blauen lachenden Augen, werde ich sowieso
gleich blind. Deine Fotos schauen mich ...«*

Es folgten weitere vier (!) Seiten. Ich war entsetzt und davon überzeugt: Am anderen Ende sitzt ein Verrückter. Einer der Momente
im Leben, wo ich sehr dankbar dafür war, dass das Internet auch
um mich den Mantel der Anonymität hüllt. Trotzdem habe ich mir
natürlich wieder den Kopf zerbrochen, wie ich meinem Gegenüber
nett erkläre, welche, von ihm nicht erwünschte, Wirkung sein »Fort-
setzungsroman« auf Frauen hat, und ihm den Tipp gegeben, bei der
nächsten Dame ein paar Meter Text weniger zu verwenden.

Nach einer längeren Internet-Pause habe ich mein Profil bei
Yahoo wiederbelebt. Von meinem Drei-Monats-Account war noch
etwas auf dem Zeitkonto übrig. Ich habe mein Profil geändert und
andere Fotos eingestellt. Vielleicht würde das auch andere Männer
ansprechen? ... Und wieder hatte ich IHN in der Mailbox. Exakt
derselbe Text.

Ich habe mir den Gag erlaubt, als Antwort einen der vorgefertigten Standardsätze von Yahoo zu wählen: »*Das sagst du wahrscheinlich jeder ...*« – Offensichtlich hat er das nicht verstanden. Es
folgte ein weiterer »Dreigroschenroman«, der allerdings ungelesen
in den Papierkorb wanderte. Wer nicht lernen will ...?!

ADOLFO (47, PERU): »*bist uma bellisima Frau, woman me gefällt contactarme bei tigo und Befugnis berichten und unque Reimpaar ein Irrsinn la Abstand, untereinander bereits kein ihm bist. Behausung am ein mumdo welche bereits kein Dasein las Entfernungen er selbst mildernd bei Internet aviones etc bist aufsehenerregend kein ihm cres?? aber voran entweder oder te es scheint? puede welche kam am kennen denen anbauen anlegen welche bist groß beachtlich und groß fein ab la patagonia am dicht ab magallanes am anlegen del abdrücken, an das Grenze los ausklügeln ab las ausgerüstet del altiplano del Peruanisch und Bolivien (anlegen groß Armut) haben Sie 6000km beim ausfasern, si bist welche te gefällt Landreise als qui bereits haben Sie ein Bekannter und ein beherbergen te Befehl ein Kuß gefällt adolfo*«

Esperanto. Die peruanische Version?

*

Dazu kommen noch zahlreiche fehlgeleitete Versuche, etwas Romantik ins Netz zu bringen. Das Foto einer Rose im Mailanhang mitgeschickt zu bekommen ist nicht unnett. Allerdings sollte das nicht der erste Schritt zu einem Exkurs durch die heimische Botanik sein. Manchmal wird diese Romantik allerdings auch ins richtige Leben getragen. Wenn der Blumenbote dreimal an der Haustüre klingelt, braucht »frau« nicht gleich Personenschutz zu beantragen. Der Absender hat nicht die Adresse seiner Angebeteten, so sie ihm die nicht persönlich gegeben hat, er hat lediglich über das Internetforum, in dem sich beide getroffen haben, den Auftrag zur Blumensendung erteilt. Der Betreiber leitet den Auftrag weiter an den Blumenversender, ohne dass der »Rosenkavalier« an die Adresse seiner Traumfrau gelangt.

Einige »Jokes«, die dem männlichen Stammtischhumor entspringen, erhitzen das weibliche Gemüt. Ein Werbegag, den ich im Netz gefunden habe, zeigt eine hochwertige Herrenarmbanduhr mit dem Statement: »*Fast so schön wie eine Frau. Tickt aber richtig.*« Ich selbst finde das witzig, stand damit aber bei einer Umfrage im Freundinnenkreis ziemlich allein auf weiter Flur. Ein anderer Witzbold hatte sich sogar die Mühe gemacht, eine Schneeskulptur zu basteln, die eine »eiskalte« nackte Lady kniend vor einem »coolen« unbekleideten Typen bei einem heißen »Blowjob« zeigt. Zugegeben: Künstlerisch gekonnt dargestellt, aber solche ›coolen‹ Jokes führen dazu, dass Frauen die kalte Schulter zeigen. Ein Volltreffer, wenn das als Frustventil gedacht war, ist sicher auch die kindlich anmutende Zeichnung eines Users, in der Art »Punkt, Punkt, Komma, Strich, fertig ist das Mondgesicht« auf der groß zu lesen ist »Frauen sind doof!«. Allerdings kann das auch der Grund sein, warum die eigene Mailbox leer bleibt.

GEDANKENGÄNGE

BERLIN (44): »*Meine anfängliche Begeisterung für diese Art der Partnersuche ist fast verflogen, denn die Zeit verrinnt unter den Händen. Es ist viel mehr ›harte Arbeit‹ als eine spontane, natürliche Begegnung mit einem Menschen. Zugegebenermaßen habe ich ein paar interessante Dates gehabt, aber es hat nicht gefunkt. Ein Bild ist ein Bild ist ein Bild!*«

*

JUSTME (37): »*Okay. Du suchst Mr. Right. Aber das mit dem hier finden ist so eine Sache. Wenn du nicht sofort zuschlägst, ist das aus meiner Sicht auch ernster zu nehmen. Aber was machst du in der Zeit dazwischen, ich meine, wie schaffst du es, immer noch zu wissen, dass Mr. Right kommen wird und du es all denjenigen zeigen wirst, die dich für eine verträumte Romantikerin halten, weil du an die große Liebe glaubst? Wie schaffst du es, an deine Liebe zu glauben und an deiner Vergangenheit zu wachsen? LG«*

TRY2FIND: *»Eine gute Frage von hohem philosophischen Wert ;-) Also: Die Sache mit dem Wachsen an der Vergangenheit ist natürlich eine Berg-und-Tal-Fahrt. Aber da ich Optimistin bin, baue ich darauf, dass hinter jedem dunklen Berg ein grünes Tal steckt. Außerdem finde ich es viel schlimmer, nicht nach Mr. Right gesucht zu haben und am Ende des Lebens zu denken: Ach hätte ich doch ...«*

*

MANN O MANN (52): *» Vom Suchen und Finden: Wer gezielt sucht, findet selten, was er sucht. Aber er findet was. Das hat er zwar nicht gesucht, aber es gefällt ihm. Bevor er sein Leben lang nur sucht und trotzdem nicht das findet, was er am liebsten hätte, sucht er mit der Gefundenen nach dem Glück. Gemeinsame Genuss-Sucht (Sucht kommt ja auch von suchen) als Basis, um das Leben zu genießen. Das fängt mit gutem Essen an (idealerweise gemeinsam gekocht), geht über angeregte Gespräche, das Gefühl, man kennt sich ewig, und wird ›gekrönt‹ (Premium-Variante :-) ... eventuell, aber nicht zwingend ... durch leidenschaftlichen Sex. In vielen Profilen findet man das ja nur vage umschrieben als ›guten Sex‹ (will jemand schlechten Sex?). Der Platz wird dann gern (sinnlos) ›ausgefüllt‹ mit Selbstverständlichkeiten wie Treue, Humor und Ehrlichkeit. Dabei geht das eine nicht wirklich gut ohne das andere. Da ist Sex wie Geld: Alleine macht es nicht glücklich. Das alles gilt, solange nicht Mrs. Right um die Ecke geschneit kommt. Die dumme Kuh hat sich jedoch seit Jahren nicht blicken lassen! Ich mag das Suchen aber nicht aufgeben, auch wenn ich nicht glaube, dass sie hier demnächst freundlich-NICKend auftaucht. Und wenn,* *dann gibt's eine heftige Standpauke, wegen Verspätung. Aber in diesem Leben ist ja alles möglich, so auch das. Deshalb suche ich weiter ...«*

RANDLAGE (46): »*(Viele) Frauen wünschen sich einen Mann wie einen starken und heißen Kaffee ... und was machen sie dann? Sie kippen Milch hinein, damit er nicht mehr so schwarz aussieht, sie werfen Zucker rein, damit er nicht mehr so stark schmeckt, und zum Schluss pusten sie noch, damit er nicht mehr so heiß ist ... Und dann wundern sie sich über die lauwarme Brühe.*«

VERMIETER (52): »*Suche liebevolle Mieterin für geräumige Herzkammer ...*«

*

LADENHÜTER (43): »*Für mich ist es hier im Forum wie in einem Supermarkt. Ich schlendere durch die Regalreihen. Mal spricht mich die Verpackung an, mal das, was mir die Inhaltsangabe verspricht, was mir gefällt, kommt ins Körbchen. Manchmal merke ich an der Kasse, dass mein Geld nicht reicht, dann stell ich die Ware eben wieder zurück ins Regal. Manchmal entpuppt sich das Erwählte als etwas ganz Besonderes, einen Fund, der sich fürs Leben lohnt. Manchmal ist es der kleine Snack zwischendurch, mal was Süßes, mal bleibt ein bitterer Geschmack, mal ist es wie ein Überraschungsei: Spiel, Spaß und Spannung in einem. Mal ist es nur ein Windei und der Inhalt war nie vorhanden oder ist verloren gegangen. Aber spannend ist es immer wieder. Ich selbst stehe natürlich auch im Regal. In der Abteilung gut erhaltene Gebrauchtwaren. Auch ich werde betrachtet, auserwählt, stehen gelassen, ausprobiert, verworfen, wieder rausgekramt, zurückgestellt, oder man behält mich. Aber es gibt auch Fälle, da verweigere ich meinen Erwerb!*«

MÄNNER MIT PROFILTIEFE

Erfreulicherweise gibt es viele Menschen, die sich ernsthaft Gedanken machen, die das Internet als Chance sehen, wirklich eine/n Partner/in zu finden, und der oft vorherrschenden Oberflächlichkeit im Netz mit schönen Suchprofilen etwas Tiefgang verleihen. Diese Profile lese ich immer gern. Viele dieser Gedanken sind echte Lebensweisheiten, und ich habe dadurch viel gelernt:

RHETT BUTTLER (54): *»Danke für deinen Besuch auf meinem Profil. Was mir wichtig ist im Leben? Fußspuren zu hinterlassen und nicht nur Staub aufzuwirbeln. An einer Partnerin? Warmherzigkeit, schneller Hirnprozessor, mens sana in corpore bello, Zuschriften nur mit Bildern und dass du mir nicht das letzte ›Mon Cheri‹ wegnaschst, jedenfalls nicht alleine … Humorvolle Weltretterinnen innerhalb meiner Wunschpartneraltersgrenze (!!!) mit Sinn für Erotik, die den Glauben an romantische Liebe und Spiritualität noch nicht verloren haben, bevorzugt. Wichtiges erzähle ich gerne mal ausführlich bei einem Strandspaziergang.«*

LOVEMYLIFE (51): *»Was ich tue, das tue ich gerne. Eigenliebe ist die Basis für meinen Umgang mit anderen, ganz nach dem Motto: Liebe deinen Nächsten wie dich selbst. Ich will – oder ich will nicht –, »muss« oder »kann nicht« habe ich weitgehend aus meinem Leben verabschiedet – Gedanken haben und sind Energie. Mich interessiert Neues. Oft gebe ich dem Gegenteil meiner Gewohnheiten mal eine Chance – und entscheide dann, was ich wirklich will. Dem Buch ›Das LOLA-Prinzip‹ verdanke ich viele Anregungen. Mein Beruf ist musischer Natur und bedeutet für mich Freude und Erfüllung. Tangotanzen möchte ich mit Leidenschaft erlernen und als Maler wäre ich gerne Rubens. Das Leben lieben – die Liebe leben. Das ist mein Motto.«*

UNHEIMLICH (54): »... *lieber gesund und reich als ... uralt, bucklig, strohdumm, tätowiert und vorlaut! Ich lebe gern in einem Haus, in das es nicht reinregnet, ich mache gerne Urlaub an Plätzen, wo ich keine Sandalen, behaarte Brüste und grell-bunte Freizeitmoden sehen muss, ich habe Hobbys, wofür ich keinen Raum im Keller brauche, ich lese Bücher, bevor sie mir im SPIEGEL empfohlen werden und ich bekomme eine Gänsehaut, wenn ich den Abend ausklingen und die Seele baumeln lassen soll!! Ich wirke auf andere unheimlich ... aber ich weiß nicht ob: unheimlich toll, unheimlich cool, unheimlich langweilig ... unheimlich interessant ... vielleicht aber auch nur unheimlich normal??! ›Verheiratete Männer‹ leben nicht länger, es kommt ihnen nur so vor?! (Ustinov) Ich sehe das überhaupt nicht so, bin mir aber trotzdem leider nicht ganz sicher, aber wenn ›Sie‹ modern, schwungvoll, erotisch, schüchtern, fordernd, genießend, launisch, unerträglich, teuflisch hübsch und irgendwann mal 3. Siegerin beim Schönheitswettbewerb in Pinneberg, Castrop-Rauxel oder Hinterzarten gewesen wäre ... und und und ... könnte ich mit diesen Zweifeln leben!!!*«

LONESOME (49): »*Ich suche eine Frau, mit der ich alt werden kann! Eine, der man ihr Alter nicht ansehen sollte, aber bitte anmerken darf. Groß und schlank, aber mit der einschlagenden Wirkung einer echten Frau. Unbedingt auch mit liebenswerten kleinen Fehlern! Mein dritter Blick nach Statur und Augen schweift innerhalb von Sekunden auf schöne Hände! Sorry. Auch wenn ich Oberflächlichkeiten nicht allzu sehr mag, zählt dennoch der erste optische Eindruck! Suche weiterhin eine Frau, die weiß, was sie will, sich aber auch von mir zu kleinen Dummheiten hinreißen lässt. Eine, die Dominanz zeigt, und dennoch Schutz sucht, die auch mal ein bisschen zurückgeben kann von all dem, was ich so gebe und verteile. Mit den Augen verlieben und begehren, mit den Ohren achten und bewundern und mit der Nase lieben und in Ohnmacht fal-*

len! *Liebe, Leidenschaft und Zuverlässigkeit, ich wiederhole mich, dürfen also keine Fremdwörter sein. So in etwa sollte sie sein! Leben kann sie von mir aus auf dem Mond. Ich komm da schon irgendwie hin.«*

TAUSENDUNDEINENACHT (46): *»Ich suche eine Frau, groß und schön, in sich ruhend, aber quicklebendig, mit ›ordentlich Ober-Weite‹ – im Kopf (!). Neugierig auf das Leben, begeisterungsfähig für Kleines wie Spektakuläres, die auch leise Töne mag und mich unterstützend begleitet, um den kleinen Wohlstand zu mehren und der Familie durch ihre Präsenz den lebenswichtigen Mittelpunkt zu geben. Ich würde ihr alles tausendfach zurückgeben.«*

HIGHLANDER (44): *»Ich suche meine Highlanderin. Es kann nur eine geben! ... und bitte verschont mich mit euren Cup-Größen. Die Qualitäten der Dame an meiner Seite liegen nicht im Umfang ihres Busens. Bist du ehrlich, bindungswillig und bereit für eine Partnerschaft mit Nähe, Gefühl, Harmonie und Zärtlichkeit – Willkommen!«*

THINKPOSITIVE (43): *»Ich bin ein positiv denkender Mensch (Ja, ein Mann, der denkt!). Für mich ist das Glas immer halb voll und niemals halb leer. Viele versuchen in diesem Abschnitt ihre positiven Charaktereigenschaften hervorzuheben. Versuchen wir es einfach mal andersherum. Ich bin Steinbock und mit dem Fluch eines Dickkopfes belegt. Des Weiteren fehlt mir das Enzym des Streitens. Ich besitze ein ausgeprägtes Harmoniebedürfnis. All das habe ich zu Anfang einer Beziehung offen gelegt und es wurde von meiner Partnerin akzeptiert. Scheinbar! Stellt sich die Frage: Warum gehen Frauen eine Beziehung mit einem Mann ein, den sie so, wie sie ihn kennengelernt haben, eigentlich gar nicht wollen? Nur um ihn dann nach eigenen Wünschen zu verändern? Für mich ist dies das größte Mysterium der Menschheit! Aber: Ich bin ein po-*

*sitiver Mensch und gebe meine Suche nach der großen Liebe
nicht auf ...«*

ONLYYOU (39): »*Wer kennt sie nicht, die Lebensstory der
40-Jährigen. Herzklopfen, Verliebtsein, Liebe, Freundschaft.
Anfang und Ende. Ich liebe meine Kinder und bin stolz auf
ihre tolle Mutter. Nur: Eine Freundschaft ist für eine Partnerschaft zu wenig. Ich suche wieder das Herzklopfen. Ich suche
dich, damit für uns eine neue Lebensstory beginnen kann.*«

MAGICTOM (45): »*Lebensfreude, Wärme, Leidenschaft, Sinnlichkeit, guter Sex, Sonne auf meiner Haut, nackte Füße im
Sand, das Rascheln von Laub, Fröhlichkeit, Gelassenheit,
Humor, guter Wein, leckeres Essen, Stil, Niveau, Respekt,
Achtung, absolute Loyalität, Ziele. Ich suche nicht die Frau,
mit der ich leben möchte, sondern die Frau, ohne die ich nicht
mehr leben kann. ›Man bereut im Leben nur die Dinge, die
man nicht getan hat ...‹ (Oscar Wilde)*«

SKYSURFER (38): »*Was mir wichtig ist: Intelligenz (IQ) in Verbindung mit Energie, Emotionen (EQ) und Lebenslust! Wenn
du die außergewöhnliche Frau bist, die 1zigartig, die 2fellos
charmant ist, 3 Gänge schafft, am liebsten 4 bis 5 Mal im
Jahr in Urlaub fährt, der 6 wichtig ist, gerne auch 8ens 9gie-
rig ist und auch mal 10e zeigt, dann schreibe mir doch einfach.
Keine Angst 11en beißen nicht! Höchstens zärtlich in den Na-
cken ... und das soll ganz angenehm sein ...*«

B.ZAUBERER (48): »*Eine weibliche Frau mit Ecken und Kanten. Nicht das Alter, das im Personalausweis steht, entschei-
det, sondern das im Herzen. Lieber gemeinsam grillen als einsam schmoren.*«

3 2 1-MEINS (39): »*Hiermit bewerbe ich mich um den ›freien
Platz an deiner Seite‹. Ich wurde als Sohn normaler Eltern ge-*

boren. Nach einer glücklichen Kindheit bin ich gegen meinen Willen eingeschult worden. Nachdem ich verstanden habe, wie man seinen Namen schreibt, hat man mich mit dem Geldverdienen vertraut gemacht und schon nach kurzer Einarbeitungszeit verstand ich, es auch wieder auszugeben. Langjährige Erfahrungen haben gezeigt, dass ich über besondere Fähigkeiten sowohl im angenehmen Lösen von Verspannungen verfüge, als auch bei der unterhaltsamen Zusammenarbeit in Sachen Nahrungsaufnahme sowie bei der nächtlichen Betreuung und als Einschlafhilfe ...«

Einige Profile sind Anleihen aus der Literatur, aber durchaus passend zum Thema gewählt und bestimmt besser als hohle Worte:

ROMANTIK ER (45): *»Meine kleine Liebe (Elfriede Mund). Ich möchte eine kleine Liebe finden. Die große Liebe muss es gar nicht sein. Ich würde ehrlich mich mit ihr binden und dann wäre diese kleine Liebe mein. Die große Liebe ist mir zu dramatisch. Sie spricht vom Tod und will die Ewigkeit. Die kleine ist dagegen recht sympathisch: Sie teilt mein Leben und sogar mein Leid. Sie würde jeden Abend auf mich warten mit einer Freude, die mich reich beglückt und einem Blumenstrauß aus unserem Garten, den sie am Nachmittag für mich gepflückt. Sie würde mit mir durch die Stube gehen, die kleinen Sorgen teilen, die ich hab. Sie würde freundlich nach dem Rechten sehen und alles liest sie mir von den Augen ab. Sie würde mir ein Leben lang vertrauen. Die kleinen Fehler würde sie nicht seh'n. Und wenn wir dann am Ende rückwärts schauen, wüsst ich wie du: sie war doch groß und schön.«*

FRAUEN MIT PROFILTIEFE

CRAZY (37): »*Ich bin eine Frau, die Genuss liebt. Ich trinke gerne Kaffee, denke kreuz und quer, bin manchmal scheiß-romantisch, dann aber auch wieder sehr selbstständig. Dadurch liegen bei mir aber auch ab und zu die Nerven blank. Ich bin blond aus Überzeugung und von Natur aus. Ich bin nicht nur groß an Statur, sondern auch mit Mund und Herz, nehme mir viel vom Leben, aber gebe auch gern. Meine schlechten Eigenschaften vertusche ich gern ein wenig und an schlechten Tagen muss ich mir Doris-Day-Filme anschauen, wenn es ganz schlimm kommt, habe ich sogar ›Vom Winde verweht‹ als Seelentröster bitter nötig. Ich bin Mutter zweier bezaubernder Mädchen und das mit Leib und Seele. Ich liebe Literatur und Kultur und verreise supergerne, wenn Zeit und Geld das zulassen. Ich mag mutige, humorvolle, spannende männliche Persönlichkeiten und suche einen Mann, der es versteht, die alte Schule geschickt einzusetzen. Der hat bei mir sowieso schon gewonnen. Trotz oder weil ich Frau bin, kann ich es durchaus zulassen, verwöhnt zu werden. Ich liebe die verrückten Seiten des Lebens und möchte einen Mann an meiner Seite, der MEINE verrückten Seiten liebt.*«

BUTTERFLY (36): »*Schmetterlinge im Bauch möchte ich wieder spüren – und das nicht nur einen Sommer lang. Ich mag das Leben, die warme Jahreszeit, das Meer, auch ein Meer von Blumen. Meine Lieblingsländer sind Italien und Frankreich. Bei den Filmen bevorzuge ich Fellini. Neben den Theaterstücken von Shakespeare liebe ich das Theater des Lebens mit gutem Essen und Wein. Ich mag Sport, solange er Spaß macht, treffe mich gern mit Freunden, brauche aber auch Zeit für mich und faulenze dann gern auf der Couch. Ich habe ein ausgefülltes Leben, bis auf eine Lücke: Mir fehlt der Mann an meiner Seite, mit dem ich die vielen schönen Stunden teilen möchte, die Stunden voll prickelnder Erotik und innigem Ku-scheln, zu dem ich aber auch dann halte, wenn es mal nicht so gut läuft.«*

B.HAPPY (37): *»Was tue ich hier eigentlich? Männer sind nervig, quengelig, unreif, fußballbesessen, teuer, humorlos, schlampig. :-) Ich sollte doch froh sein, keinen zu haben! Trotzdem möchte ich mich wieder mal so richtig verlieben. Ich bin weder einsam noch allein, dafür nervig, quengelig, un-reif, teuer, humorlos, schlampig und – nein, das ginge zu weit – NICHT fußballbesessen. Was ich suche? Natürlich den per-fekten Mann. Groß, sportlich, humorvoll. Ich mag Männer, die wissen, was sie wollen. Keine Ex-hinterher-Weiner. Ich suche einen Mann, der mehr im Kopf hat als Arbeit, Bundes-liga und chromveredeltes Autozubehör. Ich suche einen Mann, der für spontane Aktionen nicht erst im Terminplaner nach-schauen muss und kindisches Verhalten mit der letzten Bravo ins Altpapier verabschiedet hat. Wenn du einer bist, der über sich selbst lachen kann – oder auch gerne mal über mich –, dann antworte mir bitte!«*

AUF DIE TECHNIK KOMMT ES AN

In der WWWelt findet man alles oder nichts. Die richtige Suchtech-nik ist entscheidend. Das gilt nicht nur für das Ergoogeln von Such-begriffen, sondern ganz besonders für die Partnersuche im Netz. Die birgt nämlich zusätzliche Schwierigkeiten in sich. Hier haben wir es nicht etwa mit schlichten Tatsachen zu tun, sondern mit menschlichen Ansichten und Einschätzungen. Während Angaben wie Gewicht und Größe noch messbar sind, fängt es bei der Haar-farbe schon an, schwierig zu werden. Muss ich bei grauen Schlä-fen schon »grau« als Haarfarbe ankreuzen? Wann ist eine Figur »normal«? Finde nur ich mich humorvoll oder andere auch? Gebe ich folgende Suchkriterien in die Suchmaschine ein: »Mann, dunkelhaarig, Alter zwischen 40 und 50, ab 182 cm, Figur normal bis trainiert, gebildet«, spuckt sie die unterschiedlichsten Typen aus. Darunter einige Herrn im XXL-Format, die sich durchaus als figürlich »normal« einstufen. Ein paar Glatzköpfe mit »dunklen Haaren«. Vieles ist eine Frage der Selbsteinschätzung. Beim Alter dagegen wird bewusst geschwindelt. Geht es in die charakterlichen Tiefen, tun sich menschliche Abgründe auf.

Ab hier kann man der Suchmaschine gar nichts mehr glauben. Die kann natürlich nichts dafür. Die Eingaben sind schlicht falsch. Ob bewusst geschönt oder durch falsche Selbsteinschätzung, bleibt sich gleich. Trotzdem kann jeder im Netz finden, was er braucht. Man muss sich nur darüber klar werden, was das eigentlich ist. Klingt einfach. Ist es aber nicht. Auch hier kann uns die eigene Wahrnehmung ganz schön aufs Glatteis führen. Ich bin das beste Beispiel dafür: Zu Anfang meiner Netzerfahrung hätte ich Stein und Bein geschworen, dass ich ganz sicher einen festen Partner suche. Das habe ich auch in mein Profil geschrieben. Tatsache ist aber, dass ich alle Männer toll fand, die nicht in räumlicher Nähe zu Hamburg wohnten. Ich fischte Männer aus Florida aus dem Netz, aus Zürich, Italien, Mexiko, den Azoren. Ja, sogar das australische Outback war vertreten. Ich habe nicht einen passenden Mann finden können, der im Raum Hamburg wohnte, und das deprimierte mich sehr. Diese Phase hielt über ein Jahr an. Der Einzige, der es geschafft hat, mir dabei wirklich nah zu kommen, war Luigi. Heute weiß ich, dass mein Unterbewusstsein ihn als »nicht gefährlich« eingestuft hat, weil auch er gar keine feste Partnerschaft suchte. Was ich ihm natürlich ziemlich übel nahm. Sie merken schon: Es geht hier nicht um Logik! Es war eine Zeit, in der ich unbewusst immer noch einer verlorenen Liebe nachtrauerte, zu einer ernsthaften Bindung gar nicht fähig war. Trotzdem war ich überzeugt, ich würde seriös suchen.

Olivia, als anderes Beispiel, will »nur Spaß«, wie sie sagt. Sie sucht sich bewusst bindungsunfähige Männer aus. Klar ist, dass sie selbst ebenfalls bindungsunfähig ist. Das weiß sie auch und macht keinen Hehl daraus. So weit wäre alles okay. Alle Beteiligten wissen schließlich, worauf sie sich einlassen. Es wird mit offenen Karten gespielt. Trotzdem geht Olivia in regelmäßigen Abständen durch das Tal der Tränen. Immer wieder ist sie tief enttäuscht, dass sich diese Männer so respektlos ihr gegenüber verhalten. Sie kommen und gehen, wann sie wollen, und natürlich – Entschuldigung – vögeln diese Typen wild durchs Netz, wodurch die einzelne Dame natürlich an Wichtigkeit verliert. Aber gerade diese Wichtigkeit ist Olivia wichtig, obwohl sie die gar nicht ertragen kann, denn Nähe ist ihr unheimlich. Auch hier gilt: Bitte nicht mit Logik an die Sache rangehen.

Ein drittes Beispiel: Eine Bekannte von Olivia findet ständig Männer im Netz, die in kürzester Zeit alles tun, was sie möchte. Die Herren kommen von »all over the world« zu ihrer neuen Traumfrau. Sie sind davon überzeugt, bei ihrer Suche nach Mrs. Right endlich am Ziel angelangt zu sein. Mrs. Right ist auch bis über beide Ohren in diesen einen neuen Mann verliebt. Endlich der Richtige! Dann höre ich etwa zwei Wochen keine News in dieser Sache. Frage ich dann vorsichtig nach, erfahre ich, dass dieser Mann es nun wirklich nicht gewesen ist. Erhalte einen kompletten Fehlerkatalog als Begründung und gleichzeitig die Neuigkeit, dass sie jetzt aber den Richtigen gefunden hat. Bei dieser Frau kommt es mir vor, als würde sie Männer wie Holzscheite für den Kamin zerkleinern. Wenn sie erst klein sind, sind sie uninteressant und der Nächste muss her. Ich weiß nicht einmal, warum diese Frau so handelt. Es ist fast so, als würde sie sich für irgendetwas rächen. Bestimmt nur ein Fall von vielen. Egal also, ob wir sporadisch aus der Spur laufen oder immerzu auf der falschen Fährte sind. Andere Menschen müssen uns in dieser Zeit so ertragen. Wahrscheinlich gibt es auch irgendeinen anderen Verrückten, der genau so etwas braucht, wie wir es gerade sind. Danach zu suchen ist eine Möglichkeit. Die andere: uns zu erkennen und zu versuchen, uns dahingehend zu verändern, dass wir uns selbst guttun?

Dazu kann das Internet nützlich sein, wenn man bereit ist, aus den vielen Begegnungen zu lernen. Es ist aber auch ein Verführer.

Wer erkannt hat, dass er hier auf schnelle und unkomplizierte Art seine Bedürfnisse befriedigen kann und zu Suchtverhalten neigt, kann hier ganz schnell in den WWWirren verloren gehen. Auch hier ist, wie im richtigen Leben, alles eine Frage des Charakters. Ich habe einen sehr schönen Spruch gelesen, den ich hier wiedergeben möchte:

ADAC (42): *»Beziehungen sind wie Autobahnausfahrten. Es stellt sich die Frage, nehme ich diese, die nächste, oder besser die übernächste? Dass es wahrscheinlich die richtige gewesen wäre, stellt man leider oft erst fest, wenn man vorbeigefahren ist. Viele nehmen fast jede Ausfahrt, fahren aber sofort wieder rauf. Andere nehmen die erstbeste und bleiben, aus Angst, die Autobahn nicht wiederzufinden.«*

Je nachdem, wie man mit dem Internet umgeht, kann man also positive Erfahrungen machen oder es ganz schrecklich finden. Olivia vertritt inzwischen die Meinung: Alle Männer sind Schweine, und jeder Mann geht fremd. Klar. Woher sollte sie auch eine andere Erkenntnis nehmen, wenn sie sich nur mit dieser Art Mann umgibt? Ich hatte mal eine Phase, in der ich ihr recht gegeben habe. Dann habe ich in einer meiner längeren Internet-Pausen über meine Erfahrungen nachgedacht und viel mit meinem Freund George darüber diskutiert. Ich habe versucht, anders damit umzugehen, und siehe da: Ich habe tolle Menschen kennengelernt. Habe tief greifende Gedanken austauschen dürfen. Ja, sogar das Internet ist nicht nur seicht. Vor allem aber habe ich sehr viel über mich gelernt.

Das Internet bietet auf jeden Fall eine Fülle von Möglichkeiten und kann das Leben bereichern. Es muss ja nicht gleich der passende Partner sein. Vielleicht findet man aber ein paar Gleichgesinnte, die Salsa tanzen, Skat spielen, skaten, Volleyball spielen, was auch immer, und der richtige Partner findet sich zufällig am Spielfeldrand, oder »frau« fällt ihm beim Skaten direkt in die starken Arme?

GELDWERTE VORTEILE

Während Frauen mit ihrem Profil eher auf innere Werte und Optik setzen, steht bei Männern meist der materielle Aspekt im Vordergrund. Das kann so weit gehen, dass ER auf seinen Fotos von Haus, Auto, Boot und sonstigem Besitz fast verschwindet. Das gilt besonders für Männer, die sich selbst für wenig vorzeigbar halten. Sie scheinen zu glauben, dass sie mit dieser Methode bei Frauen trotzdem punkten.

Der folgende User hat diese Darstellungsart perfektioniert. Sein erstes Foto zeigt die diffuse Silhouette einer männlichen Person auf der Terrasse seines Hauses in Kanada (Steht dran!). Drum herum nichts außer Natur. Das ist die Rubrik Haus. Das Auto auf dem nächsten Bild – natürlich ein Modell der Kategorie Jeep. Braucht »Mann« schließlich bei so viel Natur. Weitere natürliche Pferdestärken sind auf dem nächsten Foto vertreten. Im 5er-Pack ... Fehlt nur noch die Pferdebetreuerin. Er selbst ist auf keinem seiner Fotos zu erkennen.

Natürlich gibt es auch die Variante »Ich habe viel erreicht und sehe obendrein super aus«. Diese Art Mann stellt sich gern in den Mittelpunkt und schart dabei all seine Besitztümer um sich. Ein Prototyp dieser Männergattung hat es sogar geschafft, alles Wichtige auf ein einziges Foto zu bannen. Die Kompakt-Version: Er, mit Macho-Muscle-Shirt, eine glutäugige, muskulöse, viel versprechende Erscheinung, auf der Harley, vor dem Mercedes, vor dem Boot, vor dem Pool, vor seinem Haus. Die Darstellungsart sagt alles: Während Harley-Macho alles Materielle als Zusatzgaben zum »Hauptgewinn« sieht, ist das bei dem ersten Herrn offenbar eher als Schmerzensgeld gedacht. Erinnert mich an »Am laufenden Band« (Gewinnspiel mit Rudi Carrell in den 80er Jahren): »... *also ich nehme den Porsche, das Haus, die Harley, die Pferde, das Boot ...*« – »...?« Wurde da nicht etwas Wichtiges vergessen?

Auf jeden Fall gehört die Rubrik »Mein Haus, mein Auto, meine Pferdebetreuerin«, wie sie so schön in der Werbung dargestellt wurde, auch zur Werbung eines Mannes um die Gunst seiner

Date-Partnerin. Bei jedem Rendezvous habe ich in der ersten halben Stunde so ziemlich alles über die »geldwerten Vorteile« erfahren, die ein Mann so zu bieten hat. Das ist okay, solange es klug verpackt ist.

MUNDFAUL IST MÄNNLICH

Diese Erkenntnis stammt von einer Frau. Die amerikanische Neurologin Louann Brizendine von der University of California, San Francisco, beleuchtet in ihrem Buch »The Female Brain«, weshalb Männer im Gegensatz zu Frauen oft so schweigsam sind. Das weibliche Hirn ist zwar kleiner, besitzt aber im Sprachzentrum elf Prozent mehr Hirnzellen als Männer! Und die sind bei den Damen bestens ausgelastet: Frauen nutzen durchschnittlich 20.000 Wörter pro Tag. Männer nur 7.000. Der Rest ist Schweigen …

Dieser Mann hier hatte schon 6.950 Wörter verbraucht, deshalb leider nur noch 50 für seine Selbstbeschreibung übrig:

MADMAN (41): »*Eine Selbstbeschreibung also. Als ob das so einfach wäre. Gut, versuchen wir es: Urlaub nur am Strand, wo es schön warm ist und abends was los ist. Hobbys habe ich viele und manchmal keine. Freunde sind wichtig. Zum Lesen komme ich zurzeit kaum. Wie wirke ich auf andere? Keine Ahnung …*«

Immer, wenn »frau« glaubt, den wwwortkargsten Herrn gefunden zu haben, gibt es irgendwo ein männliches Exemplar, das dem gerade amtierenden Wortsparer den Platz streitig macht. Auf Platz 4 der Top Five der wortkargsten User:

BESTAGER (49): »*Wichtiges in Stichworten und in dementsprechender Reihenfolge: Liebe, Leidenschaft, Zuverlässigkeit, Treue, Respekt, Vertrauen! Charakter, Anerkennung, Aufmerksamkeit, Anlehnung, Hilfe, Neugier … und wenn*

dann am Ende immer noch Liebe steht, war's doch erfolg-
reich! Sorry, klingt vielleicht etwas kühl, aber mir fällt nichts
Wichtigeres ein.«

HASE (38): *»Suche eine Frau, die mit beiden Füßen auf dem*
Boden steht, die mich verzaubert, die leidenschaftlich ist ...
treu ... etc, etc, etc ...«

ADVOKAT (46): *»Ohne meinen Anwalt sage ich hier nichts!«*

Platz 2 ist der Beweis für den Sinnspruch »Reden ist Silber, Schweigen ist Gold«:

NEUANFANG (41): *»Geschädigter Er sucht Sie für Neu.«* ...

Das ist Platz 1!

TIPP FÜR MÄNNER: Den Profiltext morgens verfassen, dann kann
»Mann« worttechnisch noch aus dem Vollen, also ca. 7.000 Wörter, schöpfen. Wer generell dem »silbernen« Redeschwall das »goldene« Schweigen vorzieht, auch für den gibt es einen neuen Trend,
natürlich aus Amerika: Silent Dating. Hierbei schweigen sich Paare
in einem guten Restaurant im Sechs-Minuten-Takt an. Dank eigener, nicht empirischer Beobachtungen in Restaurants kann ich
sagen, dass diese Art der Kommunikation schon vor ihrem Trend-
status von vielen Paaren erfolgreich über Jahre angewendet wurde.
Darunter wahre Könner, die die geforderten sechs Minuten locker
getoppt haben.

MÄNNER HABEN ES AUCH NICHT LEICHT

MALE-BOX (42): *»Vielleicht ergeht es dir ähnlich wie mir. In*
4 Wochen bin ich über 200 Mal angeschrieben worden. Von
2 Plattformen. (Aha, er ist gleich bei zwei Foren angemeldet,

aber schimpft über zu viel Kontakte?) *Unzählige virtuelle Küsse aus allen Teilen der Welt. Ich will nicht mehr und ich kann nicht mehr. Ich wünsche mir nur EINE Frau – und die soll aus Hamburg sein. Du bist da schon ganz ansprechend, aber warte nicht zu lange. LG«*

Läuft mein Verfallsdatum ab?

FROSCHKOENIG (40): *»Ich kann es kaum erwarten, dir den Input für dein Buch zu geben! Da war die Durchgeknallte, die auch an einem Buch gearbeitet hat. Sie hatte für ihre Recherchen in 3 Jahren über 4 Partnerbörsen 260 Typen ›verarbeitet‹ und konnte direkte Zusammenhänge zwischen Essverhalten, Fahrverhalten und Sexualverhalten feststellen. (Hat sie die etwa alle in all diesen Lebensbereichen selbst getestet?) Oder die neue Hausbesitzerin, die mich zur Einweihungsparty einlud – ›viele nette Leute‹ … – und dann aber nur mit einer Freundin vor Ort war und zuschauen wollte, wenn die mich … Dann die ›üblichen‹ Märchen, die man bei jedem Date hört … ›Erst 3 oder 4 Typen getroffen, echt mehr nicht, hab auch wenig Zeit.‹ In der weiteren Unterhaltung tauchen dann aber mindestens 15 Erfahrungsberichte von gruseligen Dates auf, über die fürchterlich gelästert wird.«*

Mädels. Wir sind offensichtlich auch nicht besser. Wir sehen nur besser aus :-)

KRITIKER (55): *»auch hier schlägt die ›gauß'sche normalverteilung‹ gnadenlos zu. wenn auch nur eine von hundert damen interessant wäre, würde ich auf die knie fallen und den herrgott für die erfindung dieses portals loben, preisen & ehren!«*

Wer im Glashaus sitzt sollte bekanntlich nicht mit Steinen werfen. Tut »Mann« es doch, sollte er wenigstens selber dabei richtig gut aussehen, was hier natürlich nicht der Fall ist. Dem folgenden

Mann habe ich klargemacht, dass ich kein Interesse an ihm habe, was ihn aber nicht daran hinderte, den nicht vorhandenen Kontakt weiterzuführen:

TOMTOM (39): »*... ich kann recht gut nachempfinden, was du denkst und fühlst. Ich mache vergleichbare erfahrungen, nur dass die frauen in aller regel nicht gleich sich treffen wollen* (Klares Zeichen: »Kein Interesse!«) *und wenn hört man danach nie wieder etwas von ihnen oder wenn nur oberflächliches Geschwafel ...* (Klares Zeichen: »Kein Interesse!«) *mir ist es in der gesamten zeit, in der ich hier im internet bin, nur 1x passiert, dass ich wirklich gesagt habe, wow ... die Frau ist toll ... zwei monate später wurde ich ziemlich hart eines besseren belehrt* (Und wieder die Sache mit dem fehlenden Interesse). *auch wenn du mir eine absage geschickt hast, ich finde dich nett ... wir bleiben in kontakt.*«

Nein, danke. Kein Interesse.

*

HIGHFLY (43): »*Wer braucht keine Freiräume und Vertrauen ... und zu zweit fühlt sich das Leben immer besser an! Das solltest du mal überdenken. Liebe Grüße an dich.*«

TRY2FIND: »*Danke für deine Mail, aber ich muss dir widersprechen: Nicht immer fühlt sich das Leben zu zweit besser an. Nur mit der richtigen Person. Ansonsten halte ich es lieber mit dem Spruch: Besser allein glücklich als zu zweit doppelt unglücklich. LG*«

*

GHOSTBUSTER (54): »*Hier sind ja so viele Geisterprofile, SMS-Chatter, sowie 0190er. Oje armes Deutschland. Versucht es gar nicht erst bei mir.*«

Na, bei den Herren scheint ja richtig was los zu sein.

MATTES (44): »*Hallo Judith, bist du noch am Suchen oder macht du gerade Feldforschung für Seite 265 ... Ich hab meinen Internettest beendet. Was für ein Blödsinn. Aber ich hab einen Schlag bei Frauen ab 50, die dazu noch wesentlich älter aussehen. Ich geh wieder zurück ins richtige Leben und frag mal meine Lieblingsbäckereifachverkäuferin, ob sie mit mir eine Wurstsemmel essen möchte ... das klappt bestimmt eher ... lach. Ich hab ein paar nette Mädels kennengelernt. Aber das ist doch alles viel zu künstlich hier. Die suchen alle etwas, was es nicht gibt und ich hab überhaupt keine Lust, den Grinsemann zu machen und in der Realität dann nicht zu bestehen. Ich bin ein Mensch, der sich traut, jemanden anzusprechen und ohne Witz: Unsere Dorfbäckerei hat wirklich eine sehr nette Mitarbeiterin ... die werde ich zum Essen einladen und der Ottokatalog der Oberflächlichkeit und Zeitverschwendung geht in Rente. Ich wünsch dir echt viel Glück. Alles Liebe. M.*«*

HAMBURG ER (39): »*... ich habe lange mit einer Dame gemailt. Dann kam das Date. Sie wollte mich direkt mit zu sich nach Hause nehmen, fragte aber, glücklicherweise vorher, ob ich auf Videos stehe. Ich dachte da spontan, der Situation geschuldet, an Pornos und sagte, dass es für mich ok wäre. Sie konkretisierte dann aber, dass sie Filme meinte und mag, wo schwere Unfälle gezeigt werden – das würde sie so richtig anmachen. Nun, ich hab ja viel Sinn für unterschiedliche Leidenschaften, aber diese konnte ich nicht teilen und zog es dann vor, lieber allein nach Hause zu gehen. Unfallfrei.*«

*

FASTVERNASCHT (43): »*Hallo und guten Morgen! Yep, für aufmerksame Leser, die in der Lage sind, genauer hinzuschauen,*

*dürfte es nicht lange ein Geheimnis bleiben, in welcher Bran-
che man arbeitet ;-) Und so sehr meine und deine Tätigkeit
(soweit ich das bis jetzt einschätzen kann) sich im Detail unterscheiden mögen, so sehr sind sie im Kern ähnlich: Themen attraktiv verpacken. :-) Ich hatte dich eh um ein persönliches Kapitel ›aus männlicher Sicht‹ bitten wollen. Denn so
sehr Frauen seltsame Dinge erleben mögen – mir geht es nicht
anders. Manchmal bin ich fast ein bissel schockiert, aber vor
allem amüsiert von deinen Geschlechtsgenossinnen – zum
Beispiel, wenn sie mir (als wildfremdem, anonymem Kerl hier)
Nacktfotos von sich schicken – als letztes ›unwiderstehliches‹
Argument, das sie zu ihren Gunsten in die Waagschale werfen. Wohlgemerkt: unaufgefordert! Kein Einzelfall, sondern
ist jetzt mehrfach passiert. Und ich stehe dann kopfschüttelnd
da und denke: Mädels, was tut ihr da, das könnt ihr doch
nicht machen ...! Muss ich hier dazu sagen, dass ich keinesfalls prüde bin? ;-) Und das Nächste: Eine Dame, die plötzlich
vor meiner Tür steht, ›weil sie gerade im Viertel ist‹, und auf
einen Kaffee vorbeikommen will – und nach zehn Minuten
explizit Sex fordert. Muss ich hier noch mal erwähnen, dass
ich keinesfalls prüde bin ;-). Also, so sehr ich den Mut und
die Offenheit dieser Dame bewundere – aber das geht ja gar
nicht. Oder klinge ich jetzt altmodisch? ;-) Meine einzige Ret-
tung war, dass ich noch Handwerker erwartete, die kurz darauf auch klingelten. Nein, keine Sorge, ich bin nicht jedes Mal
auf Handwerker angewiesen, die mich retten, ich kann durchaus auch Nein sagen ;-) ... lustige Geschichten, die man hier
erlebt, wenn man es aus meiner unbedarften Perspektive betrachtet. Aber am Ende steckt, nehme ich an, so viel Verzweif-
lung dahinter, so viel Enttäuschung – bitter ... LG. X.«*

Try2find: *»Hallo X, sehr amüsant deine Storys, aber sicher
kein Einzelfall. Allerdings in deinem Fall doch toll zu verbinden. Ich hätte an deiner Stelle die Wohnung verlassen,
die Dame an den Handwerker übergeben und so beiden eine*

Freude gemacht ;-)) Ich finde es ganz schön schräg, was Menschen hier so treiben. Ich glaube, dass viele Frauen sich selbst mit ihrem Verhalten wehtun. Sie legen ein richtiges Konsumverhalten an den Tag, sind dann aber enttäuscht, wenn sie von der Gegenseite genauso oberflächlich behandelt werden. ›Funktioniert‹ der eine nicht richtig, klicken sie den Nächsten an, um mit dem da weiterzuspielen, wo der andere ›versagt‹ hat. Trotzdem fühlen sie sich, wie dein Erstdate, benutzt und schlecht behandelt. So verrückt ist die Wuwwelt. Was mich eigentlich an dieser ganzen Geschichte wundert, ist, dass sich nicht die miteinander ›amüsieren‹, die genauso drauf sind, sondern sich immer einen Gegenpart suchen, der ›normal‹ ist … relativ zumindest :-))). LG. Judith.«

FASTVERNASCHT ER (43): »*Keine schlechte Idee! Die beiden hätten sicher ihre Freude gehabt. Allerdings ist es mir lieber, wenn Handwerker und Damen Derartiges nicht ausgerechnet in meiner Wohnung machen. Oder klingt das jetzt schon wieder prüde ;-))) Nein, ganz sicher kein Einzelfall, das glaube ich auch. Eher die Spitze des Eisbergs. Na, und eigentlich finde ich es ja richtig, dass Frauen mittlerweile ähnlich explizit und einfordernd sind, wie man es von Männern immer behauptet. Seh ich vollkommen ähnlich: dass sich viele hier Schmerzen oder zumindest Enttäuschungen selbst zufügen. Auch die Dame, vor der mich nur die Handwerker noch retteten, fügte sich Schmerz und Enttäuschung zu: Ist doch klar, dass ich ihr am nächsten Tag geschrieben habe, der ›Funke sei nicht übergesprungen‹. Und dann kam der Katzenjammer: Ich sei ein Gefühlsrambo, ich hätte sie eiskalt abserviert, sie würde sich so schäbig fühlen. Hallo? Wer hat denn angefangen mit diesem Spielchen? Es ist übrigens die Dame, die gleich als Erste in mein Gästebuch geschrieben hat, um ihr Revier zu markieren. LG X.«*

TRY2FIND: »*… dass Frauen sich auf ihre Bedürfnisse konzentrieren, finde ich auch nicht schlecht, sondern sogar notwendig.*

Haben ja schließlich beide Seiten etwas von. Aber ich glaube, das, was diese Damen mit dir vorhatten, tut ihnen selbst nicht gut. Eigentlich sucht doch jeder Vertrauen und eine stabile Partnerschaft, um dann seine sexuellen Phantasien ausleben zu können. Obwohl ... ich kenne auch da wieder Gegenbeispiele: Frauen, die Vertrauen als Basis für sexuelle Handlungen überhaupt nicht ertragen. Wie man es dreht und wendet: Es gibt ja immer Probleme, wenn zwei fertige Leben aufeinandertreffen. Schön ist, wenn beide klug genug sind, daraus eine stabile Beziehung zu machen. Aber das braucht Zeit und Geduld, und die Energie investieren inzwischen nicht mehr viele. Sie glauben, dass ihnen die perfekte Beziehung einfach in den Schoß fällt. Es ist schwer für Menschen mit ›normalen‹ – alles ist relativ – Wertvorstellungen, sich hier im Netz zurechtzufinden ... obwohl: Eigentlich spiegelt es ja nur das ›normale‹ Leben wider. ›Draußen‹ sind die Menschen auch nicht anders. Man merkt es nur nicht so deutlich, weil man nicht die Chance hat, dort so viele in so kurzer Zeit kennenzulernen. LG Judith.«

Eigentlich kann man sowieso keine klare Grenze zwischen der virtuellen Welt und der realen ziehen. Die Machtspiele im Netz können durchaus auch das reale Leben verwwwirren. Dabei sind nicht immer die Männer die Bösen und die Frauen die armen Opfer, wie folgendes Beispiel zeigt:

Ich besuchte gerade ein Düsseldorfer In-Lokal mit meinen Freundinnen, als sich zur Dinner-Time ungefähr 30 Herren, mit roter Rose bewaffnet, um die Theke herum sammelten. Alle antworteten bei Nachfrage durch den inzwischen leicht gestressten Wirt: Sie wollten sich mit einer Dame treffen. Einer Frau Dr. Irgendwas. Es war auch ein Tisch auf diesen Namen bestellt: für zwei Personen. Sie – offenbar nicht anwesend. Oder doch? Jedenfalls nicht sichtbar. Die Rosenkavaliere, die dem Lokal eine blumige Note gaben, inzwischen sichtbar verlegen. Der Wirt dem Zusammenbruch nahe. Telefonisch meldeten verschiedene Herren eine Verspätung, was darauf schließen ließ, dass sich das Lokal weiter füllen würde. Der Wirt klärte die Situation lautstark à la »Speaker's Corner«, erhöhte sich mit Hilfe einer Getränkekiste und erniedrigte die Verursacherin wiederum mit harten Worten, was diese »Dame« auch verdient hat. So was ist schlichtweg ... ohne Worte!!!

Ich habe – natürlich – einige Herren interviewt. Ein deutlicher Fehler war bei allen erkennbar. Sie hatten nur auf ein Foto und wochenlange E-Mails reagiert. Ohne vorher auch nur einmal telefoniert zu haben oder um weitere Fotos zu bitten. Das Foto, das mir mehrere Herren präsentierten, stammte, für mich deutlich erkennbar an Frisur, Make-up und Mode, aus den 70er Jahren. Die hübsche Brünette auf dem Foto dürfte also inzwischen von einem Altersheim aus im Netz surfen.

NICKNAMES

Olivias erste Schritte im Internet führten dazu, dass sie mit dem neuesten Foto ihrer Sedkarte – der Foto-Visitenkarte der Models – und ihrem vollen Namen für alle Welt sichtbar im Netz stand. Sie hatte sich über Anonymität bisher noch keine großen Gedanken gemacht. Dummerweise wurde gerade dieses Foto zeitgleich von einer namhaften Werbeagentur für eine Großkampagne verwendet, was mir ein bisschen heikel vorkam. Also: Foto austauschen und ein neuer Name fürs Netz – ein Nickname – musste her. Modern mit dem nötigen Pepp, also netztauglich.

Nach drei Tagen Brainstorming stand der Name für mich fest: May.B ... abgeleitet von maybe (engl: vielleicht), auch weil Olivia nur »vielleicht« einen festen Partner sucht. Mit Sicherheit aber einen Begleiter für romantische Stunden. Sie allerdings hat sich für eine andere Schreibweise des neuen Nicknames entschieden: Mae.B. Sie hatte dabei den ehemaligen Hollywood-Star Mae West vor Augen. Mit ihrem neuen Profil als Mae.B saß Olivia erst etwas ratlos vor dem Computer. Diese Mails waren deutlich anders als die, die Olivia als Olivia bekommen hatte. O-Ton: »Da will einer nicht nur meine Küche putzen, sondern gleich noch meine Füße pflegen. So'n Ledermann.« Und das war eines der harmlosesten Angebote.

Des Rätsels Lösung lieferte uns eine Freundin, die Olivias neuen Nickname gleich mit einer einschlägigen Firma für »Spielzeug für Erwachsene« in Verbindung brachte. Wir sind dann gemeinsam durchs Netzt gegoogelt und fanden etwa 20 Seiten mit Dildo & Co unter Olivias neuem Nickname. Sie nahm es mit Humor. Der Name blieb. Inzwischen haben sich die Mails normalisiert. Die ganz krassen wurden geblockt und so unschädlich gemacht.

Daran sieht man, wie wichtig der richtige Nickname ist. Ob »frau« von einem Kartoffelkaefer angemailt wird oder von einem Black Mustang, kann schon im Vorfeld einiges aussagen. Genau wie Koeln-Zicke oder Domina bei den Damen. Weihnachtsmänner und Nikolausis sind auch außerhalb der entsprechenden Jahreszeit zahlreich vertreten.

Robin Hood, Manitou, 1. Ritter und Highlander sind ebenfalls gern verwendete Nicknames, auch wenn es von Letzterem angeblich nur einen geben kann. Only4U (nur für Dich), Glückstreffer, Charmeur, B.zauberer, oder Gameboy finde ich origineller. Nützlich sind Nicknames allemal, sie wahren die Anonymität im Netz. Die Internetforen erhalten zwar die private E-Mail-Adresse des jeweiligen Users bei der Anmeldung, aber für sämtliche anderen Internetnutzer bleiben die privaten Daten unsichtbar. Im Netz geht es dann »verdeckt« mit Nickname weiter. Hier ein kleiner Auszug aus der nahezu unendlichen Liste der Nicknames:

- MOONLOVER: Besitzt vielleicht schlafwandlerische Fähigkeiten bei der Partnersuche?
- GROBI 69: Auf was soll das denn Lust machen?
- KNACKPOPO: Nichts dagegen, wenn es stimmt.
- NIGHT SHEEP: Ist ein naher Verwandter des schwarzen Selbigen?
- TAPPSI: Wie süüüüüüß!!!!! – für einen Bernhardinerwelpen.

- HANS_A_PLAST: Heilt seelische Verletzungen.
- TRIPLEXXX: Hat was Spannendes.
- COUCHY: Ist wahrscheinlich der Gegentrend zu …
- FIT FOR FUN: … der mit dem Fahrrad einen Berg herunterrast. Oder wurde das Foto nur schräg gestellt?
- FRETTCHEN: Dann doch lieber eines der zahlreichen Wald- oder sonstigen Bärchen. Der …
- SCHATZ-SUCHER: … wird sein Juwel bestimmt finden.
- WEBMONSTER: Hat ein lustiges Lächeln und offensichtlich Humor, während …
- DRACULA: … ziemlich bissig wirkt. Für ihn ist das offensichtlich blutiger Ernst.
- SCHMUDDEL: Der Name passt zu seinem Foto. Spricht Frauen mit Putzzwang an. Sollte Schmuddel in gute Hände geraten, bitte ich um ein Nachher-Foto.
- FRISCHGEDUSCHT: Ich dachte immer, das sei Standard! Außer natürlich bei Schmuddel.
- SAFARI-AFRIKA-JAEGER: Was ist denn das für ein ungelebter Kindertraum?
- CHEF-SUCHT-TIPPSE: Wäre der nicht besser auf der Seite der Arbeitsagentur aufgehoben?
- POMMES FRITZ: Klingt nach Fast Food. Wer nicht auf schnelles Vergnügen steht, sollte auf …
- NO HOME: … ausweichen. Der sucht bestimmt was Festes..
- DER LUTSCHER: »…«.
- DER MÜLLMANN: Müsste ich zwischen diesem und dem Nächsten wählen, würde ich …
- FEINGEIST: … nehmen.
- EROTIKTREFF, DAY DATE, BUMSEL, DON DILDO: Sind allesamt ganz klar auf sexuelle Kontakte aus, allerdings liegt Letzterer hier am weitesten unter der Gürtellinie.
- DRONENKÖNIG: Lässt vor meinem geistigen Auge das Bild eines arbeitsscheuen, verlotterten Begatters auftauchen, ist aber vielleicht doch …
- IM POTENT: … vorzuziehen?

Aber wir Ladys können durchaus vor der eigenen Türe kehren, was den Einfallsreichtum in Sachen Nickname betrifft:

- TEUFELCHEN: Sind hier so vielfältig vertreten wie die Bärchen bei den Herren.
- LA DIVA: Zielt auch mit ihrem Foto auf die gehobenen Ansprüche gesettelter Herren.
- SUPERSUSI: Lockt mit rotem Kussmund. Hat Chiara Ohoven eigentlich eine Schwester?
- SPATZI UND HASI: Treten im Schwarm bzw. im Rudel auf und müssen durchnummeriert werden. Ob es sich bei …
- SCHNEEFLITTCHEN: … um einen Schreibfehler handelt? Der…
- ZIEGENKUH: … muss ich leider jegliche erotische Ausstrahlung absprechen.
- MONEYPENNY: Hat alle Chancen, James Bond ins Netz zu gehen oder auf seinen Kollegen TrippleXXX auszuweichen.
- TANTE PETRA: Passt garantiert zu Onkel Klaus aus dem Herrenkatalog.
- FRAU MIT KLASSE: Wie viel Klassen gibt es im Damenkatalog eigentlich, und in welcher räkelt »frau« sich mit Spitzendessous auf dem Bärenfell? Ob »Mann« einen …
- UNGLÜCKSENGEL: … oder ein
- SUNSHINEGIRL: … bevorzugt, ist wahrscheinlich eine Frage der Optik und des Aberglaubens, wobei ich ABER GLAUBE, dass Männer besser gucken als glauben können.
- UNTERVÖGELT: »Unterzuckert« lässt sich natürlich einfacher beheben.
- TRY2FIND: Versucht immer noch, genau wie …
- MAE.B: … vielleicht – Mr. Right zu finden.

TIPP: Ist der Wunschname besetzt, kann eine abgewandelte Schreibweise helfen, doch noch zum gewünschten »Nick(name)« zu kommen. Meldet das System bei *Try2find*: »Dieses Synonym ist vergeben«, dann versuchen Sie es zum Beispiel mit Leerzeichen dazwischen oder Ergänzungen: *Try2 find, Try_2find, Try_2_find, Try-2findU, Try2find U.* Einfach ausprobieren. Der Computer explodiert nicht.

NEUE MÄNNER BRAUCHT DAS WEB

Der wöchentliche Online-Schock: Neue Singles für mich bei Yahoo. Juchuuu!? Das Foto der No. 1, also der Single der Single-Hitparade, der am besten zu mir passt – laut Yahoo-Suchmaschine –, lässt mich kurz hyperventilieren beim Gedanken, mit diesem »Lieben Kuschelbären« Selbiges tun zu müssen. Na ja, eine Maschine hat halt nicht meinen Geschmack. Sie trifft aber offensichtlich den der meisten Herren, denn die melden sich in Scharen bei mir, nachdem der Profil-Vergleich entsprechende Gemeinsamkeiten aufgezeigt hat. Theorie und Praxis! Immerhin hat folgender Herr das erkannt:

AQUARIUS (51): »*Der Vergleich unserer Profile sagt mir, dass wir (theoretisch) gut zueinander passen. Auch dein Text spricht mich sehr an. Und dann die wunderschönen Bilder von dir! Von daher alles bestens.*«

Aus seiner Sicht ist also alles bestens, aus meiner versperrt ein fürchterliches Foto seiner Person die Sicht auf den vielleicht wunderschönen Charakter.

TRY2FIND: »*Hier zeigt sich wieder, dass Theorie und Praxis oft nicht miteinander konform gehen. Sorry. Von meiner Seite aus passt es leider nicht. Ich wünsche dir viel Glück bei deiner weiteren Suche. LG*«

Mein morgendliches Ritual: Ich schalte meinen Computer ein und gehe online. Bin ich schon süchtig? Mein virtueller Briefkasten bei Yahoo teilt mir mit: »*Sie haben 7 neue Nachrichten.*« Ich öffne er-

wartungsvoll das Postfach, darin liegen sechs vorgefertigte Telegramme. Ich hasse diese unpersönlichen Dinger. Gerecht verteilt:
Dreimal »*Deine Anzeige gefällt mir. Erzählst Du mir mehr über
Dich?*« und dreimal »*Wir haben viel gemeinsam. Wollen wir uns
kennenlernen?*«. Bin ich in eine Massen-Mail geraten? Nur ein
Mann hat sich tatsächlich die Mühe gemacht, mir eine selbst verfasste Mail zu schreiben:

ROMANTIKER (37): »*Puhhh. Eigentlich liegt Hamburg ja von
Frankfurt aus am Ende der Welt, aber für dieses Lächeln
würde ich auch bis ans Ende des Universums reisen: Wenn du
Spaß am Chatten hast, geht es auch unter xxx@xx.de, yyy@
yy.de oder zzz@zz.de. So long freu mich auf dich*«

Er hat es selbst schon richtig erkannt – zu weit weg, mit 37 Jahren zu jung, mit 1,74 m zu klein. Außerdem steht in seinem Profil: »*Familienstand und Kinder: Sag ich später.*« Ich könnte es hier
also durchaus mit einem verheirateten Mann mit zehn Kindern zu
tun haben. Mit Sicherheit handelt es sich hier aber um einen Chat-
Süchtigen, wie die verschiedenen E-Mail-Adressen ahnen lassen.
Außerdem ist er ein »Ich-bin-ständig-online-User«. Immer, wenn
ich ins Netz gehe, ist er schon da. »On Top« kommt die schlichte
Tatsache: Ich bin kein Chat-Freund. Die Entscheidung ist also klar:
Auf seine nette Mail gibt es auch eine nette … Absage:

TRY2FIND: »*Hallo XX. Danke für deine nette Mail, aber sorry,
wie du schon richtig erkannt hast, leben wir einfach zu weit
auseinander. Außerdem bin ich kein Chatter aus Leidenschaft.
Viel Glück für deine weitere Suche. Liebe Grüße aus Hamburg.*«

Bei den verbliebenen sechs Telegrammen schaue ich mir die entsprechenden Herrn dahinter an. Keiner erfüllt meine Suchkriterien. Ja, kann denn keiner von denen lesen? Unwahrscheinlich.
Wer schreiben kann, wird wohl auch lesen können. Oder fällt das

Auswählen vorgefertigter Sätze, Marke »Einer aus zehn«, gar nicht unter »schreiben können«? Meine Antwort fällt entsprechend aus. Fünfmal gibt es meinen Lieblingssatz: »*Danke, aber ich bin gerade dabei, jemand anderen kennenzulernen.*« Beim letzten User habe ich eine Wutattacke. Er hat sich »*Wir haben so viel gemeinsam ...*« ausgesucht. Ich kann nur eine Gemeinsamkeit in unseren Profilen entdecken. Meine Antwort ist, zugegeben, ein bisschen gemein:

TRY2FIND: »*Sorry, ich kann keine Gemeinsamkeiten erkennen, außer vielleicht bei der Größe.*«

Inzwischen finde ich schon ein neues Telegramm im Postkasten. Ein 52-jähriger (Hat er als Alter angegeben, stimmt aber garantiert nicht!) von Wind und Wetter gegerbter Herr mit schlohweißem Haar in der handlichen Größe von 1,76 m (wenn er beim Alter schon so deutlich schummelt, ist er garantiert noch kleiner als angegeben) fragt mich:

SCHNEEWEISSCHEN (52): »*Du gefällst mir, bin ich dein Typ?*«

Hätte er sich meine Suchkriterien für Mr. Right aufmerksam durchgelesen, hätte er selbst sich diese Frage mit NEIN beantworten können. Da die Antwort so offensichtlich ist, spare ich die Worte und klicke ihn einfach weg. Als mir dann noch eine weitere Mail ins Postfach flattert, ist es mit meiner Freundlichkeit vollends vorbei. Ein dramatisches Schwarz-Weiß-Foto zeigt einen Mann, bei dem ich Probleme habe, den Blick einzuordnen. Irgendwo zwischen böse und irr? Jedenfalls mir nicht sympathisch. Sein Profiltext hilft mir bei der Benennung: »Alsterkrähe sucht ....«. Glaubt er wirklich, dass daraufhin irgendeine Frau Lust verspürt, ihn kennenzulernen? Seine Mail macht ihn auch nicht gerade sympathischer. Alsterkrähe (48): »*Eine Frau in Ihrem Alter sollte auf innere Werte achten*« zielt natürlich auf meinen Suchtext für zukünftige Partner, in dem ich eine ansprechende Optik fordere. Das ist mir keine Antwort wert. Ich klicke ihn weg. Kurze Zeit darauf flattert die nächste »Krähenpost« in meinen Briefkasten: Alsterkrähe (48): »*Genau wie Du bin ich auch optisch fixiert, leider haben Sie mich bisher ignoriert, obwohl ich Sport treibe und mich intensiv pflege.*« Unangenehmer Mensch. Ich könnte ihm antworten:

TRY2FIND: »*Da ›du/Sie‹ ja schon selbst festgestellt haben, dass auch ich optisch fixiert bin, dürfte der Grund meines Schweigens doch klar sein?*«

Mache ich aber nicht. Ich möchte nicht unverschämt sein und klicke ihn wieder kommentarlos weg. Ich ärgere mich aber eine ganze Weile und frage mich, was das alles soll, was ich da tue. Lohnt es sich wirklich, so viel Zeit in diese Online-Suche zu investieren? Ich verordne mir eine Internet-Pause, ehe ich und meine gute Laune in der WWWelt verloren gehen. Ich melde mich bei Yahoo ab.

Einige Tage später: Zurzeit bin ich glücklich festzustellen, dass ich nicht süchtig nach virtuellen Kontakten bin. Mir geht es auch offline gut, auch wenn ich – zugegeben – das Internet ein bisschen vermisse. Aber in erträglichem Maß. Wenn ich sehe, was mir innerhalb eines halben Jahres ins Netz gegangen ist, kann ich den »Fang« grob in drei Kategorien einteilen:

KATEGORIE 1: *Die »Ich-bin-ständig-online-und-will-hier-auch-nicht-weg-User«*

Das sind die Herren – ständig online, muss hier nicht explizit erwähnt werden –, mit denen »frau« intensiven und durchaus unterhaltsamen Mailkontakt pflegt. Sollte es hier zum Austausch der Telefonnummern kommen, ist das eher ein Versehen. Die Stimme dieser Herren wird selten ans weibliche Ohr dringen. Ausreden wie »*Wenn ich wieder mehr Zeit habe, melde ich mich bei dir*« werden gern – und immer wieder – verwendet. Hier ist die Telefonnummer schlicht eine Trophäe, ein kleiner Erfolg im Netz. Zumindest aber kommt es niemals zu einem realen Treffen. Diese Beziehung bleibt virtuell und kann dadurch lange halten. Mir ist dieses Verhalten unbegreiflich, aber diese Männer sind eher harmlos. Dazu passt die seltsame Beobachtung, die Olivia in einem Lokal gemacht hat. Ein Twentysomething hantierte über lange Zeit mit einem größer geratenen Handy herum. Auf ihre neugierige Frage erzählte er ihr bereitwillig, dass er damit im Internet bei Ilove surft. Er hätte keine Freundin. Auf die Frage, wie lange er das denn schon mache und mit wie vielen Frauen er sich schon getroffen hätte, antwortete er: *»Ich mach das seit drei Monaten. Getroffen habe ich mich noch nie. Telefonieren reicht mir.«* Olivia: *»Ja, aber so kriegst du doch nie eine Freundin.«* Antwort: *»Ach, das ist schon okay so.«*

KATEGORIE 2: *Die »Ich-bin-ständig-online-um-meinen-realen-Harem-zu-erweitern-User«*

Ein Musterexemplar dieser Gattung ist meiner Freundin Olivia ins Netz gegangen, bzw. sie ihm. O-Ton Olivia: *»Der wirkte soooooo harmlos, als könnte er kein Wässerchen trüben, hat mich mit Komplimenten überhäuft. Am Anfang wollte ich ihn gar nicht.«* Aber nach der »Steter-Tropfen-höhlt-den-Stein-Methode« hat er sich über Wochen bis in Olivias Schlafzimmer vorgearbeitet. Danach hat sie nichts mehr von ihm gehört. Klickt sie sich ins Online-Portal, ist er garantiert schon wieder auf der Pirsch nach dem nächsten Fang. Ganz klar ist dieser Mann süchtig nach dieser Art »Kick«. Olivia ist heute noch böse auf sich selbst: *»Das hätte ich doch merken müssen. Der war ständig online. Auch nach unserem ersten Treffen. ... Aber so harmlos, wie der rüberkam ...«* Mir ist aufgefallen, dass gerade die im realen Leben sehr unauffälligen Männer im Internet zu wahren Reißwölfen werden. Haben sie einmal Blut geleckt, sind sie nicht mehr zu bremsen, aber auch leider nicht mehr für seriös Partnersuchende zu gebrauchen. Als Vorsichtsmaßnahme, um solchen Trophäensuchern aus dem Weg zu gehen, hilft: sich Zeit lassen beim Kennenlernen und genau beobachten, ob der vermeintliche Mr. Right trotzdem ständig »on air« ist. Wenn Freundinnen im gleichen Forum unterwegs sind, nachfragen, ob er auch bei ihnen gerade »am Start« ist. In diesem Fall:

Finger weg! Diese Fälle sind häufiger, als »frau« denkt. Eine andere Model-Kollegin, die ich beim Dreh zu einem TV-Spot wiedergetroffen habe, hatte ein ähnliches Erlebnis wie Olivia. Nach langer Abstinenz in Sachen »Mann« hat sie sich dazu überreden lassen, ins Netz zu gehen. Es dauerte auch nicht lange, und unsere Kollegin hatte ihren Mr. Right gefunden. Es folgte ein langer Mailkontakt. Mr. Right schien es nicht eilig zu haben, das machte ihn in den Augen meiner Kollegin zu einem ernst zu nehmenden Anwärter. Ein Treffen zum Kaffee. Beide waren sich mehr als sympathisch. Ein Abendessen ... und das Schicksal nahm seinen Lauf: Sie landeten im Bett. Immer noch war alles schön. Am Morgen danach entschwand Mr. Right und reagierte auf keine ihrer SMS, war telefonisch nicht erreichbar, aber wieder im Netz zu finden. Natürlich wollte meine Kollegin wissen, was sie davon zu halten hatte. Die ernüchternde Antwort: »*War schön mit dir, aber ab jetzt bewundere ich dich weiter im Fernsehen.*« Auch dieser Mann ist immer noch im Netz unterwegs. Olivia ist auch von ihm angeschrieben worden. Ich auch. Genau wie Dutzende weitere Kolleginnen, die online einen Partner suchen.

KATEGORIE 3: *Natürlich Mr. Right*

Diese Kategorie ist individuell verschieden, denn jede Frau sucht schließlich nach ihrem Geschmack den einen Besonderen. Was allerdings alle diese verschiedenen Mr. Rights gemeinsam haben sollten: Die ernst zu nehmenden Männer sind nicht ständig online und meist auch nur eine kürzere Zeit im Netz ... und sie sind schwerer zu finden als die Nadel im Heuhaufen. Trotzdem: Es kann funktionieren. Ich kenne sogar eine Model-Kollegin, die nicht nur selbst ihren Traummann im Netz gefunden hat, sondern deren Mutter genauso erfolgreich war. Da scheint das Partnerglück in der Familie zu liegen. Ich werde selbstverständlich entsprechende Gentests veranlassen, um herauszufinden, ob sich ein entsprechendes Medikament für glücklos Partnersuchende herstellen lässt. :-)

Einige Männer habe ich zu meiner Drei-Klassen-Theorie befragt, und sie haben mir bestätigt, dass ich damit in etwa richtig liege. Natürlich lassen sich die einzelnen Kategorien noch weiter unterteilen, wie folgende Mail zeigt:

ICHBINS (44): »*Ich glaube, so ziemlich jeder hier bei yahoo dating hat einen kleineren oder größeren Knacks weg. Meine Miss Right oder deinen Mr. Right gibt es bestimmt, allerdings vermute ich nicht unbedingt hier.* (Danke. Das macht Mut!!!!!!!!!!!) *Ich bin Mann und kenne Männer so ziemlich gut. Hier sind so ziemlich alle Kategorien vertreten. Fangen wir mit mir an: der im Job Erfolgreiche, in privaten Dingen ein Verlierer. Quasi der in den wenigen Stunden Privatleben ›EINSAME‹. Der Typ will einfach nur ›reden‹, denn der ist Realist genug, um nicht an den ›Sechser im Lotto‹ zu glauben. Der nächste Typ, der sexuell unbefriedigte Aufreißer. Der chattet heimlich, wenn die Frau im Bett oder nicht zu Hause ist. Wenn's ernst wird, verzieht er sich und geht zur Selbstbefriedigung über. Der Schüchterne, nicht unbedingt vorteilhaft Aussehende. Der guckt sich nur Frauen an und zerfließt anschließend in Selbstmitleid. Der Perverse; der sucht nach heißen Fotos mit leichten Einblicken. Sorry, ich will dich nicht langweilen. Du musst kein schlechtes Gewissen haben, wenn du nicht antwortest.* (Ich weiß, Kategorie: Im Beruf erfolgreich und will nur reden.) *Ich drücke dir beide Daumen für den Sechser im yahoo-Lotto.*«

Wie jetzt? Er ist doch viel zu realistisch, um daran zu glauben.

TIPP: Spätestens wenn die Liste der »Neuen Partnervorschläge« einer Flirtbörse nur alte Bekannte zeigt, sollte »frau« sich eine Internet-Pause verordnen.

ONLINE-KORB

Ein schwieriges Thema im Netz, mit dem man/frau immer wieder konfrontiert wird, ist: Wie sage ich auf höfliche Art »*Nein danke*«. Da die Online-Version von mir offensichtlich eine super Projektionsfläche für die Partnerwünsche der verschiedenen Herrn ist – Beispiel Match.com: 1.993 Besucher in einer Woche! –, habe ich darin inzwischen viel Übung. Trotzdem fühle ich mich immer noch schlecht, wenn ich Körbe verteilen muss, denn mir ist klar, dass eine Absage immer verletzend ist. Ich versuche deshalb, andere so zu behandeln, wie ich auch behandelt werden möchte, und bemühe mich um Respekt und angemessene Umgangsformen. Immer gelingt mir das natürlich nicht. An manchen Tagen liegen einfach ein paar blöde Mails zu viel im Briefkasten, und meine Wut kocht hoch. Dann unterliegt meine anerzogene Höflichkeit. Ich habe aber niemals absichtlich jemandem wehtun wollen. Sollte es doch passiert sein, möchte ich mich an dieser Stelle in aller Form entschuldigen.

Die für mich einfachste Art, jemanden auf höfliche Art zu verabschieden, ist, in seinem Profil nach Gründen zu suchen, die mit meinen Zielen nicht übereinstimmen. Ich hoffe dann auf Hobbys, die nicht mit meinen konform gehen, auf einen weit entfernten Wohnort oder eine Lebenssituation, die nicht zu meinem Leben passt. Alles ist besser als: »*Du gefällst mir nicht.*« Das ist auf jeden Fall immer beleidigend. Selbst netter verpackt in »*Du bist nicht mein Typ*«, finde ich es immer noch schlimmer als jeden anderen Grund. Das ist meine persönliche Meinung, aber damit liege ich nicht immer richtig. Ich habe für dieselbe Verhaltensweise schon Dankesschreiben bekommen, aber auch böse Mails.

Mit folgendem Mann habe ich sechs Mails getauscht. Er war mir zu Anfang sympathisch, aber nach einigen Mails und Sichtung seines Fotos war mir klar, dass daraus nichts mehr werden würde. Auf seine Frage: »*... und was machst du so?*« stellte ich mir die Frage: »*Will ich diesem ›Fremden‹ das alles erzählen?*« Mein Bauchgefühl hat darauf mit einem glatten Nein geantwortet. Ich habe ihm also erklärt, was ich empfinde. Statt: »*Du gefällst mir nicht*«, habe ich diesen Entschluss mit der enormen Entfernung zwischen uns begründet. Die Antwort:

NEARCOLOGNE (47): »*hallo judith ... vielleicht solltest du so was vorher klären. so könntest du sicher solche e-mails vermeiden, dass sich männer wie ich hier zum narren machen und uns solch einen quatsch der schreiberei ersparen ... also ich kann deine entscheidung akzeptieren ... was mich nur nervt ist deine art wie du an die sache rangehst ... nicht zu antworten wäre sicher besser gewesen ... naja solche leute muss es halt auch geben ... x.*«

Ooops!?! Natürlich würde ich für Mr. Right bis ans Ende der Welt fahren. Dieser Mann hier ist aber nicht der, den ich suche. Aber wäre es wirklich besser gewesen, nicht zu antworten? Wahrscheinlich hätte er sich dann auch aufgeregt, nur eben darüber, dass ich nicht geantwortet habe. Der eigentliche Aufreger hier ist doch die schlichte Tatsache, dass ich ihn nicht als Mr. Right sehe. Deswegen schmollt er. Das kann ich aber nicht ändern. Ich finde, auch im Nachhinein, meine Mail okay. Klare Aussagen gehören für mich zum Fairplay. Nach meiner Erfahrung sind da die meisten User gleicher Meinung, denn ich habe mit netten Absagen fast immer positive Erfahrungen gemacht. Ich selbst wünsche mir auch, dass »Mann« ehrlich mit mir umgeht und klar sagt, was er denkt. Dazu braucht es natürlich Rückgrat.

Neben dem Wie ist auch noch das Wann wichtig, denn schnell ist der richtige Zeitpunkt zu einem geordneten Rückzug verpasst. Das passiert mir häufig, weil ich den Menschen im Mann durchaus nett finden kann, ohne den Mann selbst sexy zu finden. Ich habe also versucht, mir Rat bei der »Gegenseite« zu holen, wie »Mann« es richtig macht in Sachen Korbverteilen.

TRY2FIND: »*Hallo X. Tut mir leid, dass ich mich erst jetzt melde, aber bei mir haben sich etliche Mails angesammelt, die ich beantworten muss oder besser sollte. Mein eigenes Gen-*

tleman Agreement. Ich versuche jede normale Mail irgend-wie zu beantworten. Aber was soll ›frau‹ tun, wenn ein ›Viel Glück bei deiner weiteren Suche‹ nicht verstanden wird? Muss ich wirklich deutlich sagen: ›Sorry, du bist zu alt für mich?‹ Oder: ›Du gefällst mir nicht?‹ Ich will doch niemanden be-leidigen! Wie löst du denn solche hartnäckigen Fälle? Gibt es die überhaupt im ›Damenkatalog‹? Oder sind die Ladys viel-leicht sogar noch schlimmer? Neugierige Grüße aus Ham-burg, Judith.«

KÖLNER (42): »*Hallo Judith, die Ladys sind da sehr einsichtig, sobald ein ›Nein danke‹ von mir kommt. Ich umgehe es aller-dings, die Frauen mit ›Du bist mir zu dick, zu alt, zu hässlich‹ zu beleidigen. Ich schreibe einfach ›ich habe jemanden ge-funden ...‹. Das wirkt immer und macht niemanden traurig. Meist wünschen sie mir sogar noch alles Gute. Der häufigste Grund für eine Absage meinerseits ist die völlig falsche Selbst-einschätzung vieler Frauen. Es gibt viele, die z. B. ihre Figur mit ›schlank‹ beurteilen oder sogar ›trainiert‹, in Wirklichkeit aber ein paar viel Pfunde zu viel haben. Noch viel neugieri-gere Grüße aus Köln. LG X.«*

Auch der folgende User hat eine klare Vorstellung von der richtigen Art einer Absage und vor allem vom richtigen Zeitpunkt:

JUST4U (44): »*... spätestens beim 2. Mal solltest du entschieden ›NEIN‹ sagen und ab dann einfach die Nachrichten ungelesen löschen. Wenn du Belästigern den Spielraum gibst, dann spie-len sie. Und das ›Steter Tropfen höhlt den Stein‹-Prinzip musst du auch nicht mitspielen. Wenn du es brav allen rechtmachen willst, dann kriegen die Affen das, was sie nicht verdienen: Auf-merksamkeit. Und ich finde es nicht gut, wenn zwischen Netten und Affen kein Unterschied gemacht wird. Ich krieg auch Post aus Brasilien oder China, kopiere einfach mein vorformuliertes ›thank you, but sorry it is impossible‹ rein und fertig.«*

So einfach kann »Mann« es sich also machen. Ein vorformuliertes »*Nein danke*«!

Ich habe immer versucht, durch eine persönliche Note zu zeigen: Ich nehme den Menschen hinter dieser Mail ernst, trotz meiner Absage. Dabei verpacke ich die am liebsten mit Humor ... kommt aber auch nicht immer gut an. :-)

SUCH MICH (43): »*Try2find ›find‹ ich gut! Du hättest mir aber wenigstens mal zuzwinkern können, um mein Ego zu stärken. LG X.*«

TRY2FIND: »*Hallo X, auch wenn dein ›Such mich‹ irgendwie gut zu meinem »Try2find« passt, trifft das leider nur auf die virtuelle Welt zu. Aber um deinem Ego keinen unnötigen Schaden zuzufügen, schreibe ich das mit einem Augenzwinkern ;-) LG aus Hamburg*«

*

MUSIKFAN (31): »*ich wäre geneigt mich in dich zu verlieben :-) ...*«

TRY2FIND: »*Diese Neigung solltest du unterdrücken. Du bist einfach viel zu jung für mich. Eine Tatsache, die natürlich zur Hälfte meine Schuld ist. Sorry ...*«

MUSIKFAN (31): »*dass ich zu jung bin, habe ich doch sehr gerne gelesen ;-) lg X*«

*

DARWIN (55): »*Liebe Try2find! Danke für deine nette Antwort! Ich würde mich ja gerne jünger machen, aber dann könnte ich nicht auf ein so schönes und erfolgreiches Leben zurückblicken. Ich würde meine Fehler auch gerne eingeste-hen, wenn ich welche hätte ... :-)«*

TRY2FIND: *»Hallo Darwin, dein Schreibstil gefällt mir sehr gut. ... und jetzt bin ich wieder an der Stelle, die ich so sehr hasse, dass ich mich bald hier abmelden werde. Mir ist Ehr-lichkeit wichtig. Blöden Kerlen kann ich eine ziemlich gute Abfuhr erteilen, ohne dass ich mich dabei schlecht fühle. Bei netten Männern fällt mir das sehr schwer. Aber es ist einfach, wie es ist. Sorry. Du bist nicht der Mann, den ich suche. Ich kann daran auch nichts ändern. Das liegt einfach in der Ge-fühlswelt verborgen. Wenn das okay für dich ist: Ich freue mich trotzdem über Mails von dir und wünsche dir, dass du deine Mrs. Right hier findest, die ›die Schmetterlinge in dei-nem Bauch wieder fliegen lässt‹. Ist doch komisch, oder? Alle suchen wir das Gleiche, aber kommen irgendwie nicht zusam-men. LG aus Hamburg, Judith.«*

DARWIN: *»Ich danke dir für die offene Art. Viele wohl ge-meinte Grüße, Darwin.«*

*

TIMELESS (66): *»... Frauen haben verschiedene Strategien, sich ihren eigenen Freiraum zu schaffen. Diese Strategien äu-ßern sich auch unterschiedlich in verschiedenen Kulturen. In Deutschland gibt es das Phänomen der ›Zicke‹, in lateinischen Kulturen sind die Frauen extrem geschickt manipulativ, in Skandinavien sagen sie klar und einfach ›wo der Tisch stehen soll‹ (eine schwedische Redewendung). Du wirst sicher die dir genehme Art finden ›NEIN‹ zu sagen, aber ums ›NEIN‹ kommst du nicht herum :-) Wenn du bei Match.com die für deinen Ge-schmack ›falschen‹ Kontakte bekommst, dann kann es an Dei-nem Bild wie auch am Text Deines Profils liegen. Überdenk den Text. Formuliere ihn aus einem anderen Blickwinkel ...«*

»*Falsche Kontakte*«? Dieser Mann ist mindestens 16 Jahre zu alt für mich. Wer sollte hier also was überdenken? Ich müsste sehr viel weniger Körbe verteilen, wenn sich Männer einfach an meine Vorgaben halten würden. Wozu also eine Textänderung, wenn ihn sowieso niemand liest?

Der richtige Zeitpunkt einer Absage liegt irgendwo zwischen der ersten und der dritten Mail, je nach Sympathie. Je mehr davon vorhanden ist, desto später kommt die Absage und desto schwieriger wird es. Bei einem User aus Österreich bin ich in die Zeitfalle geraten. Ich habe den richtigen Moment verpasst – jetzt will »Mann« mich besuchen. Mal eben kurz für eine Woche! Ich bin so geplättet, dass ich gar nicht auf die Frage »*Will ich das denn überhaupt?*« komme, sondern darüber verhandele, wie viele Tage es denn höchstens sein dürfen. Eine Woche! Das ertrage ich nicht.

Angefangen hat alles bei Match.com. Vor einem Jahr. Er hat mich als einer der Ersten angeschrieben. Sehr nett. Ich erinnere mich sogar an sein Profil-Foto in der Größe eines Passfotos: Die Silhouette eines Mannes vor einer Wendeltreppe. Gesichtslos, da im Schatten. Wir tauschten einige wenige Mails, und ich machte ihm klar, dass Österreich auf keiner meiner Reiserouten läge. Also ein anders formuliertes: Danke nein! Trotzdem trat er über ein Jahr hinweg immer mal wieder ganz dezent aus seinem Schattendasein hervor, und ich erhielt Mails aus allen Ecken der Welt. Immer mit schönen Landschaftsfotos. Ihn selbst bekam ich dabei nie zu Gesicht. Aus reiner Höflichkeit habe ich darauf immer ein paar nette, aber unpersönliche Zeilen zurückgeschrieben. Nach diesem Jahr, mit höchstens fünf Mails, stand er virtuell mit einem neuen Profil wieder im Netz, was er mir natürlich sofort mitteilte. Ein deutliches Foto von ihm war sogar auch dabei und zeigte einen etwas schlaksigen Mann vor einem ansehnlichen Gebäude. Andersherum wäre es mir lieber gewesen. Aber: Gibt es eigentlich schlaksige Gebäude? Er war jedenfalls nicht mein Typ, und dieser Mann will mich jetzt besuchen. Wie sagt man jemandem, mit dem man monatelang aus unerfindlichen Gründen in Kontakt stand, wenn auch eher sporadisch, »*Nein danke*«?

Irgendwie hatte ich den Zeitpunkt dazu verpasst. Er überredete mich zu einem Telefonat. Ich stimmte zu, in der Hoffnung, dass ich danach schlauer sein würde. Direkt zu Anfang des Telefonats stellte ich klar, dass ich ihn im Grunde überhaupt nicht kenne und mir die Verpflichtung, eine Woche mit einem Unbekannten verbringen zu müssen, überhaupt nicht gefällt. Kurzes Schweigen am anderen Ende. Dann die Erklärung, dass dies nur der Zeitraum sei, um ein Treffen über ein bis zwei Tage zu planen. Dankbar, dass es keine ganze Woche sein sollte, sondern »nur« ein paar Tage, fiel mir überhaupt nicht auf, dass die Will-ich-überhaupt-Frage nach wie vor nicht angesprochen wurde. Auch der zusätzliche Vorschlag, sich, falls mir Hamburg zu heikel sei, auf neutralem Boden irgendwo in der Mitte Deutschlands zu treffen, wehrte ich ab und beendete das Gespräch mit dem oberflächlichen Gefühl, gut verhandelt zu haben. Erst als meine Verwirrung nachließ, konnte ich die Situation auf den Punkt bringen: Ich wollte GAR KEIN Treffen! Auch nicht nach dem Telefongespräch. Bei mir ist kein Schmetterling im Bauch aus dem Tiefschlaf erwacht. Ein Treffen wäre reine Zeitverschwendung. Für uns beide. Ich musste die Situation klären. Am besten per Mail. Ein Telefonat würde mich nur wieder verwirren.

TRY2FIND: *»Hallo X, ich habe jetzt ein ganzes Wochenende lang über diese seltsame ›Verbindung‹ zwischen uns nachgedacht, obwohl eigentlich andere Dinge zurzeit für mich wichtiger sein sollten. Ich habe keine Ahnung, wie ich da reingeraten bin. Eigentlich schreibe und äußere ich mich immer sehr klar. Trotzdem stecke ich in dieser Rolle, die ich nicht haben wollte. Ich habe dir schon am Telefon gesagt, dass du eigentlich für mich die ganze Zeit nicht greifbar warst. Auch nach dem Telefonat hat sich mein Bauchgefühl in keiner Weise positiv dazu geäußert. Natürlich haben wir uns nett unterhalten, und würdest du in Hamburg wohnen, könnten wir sicher auch einen Kaffee miteinander trinken. Ich halte es allerdings für übertrieben, dafür von Innsbruck extra herzuflie-*

gen. Dabei würde ich mich unter Druck gesetzt fühlen, denn ich bin mir sicher, dass sich bei mir auch dann gefühlsmäßig nichts tut. Zumindest nicht das, was du erwartest. Also ziehe ich hiermit die Notbremse. Bei solchen Treffen lasse ich einfach nur Energie, weil ich mich winde wie ein Wurm und mich einfach nur scheußlich fühle. Das möchte ich nicht. Ich hoffe, du kannst das wenigstens ein bisschen nachvollziehen. Du bist bestimmt ein netter Mensch und ein toller Mann. Aber nicht für mich. Es tut mir wirklich leid, und es liegt mir fern, dich in irgendeiner Form verletzen zu wollen. Aber ich glaube, der einzige Weg hier raus ist Ehrlichkeit. Dir würde ein Treffen auch nichts bringen. Ich wünsche dir viel Glück bei deiner weiteren Suche. Liebe Grüße. Judith.«

Mit seiner Antwort hat er Verständnis gezeigt und sich bei mir für meine Ehrlichkeit bedankt. Danach habe ich weiter Mails von ihm erhalten. So, als wäre das alles nicht passiert. Ich habe sie nicht beantwortet. Aus Erfahrung weiß ich, dass wir wieder am gleichen Punkt angelangt wären. Er hätte irgendwann »zufällig« in Hamburg zu tun gehabt, um mein Argument gegen die weite Anreise außer Kraft zu setzen, und letztlich wäre doch alles so gekommen, wie er es sich vorgestellt hatte. Ein »Vicious Circle«, ein Teufelskreis, den Männer sehr gerne in ihre Eroberungsstrategie einbauen. Der aber auch nichts bringt. Ein Kreis führt halt nie zum Ziel, sondern sich selbst ad absurdum.

Übrigens: »Einen Korb bekommen« heißt, dass jemand bei einem Liebes- oder Heiratsantrag abgewiesen wird. Die Redewendung hat ihren Ursprung in folgender mittelalterlichen Sitte: Ein von einem Freier umworbenes Fräulein zog diesen häufig nach dem Antrag in einem Korb zum Fenster hinauf. Sie konnte ihm ihre ablehnende Haltung deutlich machen, indem sie ihm einen Korb hinunterließ, dessen Boden gelockert war. Dieser brach beim Heraufziehen. Später entwickelte sich daraus ein Brauch, bei dem das Fräulein dem Freier einen kleinen Korb ohne Boden übergab, um ihm ihre Abneigung zu zeigen.

Es gibt aber auch Körbe, die Männer mögen: Wenn sie sich zum Beispiel allein darin in überwiegend weiblicher Gesellschaft befinden und der »Hahn im Korb« sind. Diese Redewendung bezieht sich auf den Korb, in dem die Hühner zu Markte getragen wurden: Meist befand sich nur ein Hahn darin.

BAUCHGEFÜHL

Ich traue meinem Bauchgefühl – inzwischen. Das ist auch etwas, das ich durch das Internet gelernt habe. Meist erspürt dieses Gefühl die für mich richtige Entscheidung. Es ist immer zur richtigen Zeit angesprungen, meist sogar schon bei den ersten Mails mit einem Möchtegern-Mr.-Right. Immer wenn ich entgegen meinem Bauchgefühl gehandelt habe, bin ich auf die eine oder andere Art auf die Nase gefallen – um mal bei den Körperteilen zu bleiben. Londoner Psychologen bestätigen in neuesten Untersuchungen, dass das Bauchgefühl ganz schön schlau ist. Danach sind instinktive Entscheidungen, also ohne bewusstes Nachdenken, meist die richtigen. Ein Test zeigte, dass Versuchspersonen mit ihrer ersten spontanen Antwort zu 95 % richtig lagen. Wurde vorher erst großartig nachgedacht, reduzierte sich der Erfolgsfaktor auf nur 70 %. Grund: Das Gehirn denkt zu kompliziert und revidiert die meist richtige Spontanentscheidung zum eigenen Nachteil. Also besser auf das Bauchgefühl hören. Auch in Sachen Dates.

OHNE BILD UND OHNE WORTE

Eine Freundin von mir hat das mal so zusammengefasst: Egal, welche Suchkriterien eine Frau für ihre Partnersuche angibt – Alter, Wohnort, Lebenssituation –, wenn Männern das Foto gefällt, schaffen sie es irgendwie, die gewünschten Kriterien so zu verdrehen, dass es passt. Beispiel: Ein 1,72 m kleiner »Er«, der auch aus anderen Gründen nicht zu mir passt, die ich in meinem Suchprofil deutlich ausgeschlossen habe. Aber welchen Mann interessiert schon, was ICH will? Dieser hier scheint aber sogar seine eigenen Suchkriterien zu ignorieren.

KLEIN ER (38): »*Ich suche eine dunkelhaarige, zierliche Frau bis 1,68 m ...*«

Ich habe versucht, eine witzige Absage zu verfassen, und ihn darauf hingewiesen, dass er in die falsche Schublade gegriffen hätte – die mit dem Inhalt »Große Blondinen« – und ich keines seiner Suchkriterien erfüllen würde, ergo ich nicht die Richtige für ihn bin. Aber: Mein Glück. Bei mir macht er eine Ausnahme. :-)

Eine meiner Freundinnen ist bei Parship aktiv auf Partnersuche. Sie ist eine schillernde Person, alles andere als normal im Sinne von Durchschnitt. Eine Künstlerin, die auch ein entsprechendes Leben führt, und eine optisch sehr ansprechende Erscheinung, was aber gerade bei Parship erst einmal Nebensache sein sollte. Wir erinnern uns: Erst wird ein Kontakt hergestellt, dann ein Foto verschickt. Die Beschreibung ihres Wunschpartners: »*Ich suche einen ungewöhnlichen Mann, flexibel, facettenreich, weltgewandt, künstlerisch interessiert, im Herzen jung geblieben, neugierig ... und möglichst alles andere als normal.*« Nach Freigabe ihrer Fotos zwecks optischer Begutachtung durch die Gegenseite erfüllt nahezu jeder»mann« diese Suchkriterien. Der gesettelte Rechtsanwalt mit korsettartigem Terminkalender genauso wie der zahlenfanatische Steuerfahnder ohne künstlerische Ader oder der vergeistigte, weltferne Wissenschaftler. Alle sind genau das gesuchte Puzzlestück, das die interessante Welt meiner Freundin noch ein bisschen mehr schillern lässt. Fünfmal hat sie sich mit verschiedenen Männern getroffen. Der letzte vermeintliche »Mr. Right« hatte die gemeinsame Lebensplanung schon detailliert ausgearbeitet und sein Flugticket in der Tasche, um seine Traumfrau direkt nach dem ersten Date in Deutschland zu ihrem Zweitwohnsitz nach Portugal zu begleiten. Sicher ist es unnötig zu erwähnen, dass sie ihn nie dazu eingeladen hat. Dieser Mann wurde sogar ausfallend, als sie ihm erklärte, dass sie nicht an eine gemeinsame Zukunft glaubt. Inzwischen zeigt sie deutliche Ermüdungserscheinungen und hat sich bei Parship abgemeldet.

Ich selbst lese Suchkriterien sehr genau. Der Satz »Was nicht passt, wird passend gemacht« lässt sich auf Menschen nicht anwenden. Ich käme nie auf den Gedanken, einen »*durchtrainierten Triathleten mit Kinderwunsch*« anzuschreiben. Das passt einfach nicht in meine Lebensplanung. Auch wenn mich sein Waschbrettbauch gepaart mit jungenhaftem Brad-Pitt-Gesicht durchaus anspricht. Aber mein Lebensziel ist und war nie die Gründung einer Familie. So ein Lebenswunsch ist einfach nicht verhandelbar. Ein verheirateter Mann mit Supervermögen und Unterhaltsangebot für den Fall, dass ich mich willig in die zweite Reihe hinter seiner Ehefrau stelle, entspricht nicht meinem Weltbild. Darauf würde ich mich nicht mal bei George Clooney einlassen, weil ich dabei todunglücklich wäre. Also ist ein »*Nein danke!*« die einzig logische Antwort.

Deshalb hätte ich mich, wäre ich folgender Mann, auch gar nicht erst angeschrieben:

DERLANGE (Er hat sein Alter mit 41 angegeben. Das Foto ist dann sicher eine Vorausschau auf die Realität in zehn Jahren): »*Ich suche dich für einen Neuanfang, eine junge Frau, die den reiferen Mann schätzt, der jetzt noch mal durchstarten möchte. Der eine Familie gründen will. Glaubst du an die Liebe auf den ersten Blick? Du solltest jung und möglichst groß und schlank sein. Wenn du schon Kinder hast, ist es auch kein Problem. Wenn nicht, wäre es schön, wenn du Kinder haben willst. Deine Ausstrahlung auf mich ist entscheidend. Ich mag dein Lächeln. Wollen wir uns kennenlernen?*«

TRY2FIND: »*Sorry, aber hättest du dir die Mühe gemacht, meinen Profiltext zu lesen, hättest du dir die Fragen nach Größe und Statur selbst beantworten können. Aber vor allen Dingen hättest du sofort feststellen können, dass ich mit Familien-*

planung gar nichts im Sinn habe ... und mal ehrlich: Bei dei-
nem Alter hast du doch kräftig geschummelt?«

Die meisten Männer reagieren nicht auf den Text, sondern auf den
optischen Reiz: Wenn das Foto gefällt, passt »der Rest« immer.
Überhaupt herrscht bei der optischen Präsenz im Netz alles andere als Gleichberechtigung: Auch wenn ER nach Foto aussucht,
braucht SIE noch lange nicht »im Bilde« zu sein. Männer bleiben
gerne unsichtbar, wie die folgenden User:

R2D2 (47): »*Hi, ich habe dein Profil aufmerksam gelesen*
und sehe einige Gemeinsamkeiten. Es klingt unglaubwür-
dig, habe aber kein digitalisiertes Bild von mir. Ich werde das
Manko demnächst beheben. Foto wird nachgereicht. Schö-
nen Gruß. X«

TRY2FIND: »*Die Antwort auch.*«

*

NOPROBLEM (56): »*Deine Fotos und das, was du schreibst,*
gefällt mir. Ich würde dich gern näher kennenlernen. Wenn du
das auch möchtest, lass es mich bitte wissen. Ich freue mich.
LG X. PS. Ein Foto von mir ist kein Problem.«

TRY2FIND: »*Doch. Es ist nicht vorhanden.*«

Bei dummdreisten und arroganten Zuschriften habe ich inzwischen
die Vogel-Strauß-Taktik angenommen bzw. eine ausgeprägte Lese-
schwäche entwickelt und klicke sie unbeantwortet weg – was mir
ein smartes, wissendes Lächeln von Olivia eingebracht hat: »*Ach,*
is nix mehr mit Netiquette?« Bei Mails ohne Bild antworte ich bei
Yahoo gerne mit einem der vorgefertigten Sätze zum Anklicken
aus den Antwortsatz-Vorschlägen der Redaktion: »Dein Bild gefällt mir sehr, hast Du noch mehr davon.« Ich finde das witzig,

aber die fotolosen Herrn sind meist auch humorlos. Bei folgender Mail – ohne Bild und ohne Profiltext – hielt ich selbst DAS für zu viel Mühe:

BAERCHEN (52): »*Moin moin, deine Anzeige gefällt mir und ich werde mich auf deine E-Mail freuen. Bis dann.*«

Und wenn er nicht gestorben ist, dann freut er sich noch heute. Sorry. Aber ich bin gerade etwas desillusioniert. Ist es für Männer eigentlich so schwer, meine Profil-Anforderungen zu akzeptieren? Deutlich steht in meinem Suchtext in nicht zu übersehenden Großbuchstaben: »ICH ANTWORTE NUR AUF MAILS MIT FOTO!!!!« Trotzdem finde ich folgende Mail in meiner Mailbox:

ZOFFI (53): »*Hi du … ich wollte erst deinen Wunsch respektieren: Keine Mail ohne Bild. Ich versuche es trotzdem, mit dir in Kontakt zu kommen … halte mich für völlig unkompliziert und weiß gar nicht, warum es manchmal zofft. LG*«

Ich weiß, warum.

FREUND (43): »*ich antworte nur auf bilder, die mir das gefühl geben, dass ich dich küssen und dir bei gefühlvollen streicheleinheiten tief in die augen sehen will … wenn dir das jetzt peinlich ist, dann tuste mir leid. wenn nicht, dann liegt es bei dir, ob du mehr willst, oder eben nicht. nena hats gesungen: liebe will nicht, … da ich dich aber will, kann es keine liebe sein, sondern nur mein ego, welches nach nähe und befriedigung sucht. jetzt endlich habe ich gelernt, nicht mehr drumherum zu reden, sondern auch dazu zu stehen! yes! Kann freihändig in halbschuhen laufen und mit messer und gabel umgehen. anforderungen erfüllt?!?!*«

TRY2FIND: »*Nein, nicht erfüllt. In Halbschuhen laufen, mit Messer und Gabel umgehen können, hatte ich nicht in die*

Profilanforderung geschrieben, weil ich das bisher als Standard angesehen habe. Meine deutliche Forderung: Mails, bitte nur mit Foto ... müsstest gerade du doch verstehen, wo Bilder so tiefe Gefühle in dir hervorrufen und DU nur auf Mails MIT Foto reagierst. An der Disziplin ›Lesen‹ solltest du also noch arbeiten.«

Aber keine Regel ohne Ausnahme(n). Ab und zu schafft es auch ein fotoloser Mann, mich zu einer Antwort zu animieren. Entweder er schreibt besonders schön, oder ich habe einfach gute Laune. Dann muss ER aber damit rechnen, dass ich mich ein wenig auf seine Kosten amüsiere.

FOTOLOS (50): *»Betreff: Try2find U. Ich bin ganz fasziniert von Ihrem Profil. Vielleicht sehen Sie über Unterschiede wie Haare, Politik und Lebenssituation hinweg? Sende Ihnen gerne ein Bild über eine etwas privatere Mailadresse. Hoffe, es klappt und Sie melden sich bei Interesse! Bis dann X.«*

Die »Unterschiede« finden sich in seinem Profiltext. Er hat einen Sohn, eine konservative politische Einstellung und sein Sternzeichen ist Fische.

TRY2FIND: *»Hallo X. Danke für die nette Mail ... auch wenn ich nicht ›im Bilde‹ bin, mit wem ich es zu tun habe. Meine E-Mail-Adresse möchte ich nicht nennen, ich würde in kürzester Zeit eine eigene Hotline für partnersuchende Herren betreiben. Bleibt zur Beurteilung also nur Ihr Profil-Text. Zusammenfassend ergibt das einen konservativen Fisch mit Sohn ... wieso denke ich gerade an ›Findet Nemo?‹ ;-) Liebe Grüße von den ›Fischköppen im Norden‹, Judith.«*

FOTOLOS (50): *»Betreff: Lieber Nemo als Bruce! Hallo Judith! Super Zusammenfassung und scharf beobachtet. Sie haben mich ziemlich verblüfft, passiert mir nicht oft. Denke* *aber, konservativ und Fisch passt doch gut zu Hamburg. Damit auch Sie im Bilde sind, habe ich versucht, Ihnen im Anschluss an meine erste sofort eine Bild-Nachricht zukommen zu lassen. Es war ja deutlich zu lesen, dass Sie sonst nicht antworten. Ist das Foto nicht angekommen oder womöglich gleich in den Papierkorb gewandert? Hoffe doch nicht! Habe das Foto nur Ihnen geschickt, da mich Ihr Profil wirklich sehr interessiert, wie wahrscheinlich 1000 andere vor mir. Daher verstehe ich es zu gut, dass Sie mit privater Adresse vorsichtig sind. Ich hatte aber das Glück zu sehen, wem ich ein Bild schicke, und somit keine Bedenken. Nun, ich freue mich, dass Sie mir so nett geschrieben haben und wünsche mir, sie hoffentlich persönlich kennenzulernen. Gelegenheit hätten wir sicherlich, da ›Nemo‹ in der Nähe Hamburgs wohnt und ich ihn regelmäßig besuche. Also, Judith. Nun sind Sie wieder an der Reihe!?«*

TRY2FIND: *»Hallo X. Aha. Der Mann hat also des Öfteren einen Comic-Abend eingelegt und kennt sogar Bruce ;-) und hat ebenfalls eine sehr scharfe Auffassungsgabe: Konserve – sorry – konservativ und Fisch und Hamburg … ;-) Die Bildnachricht ist nicht angekommen. Es funktioniert aber. Ich habe tatsächlich schon Fotos als Mailanhang zugeschickt bekommen, es selbst aber nicht versucht. Brauche ich ja auch nicht. ICH habe ja meine Fotos im Netz … und es freut mich natürlich, dass diese IHRE Bedenken zerstreuen konnten, was mich aber ungerechterweise nicht weiterbringt. Deshalb wünsche ich Ihnen an dieser Stelle alles Gute bei Ihrer weiteren Suche. Liebe Grüße, Judith.«*

*

UNSICHTBARER (41): *»Hallo schöne Frau, verrätst du mir deinen Namen?«*

TRY2FIND: »*Nein. Ich bin nicht ›im Bilde‹, wer du bist. Im Gegenzug sage ich nicht, wie ich heiße ;-)*«

UNSICHTBARER (41): »*... dann versuchen wir es mal mit ankreuzen ... :-)) Abbym, Abelina, Abigai, Adelaide, Adeline, Adina, Adriana, Adrienne, Afra, Agatha, Agnes, Aida, Aimee, Aischa, Ajlin, Albertine, Alea, Aleksandra, Alena, Alessa, Alessandra, Alessia, Alexa, Alexandra, Alexia, Alexis, Alice, Alicia, Alida, Alina, Aline, Alisa, Alissa, Alisson, Amabella, Amadea, Amanda, Amelia, Amelie, Amina, Amy, Ana, Anastasia, Andrea, Andrina, Anette, Angela, Angelika, Angelina, Angelique, Anina, Anine, Anita, Anja, Anjalie, Anke, Ann, Anna, Annabel, Annabell, Annabella, Annabelle, Anne, Annett, Annette, Annika, Annina, Antje, Antoinette, Antonella, Antonia, Arabella, Ariadne, Ariana, Ariane, Arianna, Ariella, Arielle, Arlene, Arlette, Arwenna, Ashley, Astrid, Audrey, Aurelia ... oder doch etwas mit B – Z? :-)*«

TRY2FIND: »*:-) ... gut. Ich gebe mich geschlagen: Mein Name ist Judith ... aber ich rede trotzdem nicht mit Unsichtbaren!*«

*

BLAUAUGE (46): »*tD – tolle Darstellung, spricht mich sehr stark an – zieht mich aus dem Sessel an die Tastatur. So wenig von mir schon jetzt: ich bin 187 cm, NR, blond, studiert, blaue Augen – bin aber nicht blauäugig –, ohne Bart, ohne Bauch und ich bin beruflich stark engagiert. Ich bin nicht der gesuchte Prinz oder Traummann, möchte dich aber sehr gern kennenlernen. Könnte bestimmt sehr schön sein. Ich sehe, wir suchen in die gleiche Richtung, warum also nicht gleich auf den Punkt. Lass uns treffen.*«

TRY2FIND: »*Sollten wir tatsächlich in der gleichen Richtung suchen, wärst du schwul ;-) Danke für die Kurzbeschreibung deiner Person. Sie trifft auf Millionen anderer Männer auch zu. ›Schon jetzt‹ ist daher die falsche Einleitung. An diesem Punkt – um gleich auf ihn zu kommen – erwarte ich ein Foto von dir und ein paar Zeilen zur Person. Beides ist leider nicht vorhanden, obwohl ich in meinem Profil ausdrücklich darum bitte, und da du nach eigener Aussage auch nicht mein gesuchter Traummann bist, was ich nur bestätigen kann, denn der hätte sich die Mühe gemacht, meine Wünsche zu respektieren, wird nichts aus einem Treffen. Viel Glück bei deiner weiteren Suche.«*

*

KARLHEINZ (48): »*Hallo try2fint. Einen schönen Gruß nach Hamburg. Deine Fotos und das, was du schreibst, gefällt mir. Ich würde dich gern näher kennenlernen. Wenn du das auch möchtest, lass es mich bitte wissen. Ich freue mich. Liebe Grüße, X. PS. Ein Foto von mir kannst du auf meiner Homepage www.xxx.de sehen. Unter ›Team‹ bin ich derjenige, der nachdenklich am Schreibtisch sitzt und sich an das Kinn fasst. Freu mich auf eine Antwort.«*

TRY2FIND: »*Hallo X, Danke für deine Mail. Sorry, das ›Suchbild‹ habe ich ausgelassen. Ich ›fint‹, dass ich auch so schon sagen kann, dass es von meiner Seite aus nicht passt. Viel Glück bei deiner weiteren Suche und Grüße aus Hamburg.«*

KARLHEINZ (48): »*Schade, dass du es schon weggeworfen hast, bevor es eine Chance hatte.«*

Da fasst auch »frau« sich nachdenklich ans Kinn. Folgender Herr hat ebenfalls kein Bild auf seiner VK und reagiert auf mein vorher angekündigtes Schweigen auch noch sauer:

UNSICHTBAR (47): »*Ehrlich gesagt, ich wollte Ihnen jetzt nicht mehr schreiben, nachdem ich keine Antwort auf meinen Zwinkerer* (Zwinkerer sind wie eine Massenmail und beinhalten keine Frage. Auf was sollte ich also antworten? Darauf reagiere ich nie!) *erhalten habe. Das verstimmt mich. Womöglich lag es an der Tatsache, dass meinem Profil kein Bild beilag.*«

TRY2FIND: »*Mich verstimmt es, wenn* ›Mann‹ *meine Forderungen nach Zuschriften* NUR MIT BILD *ignoriert. Ich wünsche Ihnen viel Glück bei Ihrer weiteren Suche.*«

Ich hätte niemals antworten dürfen, denn so eine Absage wird von Männern oft als ZUSTIMMUMG für weitere Versuche gewertet und hat ungeahnte und unangemessene Nachwirkungen. In diesem Fall im Buchformat. Hier die gekürzte Form:

UNSICHTBAR (47): »*Hallo – Geben Sie mir eine eigene Mail-Adresse, so kann ich Ihnen auch ein Bild(er) zusenden. Keine Angst, ich beiße nicht, oder verwerte Mail-Adr., schon gar nicht möchte ich Sie später nerven!* (Warum das Nerven auf später verschieben, wenn »Mann« das jetzt schon erledigen kann?) *Ihre Zeilen klingen wie ein Vorwurf, wie eine Anklage, wäre es schlichtweg anders, mit ausgestelltem Bild, sicher keinesfalls. Der Wert der Optik, wie oft habe ich seit meiner Jugend selbst darüber geschliffen, bis selbst der Diamant sich letztlich zu Staub löste ... Zumindest haben Sie mal geantwortet, superb, ich kann's nicht glauben ... grins. Wie wunderbar kann das Leben doch sein, selbst über dieses kleine Entgegenkommen Freude zu verspüren. Wie ist eigentlich Ihr Ruf-Name? Try2find ist zwar originell, aber unpersönlich. LG X.*«

UNSICHTBAR (47): »*Falls Sie auf normalem Wege doch noch mailen wollen, hier meine private Email: xx@xx.de.*«

UNSICHTBAR (47): *»Einen wunderschönen guten Morgen. Ich hoffe, Sie sind wohlauf und es geht Ihnen gut? Lieber Gruß X«*

UNSICHTBAR (47): *»Warum antworten Sie mir nicht?«*

Ich glaube, das hatte ich schon in meiner ersten Mail erklärt?

NEULING (37): *»Ich bin neu hier. Ich bin nicht 1,80 und auch noch keine 40, aber dennoch finde ich dein Bild sehr interessant und möchte dich kennenlernen. Gruß G.«*

TRY2FIND: *»Hallo X. Dies ist EINE Ausnahme, weil du neu hier bist. Allerdings ist dir ja selbst schon aufgefallen, dass du nicht in mein Suchschema passt und ich einen Partner über 1,80 m, ab 40 Jahre suche. MIT Bild auf seiner VK. Bist du jetzt im Bilde, wie so eine Flirtbörse funktioniert? Viel Glück bei deiner weiteren Suche.«*

*

Natürlich gibt es auch »heftige« Gründe, dass »Mann« sich ohne Bild präsentiert:

HAGEN (40): *»Eigentlich finde ich es unhöflich, dir ohne Bild zu schreiben, zumal du ja ausschließlich Bildzuschriften bekommen möchtest. Solltest du dich jetzt genervt fühlen, dann bitte ich sicherheitshalber hiermit um Entschuldigung. Ich habe kein Foto online, weil ich nicht möchte, dass mein Azubi mein Profil an die Pinnwand heftet ... LG X.«*

Auf meine Forderung nach einem ansehnlichen Äußeren habe ich viele provokante Mails bekommen – natürlich meist ohne Foto. Wahrscheinlich aus gutem Grund:

ANDERS (43): »*Hallo Optikerin. Da du so nach dem Äußeren gehst, habe ich wohl kaum eine Chance. Aber überleg mal,
wie das wäre, Schönheit und Geist zu verbinden. X*«

TRY2FIND: »*Danke. Diese Fusion ist mir bereits gelungen :-)*«

Auch häufig vertreten »Biete Geld und innere Werte«:

DANCER (61, ohne Bild, dafür deutlich zu alt): »*Hi schöne
Unbekannte … Interesse an einem erfahrenen Herrn aus der
dtsch. Wirtschaft? Wenn Du allerdings nur auf Äußerlichkeiten, Daten und Fakten Wert legst und nicht auf die inneren
Werte, dann wird es wohl schwierig … mit Spannung erwarte
ich Deine Kontaktaufnahme. Auf Grund meiner doch etwas
leidlichen Erfahrungen hier bitte nur einigermaßen niveau-
volle Antworten … bitte!*«

TRY2FIND: »*Natürlich werde ich mich bemühen, mich auf
dein Niveau zu begeben. Eigentlich ist es müßig, hier noch
einmal auf die ›Daten und Fakten‹ zu verweisen, auf die ich
Wert lege, da sie deutlich lesbar in meinem Suchprofil zu finden sind, inklusive der Forderung: ›Zuschriften bitte MIT
Bild.‹ Meine leidlichen Erfahrungen hier haben leider gezeigt,
dass viele meine Wünsche einfach ignorieren und sich selbst
die Freiheit nehmen, aus dem Verborgenen heraus nach Optik
zu selektieren … aber danke, dass DU mich wegen meiner niveauvollen inneren Werte kontaktiert hast! LG*«

Wenn ich schreibe: »*Ich suche einen Partner im Alter von 40–50
Jahren*«, ist das schon großzügig bemessen, wieso glauben dann
die 30-Jährigen genauso wie die 60-Jährigen, dass sie das einfach
ignorieren dürfen? Wenn ich schreibe: »*ab 1,82 m*«, warum meinen alle, die deutlich darunter liegen, das nicht beachten zu müssen? Auch steht deutlich auf meiner »Wunschliste für zukünftige
Partner«, dass ich jemanden suche, der in räumlicher Nähe zu fin-

den ist, was ich durchaus schon auf die BRD ausgedehnt habe – und dazu gehört NICHT das australische Outback! Und warum mache ich mir die Mühe, einen umfassenden Profiltext zu schreiben, wenn zwar alle behaupten, ihn zu lesen, aber genau das Gegenteil von dem bieten, was ich suche?

KAPELLMEISTER (52): »*... da ich dein Profil sehr aufgeschlossen und interessant finde, möchte ich dir etwas mehr über mich schreiben. Ich wohne zusammen mit meiner 16-Jährigen Tochter, seit der Trennung von meiner Frau, in einer Dreiraumwohnung, in einem Dorf zwischen Altmark und Börde, wo wir auch groß geworden sind. In meiner Freizeit höre ich viel und oft Musik, nebenbei bin ich auch noch Mitglied in einer Schalmeienkapelle ...*«

Aber auch wenn »frau« im Bilde ist, durch ein beigelegtes Foto, muss das ja noch nicht heißen, dass dieses auch ein Bild von einem Mann zeigt. Zumindest keines, dass »frau« täglich vor Augen haben möchte:

KUDDEL (54): »*Guten Abend! Ich hatte die Hoffnung schon aufgegeben, um auf eine interessante Frau zu blättern, bis es mir mit deiner VK gelungen ist! Möglicherweise bin ich zu alt und zu klein für dich, komme aus dem falschen PLZ-Gebiet? LG*«

TRY2FIND: »*Ja.*«

*

STÖRFAKTOR (56): »*Hallo schöne Frau, in einigen Punkten entspreche ich nicht deinem Wunschpartner. Ich finde deine VK sehr interessant. Wenn dich die Punkte, die nicht ganz übereinstimmen* (Es handelt sich um die Punkte: Alter, Größe, Wohnort, Lebenssituation.) *nicht stören, wäre es schön, wenn du mir schreiben würdest. LG*«

Also, wenn ich das richtig verstehe: Sollte ich hier aus Versehen antworten, hieße das, die »paar« Punkte, die nicht stimmen, stören mich nicht? Okay. Keine Antwort.

Auch im Online-Direkt-Kontakt, also beim Chat, werden meine Suchkriterien immer wieder gerne ignoriert: Mein Chat-Partner fällt zu höchstens 10 % in mein Suchprofil für Mr. Right. Die Prozentpunkte hat er allein mit der Tatsache gewonnen, dass er ein Mann ist. Ansonsten ist er zu klein, zu jung, zu frech, wohnt zu weit entfernt. Lustig ist aber der Deal, den er mir vorschlägt: Wenn ich ein liebes Mädchen bin und mich mit ihm treffe, was ich gar nicht möchte, weil es dazu – siehe Prozentpunkte – keinerlei Veranlassung gibt, dann erhalte ich als Hauptgewinn ein neues Date mit einem amtierenden Karatemeister aus Berlin-Mitte, der immerhin mit seinem Alter ein Suchkriterium erfüllt, der ansonsten aber noch gar keine Punkte auf meiner Partner-Such-Liste hat – höchstens den Ich-bin-ein-Mann-10 %-Bonus wie der Vermittler –, weil ich nie mit ihm in Kontakt getreten bin, nie gesprochen, nicht mal ein Foto gesehen habe ... Also fassen wir zusammen: Ich soll mich mit jemandem treffen, an dem ich kein Interesse habe, um mich dann mit jemandem zu treffen, den ich wahrscheinlich auch nicht will. Ein super Two-in-one-Package!!! Im folgenden Fall ist Phantasie gefragt:

FANTASY (48): »*Hallo Try2find, wünsch dir einen guten Tag, da ich kein Bild freigegeben habe beschreibe ich mich mal kurz: Größe: 179 cm. Gewicht: 78 kg. Augen: blau-grau. Haare: blond. Figur: normal. Ich melde mich bei dir, weil du mir sehr sympathisch und freundlich erscheinst. Hoffe du meldest dich bei mir! Gruß X*«

HOMEPAGE (47): »*Ein Foto von mir kannst du auf der Homepage meiner Firma sehen. Unter www.xxx.de. Da gehst du unter ›Land‹, dann auf ›Stadt‹, (Fehlt noch der Fluss?) auf ›Team‹, ich bin der 3., der unten in der 2. Reihe steht, mit dem gestreiften Hemd. Auf deine Nachricht freue ich mich. Gruß X.*«

Nach zwei Jahren Online-Suche – mit größeren Pausen –, bei der ich mich immer brav mit Foto und voll ausgefülltem Profil ins Netz gestellt habe, probiere ich es jetzt einfach mal ohne Foto. Mal sehen, wie die Männerwelt darauf reagiert. Die meisten behaupten ja, dass ich einen so tollen Charakter habe, dass sie sich, auch ohne ein Foto von mir gesehen zu haben, gemeldet hätten. Ich bin mir sicher: Die haben geschwindelt. Aber ich gebe der Wahrheit eine Chance und prüfe das einfach mal nach.

Ich stelle mein fotoloses Profil bei Friendscout ein. Mit dem Text habe ich mir besondere Mühe gegeben. Um mich in diesem Portal frei bewegen zu können, also Mails auch schreiben zu können und nicht darauf angewiesen zu sein, dass mich jemand kontaktiert, habe ich 17 Euro in ein Abo für einen Monat investiert. Mir ist schon klar, dass ich ohne Bild wesentlich weniger Chancen haben werde. Deshalb muss ich einfach ein bisschen aktiver sein. Vielleicht wird sich ja herausstellen, dass ich dann eher an die Männer gerate, die mir gefallen. Möglich, dass der fotolose Weg der effizientere ist.

Bei meinem ersten Besuch in dieser Börse blättere ich also durch den Herrenkatalog und komme mir richtig befreit vor. Niemand sieht mich bzw. kein Mann nimmt mich ohne Foto wahr. Dass ich online bin, zeigt, wie immer, der entsprechende Button, was aber keinen zu interessieren scheint. Ich bin herrlich anonym. Irgendwie ist das viel entspannter als mit Foto. Da flattern mir jede Minute neue Mails in den Briefkasten. Vorzugsweise von Männern, die ich durch meine Suchkriterien ausgeschlossen habe, versteht sich. Sonst würde ich mich ja darüber freuen. Ich sammle ganz in Ruhe schon mal ein paar Favoriten. Nach Optik! Ich finde, das passt super zu meinem Motto, das ich hier im Profil angegeben habe: »*Gute Mädchen kommen in den Himmel. Clevere überallhin.*« Na hoffentlich stimmt das. Ein Bild von einem Mann mit einem ganz bezaubernden Lachen beschreibt seine Traumfrau: »Hübsch, intelligent, schöne Stimme, selbstsicher, graziös, schlank, sportlich, schlagfertig …«, und ich verwende den etwas abgewandelten Text für meine erste Mail an ihn:

Try2find: »*Betreff: Hübsch, intelligent, schöne Stimme, selbstsicher, graziös, schlank, sportlich, schlagfertig … UND bescheiden? Das bin ja ich! ;-) Liebe, Judith.*«

Schauen wir mal, ob ich auch ohne Foto eine Antwort wert bin? Zwei Tage später. Mein Postausgang zeigt: Die Mail wurde von meinem Traummann gelesen. Sogar schon gestern. Auf eine Antwort warte ich allerdings vergeblich. DAS geht natürlich nicht. :-) Zweiter Anlauf. Jetzt hilft mir eine besondere Funktion, die Friendscout bereithält. Es gibt einen VIP-Bereich, der sich von mir für einzelne User freischalten lässt. Darin gibt es neben weiteren Rubriken wie: »*Das finde ich sexy*«, »*Das habe ich noch niemandem erzählt*«, »*Das Beste an mir*« eine weitere Möglichkeit, Fotos zu platzieren. Davon habe ich reichlich Gebrauch gemacht. Jetzt schalte ich sie für meinen schweigenden Traummann frei. Dazu eine knappe Mail:

Try2find: »*Betreff: Hübsch, intelligent, schöne Stimme, selbstsicher, graziös, schlank … So schweigsam? Vielleicht sind Fotos doch überzeugender? S. VIP-Bereich. LG. :-)*«

Traummann (39): »*Schöne Fotos. Seeeeehhhr schön! LG X.*«

Die Antwort erhalte ich innerhalb weniger Minuten. Na bitte: Geht doch! Beweist aber auch: Es wird schwerer, als ich gedacht habe. Bei meinem fotolosen Profil muss ich mich sehr aktiv zeigen, um in Kontakt zu kommen. Immerhin spart diese Methode Hunderte von unsinnigen Nein-danke-Mails. Die Männer, mit denen ich in Kontakt trete, sind von mir handverlesen, und es macht mir nichts aus, den ersten Schritt zu tun. Meine Erfolgsquote, was die Antworten betrifft, liegt bei 100 %, wenn ich meinen VIP-Bereich mit meinen Fotos freigebe. Ganz ohne Foto ist die Antwortquote mager. Nur einer der angeschriebenen Männer hat trotzdem sehr nett auf meine Mail geantwortet. Einmal in der Woche erhalte ich eine Flirtstatistik vom Friendscout-Team. Ohne Foto liegt meine Besucherquote in einer Woche weit unter 50 Besuchern. Bei einer schnellen Flirtbörse wie Friendscout ist das nichts.

Der Gegentest: Ich melde mich mit einem zweiten Nickname als »Fotostory« zeitgleich bei Friendscout an. Hier habe ich alle Fotos aus meinem VIP-Bereich bei Try2find direkt sichtbar auf meinem Profil platziert und habe locker 50 Besucher in einer Stunde.

Viele User sind hier nicht als zahlende Mitglieder gemeldet. Das schränkt natürlich die Möglichkeiten zur Kommunikation erheblich ein. Man kann sich allerdings im Chat treffen. Dazu werden vorgefertigte Mails verschickt. Daraus besteht die meiste Post, die ich als Fotostory erhalte.

In der ersten Stunde finde ich gerecht aufgeteilt folgende Versionen in meiner Mailbox: 20 Mal »*Dein Foto gefällt mir*« und 20 Mal »*Erzähl mir mehr über dich*«, was in diesem Zusammenhang sicher vernünftig wäre, denn von mir gibt es auf diesem Profil nur einen tiefgründigen Satz: »*Ich suche keine Affäre, sondern einen Partner in einer ansehnlichen Verpackung.*« Über einige der Mails amüsiere ich mich köstlich. Die stammen von zahlenden Premiummitgliedern: »*Ich finde Dein Profil klasse und glaube, wir haben viel gemeinsam.*« Woraus sie das bei meiner nichtssagenden textlichen Darstellung schließen, ist mir ein Rätsel. Mein Profil als Fotostory habe ich nur eine Woche ins Netz gestellt. Mein Vorurteil hat dieser Test aber schon in kürzester Zeit bestätigt: Männer können besser gucken als lesen!

TIPP: Wer sich Zeit beim Erstellen seines Profils nimmt, besonders bei der Auswahl sympathischer Fotos, hat einfach bessere Chancen. Es gibt keine zweite Chance, einen guten ersten Eindruck zu machen. Schon gar nicht im schnellen Internet. Die inneren Werte kommen erst optisch angenehm verpackt so richtig zur Geltung. Andernfalls tendieren die Chancen gegen null, überhaupt in Kontakt mit seinem Traumpartner zu kommen.

PROFILNEUROSEN

BRAUN SCHWEIGER (41): »*Hi, ihr wunderbaren Frauen in der Welt. Ich weiß ja, es gibt ne Menge Zicken unter euch und ich habe schon so einige von euch kennengelernt. Sehr intensiv :-))) Aber wie es auch immer gelaufen ist ... in langjährigen heißen und nicht so heißen Beziehungen oder kurzen megaheißen Events ... Ich werde mein Leben lang nicht von euch lassen. :-))) Bin offen für viele und vieles.*«

Da soll »frau« nicht zickig werden?

*

STROMBERG (39): »*ist ›Stromberg‹ nicht ne geile serie ... son arsch oder? :-) und richtig ist wohl auch ein artikel iner bild über die größten fehler der single-frauen: sie lassen keinen mann so, wie er ist – den mann ohne macken gibt es nicht – sie denken zu sehr an die materielle absicherung – sie verwechseln liebesbeziehung mit besitzverhältnis. spionieren ihrem partner hinterher. aber welcher mann holt sich gern eine staatsanwältin ins haus? – sie checken jeden kandidaten von a–z. und während sie sich zu tode testen, verpassen sie ihre chance. WAS ICH WILL: ich möchte mich verlieben!*«

Sie aber nicht. Auch Frauen haben oft eine ganz eigene Art, sich zu präsentieren. Wäre ich ein Mann, würde mich so eine »Ansage« abschrecken. Nach eigener Aussage der Dame hinter dem Nickname kann sie sich aber nicht über mangelndes Interesse beklagen, trotz ihrer heftigen Worte:

JALOU-SIE (38): »*Solltest das ›gewisse Etwas‹ haben: ein echter Mann, mit Verstand und Herz, und kein Geizkragen. Wer mit allem geizt, der geizt auch mit der Liebe! Also kein*

*Waschlappen, davon habe ich viele in verschiedenen Farben
im Schrank. Glaube nicht an Liebe auf den ersten Blick –
nur an passt oder passt nicht. Fertig! Ich bin eifersüchtig und
schmeiße alle deine Teller aus dem Fenster und dich hinterher.
Ne Abfuhr könnt ihr euch gern bei mir abholen. Ist ein coo-
les Training für das Leben: immer wieder versuchen, fast nie
schaffen und wenn es mal klappt, sich was drauf einbilden, so
ist es doch. Ich bin porentief ehrlich, wenn ich ein Schwein erkenne, nenne ich ihn auch so und bleibe mir und dem Hund
in mir treu. Auf ein schnelles Abenteuer bin ich nicht aus und
gebundene Männer interessieren mich null! Wer nicht Mann
genug ist, sich zu trennen (Tut dem Konto weh, nicht wahr?),
ist auch nicht Mann genug für mich!«*

POSITIV Eine Studie der Universität Zürich unter 4.110 Online-Da-
tern, Durchschnittsalter 34, hat ergeben, dass Amors Pfeil bei immerhin 23 Prozent auch virtuell trifft. 12 Prozent der Internet-User
hatten sich tatsächlich schon vor dem ersten Treffen verliebt. Allein durch den E-Mail-Kontakt ... Und gleich noch eine frohe Botschaft: »*Es hat sich eindeutig bestätigt, dass im Internet aufgebaute
Beziehungen so echt wie herkömmliche sind, da sie ihre anfäng-
lich rein virtuelle Natur ziemlich schnell hinter sich lassen*«, so das
Fazit der Züricher Studie. Und der dritte Pluspunkt: Der Anfang
fällt leichter. Dreiviertel der Befragten fühlten sich gerade wegen
der Anonymität im Netz wohler. Die Hälfte hatte nach eigenen Angaben »*weniger Hemmungen*«.

PARTNERSUCHE PER ZEITUNGSANNONCE

Die erste dokumentierte Partnervermittlung eröffnete Henry Ro-
binson am 29. September 1650 in London unter der Bezeichnung
»Office of Addresses and Encounters« (Büro für Adressen und Begegnungen). Sir John Dimly, einer der ersten Kunden, wünschte,
»*einen Vertrag der Ehe mit einer jungen Frau zu schließen*«. Im

Jahre 1727 gab Helen Morrison, eine alte Jungfer, in der Zeitung »Manchester Weekly Journal« die erste dokumentierte Kontaktanzeige auf. Im Gegensatz zu Sir John Dimly wurde sie prompt für vier Wochen ins Irrenhaus gesteckt. Trotzdem hat sich die Partnersuche per Zeitungsannonce danach etabliert. Sogar im Zeitalter des Internet gibt es immer noch Befürworter dieser altbewährten Art der Partnersuche.

Meine sehr bodenständige Freundin Brunhild mag »diese oberflächlichen Internetkontakte« gar nicht und ist davon überzeugt, dass die Suche per konventioneller Zeitungsannonce die seriösere und erfolgversprechendere Variante ist. Natürlich möchte sie mich gerne von ihrer Meinung überzeugen. Wöchentlich bekomme ich von ihr Ausrisse aus Zeitungen – meist der »Süddeutschen« – mit der Auflage, mich baldmöglichst darauf zu melden. »Baldmöglichst« ist bei Brunhild ein klar umrissener Zeitraum: Nicht direkt in den ersten Tagen antworten, denn dann geht »frau« im Wust der Zuschriften unter, sondern eine Woche später. Dann ist die nötige Aufmerksamkeit der anderen Seite wieder garantiert. Ich habe bislang fünf Versuche dieser Art unternommen. Leicht widerwillig, ich bin eher der moderne E-Mail-Typ, aber ein bisschen hat auch diese Art der Partnersuche mit dem Internet zu tun. Freundlicherweise haben die meisten Herren (bis auf einen) eine E-Mail-Adresse mitveröffentlicht.

INSERAT 1: *»Viel verlangt – zugegeben! Gesucht wird eine sehr gut aussehende, schlanke Frau mit Stil und Intellekt, Humor, Herzenswärme … Ich bin Dr., 42, sehr attraktiver, dunkelhaariger athletischer Typ …«*

TRY2FIND: *»Hallo aus Hamburg. Ziemlich weit entfernt – zugegeben! Abgesehen davon ist ›sehr gut aussehend‹ immer Ansichtssache. Zur Ansicht deshalb das beiliegende Foto. Den Punkt ›schlank‹ kann ich – 1,76 m, 42 – erfüllen. Dazu halte ich mich, wie jeder Mensch, für intelligent, humor- und stilvoll, voller Herzenswärme (direkt unter der kühlen blonden*

Fassade) ... und finde mich dabei unglaublich bescheiden ;-)
Liebe Grüße. Judith.«

Ich bekam tatsächlich eine Antwort, sogar meine Bitte, ein Bild mitzuschicken, wurde erfüllt ... Und wieder zeigte sich die Wahrheit meiner Worte: »Sehr attraktiv ist immer Ansichtssache.«

INSERAT 2: »*Gutaussehender ER, 40, Akad., intern. tätig sucht seine Nr. 1. Bist du selbstbewusst, erfolgreich, 35–45 J., modisch, erotisch und sexy in Business, Sportklamotten und Abendkleid? Du legst Wert auf dein Äußeres und magst Sport ohne Extreme ... sich coachen und unterstützen, Luftschlösser bauen.*«

TRY2FIND: »*Betreff: Romantisch-erotische Abende mit facettenreichem Privat-Coach im selbstgebauten Luftschloss. Hallo X. Eigentlich sollte es gerade mir nicht schwerfallen, einen einfachen Text zu verfassen, da ich beruflich ständig mit Worten jongliere. Aber ins Blaue hinein zu schreiben, ohne sein Gegenüber zu kennen, ist schon etwas seltsam. Die Kurzform von mir – wenn ›frau‹ das bei 1,76 m überhaupt sagen kann: Ich bin Journalistin/Moderatorin, 42 Jahre, Rheinländerin und lebe seit 5 Jahren in Hamburg, womit wir auch schon beim Grund angelangt wären, warum ich – keinesfalls kontaktscheu – auf eine Annonce in der Zeitung antworte: Das seltsame Verhalten der hanseatischen Großstädter bei der Partnersuche! Viele der geforderten Punkte im Anzeigentext kann ich erfüllen, nur beim Golfen muss ich passen. Solltest du dich von meiner Bildzuschrift angesprochen fühlen, freue ich mich auf eine Antwort. Liebe Grüße aus dem hohen Norden. Judith.*«

Auch hier bekam ich eine Antwortmail mit dem Bild eines mir sehr sympathischen Mannes, der durchaus meinen Geschmack getroffen hätte. Er bat um meine Telefonnummer. Ich habe sie ihm gegeben ... und nie wieder etwas von ihm gehört.

INSERAT 3: »*Meine sehr verehrten Damen, ich habe das Glück, einen außergewöhnlichen Menschen meinen Freund zu nennen, denn er ist wahrlich ein großer Schatz. Und diesem Mann möchte ich nun auf diese, wenn auch unübliche Weise eine wunderbare Frau ans Herz legen, denn die Liebe geht ja oft ihre eigenen, unergründlichen Wege. Mein Freund ist einer der letzten wirklich großen Männer, was er sicherlich selbst so gar nicht sieht. Er ist absolut verlässlich, treu, äußerst großzügig, liebevoll und charakterstark. Selten habe ich jemanden getroffen, der über ein solch immenses Wissen verfügt, dabei jedoch niemals überheblich wirkt. Er ist in den Vierzigern, wirkt aber durch seine jungenhafte, fröhliche Art viel jünger, sportlich, durchtrainiert, genießt sein Leben an seinen superben Wohnorten, u.a. in München. Ob sie nun berühmt oder unbekannt sind, reich oder arm, mit oder ohne Kinder, spielt letztlich keine Rolle, denn nur die Liebe zählt.*«

Brunhild war voller Begeisterung, geradezu euphorisch für ihre Verhältnisse. Es war keine E-Mail-Adresse angegeben und ich sollte tatsächlich zu Füllhalter und Briefpapier greifen. Leider habe ich verlernt, ordentlich mit der Hand zu schreiben. Mein Schriftbild sieht gruselig aus. Selbst ich kann es nicht lesen!!!! Ich entschied mich also für einen Kompromiss und habe den Text in den Computer getippt, eine Schrift verwendet, die an Handgeschriebenes erinnert und das Ganze auf edles Briefpapier gedruckt. Bei Brunhild bin ich zwar nur gerade so damit durchgekommen, aber ich fand mich genial:

BRIEF AN EINEN UNBEKANNTEN

Schon die richtige Anrede zu finden fällt mir schwer. Ein »Hallo« erscheint mir zu freundschaftlich, ein »Sehr geehrter Unbekannter« zu kühl. Wie spricht man jemanden an, den man nicht kennt? Vielleicht ein bisschen humorvoll, den

*O-Ton der Anzeige kopierend, einfach: »Schatz«? :-) Sorry,
das ist meine Art Humor, die immer dann auftritt, wenn ich
mich auf ungewohntem Terrain bewege. In diesem Fall ist das
vielleicht nicht wirklich angebracht.*

*Angebracht ist aber sicher eine kurze Vorstellung meiner
Person. Mein Name ist Judith Alwin. Ich lebe zurzeit in Hamburg, bin aber im Rheinland geboren und arbeite als Journalistin. Ich habe keine Kinder, war nie verheiratet, obwohl
meine beiden wichtigen Beziehungen im Leben länger hielten als die meisten Ehen in meinem Freundeskreis. Letzterer bescheinigt mir das geforderte »gute Herz« nebst »fröh-
licher Art«. Ob ich die »bescheidenen Ideen« Ihres Freundes
ansonsten erfülle, kann ich selbst schlecht beurteilen. »Atem-
beraubende innere und äußere Schönheit« liegt im Auge des
Betrachters. Schlank bin ich. So was ist messbar! Aber schaffe
ich die Hürde »hinreißender femininer Esprit«, gepaart mit
»feiner Intelligenz«?*

*Was mich überhaupt dazu verleitet hat, auf diese Kontakt-
anzeige zu reagieren, kann ich dagegen sehr leicht beantworten. Wenn ein Mensch sich die Mühe macht, für seinen Freund
eine so schöne, mit viel Liebe verfasste Annonce aufzugeben,
um diesen Freund glücklich zu machen, dann steckt hinter
diesem »außergewöhnlichen Menschen« wirklich ein »wahrlich großer Schatz«. Es kann also nur eine Bereicherung sein,
Sie kennenzulernen. Außerdem bin ich neugierig: Wie viel
Tonnen Post bekommt »Mann« auf eine solche Annonce …
und fallen meine ca. zwei Gramm Papier da überhaupt auf?*

Ich würde mich sehr über eine Antwort freuen.

Liebe Grüße aus Hamburg, Judith Alwin

Inserent 3 hatte die größte Anzeige geschaltet, aber leider nicht die
Größe, überhaupt zu antworten. Mein Fazit: Es gibt keinen nen-
nenswerten Unterschied zu virtuellen Partnersuch-Anzeigen. Auch
hier war von »*Gib mir deine Telefonnummer und du hörst nie*

wieder etwas von mir« bis »*Schweigen im Walde«* alles Bekannte dabei. Brunhild bleibt dennoch bei ihrer Ansicht, dass Zeitungsannoncen seriöser sind als Internetkontakte, und macht die verschiedenen Altersklassen dafür verantwortlich, in denen sie und ich suchen. In meinem 40er-Bereich sind die »Jungs« halt anders als in der von ihr bevorzugten 60er Kategorie. Ihr Resümee nach fünf Jahren Partnersuche per Zeitungsannonce: »*Diese Herren wissen noch, wie ›Mann‹ sich zu benehmen hat! Von ›deinen‹ haben die meisten das gar nicht gelernt.«* Da kann ich leider nicht widersprechen, zumal Brunhild diejenige von uns ist, die es tatsächlich geschafft hat, ihren Traummann zu finden. Per Zeitungsannonce. Ein Geburtstagsgeschenk von mir an sie konnte zu diesem Zeitpunkt natürlich nur eine Partnersuchanzeige sein:

Ein besonderes Geburtstagsgeschenk für eine besondere Frau gesucht: *Einen Mann für unsere Freundin. Sie ist eine attraktive, zierliche Person (1,68 m) mit einer super Figur (Gr. 36) und einem gleichwertigen Charakter (»∞« liebenswert). Es sitzt also nicht nur äußerlich bei ihr alles am rechten Fleck, sondern auch ihr Herz. Dazu ist sie finanziell unabhängig, trotz verschiedener Wohnsitze ortsungebunden, reiselustig und modern in Kleidungsstil und Ansichten. Themen, die ihre braunen Augen unternehmungslustig blitzen lassen, finden sich in der »VOGUE« genauso wie in der »BRAND EINS«. Dass sie beziehungstauglich ist, hat sie in langjähriger Ehe bewiesen. Mit ihrem Ex ist sie gut Freund und hat einen tollen erwachsenen Sohn aus dieser Ehe. Ein Abend mit ihr ist immer eine Bereicherung. Versprochen! Deshalb ist sie auch nur in gute Hände abzugeben ;-) Die sollten einem niveauvollen, weltgewandten, finanziell unabhängigen Herrn gehören, der die Lebenserfahrung von etwa 60 Jahren besitzt und eine derart wunderbare Frau auf Händen tragen würde, auch wenn sie durchaus auf eigenen Beinen stehen kann. Heute feiert unsere Freundin ihren 53. Geburtstag. Herzlichen Glückwunsch! Auch an den Herrn, der ihr Herz erobert. Sie sind in diesem Fall der wahre Gewinner! PS. Zuschriften gehen direkt an das Geburtstagskind, das sich sehr darüber freuen wird.*

Brunhild lebt heute mit ihrem Traummann in einem Traumhaus an der Côte d'Azur. Sie ist rundum glücklich. Wir sehen uns immer noch regelmäßig, denn sie hat jeden Monat in Hamburg zu tun, und Kriemhild und ich haben ein neues Ausflugsziel. Außerdem ist sie mit ihrer Erfolgsstory mein Silberstreifen am Horizont, wenn ich nahe daran bin, bei meiner Suche zu verzweifeln. Dann denke ich daran, wie sie mit unerschütterlichem Glauben über fast fünf Jahre gesucht hat, bis sie ihr persönliches Happy End gefunden hat. Dann schöpfe ich wieder neuen Mut und glaube: »*Es gibt ihn. Irgendwo. Auch für mich!*«

FEHLERTEUFEL

Bei aneinandergereihten Schreibfehlern bin ich sehr empfindlich und sortiere schnell aus, was mir meine Freundin Kriemhild ankreidet, weil sie selbst ein paar Probleme damit hat, während ich bei so was rotsehe:

WOLFSBLUT (48): »*Einsammer Wolf sucht einsamme Wölfin*«

Einsam sammer halt.

HUOMO (48): »*Hallo seer schöne Fotos würde dich gerne kennen Lehrnen. gruss X.*«

Natürlich sehe ich über Fehler hinweg, wie sie in schnell dahingeschriebenen Mails vorkommen. Das passiert mir auch. Aber sollte der Profiltext auffallende Fehler enthalten, mache ich mir Gedanken: Vielleicht ist Deutsch nicht seine Muttersprache, oder er hat sich keine Mühe gegeben und seinen Text einfach so »hingerotzt«

(Verzeihung!). Das wiederum lässt darauf schließen, dass er nicht ernsthaft sucht. So oder so: Mir ist ein gekonnter Umgang mit der Sprache wichtig. Das kann »Mann« auch anhand meines Profils erkennen, mit dem ich mir viel Mühe gegeben habe. Kriemhild ist ganz anderer Meinung. Sie besteht darauf, dass es Menschen gibt, die total nett sind und sehr wertvoll und nicht gut schreiben können. Ja, sogar eine leichte Schreibschwäche haben. Sie gehört auch dazu, sagt sie, und das ist eigentlich ihr bestes Argument. Denn tatsächlich: Ich möchte mir ein Leben ohne Kriemhild nicht vorstellen. Auch wenn ich manchmal Mühe habe, ihre SMS zu entziffern. Trotzdem. Mir gefällt es nicht, wenn sich jemand mit aneinandergereihten Schreibfehlern bei mir meldet, aus welchem Grund auch immer:

NADER (57): »*Betreff: kennenlernin. hi eine frage wass wenn die kinder gross und all mit zeinem und die arme vater socht eine oaase ???grusse nader.*«

Dazu hat er mir im Anhang seinen Profiltext geschickt:

NADER (57): »*honest. she like traveling specialy to asia and where always the sun. understanding the jobof her partner fromtime to time during the day wheil traveling alone. acsepting the mentality of athers. haning a very soft shulder and hearing the partner propleme. understanding the proplem of the partner ... knows what she want flexibel.like traveling respacting the mintalety of athers grosse from 155.165 I am very moralish man. need only respact by all means. finacing v. happy. a good job and good repetaion. geborn als moslem but i am open minded.*«

TRY2FIND: »*Tut mir leid. I do not understand you. Neither in Deutsch und auch nicht in Englisch.*«

Sprachbarrieren wie diese gibt es häufiger. Sie kommen in den besten Kreisen vor. Die folgende Story zeigt, dass Sprache, falsch eingesetzt, viel kaputtmachen kann:

Eine namhafte Automarke hatte in ihrem Werbespot das Wort »*gorgeous*« verwendet, was nichts anderes heißt als sehr schön und attraktiv. Laut einer Umfrage wurde dieser Werbespot zum größten Teil fehlinterpretiert und von den meisten Befragten als »Leben in Georgien« verstanden. Dazu stellten sie sich Trecker, Kühe und Sonstiges rund um das Landleben vor. Das Ergebnis: ein hässlicher Kratzer im Image der noblen Automarke, die damit beworben wurde. Fremdes Sprachgut in unser tägliches Leben zu integrieren ist also nicht immer erfolgreich, wie man sieht. Abgesehen davon wurde die Sprache ja auch irgendwann mal erfunden, um sich auf einfache Art zu verständigen. Warum inzwischen wieder viele Menschen darauf Wert legen, sich durch Fremdworte abzugrenzen und für viele unverständlich zu machen, ist mir ein Rätsel.

Dabei hat die Evolution ohnehin schon eine natürliche Sprachbarriere aufgebaut: zwischen Mann und Frau. Was sie sagt, er aber versteht, und umgekehrt, dazwischen liegen Welten. Es ist also für Mann und Frau schon schwer genug, sich gegenseitig verständlich zu machen. Folgende Mails tragen also sicher nicht dazu bei, das Problem zu beheben:

HOLLAND (52): »*Hallo liebe vrouw, ich schreiben nicht goed duits, aber ich proberen, kan sie mich verstanden, unt wie ist das mit innen, sie ziet goed aus..unt ich wollen gerne mit innen contact underhalten?? Liebe grussen H. X*«

*

BATMAN (43): »*i am not play boy but i try my chance when sam i hope with soon kiss of Belgium kamel*«

*

GÖKAN (39): »*hii good day How are You?? hope be good and happy 39 age old single a male looking single woman ... life has small and enough for get enjoy and happy want to share all life with You. .if You will want to be happy when Im ready..dont wait pls..life has good and small..Gökhan take care see YOU*«

SAU(N)EREI

Kaum zu glauben, wo frau überall ein Interview führen kann. Nachdem ich meine eigenen Erfahrungen in Sachen Internet-Partnersuche und die meiner Freundinnen zu Papier gebracht habe, erscheint mir das Ganze zu frauenlastig. Die Ansichten der »Gegenseite« sollen auch mit ins Buch einfließen. Vorausgesetzt, »Mann« erzählt es mir, stoße ich da bestimmt auf interessante Storys. Meine Theorie ist, dass, geschlechterunabhängig, immer die Netten auf die Verrückten treffen. Wäre es anders, bliebe dieses Buch ungeschrieben.

An einem schönen Sommertag bin ich mal wieder zu Besuch in meiner rheinischen Heimat bei meiner Freundin Olivia, die für mich ein Interview mit einem Jugendfreund arrangiert hat, der ebenfalls Suchender im Internet ist. Olivias zweiter Wohnsitz ist im Sommer ein uriger Fitness- und Saunaclub in der Nähe Kölns. Irgendein Verrückter, der vielleicht mal Theaterkulissenbauer werden wollte, hat sich hier ausgetobt und versucht, aus dem zweckmäßigen Sanitärbereich eine Art Grottenlandschaft zu formen. Seither koexistieren kackbraune Plastikfelsen neben vergilbten Kacheln. Grottenhässlich. Insofern ist das Unternehmen geglückt. Anders gesagt: Das große Außenareal ist schön. Dazu gibt es ein Restaurant, das eine unglückliche Kreuzung aus Tiroler Bauernstube und 50er-Jahre-Kegelbahnambiente ist. Doch dank der Herzlichkeit der Betreiber fühlt man sich hier trotzdem sehr wohl. Genauso »schräg« sind die Sauna- bzw. Restaurantgäste, die diesem ungewöhnlichen Etablissement kölschen Frohsinn einhauchen. Hier würde ich gerne eine Doku-Soap drehen. Eine Kreuzung aus »Big Brother« und »Die Fusbroichs« (Doku-Serie einer Kölner Familie mit Herz und Humor).

Das Zusammentreffen mit meinem Interviewpartner findet also im Restaurant statt. Ich kann mich nicht entsinnen, jemals ein Interview im Bademantel geführt zu haben. Aber bitte. Der stämmige Mittvierziger, dem Olivia mit einem schrillen »Liebschen« um den Hals fällt und ein »Kölsche Bützche« auf die feisten Wangen knutscht, ist ebenfalls in kuscheliges Frottee gehüllt. »Liebschen« kommt mir irgendwie bekannt vor. Olivia stellt ihn kurz vor. Ich werde von oben bis unten taxiert und offensichtlich für gut befunden, wie mir der listige Blick aus hellblauen runden Augen verrät. Die kräftige Figur. Woher kenn ich das nur? Die Art, wie er spricht. In der Kurzform von Mein-Auto-mein-Haus-meine-Pferdebetreuerin positioniert er sich erst mal als Supermann im obersten Management. Okay. Jetzt weiß ich Bescheid. In zweierlei Hinsicht. Vor mir sitzt die Zweitausgabe meines Ex, meines Liebeskummer-Grundes, wegen dem ich überhaupt im Netz gelandet bin, in Blond. Nicht ganz so hübsch wie das Original, aber mit großen Ähnlichkeiten: gleiche Augenform. Sogar die Gesichtszüge. Die kräftige Figur. Die leicht hektischen Bewegungen. Was aber besonders auffällt: die gleiche Art der Selbstbeweihräucherung. Der Mann ist gleichzeitig sein eigenes Publikum. »Bist du Widder?«, frage ich ihn. »Ja«, ist die Widder-typische Antwort, »*einer der Beeeeesten!*« Okay. Das hätten wir dann ja schon mal richtig eingeordnet. Hier handelt es sich klar um einen widderlichen Prototypen ohne unnützen Schnörkel. Natürlich ist mir klar, dass jeder Mensch, Widder oder nicht, absolut individuell ist. Trotzdem glaube ich, dass die verschiedenen Sternzeichen tatsächlich mit spezifischen Eigenschaften ausgestattet sind. Sozusagen ihr Handwerkszeug, um dem Leben zu begegnen. Dabei kann jedes Sternzeichen gut oder schlecht sein. Nur eben anders gut oder anders schlecht.

Aber weiter im Text und zurück zur kölschen Wellness-Oase und zu »Liebschen«: Er sitzt mir mit Olivia gegenüber. Alle drei haben wir uns für einen Wellness-Salat entschieden. Olivia macht nämlich gerade mal wieder Diät. Zusätzlich! Ich kann ganz in Ruhe essen, denn ich komme nicht zu Wort. Glauben Sie mir: DAS passiert selten. Für diese Situation ist das allerdings sehr gut. Olivia hat Liebschen dazu gebracht, auf Internet-Partnersuche zu gehen, weil der Arme von seiner Frau verlassen wurde und dringend Ablenkung braucht. Darauf hat sie bei mir zu meinen Liebeskummerzeiten ja auch bestanden. Sinn und Zweck bei Olivia ist der Unterhaltungsfaktor. Darum dreht sich in ihrem Leben alles. Je mehr lustige Geschichten, desto besser. Mit strahlenden Augen quetscht sie deshalb Liebschen zu seinen neuesten Eroberungen aus. Der lässt sich das gern gefallen, und seine Storys sprudeln nur so aus ihm heraus. Liebschen ist nicht nur gerade Frau, sondern auch Job los. Zeit hat er momentan also im Überfluss. Die, erzählt er fröhlich, habe er genutzt, um aus dem Internet den größtmöglichen Nutzen zu ziehen. Er habe sich gleich zwei Profile angelegt. So nach dem Motto: Guter Cop, böser Cop. (Polizeiliche Verhörmethode, in der ein Polizist den Netten spielt, der andere die Rolle des Bösen übernimmt.) Da schreibe er die Mädels gleich auf zwei verschiedenen Ebenen an. Die eine ist auf normalem zwischenmenschlichem Niveau, die andere – für meine Begriffe – unter der Gürtellinie. Zweck des Ganzen sei es, die Persönlichkeit der Damen zu erfassen. Antwortet sie auf den »bösen Cop«, sei sie keine Dame, ergo uninteressant. Wie im Job gewohnt, habe er sich dazu einen Quartalsplan erstellt, erzählt er unter den wohlwollenden Blicken der vor Vergnügen quietschenden Olivia. Darin halte er fest, wann er welche der Damen angeschrieben habe, wann die interessanten Objekte den ersten Blumenstrauß erhalten haben. Er hält darin den Inhalt der verschiedenen Telefonate genauso fest wie die Gespräche im Restaurant, damit er nicht durcheinanderkommt. Klar. Und zu guter Letzt – »... *wann ich sie dann flachlege!*« Ob dieser Art der Planwirtschaft vergeht mir der Appetit. Ich weiß nicht, wen von den beiden Vernetzten ich zuerst würgen soll. Olivia hat ein Monster erschaffen und erfreut sich auch noch daran. Wo bleibt denn hier die weibliche Solidarität? Trotz Olivias »Standig Ovations« ist Liebschen gerade wohl aufgegangen, dass ich sein Verhalten zum Kotzen finde. Nur um mal, wenn auch in umgekehrter Richtung, beim Essen zu bleiben. Das steht deutlich auf meiner Stirn. Kurzer Wechsel der Taktik. Der listige Blick ist wieder da, und ich weiß genau: Seit neuestem existiert auch ein Judith-Quartalsplan. Liebschen versucht ab sofort den unmöglichen Spagat zwischen Olivias Bewunderung und meinem Wohlwollen. Das ist jetzt pure Situationskomik. Olivias Gekichere hat uns inzwischen in den Mittelpunkt des Interesses gerückt. Jeder, der kann, »leiht« uns gerne ein Ohr. »… *Ja, und hat keine von beiden bemerkt, dass du direkt von der einen ins Bett der anderen gehüpft bist?*«, freut sich Olivia gerade mal wieder überlaut an der akribischen Vorbereitung eines neuen Quartalsplans: Beim Dinner im Edelrestaurant hat Liebschen sich bei seinem neuesten Fang aus dem Netz natürlich von seiner seriösesten Seite gezeigt. Ganz charmant und artig hat er die ahnungslose Frau nach Hause gebracht, ihr bei der Verabschiedung vor ihrer Haustür ein unschuldig-schüchternes Küsschen auf die Wange gehaucht. Kaum fiel die Tür ins Schloss, folgte seine Metamorphose vom braven Dr. Jekyll zum bösen Mr. Hyde, und es ging »zur Sache, Schätzchen« bei einem schon erfüllten Quartalsplan. Diese andere Dame hatte alle Punkte auf der Liste schon durchwandert und lebte im Glauben, einen treuen, ehrlichen, wenn auch viel beschäftigten Mann an ihrer Seite zu haben.

Liebschen sonnt sich in Olivias Bewunderung, bis ich mein »Das finde ich total daneben!« anbringe und er mir mit ernstem Dr.-Jekyll-Gesicht versichert, dass er ja eigentlich ein gaaaanz Braver ist. Er müsse ja nur die Richtige treffen, und himmelt mich dabei aus seinen kleinen, listigen Glupschaugen an. Ich fühle mich an Luigi aus Florida, meinen ersten Fehlgriff im Netz, erinnert, als ich noch zu den blauäugigen Quartalsplänen im Netz gehörte. Ich überlege kurz, ob ich Liebschen stellvertretend für alle Luigis dieser Welt und zum Wohle des gesamten Liebschen-Harems umbringe. Entscheide mich dann aber dafür, die Geschichte als reines Buchprojekt zu behandeln und vom Morden abzusehen. Ich frage ihn, warum er sich mit seinen Absichten nicht einfach auf einer der eindeutig zweideutigen Plattformen tummelt oder eine von den

»Nicht-Damen« greift. Da täte er keinem weh, weil alle nur »das Eine« im Sinn haben. »Ne«, ist die Antwort. »*Solche Frauen will doch keiner.*« Vielleicht überlebt er diesen Tag ja doch nicht?

Wir ziehen vom Restaurant in die Sauna. Inzwischen sind wir mit einem kleinen Tross an Zuhörern unterwegs, die zufällig immer gerade da etwas zu tun haben, wo wir uns befinden. Der Saunaraum, in dem wir sitzen, ist bis auf den letzten Platz besetzt. Der kleine Dicke, der leider nur noch einen Platz auf der höchsten und damit heißesten Stufe ergattern konnte, schwitzt jetzt schon übermäßig. Na, hoffentlich erlebt der das Ende der Story noch und nicht wir seines. Alle sind mucksmäuschenstill. Olivia und Liebschen unterhalten sich ungehemmt weiter. Etwas leiser. Aber das hilft in dem kleinen Raum nicht. Einige Neulinge wissen gar nicht genau, um was es hier geht, haben aber am Verhalten der anderen erkannt, dass es wohl sehr interessant sein muss. Ich mache mir den Spaß, mit lauter Stimme kurz um Aufmerksamkeit zu bitten, und erkläre die Seriosität unseres Tuns. »*Das Thema ist: Partnersuche im Internet, und es geht um ein Buchprojekt!*« Sollte jemand, der die rheinländische Mentalität nicht kennt, erwarten, dass irgendeiner der Anwesenden betreten dreinschauen würde. Falsch. Es folgt eine kurze Gruppendiskussion zum Thema. Einige kennen einige, die das auch schon probiert haben. Ja, sogar Zwischenfragen werden gestellt: »*Und. Seid ihr ein Blind Date?*« Die Frage gilt Liebschen und mir. Ich stelle natürlich sofort den literarischen Aspekt in den Vordergrund, aber versuchen Sie mal, in »Saunabekleidung« geschäftlich zu wirken. Liebschen jedenfalls findet sich bestätigt. Der Judith-Quartalsplan ist offensichtlich auch in den Augen außenstehender Personen ein lohnendes Unterfangen. Unser Dickerchen auf der obersten Stufe hat inzwischen die Farbe eines Feuermelders angenommen und steht kurz vorm Platzen. Ehe er zur Supernova wird, wechseln wir nach draußen an den Pool. Unsere Bänke stehen in direkter Nähe des Beckenrandes, an dem sich unsere Saunafreunde, einer Perlenkette gleich, platzieren, um sich in Wassergymnastik zu üben. Möglichst geräuschlos, versteht sich. Ich glaube, für die magischen »Langziehohren« aus den Harry-Potter-Romanen hätten sie viel gegeben.

Fazit: Hinter jeder normal wirkenden Fassade kann sich ein »Quartalsplaner« verstecken. Ein Jahr nach dem Interview ist Liebschen immer noch als Jäger der verlorenen Seelen im Netz unterwegs und inzwischen selbst eine solche. Bei so viel Konsum erreicht man irgendwann den »point of no return« und der liegt meiner Meinung nach auf der dunklen Seite des Glücksbarometers. Der Judith-Quartalsplan wurde trotz verschiedener Offensiven von Liebschen nicht ratifiziert.

(BE)RÜHRENDE SPRÜCHE

ZWEISAM (38): »*Für mich ist Zweisamkeit dann eine Beziehung, wenn man nie den Bezug zueinander verliert. Ich möchte nicht mehr verloren gehen!*«

LABYRINTH (44): »*Danke für die Irrwege. Ohne sie wäre ich vielleicht an mir vorbeigelaufen. (Irina Rauthmann)*«

DREAMER (46): »*Ich bin kein Traummann, aber Träume zerplatzen auch meist nach dem Aufstehen.*«

RÜHREND (42): »*Jetzt kommt wieder die dunkle Zeit und abends fehlt doch manchmal was. Ich möchte, dass mal wieder das Licht an ist, wenn ich nach Hause komme.*«

ROBO (48): »*Mit der Zeit lernst du, dass eine Hand zu halten nicht dasselbe ist, wie eine Seele zu fesseln. Dass Liebe nicht anlehnen bedeutet und Begleiten nicht Sicherheit. Du lernst allmählich, dass Küsse keine Verträge sind und Geschenke keine Versprechen. Du beginnst, deine Niederlagen erhobenen Hauptes und offenen Auges hinzunehmen. Mit der Würde eines Erwachsenen, nicht maulend wie ein Kind. Du lernst, all deine Straßen auf dem ›Hier und Jetzt‹ zu bauen, weil das Morgen ein zu unsicherer Boden ist. Mit der Zeit erkennst du, dass sogar Sonnenschein brennt, wenn du zu viel davon abbekommst. Also bestelle deinen Garten und schmücke dir selbst die Seele mit Blumen, statt darauf zu warten, dass andere Kränze flechten. Und bedenke, dass du standhalten kannst und wirklich stark bist und dass du deinen eigenen Wert hast, denn das ist dein Leben und das lebst nur du! Bedenke: Man lernt mit der Zeit!«*

Ex (42): *»Meine Ex hat gesagt: ›Lieber ein Ende mit Schrecken als ein Schrecken ohne Ende.‹ (Dass es überhaupt jemals um ein Ende geht, hätte ich nie gedacht.) Dann sagte sie noch: ›Es zerreißt mich, weil es das Letzte ist, was du verdient hast. Du hast mich auf Händen getragen und mir ein wundervolles Leben mit unendlich viel Liebe gegeben. In nichts kann ich dir einen Vorwurf machen, ganz im Gegenteil. Du warst und bist ein unendlich liebenswerter Mensch und ich wünschte, ich könnte dir all diese großen Gefühle in gleichem Maße zurückgeben. Ich habe lange Zeit geglaubt, dass ich das kann. Ich weiß nicht warum, aber ich habe diesen Glauben verloren. Und das ist mein größter Verlust‹. Jetzt suche ich eine Frau, die so viel Glück und Liebe länger aushält als 9 Jahre, die mit mir alt werden möchte.«*

SUCHMASCHINEN-LOGIK

Es gibt sie in abgeänderter Form, bei allen Singlebörsen: eine vorsortierte Liste möglicher Partner, auf den Grundlagen der eigenen Suchkriterien. Die Einleitung kann so klingen: *»Diese Singles passen gut zu Ihnen.«*

LUPO (31) führt eine dieser Listen, die für mich erstellt wurden, an. Knapp gefolgt von URI (62) und KNUTTUTGUT (44), der immerhin vom Alter passt, aber nur in der Taschenausgabe von 171 Zentimetern zu haben ist. Wie soll eine Maschine auch wissen, was gut für mich ist? Okay. Die Suchkriterien habe ich selbst in das System eingetippt. Daten und Zahlen, die aber einfach vom Suchsystem ignoriert werden, falls passende Partnervorschläge nicht zu finden sind. Wie soll eine Maschine aber einen Menschen in all seiner Menschlichkeit erfassen? Wäre eine Suchmaschine clever, könnte sie vielleicht einordnen, welche Wichtigkeit die Suchkriterien für mich haben. Vielleicht ist die Größe eines Partners nicht so wichtig, wenn die Interessen übereinstimmen? Vielleicht würde ich eine größere räumliche Entfernung in Kauf nehmen, wenn ich mich diesem Mann nah fühlen würde?

Meine Suche nach Mr. Right lässt sich faktisch auf folgende Kriterien reduzieren: Ich suche einen Mann zwischen 40 und 50, wohnhaft MÖGLICHST Nähe Hamburg, ab 1,82 m. Drei Punkte, die sicher auf viele Männer zutreffen. Dachte ich. Aber anscheinend sind Herren in der Altersklasse Mitte 40 gerade aus. Ich öffne meinen wöchentlichen »Newsletter« in Sachen Partnersuche, also Vorschläge, die die Suchmaschine für mich ausfindig gemacht hat. Ein Miniprospekt mit einer Fotogalerie von Herren, nebeneinander aufgereiht; mal total cool, mal lachend, je nach Typ. Einige durchaus hübsche Gesichter – die gehören aber meist den »Jungs« Mitte zwanzig. Sorry, aber aus meiner Mittvierziger-Sicht fängt die Kategorie »Männer« erst wesentlich später an. Was die in MEINER Männerliste machen, weiß ich nicht. Vielleicht hat sich die Suchmaschine schlichtweg vergriffen. Aber einige der Jünglinge haben ihren Opa gleich mitgebracht. Der ist dann knapp an die sechzig im virtuellen Leben. Also locker über 60 im realen. In meiner gesuchten Altersklasse lacht mich gerade mal ein Herr an. Oder aus? Den kenn ich schon seit ca. zwei Jahren, als ich das erste Mal in dieser Börse auf Suche war. Ein Ladenhüter also. Gilt aus seiner Sicht natürlich auch für mich. Wie kommt denn diese bunte »Colorado-Mischung« zustande? Vorsichtshalber schaue ich mir meine Angaben zu den Suchkriterien noch einmal an. Habe ich etwas falsch eingetragen? Nein. Deutlich steht da: Ich suche einen Mann zwischen 40 und 50. Alles andere ist verhandelbar. DAS NICHT!

Ich suche also Hilfe beim Supportteam der Partnerbörse:

TRY2FIND: *»Liebes Support-Team. Meine Frage bezieht sich auf die Partnervorschläge, die mir regelmäßig ins Haus flattern. Ich suche einen Partner ungefähr im gleichen Alter, also zwischen 40 und 50. Was also soll ich mit 21-Jährigen gleich im Dutzend? Zwei davon gegen einen 42-Jährigen tauschen oder mangels eigener Kinder adoptieren? Liebe Grüße, Try2-find.«*

SUPPORTTEAM: *»Liebes Mitglied, wir haben Ihre Nachricht erhalten, dass Sie Ihre Partnervorschläge via E-Mail nicht wie gewünscht erhalten. Um die Ursache dafür herauszufinden, haben wir die Einstellungen Ihres Benutzer-Kontos einmal genauer untersucht und folgende Tatsache als möglichen Grund ausgemacht: Bei der Überprüfung Ihrer gespeicherten Suche ist uns aufgefallen, dass Ihre Suche nur sehr wenige Resultate ergibt. In den meisten Fällen liegt es daran, dass die festgelegten Kriterien zu spezifisch sind. Deshalb sollten Sie diese ein wenig lockern.«*

Ich bin also nur zu engstirnig, um mit einem Zwanzigjährigen glücklich zu werden? Oder soll ich eine der »vielen« anderen drei Kriterien streichen? Größe. Wohnort innerhalb Deutschlands. Mein Partner soll ungebunden sein. Fazit: Ich traue einer Maschine sowieso nicht zu, Menschen zusammenzubringen. Die Suchmaschine erleichtert im Idealfall eine klar definierte Suche nach Altersklassen, Wohnort, Bildung, Haarfarbe, Größe. Je nachdem, was »frau« wichtig ist. Das größte Problem ist, dass viel zu viel geschummelt wird – von den Menschen hinter den Profilen. Wissentlich – bei Alter, Größe, Lebenssituation. Oft aber auch unwissentlich. Da steht dann die eigene Selbstwahrnehmung im Weg. *»Attraktiv«* und *»gepflegt«* sind dehnbare Begriffe. Keine Maschine der Welt kann daraufhin ein brauchbares Ergebnis liefern. Zumindest ist diese Wahrheit nicht für alle gleich wahr. Das Gleiche gilt für die verschiedenen Partnertests, so »wissenschaftlich fundiert« sie auch sein mögen. Auch hier steht sich der Unsicherheitsfaktor »Mensch« selbst im Weg.

STERNZEICHEN

Stier liebt Steinbock ... oder war es doch der Skorpion, der mit Steinböcken lebenslang harmoniert? Was auch immer Partnerhoroskope uns glauben machen wollen: Vergessen wir's. Sternzeichen und erfolgreiche Ehen haben nicht das Geringste miteinander zu tun, wie ein Sozialwissenschaftler der Universität Manchester jetzt beweisen konnte. Er wertete die Geburtsdaten von immerhin zehn Millionen Ehepaaren hinsichtlich der Häufung von Sternzeichenkombinationen aus und fand: Nichts!

Obwohl ich gestehen muss: Ich glaube, dass irgendwas daran ist. Trotz gegensätzlicher wissenschaftlicher Testergebnisse. Aber Glauben und Wissen stehen ja sowieso im Kontrast zueinander. Mir begegnen zum Beispiel überdurchschnittlich viele Widder in meinem Leben. Als Partner genauso wie im Freundeskreis. Drei meiner guten Freundinnen sind Widder. Das sind 50 Prozent, um mal wieder wissenschaftlich zu werden. Dazu gibt es viele Jungfrauen im Freundeskreis, das entspricht meinem Aszendenten. Mein Freund George zum Beispiel ist Zwilling. Mit ihm kann ich mich wunderbar über alle möglichen Themen des Lebens unterhalten. Das ist alles sehr harmonisch, weil wir uns sehr ähnlich sind in unserer Denkstruktur. Wir sind schließlich beide Luftzeichen. Er hat darüber hinaus viele Eigenarten, die man einem Zwilling so zuschreibt.

Sein Terminkalender ist bis oben hin gefüllt. Wenn es keine geschäftlichen Termine sind, stehen Treffen mit Freunden an. Immer ist er mit dem Handy in der einen Hand und einem enormen Schlüsselbund in der anderen unterwegs ... und unterwegs ist er irgendwie immer. Könnte er sich teilen, würde er immer zwei oder besser gleich mehrere Termine auf einmal wahrnehmen.

Skorpione dagegen kommen in meinem Leben nur in weiblicher Form vor. Eine gesettelte Mehrfach-Mutter und Produzentin ist das beste Beispiel für die – für einen Wassermann wie mich völlig unverständliche – emotionsgeladene Welt eines Skorpions. Ein Beispiel, das mir klargemacht hat, dass ich mit meinem Wassermann'schen Handwerkszeug nicht mal ansatzweise verstehe, was in so einer Skorpionschen Gefühlsbombe vorgeht: Ich hatte für die Tochter meiner Skorpion-Freundin zum Abitur eine sehr schöne Glückwunschkarte kreiert. Ein kleines Meisterwerk, wie ich zugegebenermaßen fand – auch wenn Wassermänner an sich eher bescheiden sind. Ich war mit viel Spaß bei der Sache, dann bin ich zu Höchstleistungen fähig. Voller Stolz habe ich mein Werk, wie abgesprochen, in einem Blumenladen abgegeben, in dem der zugehörige Glückwunsch-Strauß zusammengestellt wurde. Die Karte sollte ein Geldgeschenk persönlicher machen. Meine Freundin habe ich dabei nicht getroffen. Sie war mit ihren kranken Eltern beschäftigt und leidet überhaupt immer ein bisschen unter Zeitnot (skorpiontypisch?). Ein paar Stunden später höre ich einen Anruf auf meiner Handy-Mailbox ab. Meine Freundin. In Tränen aufgelöst. Laut schluchzend stammelt sie unverständliches Zeug. Ich vor Schreck fast gelähmt. Für mich war klar: Irgendetwas Furchtbares musste passiert sein. Ausgerechnet an so einem Freudentag. Vielleicht etwas mit ihren Eltern? Ich fasse mir ein Herz und rufe sie an. Ein fröhliches »Hallo!« tönt mir entgegen. Häh? Und sie bedankt sich noch mal bei mir für die schöööööööne Karte. Nie wird sie mir das vergessen. So was Tolles hat noch nie jemand für sie gemacht ... Es hätte sie so zu Tränen gerührt, dass sie sich lange nicht beruhigen konnte. Vor Freude! Ich bin immer noch völlig fertig. Nach dem Gespräch rufe ich meine zweite Skorpion-Freundin an, um von ihr einen brauchbaren Einblick in die für mich wirre Gefühlswelt der Skorpione zu erhalten. Wasser»frau« braucht nicht alles zu verstehen, möchte aber die Zusammenhänge begreifen und zukünftig verstehen, welche Reaktionen sie nach sich ziehen. Meine knappe Schilderung der Tatsachen ließ auch bei meiner zweiten Skorpion-Freundin sämtliche Tränendrüsen vor lauter

Mitgefühl überfließen. Okay. Ich habe jetzt verstanden, dass ich die faszinierende Gefühlswelt der Skorpione nie verstehen werde. Aber ich weiß, dass sie da ist … Das soll übrigens nicht heißen, Wassermänner würden nicht über Gefühle verfügen. Im Gegenteil. Aber bei mir liegt die »Gefühlsschicht« weit unter der Oberfläche verborgen. Für andere unsichtbar. Kann man vielleicht mit dem Unterschied zwischen den Vulkanen Ätna und Vesuv vergleichen. Beim Ätna sind Ausbrüche mit viel Rauch und Tamtam an der Tagesordnung. Der Vesuv wirkt seit Jahrzehnten ruhig, aber es brodelt unter der Oberfläche genauso gefährlich. Sorry, jetzt bin ich mit meinen Gedanken weit abgedriftet – übrigens ganz wassermannspezifisch. Kurz: Ich glaube, dass an Sternzeichen, an passt oder passt nicht, durchaus was dran ist, wenn ich das auch nicht als Dogma sehe.

UNGÜNSTIGE UMSTÄNDE

Die eigene Verfassung wirkt sich sehr auf die Mailkontakte aus. Bin ich durch widrige Umstände sowieso schon genervt, reagiere ich auch zickiger auf Mails, die mir nicht in den Kram passen. Eigentlich finde ich es beschämend, seinen Frust an anderen auszulassen, wenn auch manchmal verständlich. In so einer Verfassung versuche ich mich möglichst von meinem virtuellen Briefkasten fernzuhalten. Im Moment habe ich so eine Phase. Die fing gestern an und scheint mir auch den heutigen Tag noch vermiesen zu wollen.

Das Ganze begann damit, dass ich mir ein Auto mieten musste. Privat besitze ich schon seit mehreren Jahren keines mehr. Mein letztes wurde gestohlen, nachdem ich es als Versuchsobjekt für einen Artikel benutzt habe, der in einer Autozeitung erscheinen sollte. Eine Autokosmetikfirma – ja, so was gibt es – hat es, wie bei den Vorher-Nachher-Fotostorys aus der Kosmetikrubrik von Frauenzeitungen, aufgeschönt. Kurz: Der als Neuwagen getarnte Oldie wurde vom Straßenrand weggestohlen. Diesen wenn auch recht plötzlichen Zustand fand ich sehr entspannend. Seither kann ich abends einfach mit dem Taxi zu Hause vorfahren und muss nicht erst stundenlang einen Parkplatz suchen. Außerdem bin ich begeisterter Bahnfahrer und Stammkunde bei Autovermietungen. Meinen gestrigen Termin hatte mein Kunde, ein Fernsehsender, so gelegt, dass ich nachts keinen Zug nach Hause bekommen hätte.

Ich brauchte also ein Auto. Das miete ich gerne am Hauptbahnhof, fahre entspannt mit der U-Bahn dorthin. Auch gestern stehe ich, wie üblich, wartend auf dem U-Bahnsteig. Die Fahrkarte natürlich schon in der Tasche, da kommt die Durchsage: »*Es liegt ein Baum auf den Gleisen. Der Bahnverkehr ist bis auf weiteres eingestellt.*« Super! Plan B hieß: Taxi. Bei schönem Wetter ist das nie ein Problem. Da stehen ganze Taxi-Schlangen wartend am Straßenrand. Bei schlechtem Wetter ist das anders. Da stehen die Kunden auf der Straße Schlange – und werden nass! Irgendwann ist es mir unter Lebensgefahr gelungen, ein Taxi zu ergattern. Die drei Baustellen bis zum Bahnhof lasse ich jetzt mal weg. Den »Wie, Sie haben kein Kleingeld«-Zwischenfall ebenso. Nächster Schritt: Autovermietung im Bahnhof. Ich hatte alles im Internet schon gebucht und dachte, jetzt geht wenigstens das fix. Aber nein. Genau das gleiche Procedere wie immer. Toll. Doppelt hält besser. Aber wenigstens habe ich damit fünf Euro gespart, nur Nerven kostet es so genauso viel. Erklärt mir der Mann. Gleichzeitig erfahre ich, auf welchem Parkdeck ich mein Mietauto finde. »*Parkdeck 2 UG. Platz 10.*« Den Weg kenne ich schon. Die kurze Episode mit der Tür zum Parkhaus-Durchgang, die sich mit meiner Karte nicht öffnen lassen wollte, lasse ich auch aus. Im 2. UG angekommen, stehe ich vor Platz 10. LEER! Ich bin inzwischen eineinhalb Stunden unterwegs, befinde mich immer noch in Hamburg und habe es noch nicht einmal geschafft, das Lenkrad meines Mietautos in Händen zu halten. In zwei Stunden muss ich in Hannover im Studio sein. Tief durchatmen. Vielleicht steht dieses verdammte Auto ja irgendwo auf den anderen Plätzen. Ich schaue mich genauer um und stelle fest, dass es offensichtlich mehrere Arten der Nummerierung gibt. Eine parkhauseigene. Dieser Platz Nummer 10 ist leer. Aber es gibt in der Abteilung der Autovermietung noch andere Nummern, ganz klein unter den eigentlichen Parkhaus-Nummern zu finden. Wie blöd ist das denn? Männliche Logik oder was? Ich schimpfe laut vor mich hin. Das hilft mir in solchen Situationen. Schließlich finde ich das gesuchte Gefährt auf Parkhausplatz Nummer 153, der als Nr. 10 bei der Autovermietung geführt wird.

Drei Baustellen und knapp zwei Stunden später bin ich bei meinem Sender in Hannover. Der Termin läuft prima. Weitere drei Stunden später, kurz nach Mitternacht, bin ich auf dem Rückweg. Sämtliche Schwerlasttransporter der Republik haben sich offensichtlich entschlossen, gleichzeitig in meine Richtung aufzubrechen. Sämtliche Wanderbaustellen auch. Womit wir beim Beispiel des Kamels wären, das nicht durchs Nadelöhr geht. Die schwerlastigen »Dickerchen« brauchen zwei Spuren. Die Wanderbaustellen auch. Die Autobahn hat aber nur drei Spuren. Ich nehme an, Sie erkennen das Problem? Aber gut. Irgendwann um 3 Uhr morgens bin ich tatsächlich zu Hause.

Am nächsten Tag habe ich einen Arzttermin. Bis 15 Uhr muss ich in der Innenstadt sein. In der Nähe des Bahnhofs, wo ich auch das Auto wieder abgeben muss. Wunderbar. Das lässt sich doch gut in einem Zuge erledigen bzw. mit einem Auto. Mein Plan: Ich fahre erst zum Bahnhof, tanke, gebe das Auto ab und schaffe den Weg zum Arzt in zehn Minuten zu Fuß.

Eingedenk der vielen Baustellen, die ich auf der gestrigen Taxifahrt zum Bahnhof passiert habe, wähle ich eine andere Strecke als der Taxifahrer. Aber auch die Ausweichstrecke ist dank zahlreicher Baustellen ein Hindernisparcour. Ich glaube ja inzwischen, dass es sich um Baustellen-Geschwüre handelt. Unterirdisch vernetzt haben sich schon Metastasen quer durch die Stadt gebildet. Mit der U-Bahn brauche ich normalerweise 15 Minuten für die Strecke. Mit dem Auto brauche ich die an jeder Baustelle. Die Busse quetschen sich über ihre Busspur von rechts in Pole Position, genauso wie Dutzende von Taxen, die diese Spur mit benutzen dürfen. Von links versuchen andere Autofahrer, einen Platz auf meiner Spur zu ergattern, die die einzige weiterführende ist. Irgendwo saust ein Kleinbagger quer zum Verkehr durch das Chaos. Nach drei Rotphasen schaffe ich endlich den Durchbruch ... zur nächsten Baustelle. Den Arzttermin kann ich nicht mehr schaffen. Ich tanke noch kurz voll und fahre wieder ins 2. UG ins Parkhaus.

Kaum ein Parkplatz frei. Ich finde einen, der zur Autovermietung gehört. Endlich! Da soll wirklich ein Auto reinpassen? Du meine Güte, ist das eng. Aber der Platz ist als Parkplatz gekennzeichnet. Die werden hoffentlich wissen, was sie tun. Kurz denke ich an »Vorsicht Kamera!«. DAS wäre bestimmt auch ein guter Gag. Als Kunstwerk gibt es so was in der Nähe der Landungsbrücken: Auto zwischen Mauern zerquetscht. Das Einparken ist schwierig, aber machbar. Nur: Wie komme ich jetzt aus diesem Auto raus? Wie soll das denn gehen? Auto exakt geparkt in der Lücke. Türen lassen sich nicht öffnen. Fahrer verhungert! Das wäre doch mal eine tolle Schlagzeile in der »BILD«. Die Fahrertür lässt sich gerade mal 15 Zentimeter öffnen. Die Beifahrertür vielleicht zwanzig. Sind die eigentlich alle irre? Mit nur einer Kleidergröße mehr hätte ich keine Chance, mich hier rauszuquetschen. Irgendwie löse ich aber auch diese Aufgabe und stehe nach »*Tauschen Sie die Karte, die Sie gerade bekommen haben, an der Parkhauskasse in eine Karte, die Sie dann bei der Autovermietung wieder abgeben müssen*« mit leicht beschmutztem Mantel vor dem Mann der Autovermietung. Der mir freundlich nickend recht gibt: »Ja, das Parkhaus ist sehr eng. Das wissen wir!« Auch vom Zahlenwirrwarr des eigenen Zahlensystems der Autovermietung als Untersystem der Parkhausnummerierung weiß er.

Okay. Gut, dass wir darüber gesprochen haben. ICH MUSS JETZT EINEN FRUSTKAUF TÄTIGEN! In einem namhaften Kaufhaus finde ich ein T-Shirt, das mir gefällt. Fast stehe ich schon an der Kasse, als ich die Aufschrift lese: »*You are the one I was waiting for.*« Witzig. Vielleicht für ein nächstes Date? Lieber nicht. Ich lege das Teil zurück, sonst bin ich noch innerhalb der nächsten Woche gegen meinen Willen verheiratet. Vor dem U-Bahn-Kassenautomat habe ich wieder das Kleingeldproblem, das ich gestern schon beim Taxifahrer hatte. In meinem Portemonnaie hat sich schließlich seither nichts getan. Ich kaufe also zwei Stückchen Kuchen und lasse mich böse anblicken, als ich aufs Wechselgeld warte.

Jetzt kann ich eine Fahrkarte kaufen. Halbe Stunde später. Endlich zu Hause. Ich muss dringend meine E-Mails bearbeiten. Der berufliche Teil ist natürlich zuerst an der Reihe. Dann folgen die Match.com-Mails, die mir auf meine private E-Mail-Adresse weitergeleitet werden. Einige normal und nett. Sogar wie verlangt mit Foto. Diese Mails werde ich zu einem späteren Zeitpunkt ordentlich beantworten, wenn ich mich wieder beruhigt habe. Aber auch zwei fotolose Herren sind dabei, die beide auf ihre ganz spezielle Art einen Knall haben. DIE bringen meine schon leicht siedende Wut wieder so richtig zum Kochen:

FLIEGER (45): »*Ich bin der Dreck unter deinen Fersen. Ich bin dein geheimer Schmutz und verlorenes Metallgeld. Ich suche eine deutsche Frau, um mir zu helfen, mehr über deutsche Frauen, besonders eine deutsche Frau zu erlernen, die amerikanische Männer in der Wissenschaft der deutschen Frauen anweisen mag. Ich suche eine wirkliche deutsche Frau.*«

Ich fühle mich gerade total asiatisch mit einem leicht nordafrikanischen Einschlag. Würde ich hier mit deutscher Gründlichkeit antworten, wäre die deutsch-amerikanische Freundschaft dauerhaft geschädigt. Ich hülle mich also in Schweigen. Die zweite Mail – ebenfalls ohne Foto – stammt von einem 1,69 m kleinen Mexikaner. Sein Profil ist auf Spanisch ... und auch seine englisch verfasste Mail kommt mir spanisch vor:

CHICO (46): »*I would like to know you. Write me! O.*«

Okay. Auch auf nur 169 cm hat ein Macho Platz. Ich antworte nicht. Mir fehlen schlicht die Worte. Sein zweiter Anlauf:

CHICO (46): »*Hello, AS I SAID YOU: I would like to know you. I would like to know things on you and I to explain them to you on me. I wait for your response. Write me! O.*«

Sein Suchprofil sieht so aus:

CHICO (46): *Herkunft: Mexico, Körpertyp: Athletisch / trainiert, Größe: 1,69 m, Sucht eine 18 bis 40 Jahre alte Frau innerhalb 2000 km von Mexico City*

SEINE Suche nach einer Frau startet das 169 cm kleine, athlethisch-trainierte mexikanische Kraftpaket also bei dem unschuldigen Alter von 18!!! Und endet – NATÜRLICH, wie sollte es auch anders sein – bei 40!!! Ich bin also nicht nur zu groß für ihn, sondern auch zu alt. Bildlos ist er. Dazu stillos. Das macht mich humorlos. Nicht einmal namentlich unterschrieben hat dieses »O«. Für: »*Ohne Worte*«? Oder ist es eine »*Null*« ... dann könnte man mit zwei seiner Sorte wenigstens eine Toilettentüre beschriften. HAT DER KERL EIGENTLICH EINEN KNALL!!!

Spontan fallen mir dazu gleich mehrere Antwortmöglichkeiten ein:
  1 – TRY2FIND: »*O. No!*«
  2 – TRY2FIND: »*Sorry. ›Kurze‹ bekommen mir nicht!*«

Ich entscheide mich für:
  3 – TRY2FIND: »*Wo sind die anderen sechs? LG Schneewittchen.*«

Das versteht dieser Mini-Macho sowieso nicht, und mir geht es gleich ein bisschen besser. Auch die Vorstellung, dass er sich vielleicht sogar die Mühe macht, sich einen deutschen Übersetzer zu suchen, finde ich urkomisch. Ich stelle mir sein Gesicht vor, wenn ihm dieser Mensch den Sinn der Mail klar erklärt. Ich sollte mir angewöhnen, unverschämte Mails auf gleichem Niveau zu beantworten. Irgendwie tut das gut!

VIRTUAL EMOTIONS

Für mich war das Internet bzw. E-Mails, bevor ich virtuell auf Partnersuche ging, immer nur ein berufliches Medium: kurz, knapp, informativ und natürlich sehr hilfreich bei der modernen Kommunikation. Nie wäre ich auf die Idee gekommen, dass sie Gefühlswallungen auslösen könnten wie im »richtigen Leben«.

Mein erster Fall dieser Art, der mich in ungläubiges Staunen versetzte, begegnete mir in Form einer ansonsten durchaus ernst zu nehmenden Model-Kollegin. Sie, 42, Mutter eines erwachsenen Sohnes, seit einigen Jahren geschieden und längere Zeit schon ohne Partner, war schon bei den ersten Schritten im Netz von Verehrern umzingelt. Sie freute sich über jeden dieser Kontakte, mailte fröhlich mit vielen Herren gleichzeitig über Wochen, telefonierte mit dem einen oder anderen nahezu täglich und datete auf Teufel komm raus.

In kürzester Zeit hatte sie sich Männer für die verschiedensten Gelegenheiten herangezogen: einer zum Nordic Walking, einer für Theaterbesuche, einer für Flohmärkte, ja sogar ein nützlicher Handwerker war dabei, der für seine Reparaturdienste im Haushalt nett bekocht wurde. Mir persönlich ist so ein virtuell installierter Freundeskreis viel zu anstrengend, zumal ich über einen wunderbaren realen verfüge.

Neuzugänge sind da relativ selten, denn ich finde, Freundschaften müssen regelmäßig gepflegt werden. Das ist zeitintensiv und deshalb nur begrenzt zu leisten. Deshalb bin ich mit Internetbekanntschaften sehr zurückhaltend. Ich habe keine Lust, mich näher mit Männern zu befassen, die höchstens zu guten Bekannten werden könnten, eine Muttersprache sprechen, derer ich selbst nicht mächtig bin, sodass ich mich mit ihnen auf Englisch verständigen muss, was für beide Seiten wiederum gleich fremd ist – und die noch dazu auf den Azoren leben, wahlweise in Mexiko, in der Stiefelspitze Italiens oder im australischen Outback. Immer vorausgesetzt, es handelt sich NICHT um Mr. Right. Für ihn würde ich selbstverständlich in die Arktis ziehen oder Hindi lernen!

Aber zurück zu meiner Kollegin. Schon die freundschaftlichen Gefühle, die sie für die an sich fremden Herren aufbrachte, machten mich stutzig, aber als dann – nach nur vier Wochen – Mr. Right am Internethimmel auftauchte, war ich ziemlich verwundert und sie ziemlich verwandelt. Wie ein verliebter Teenager schwebte sie durch den Tag. »*Er ist einfach wunderbar. So einfühlsam. Unsere Telefonate dauern Stunden ...*«, so ein kurzer Ausschnitt aus den Lobeshymnen ... bis sich die rosarote Brille wieder realfarben tönte.

Das dauerte gerade mal zwei Wochen. Mr. Right wurde als Fehlgriff abgehakt und nahezu zeitgleich durch ein besseres Mr.-Right-Modell ausgetauscht. Inzwischen habe ich es aufgegeben, mir die Namen der Herren zu merken. Nach eingehender Analyse bin ich mir sicher, dass meine Kollegin in das Gefühl des Verliebtseins verliebt ist. Das Internet ist für diese Art der Gefühlsbildung sehr förderlich. Meine Kollegin hat ihren Stammplatz auf Wolke sieben bis heute nicht verlassen. Immer wieder schafft sie es, sich neu zu verlieben. Liebeskummer hat bei ihr keine Chance. Dazu ist ihre Taktung zu eng. Das alte Modell wird einfach durch ein neues überblendet. Meine Taktung ist da sehr viel langsamer. In fast drei Jahren sind mir nur drei Männer begegnet, die, wie im Profiltext gefordert, bei mir die »Schmetterlinge im Bauch« haben fliegen lassen. Der erste war Luigi »*from West Palm Beach*«, dem ich absolut blauäugig ins Netz gegangen bin. Das Ergebnis war sehr unschön. Das Gefühl, das zurückblieb, schal. Mein Vertrauen in die Welt danach ziemlich erschüttert.

Dass Teenies so handeln, war mir klar. Aber ein Mann mit fast 50? Ab da wusste ich, dass das Sprichwort stimmt, das diese unweise Verhaltensweise so weise in Worte fasst: Alter schützt vor Torheit nicht. »Nur« mit dem Alterskriterium konnte ich also die »Schlechten« nicht von den »Guten« unterscheiden. Aber das ist eine andere Rubrik. In Luigi hatte ich mich nicht virtuell verliebt, sondern Vis-à-vis beim tiefen Blick in seine dunklen Augen am Münchener Flughafen. Unser Mailkontakt davor war eher dürftig, dafür war unser erstes Telefonat ein Highlight, das mich glauben ließ, der Mann könnte es sein. In Sachen virtuelle Verliebtheit habe ich durch Luigi also keine großen Erfahrungen. Wo es schon eher durch die schönen Worte kribbelte, war Daniel, der Mann, der es tatsächlich hätte sein können, wenn ich durch die Luigi-Story nicht so skeptisch geworden wäre. Hier hatte ich schon ein paar Schmetterlinge im Bauch, die aber durch den Liebeskummer der Nach-Luigi-Zeit nicht so richtig zum Zuge kamen. Daniel war einfach der Richtige zur falschen Zeit. Das erste wirkliche Kribbeln durch Mailkontakt habe ich bei meinem »Matrixmann« erlebt. Das war nach zwei Jahren, in denen ich mich immer wieder mal auf Partnersuche ins Internet begeben habe.

Was dieser Mann schrieb, gefiel mir. Seine Ansichten waren meinen sehr ähnlich. Seine Fotos zeigten einen durchaus attraktiven Mann. Dazu kamen stundenlange unterhaltsame Telefonate. Aber am tollsten waren einfach seine Mails. Er liebte Wortspiele genauso sehr wie ich, und wir verdrehten und verwendeten die deutsche Sprache auf unterhaltsamste Weise. Genau mein Fall. »MM« hatte ebenfalls mit Medien zu tun. Also auch noch jemand, der mein seltsames Berufsprofil verstand. Er schien sich sehr um seine beiden Kinder zu kümmern, was ihn in meinen Augen zu einem sehr verantwortungsbewussten Menschen machte. Es dauerte nur ein paar Tage des Hin-und-Her-Mailens, und schon war ich so weit, dass ich mich morgens auf seinen virtuellen Gruß zum Tagesbeginn freute. Abends über die kleinen Nachtgedanken und auch dazwischen noch über das ein oder andere unterhaltsame Wortspiel. Nach einer Woche konnte ich deutliche Symptome des Verliebtseins an mir bemerken. Die Tage schienen heller also sonst. Ich war bester Laune, und vor meinem geistigen Auge war ich bereits nicht mehr einsam, sondern zweisam.

Inzwischen kenne ich Menschen, die virtuell verlobt, getrennt und wieder vereint sind, die sich im Netz wie Teenies verhalten und ihre Expartner oder zukünftigen Expartner geradezu observieren. Die sogar nachts »mal kurz« ins Netz gehen, um zu sehen, ob er oder sie vielleicht auch online ist, sich damit selbst wehtun und/oder auch dem anderen. Eine WWWelt voller Beziehungskrüppel? Zumindest sind viele davon im Netz zu finden. Wer sich als »normaler Mensch« – aber was ist schon normal? – in diese Wirren wagt, sollte auf sich aufpassen und öfter mal in sich hineinhorchen. Das Internet kann schöne Gefühle verursachen, aber auch schlechte. Mein Freund George behauptet sogar, dass es die Seele kaputtmachen kann, wenn man nicht auf sich achtet. Auf jeden Fall hat das Internet Suchtpotenzial. Selbst mir fällt es zurzeit schwer, die Finger vom Netz zu lassen. Das erschreckt mich. Immer wenn ich mich langweile oder unzufrieden bin, habe ich den Drang, mich doch einfach schnell mal einzuloggen, ein neues Profil zu erstellen und mich von der virtuellen Welt berauschen zu lassen. Gerade wenn man schlecht drauf ist, ist das Internet kein guter Ort. Es verstärkt die eigene Gefühlslage zusätzlich, und ich habe gerade einen Status erreicht, in dem ich meine »Seele heilen lassen« sollte. Das Internet macht mich misstrauisch. Ich bin auf meiner Suche nach Mr. Right mit so viel Unehrlichkeit konfrontiert worden, dass es zeitweise sehr schwer für mich ist, an Männer mit Rückgrat zu glauben. Wenn ich es aber nicht schaffe, ohne Vorurteile auf einen möglichen Partner zuzugehen, brauche ich gar nicht weiter zu suchen, dann werde ich Mr. Right niemals finden. Deshalb verordne ich mir mal wieder eine heilsame Internet-Pause. Vier Wochen. Mindestens!

WWWItzig

GROOVE (48): »*So, nun ist es passiert und ich bin mir immer noch nicht sicher, wie es ÜBERHAUPT so weit kommen konnte, dass ich mein Konterfei ins Internet stelle. Egal, jetzt gibt's kein Zurück mehr und zum Glück ist man ja nicht der Einzige. Das macht schon mal Mut.*«

HAMBURGER (46): »*Da ich hier nicht im Kaufhaus mit Preisschild ausgezeichnet in der Auslage zu finden bin, sollte eine*

Dame mit gepflegten Fingerspitzen herausfinden, wie diese Rarität einzuschätzen ist.«

UNIKAT (39): *»Es zählen doch nur die inneren Werte, oder? Hast du eine erotische Leber, eine gut aussehende Milz, schlanke Därme, humorvolle Lungenflügel und wohlgeformte Nieren? Dann melde dich bitte bei mir.«*

SUPERMAN (42): *»Ich glaube ja auch, wie 80 % aller Männer, an die große Liebe, aber leider können sich nur 20 % der Männer solch ein Auto leisten.«*

JOKER (40): *»Ich habe die Figur von Naomi Campbell, den Mund von Angelina Jolie, die Haare von Julia Roberts und außerdem habe ich ein Problem: Ich bin ein Mann! Ansonsten habe ich alles, was jeder andere Mann auch hat – das eine mehr, das andere weniger –, auf jeden Fall habe ich Humor.«*

PRINZCHARMING (38): *»Ich würde dich ja sehr gerne mit einem Lächeln ansprechen, aber das geht ja in dieser virtuellen Welt nicht. Dann lächle ich eben beim Tippen :-) ...«*

ERLEUCHTETER (43, Statement zur Rubrik »Erzählen Sie uns mehr über Ihre Herkunft«): *»Ich erinnere mich nicht mehr genau. Aber es war dunkel, Geräusche kamen nur gedämpft an meine Ohren. Aber plötzlich, nach viel Tumult, wurde es hell ... und da war ich! ›ES IST EIN JUNGE!‹«*

Bei folgendem User habe ich mit meinen Profilanforderungen offensichtlich die Achillessehne getroffen:

ACHILLES (47): *»Hallo! Schmoll – ich bin zu klein! Schade, mir fehlen 5 cm. Ich gebe dir gerne die Telefonnummer von meiner Mutter. Bei der kannst du dich darüber beschweren.*

Aber, so klein wie mein Wuchs ist, so groß ist auch mein Herz, ehrlich. Liebe Grüsse, X.«

TRY2FIND: »Hallo X, immerhin zeigt die Tatsache, dass du mir zu Beschwerde-Zwecken erst die Telefonnummer deiner Mutter geben musst, dass du nicht mehr bei ihr wohnst ;-)) Abgesehen davon glaube ich, dass die Annahme für Reklamationen längst überschritten ist. Ich finde es übrigens gut, dass du dein Wachstum auf dein Herz konzentriert hast, das bringt dich im Leben mit Sicherheit weiter als die ›fehlenden‹ 5 cm Körpergröße. Ich wünsche dir viel Glück bei deiner weiteren Suche. LG aus Hamburg.«

*

RETIRED TENOR (58): »You are soooooooooooooo beautiful!! And if you spoke hoch Deutsch you'd be perfect. I think I'm the right man for you! I retired early from teaching and I have a modest income and all my hours for you. So, with all the free time I have, my next job would be to look at your eyes from 8:00 – 5:00, and then we enjoy the evening together. Of course, I'm not as beautiful as you are, but I think my tenor singing voice can rise to the occasion. So, would you accept a lunch invitation from me, your royal highness? I can, at least, promise you an interesting conversation. Best romantic regards, X.«

TRY2FIND: »Hi X, thank you for your mail, but I am sorry. I can't stand somebody around me who is looking for, at or after me the whole day long … Sorry. Good luck to you. I am sure you will find your Princess – I am none – somewhere else. Greetings from Hamburg. Try2find.«

Aus dem Fragenkatalog von Finya: »Wie gehen Sie mit einer Trennung um?«

TRY2FIND: » *Viel essen, guter Wein. Als Ausgleich viel Sport, damit die Figur nicht auch noch leidet. Rosamunde-Pilcher-Filme für die angeknackste Seele, Tempotücher für die Freudentränen beim Film-Happy-End und für die Selbstbemitleidungs-Tränen bei der Erkenntnis, wie weit das eigene Leben sich gerade von diesem Idealzustand entfernt hat. Diese Phase dauert – Gott sei Dank – nicht ewig und geht in eine Art Intervall-Leidensphase über. Mit (Neustart)Höhen und (Rückfall)Tiefen. Irgendwann gleichen sich Höhen und Tiefen aus, und ich bin wieder normal. Bin ich normal? ;-).* «

Ich bin neugierig und stelle meinen Mailpartnern gerne Fragen, die mich beschäftigen:

TRY2FIND: » *Kriegen Männer eigentlich auch so viele eindeutige Angebote wie: ›Lust auf niveauvollen Sex?‹ ... und das von einem oder in diesem Fall besser EINER 25-Jährigen? Ich weiß dann nie, ob ich lachen :-) oder weinen :-(soll. Vor allem: Wo bleibt da das angesprochene Niveau?* «

GIANT (38): » *Sex mit Niveau klingt lustig. So wie höflicher Sex. Aber welches Attribut sollte Sex schon haben dürfen, ohne plötzlich lächerlich zu werden. In deinem Fall ist wahrscheinlich ein sparsamer Umgang mit deinem Foto erforderlich* (Moment! Ich bin auf meinem Foto komplett bekleidet und präsentiere mich auch sonst absolut gesittet! Ist ja wieder typisch, dass ›frau‹ selbst schuld an dieser Anmache ist.), *damit die an dir dranbleiben, die keinen niveauvollen Samenstau haben :-).* «

Um noch mal auf mein Foto zurückzukommen, ich glaube nicht, dass ich damit einen besonderen erotischen Reiz ausstrahle. Eher schon einen willkürlichen, denn die Reaktionen haben nicht mit mir als Person zu tun, sondern lediglich mit den Vorlieben der verschiedenen User: Gerade hat mich eine Frau angeschrieben, die in mir eine devote Person vermutet und sich dahingehend näher mit mir beschäftigen möchte, was ich dankend ablehne. Eine halbe Stunde später bekomme ich folgende Mail und »Mann« vermutet in mir das glatte Gegenteil:

SCHNURRER (33): »*Hallo Try2find! Hast Du Interesse an einem devoten Mann? Pic sende ich dir natürlich gerne zu! Würde mich freuen, von dir zu hören. glg.*«

TRY2FIND: »*Nein. Tut mir leid. Kein Interesse. Aber ich hatte gerade erst Kontakt zu einer ›Teefee‹, die mag's, heftig zu werden. Allerdings bei Frauen. Aber vielleicht werdet ihr euch ja trotzdem einig ;-).*«

SCHNURRER (33): »*Danke für den Tipp. Werde mich gleich mal nach ihr umsehen.*«

*

»Girl Breeder«, was heißt das denn? Mein Englisch-Lexikon macht mich schlauer: Es hat mit Brüten zu tun! Egal. Diese Brutmaschine ist sowieso erst 30 und käme deshalb selbst als »schneller Brüter« nicht in die engere Wahl:

GIRL BREEDER (30): »*wow bist du hübsch*«

TRY2FIND: »*Danke ;-)*«

GIRL BREEDER (30): »*dir müssen die männer doch nach- laufen ...*«

TRY2FIND: »*Ja ... aber bis jetzt war ich schneller ;-)*«

*

EINFACH (44, könnte mit seinem grinsenden Glatzkopf ein Bruder von Meister Proper sein, allerdings im handlichen Taschenformat, wie seine Größenangabe verrät): »*Nette Männer sind hässlich. Hübsche Männer sind nicht nett. Hübsche und nette Männer sind schwul. Hübsche, nette und heterosexuelle Männer sind verheiratet. Männer, die nicht so hübsch, dafür aber nett sind, haben kein Geld. Männer, die nicht so hübsch, dafür aber nett sind und Geld haben, denken, ihr seid nur hinter ihrem Geld her. Hübsche Männer ohne Geld sind hinter eurem Geld her. Die heterosexuellen Männer, die denken, dass sie schön sind und die Geld haben, sind Memmen. Die Männer, die einigermaßen gut aussehen, nett sind, Geld haben und Gott sei Dank hetero sind, sind schüchtern und werden Frauen nie ansprechen! Wie würdest du mich einschätzen? :-) LG X.*«

TRY2FIND: »*Du hast netterweise dem hässlichen Mammon ganz abgeschworen und dich hübsch der geistigen Welt zugewendet? ;-)*«

*

WAHLBERLINER (46): »*Nach meinem Besuch auf deinem NICK komme ich ja gar nicht umhin, dir eine schöne Antwort zu senden. Kuschel lieber mit sinnlichen ›Katzen‹ als mit verkaterten ›Mäuschen‹. Suche eine leidenschaftliche, attraktive, erotische, kultivierte und gebildete Frau (kein Kumpelchen) mit Esprit und Sinn auch für feine Ironie. Wirkt sich belebend und anregend auf Herz und Fantasie aus. Erschreckt? Wüsste nicht, was dich daran hindern sollte, mit mir gelegentlich einen Wein zu trinken und anschließend über den Lauf der Welt zu philosophieren. Immerhin leben wir im 21. Jahrhundert, gut 200 Jahre nach den letzten Hexen-Verbrennungen … Liebe Grüße von X … hear you …*«

TRY2FIND: »*Hallo X. Also, über die Hexenverbrennung in Bezug auf meine Wenigkeit habe ich dann doch schon etwas länger nachgedacht. ;-) Aber vielleicht ist das mein Problem: Ich bin schwer entflammbar, und genau das ist es, was mich daran hindert, mit dir einen Wein trinken zu gehen. Sorry und viel Glück bei deiner weiteren Suche. Judith.*«

*

KEINER WEISS (44): »*wow ... hallo ... könnte ich in dein ›suchprofil‹ passen?? :-)) glg.*«

TRY2FIND: »*Kein Foto? ... weiß keiner ... ;-)*«

Ich lebe gerade im Glauben, vielleicht einen passenden Partner gefunden zu haben, und ändere mein »Persönliches Statement« auf meiner Seite bei Finya:

TRY2FIND: »*Ich habe das Glück, hier tatsächlich jemanden gefunden zu haben, der mir sehr gefällt, und hoffe, es kann Mr. Right werden. Auf Dates möchte ich deshalb erst einmal verzichten. Ich freue mich natürlich weiterhin über nette Kontakte.*«

MITTENDRIN (38): »*Habe gerade gelesen, dass du tatsächlich jemanden hier gefunden hast. Unglaublich! Ist es ernst? LG XX*«

TRY2FIND: »*Nein. Es ist Peter ... :-)*«

*

ÄSTHET (52, ist leider alles andere als gut aussehend): »*Warum wohnen alle attraktiven Frauen am anderen Ende von Deutschland?*«

Aus ästhetischen Gründen?

MAMMUT (45): »*Hallo Try2find, ein sehr sympathisches Foto und interessantes Profil ... Vielleicht gibt es ja ein Echo von Dir? LG. X.*«

TRY2FIND: »*Danke ... Danke ... danke ... anke ... anke ... nke ... :-))*«

MAMMUT (45): »*Hallo Anke, danke für deine Antwort.*«

Der Mann hat Witz. Das mag ich. 1:0 für ihn!

FRIESE (44): »*Betreff: Moin :-)) Hi Try2find, ich weiß nicht, wie du das machst, mit solch hübschem Lächeln kann man doch nicht mehr solo sein? Sind die Hamburger ›Jungs‹ denn alle reif fürn Optiker? Na ja, gut für mich! *smile* Liebe Grüße X.*«

Beim Anblick seines Fotos frage ich mich: Woher nimmt der Mann das Selbstvertrauen, dass er hier der Retter sein kann? ICH habe eine Brille!

TRY2FIND: »*Hallo X, danke für die lieben Grüße, aber ich glaube, das Problem läuft genau andersherum. Ich sehe zu scharf ... ;-) Liebe Grüße aus Hamburg und viel Glück bei deiner weiteren Suche. Judith.*«

*

SNAPPER (28): »*Jesus Sweet! ;-)*«

TRY2FIND: »*Heilige Mutter Gottes. Danke! ;-)*«

Ich bin natürlich nicht die einzige Frau, die im Netz versucht, ihren Humor zu wahren, auch wenn das manchmal doch sehr schwierig ist, wie der Profileintrag der folgenden Dame zeigt:

BEAUTY (38): »*Nach einer Studie benötigen Männer durchschnittlich zwei Minuten für Sex, aber sieben Minuten, um anschließend einzuschlafen – sehr gefährlich, denn gerade dann sind die meisten auf dem Heimweg. (Jay Leno)*«

Der später zugefügte Nachtrag zeigt, dass hier mal wieder das Venus-Mars-Verständnisproblem zugeschlagen hat. Obwohl der Gag ursprünglich doch von einem Mann stammt:

BEAUTY (38): »*Es nervt, dass alle Männer den o.g. Spruch falsch verstehen, darum jetzt meine Interpretation: Männer, die nach dem Sex auf dem Heimweg sind, gehen fremd und sie leben deswegen gefährlich, weil sie mit dem Auto fahren … hoffentlich kracht es ordentlich … so, alles geklärt, wie ich zu Männern stehe, die sich nur 2 Minuten für die schönste Sache der Welt Zeit nehmen und die fremdgehen?*«

WWWIrren

Manche User stehen mit ihrer »Buchhaltung« derart auf Kriegsfuß, dass sie versehentlich sogar den gesamten Schriftverkehr mit verschiedenen Ladys als Sammelmail verschicken. Da wird sehr schnell klar, dass es nahezu jeder Mann faustdick hinter den Ohren hat. Die eine Dame ist nicht interessant genug, die kriegt gleich eine Absage. Immerhin eine nett formulierte. Die zweite wird in der Warteschleife gehalten. »Mann« kann ja mal telefonieren und weitersehen, denn vielleicht will die dritte nicht mitspielen, dann kann »Mann« sich immer noch die zweite greifen. Folgende Mail habe ich als komplettes Werk zugeschickt bekommen:

WIRR (42): »*Hallo, liebe Unbekannte! Dein ›mehr über mich‹ berührt mich sehr! Zunächst einmal vielen Dank für deine nette Anfrage, aber leider muss ich dir schreiben, dass mich ›Amors Pfeil‹ ganz überraschend anderweitig getroffen hat.* (Wie schön für ihn. Mich kann er allerdings nicht meinen, denn ich habe ihn nicht angeschrieben.) *Da ich nicht ›zweigleisig‹ fahren möchte, weil dies zum einen kein Mensch verdient hat und zum zweiten dies nicht meiner Form von Vertrauen, Treue und Respekt übereinstimmen würde, bitte ich, dies zu verstehen! Gleichzeitig wünsche ich dir alles erdenklich Gute bei der Suche nach dem »Richtigen«! Alles Liebe! X.*«

SIE1: »*... die Idee mit dem Telefonieren ist gut Tel: xxxxx alles andere doch dann mdl. o.k. Sibille.*« (Die zweite Mitwirkende. Offensichtlich wegen ihrer Telefonnummer gespeichert ... nur leider alles in der Mail an mich.)

SIE2: »*Hallo X, deine Mail und dein Profil haben mir sehr gefallen. Es gibt wirklich viele Übereinstimmungen und du scheinst ein ganz besonderer Mensch zu sein. Gerne würde ich mal deine Stimme hören und mit dir telefonieren. Wenn du Lust und Zeit hast, kannst du mich unter der Telefonnummer xxx erreichen. Bis dann und liebe Grüße. Klara.*«

WIRR (42): »*Hallo Try2find.* (DAS scheint jetzt die Mail an mich zu sein? :-)) *Liebe Unbekannte und Seelenverwandte!! Wann findet man schon einmal so viel Übereinstimmung in den wesentlichen Dingen? Bei dir und mir – wie es aussieht! Das ist sehr selten, finde ich und gefällt mir sehr! Ich musste dir einfach antworten* (Eine Antwort würde eine Fragestellung voraussetzen. Ich habe ihn nie angeschrieben). *Deine eigenen Aussagen haben mich nicht unberührt gelassen, denn insbesondere jenes, was ich auch zwischen den Zeilen zu lesen glaube, gefällt mir mehr, als du wahrscheinlich vermutest! Es wäre schön, wenn es dir, nach der Lektüre meines Profils, viel-*

leicht ebenso geht und du mir antwortest. Ich kann mir aus-
gesprochen gut vorstellen, dass wir auf vielen Gebieten noch
weitere Gemeinsamkeiten entdecken! Wenn du also Lust auf
einen auf den ersten Blick ganz normalen, aber trotzdem auf
den zweiten Blick außergewöhnlichen Typ hast, also auf einen
Menschen und Mann, für den Ideen und Vorstellungen wie lie-
bevolles und zärtliches Miteinander, gegenseitiges Vertrauen,
Respekt genauso wenig unbekannt sind wie die Sehnsucht
nach echter Partnerschaft, dann antworte mir bitte! Es könnte
der Beginn von etwas Wundervollem und Erfülltem werden!
Bis dahin – hoffentlich – wünsche ich dir alles Liebe!«

Also, wenn ich das richtig einordne: Klara ist die Dame, die eine
Abfuhr kassiert hat, weil er nicht zweigleisig fahren will, denn er
telefoniert ja mit Sibille. Für die wiederum gilt die Sache mit der
Zweigleisigkeit offensichtlich nicht, denn er schreibt gleichzeitig
mich an, weil er so viele Gemeinsamkeiten entdecken konnte, die
ich auch nach langem Suchen nicht gefunden habe, und die Sache
mit Armors Pfeil ist dann wohl eher als Warnschuss zu verstehen?
Ich habe einfach den ganzen Wust kopiert mit dem Rat zurückge-
schickt, demnächst ein bisschen geordneter und überlegter an die
Sache heranzugehen. Natürlich habe ich nie wieder etwas von ihm
gehört. Freut mich aber für Sibille.

X-(PLATZ)HALTER

Das Internet ist eine eigene Welt mit einer eigenen Sprache. Es ver-
einfacht natürlich vieles, wenn »frau« ungefähr versteht, was die
verschiedenen Abkürzungen bedeuten. Viele User verwenden Asteriskausdrücke und Verbalphrasen, um die Aussage der Mail zu
unterstreichen. Wurde die Mail mit einem »Augenzwinkern« geschrieben, nicht richtig verstanden oder hat Erstaunen hervorgerufen? Asteriskausdrücke und Verbalphrasen verdeutlichen die entsprechenden Emotionen.

VERBALPHRASEN: *Das sind Ausdrücke wie* *sichfreu* *und* *wildherumspring* *oder* *trotzigguck**. Warum Verbalphrase? Ganz einfach:* »verbal«*, weil darin mindestens ein Verb vorkommt, das eine Tätigkeit beschreibt. Wie* *ans Bein tret* *oder eine zu einem Wort zusammengezogene Phrase wie* *sichüberdasschlechtewettergrantigärger**.*

ASTERISKAUSDRUCK: *Ein Asterisk ist einfach nur ein Sternchen* **. Zwischen den Sternchen stehen oft Abkürzungen. Zum Beispiel:* *lol* *ist die Abkürzung für* »laughing out loud«*.*

Für viele 40-Plusler sind diese Ausdrücke eine Art jugendsprachlicher Geheimcode. Dazu gesellen sich noch die unzähligen Smileys und Emoticons: Darf ich bekannt machen? Das :-')B ist Marilyn Monroe, und auch Elvis lebt – im Netz! Da sieht er so aus: &:-)

Zugegeben. Diese Spezial-Fan-Smileys braucht man selten, und ich bin mir sicher, dass sie nur wenige User aus meiner Altersklasse kennen. Obwohl die ältere Generation im Chat deutlich aufgeholt hat und immer öfter zu Zeichenkonstruktionen greift. Da das Ganze nur funktioniert, wenn Absender und Empfänger gleichermaßen über die Bedeutung Bescheid wissen, hier ein kleiner Smiley-Katalog im Stil der ägyptischen Hieroglyphen.

KLEINER EMOTICONS-FÜHRER

TEXTSMILEY	BEDEUTUNG
	verschiedene Interpretationen möglich!
:-) oder :)	lachen, freundlich, »happy«. Ist DER Smiley überhaupt. Der Doppelpunkt steht für die Augen, das Minuszeichen für die Nase. Die Klammer für den Mund.

;-) oder ;)	Augenzwinkern, Ironie
:-| oder :|	indifferent, »damit kann ich leben«
:-(oder :(	(leichte?) Verärgerung oder
:-((oder :((	(sehr) starke Verärgerung oder Trauer
:-D oder :D	Zähne zeigend, freundlich lachend
:-P oder :P	Zunge rausstrecken, lächeln, lachen
:-> oder :>	lachen, hämisch lachen
:-/ oder :-\	unentschlossenes Lachen, schiefes Grinsen
:~(	Mir kullern die Tränen
:'-(oder :,-(	weinen
:-o oder :o	staunen, verwundert sein
:-O oder :O	noch stärker staunen
:-x	Kuss oder »ich schweige«
:-#	Meine Lippen sind versiegelt
:-@	laut schreien

Finden Sie das !:-) einfallsreich und phantasievoll oder sind Sie :-? – verwundert? Damit aber nicht genug. Haben Sie den Smiley-Katalog auswendig gelernt, können Sie sich gleich mit den Akronymen weiterbilden. Der Duden definiert Akronym als Kunstwort, das aus den Anfangsbuchstaben mehrerer Wörter zusammengesetzt ist.

AKRONYM	BEDEUTUNG
AFK	Away From Keyboard, bin nicht am Computer, bin mal weg
bg	big grin, breites Grinsen
CU	See You, servus, wir sehen uns, bis dann
CU2	See You Too, gleichfalls tschüss
DAU	Dümmster Anzunehmender User / Volltrottel
FOAD	Fuck Off And Die, verpiss dich
FYA	For Your Amusement, zu deiner Erheiterung
NRN	No Reply Necessary, keine Antwort nötig
OAO	Over And Out, Ende und aus
PLZ	please, bitte
ROFL	Rolling On the Floor Laughing, auf dem Boden liegend vor Lachen (dazu gibt es viele Abwandlungen)
YABA	Yet Another Bloody Acronym, noch so eine bescheuerte Abkürzung

Ich habe inzwischen eine »Liebzwinker-Allergie« entwickelt. Bei manchen Mails frage ich mich: Bin ich hier in einen Comic gera-

ten? *lächel*, *zwinkerndgrins*, *lach*, *leiselächel*, *funkelnd-
grins*, *breitgrinsendlächel*, *zwinkerndleichtgrins*, *stöhn*,
grml, *schmunzelndgrins*

Diese Verbalphrasen lösen bei mir kein *lustigblinzel* aus, sondern eher ein *stutzigguck*. Mir gefällt dieser unmännliche Ausflug gestandener Männer in die jugendsprachliche WWWortwelt
überhaupt nicht. *speiübelaufdietastaturkotz*

STOSSZEITEN

Samstag, 9:30 Uhr, bei Neu.de. Ich bin online, komme mir aber
ziemlich einsam in der WWWelt vor, obwohl laut Zähler einige
Tausend online sein sollen. Vielleicht haben die eine Flatrate, sind
deshalb rund um die Uhr online, aber gar nicht persönlich anwesend? Nur drei Mails flattern mir in einer halben Stunde in den
Briefkasten. Zwei davon stammen von alten Bekannten, die »nur
mal kurz Guten Morgen sagen«. Langweilig. Wahrscheinlich bin
ich zu früh für die Tagträumer und zu spät für die Nachtschwär-
mer. Aber es ist eine gute Zeit, um ganz in Ruhe liegen gebliebene
Mails zu beantworten und die Mailbox aufzuräumen.

Mitten in der Woche, um 00:30 Uhr. Im Netz steppt der Bär.
Tausende sind online – sagt der Zähler – und aktiv. Im Minuten-
takt erhalte ich neue Mails. Eigentlich ist das gar nicht meine Zeit,
aber ich wollte mir die Netznacht mal ansehen. Ganz anders als
tagsüber. Auch andere User sind auf der Pirsch. Leiden die eigentlich alle unter Schlaflosigkeit? Ich chatte mit fünf Herren gleichzeitig. Frauen verstehen sich ja auf Multitasking. Trotzdem komme
ich mit den Mails durcheinander. Ich bin halt kein Nachtmensch,
und mein Hirn läuft nur noch auf Notstrom. Zwei der drei Herren
verschmelzen deshalb zu einer Einheit. Beide wohnen irgendwo an
der Nordseeküste, haben einen ähnlichen Schreibstil und sind im
gleichen Alter. Ja, sogar ihre Fotos finde ich ähnlich.

Der dritte User schickt mir in einer Art Dauerbeschallung einen
ganzen Fragenkatalog von Einzelsätzen. Immer wenn ich gerade

eine Frage beantworten möchte, klickt die nächste auf. Das nervt. Eigentlich hat er sich damit schon rausgekickt.

Der vierte – leider viel zu junge (erst 32!) – hat den Humor, den ich mag, und hält Mailabstände ein, die »frau« in Ruhe arbeiten lassen ... was natürlich darauf schließen lässt, dass »Mann« von seiner Seite aus ähnliches Gruppenmailing betreibt.

Der fünfte ist ein »Quälgeist«, er ist immer schon da, wenn ich online gehe, und wartet mit einem tageszeitlich angepassten Gruß auf. Die Online-Version von »Hase und Igel«. Ja, schläft der Mann denn nie?

Das Internet im Wandel der Zeit: Grob unterteilt, trifft »frau« die Herren aus den Bereichen Banken, Immobilien, Versicherungen tagsüber. Bei diesen Bürohengsten läuft die Partnersuche im Background, während der Bürostunden, als eine Art Unterhaltungsprogramm, das den langweiligen Alltagstrott netter gestaltet. Vorsicht: Viele der Männer sind in festen Händen und suchen nur etwas Abwechslung. Manche sprechen das sogar offen aus. Andere Branchen wie Handwerker & Co gibt es im After-Work-Chat. Diese Herren sind tagsüber an der frischen Luft und wirken dadurch irgendwie geerdeter. Ob es wirklich so ist? Try2find out. Manager sind sporadisch ständig im Netz, dann wieder lange Zeit nicht, weil sie ihr Leben im Flieger und auf Konferenzen verbringen. Samstagmorgen bis Mittag ist es ruhiger. Noch ruhiger geht es am Abend zu, denn seit »Sex and the City«, der Fernsehserie, die jedem Single klarmachte, dass ein unausgefüllter Samstagnachmittag ein absolutes No-go ist, scheint keiner mehr zugeben zu wollen, dass er/sie zu diesem wichtigen Zeitpunkt nichts vorhat.

Auch die Jahreszeiten spielen eine große Rolle: Um die Weihnachtszeit sind mir viele Manager »ins Netz gegangen«, die gerade die letzten Meetings in Texas, Tokio oder Toronto abhalten, dann aber – endlich mal – nach Hause kommen und dabei bemerken, dass sie eigentlich kein Privatleben haben. Gerade zu dieser Zeit, wo alles auf Familie macht, wird das Alleinsein für viele zum Problem, die das den Rest des Jahres nicht so empfinden. Bei Traumwetter im Sommer ist das Netz weniger gefüllt. Klar. Da sitzt alles im Beachclub und versucht sich im Real-Life-Flirten. Interessant ist, dass sich in ein und demselben Portal, je nach Tageszeit, völlig andere User tummeln, vergleichbar mit einem Lokal, das tagsüber durch seine Stammgäste ein gutbürgerliches Flair erhält und am Abend mit den Nachtschwärmern die Atmosphäre eines Nightclubs annimmt. Genauso ändern sich auch die Flirt-Mails. Je dunkler die Nacht, desto mehr wird »frau« mit den Auswüchsen des männlichen Hormonspiegels konfrontiert. Faustregel: Je später der Abend, desto platter die Mail: *»Lust auf Sex?«* flattert auch tagsüber mal in die Mailbox. Nachts häufen sich diese Anfragen allerdings deutlich.

MEERJUNGFRAU TRIFFT:
DATES

Kommen wir zur vorletzten Stufe des eigentlichen Ziels der Unternehmung Online-Partnersuche: den Dates. Nach genauer Prüfung der verschiedenen Profile bleibt eine kleine Auswahl – vielleicht – passender Partner. Man hat mehrfach telefoniert. Auch das war durchaus unterhaltsam. Jetzt soll der erste Augenkontakt entscheiden: Ist er es oder ist er es nicht?

Ganz so einfach ist die Sache aber nicht. Ich habe im Frühjahr 2007 mit großem Interesse die britische Doku-Soap von Sally Gray (37) verfolgt, einer Moderatorin bei der BBC, die in zehn Wochen ihren Traummann finden wollte. 50 Dates hat sie absolviert. Typberater, Stylisten, Psychologen, eine Dating-Expertin, die besten Freunde und die gesamte Redaktion von »Heiraten für Anfänger« sollten dafür sorgen, dass Sally den perfekten Ehemann findet.

Rein statistisch gesehen, hätte sie noch weitere 380 Dates absolvieren müssen, um auf die ermittelte Erfolgszahl 430 zu kommen, oder sie hätte, wie eine andere Untersuchung besagt, drei Jahre durchhalten müssen. Um es kurz zu machen: Sie hat es nicht geschafft.

Sally ist eine hübsche, leicht schrille Blondine. Eigenschaften, die sich positiv auf die Partnersuche auswirken. Dazu ist sie extrovertiert, eine Schnelldenkerin, intelligent, ehrlich ohne Schnörkel. Ebenfalls positive Eigenschaften. Aber bei der Partnersuche eher hinderlich. Die meisten Männer finden ein derartiges Energiebündel viel zu anstrengend. Dabei habe ich ihr so die Daumen gedrückt, dass sie es schafft. Ich habe gehofft, dass sie den besonderen Mann findet, der diese Frau zu schätzen weiß. Aber am Ende blieb nur eine Freundschaft mit einem gleich gesinnten Künstler, der sich dazu noch vorsichtshalber von England nach Spanien abgesetzt hat. Dabei wäre ein »Na-siehste-geht-doch-Beispiel« nach meiner, zu diesem Zeitpunkt zweijährigen, erfolglosen Suche nach Mr. Right durchaus ein Ansporn gewesen. Aber gut. Muss ich mich weiterhin an DEM Beispiel schlechthin aufrechthalten. An meinen Eltern, die ihren fünfzigsten Jahrestag längst hinter sich haben. Diese Gene muss ich doch geerbt haben, oder? Gut. Die Zeiten sind anders. Die Menschen auch. Ich sowieso? Aber es muss ja auch nicht direkt das goldene Partnersportabzeichen sein. Ein Partner für die nächsten Jahre – erst mal – mit Option auf Verlängerung wäre schon ausreichend.

Zurück zum Date oder besser zu den Dates. Böse Zungen sagen: »Frau« muss viele Frösche küssen, bis … (wobei ich die Zungen jetzt nicht in direkte Verbindung mit dem Küssen bringen wollte). Bei 99 Prozent meiner Dates ist es allerdings nicht mal dazu gekommen. Mit dem Wissen von heute hätte ich mir und meinen Date-Partnern einige der Treffen von vornherein ersparen können und damit die unschöne Stunde der Wahrheit, die ja eigentlich nur ganz kurz dauert, mir aber immer wie eine Ewigkeit vorkommt, und zwar das: »*Sorry, bei mir hat es nicht ›klick‹ gemacht.*«

Heute kann ich aus 100 Mails MIT Foto zu 99 Prozent herausfiltern, ob ein Treffen sinnvoll ist. Von diesem einen Prozent der Mails, die Date-Potenzial haben, ist es wieder nur ein verschwindend geringer Teil, der auch im »Real Life« Bestand hat. Wir sprechen hier also von homöopathischen Dosen. Um mal positiv zu werden: Ich kenne aber tatsächlich Menschen, die sich so gefunden haben. Außerdem gilt diese Prozentzahl nur für mich. Auch im richtigen Leben treffe ich selten auf Männer, die mich interessieren. Allerdings verschwinde ich bei gegenseitigem Gefallen auch gleich wieder für Jahre vom Markt. Ich muss also genauestens hinschauen, auf was ich mich da einlasse. In meinem Bekanntenkreis gibt es dagegen viele Ladys, die sich täglich neu verlieben. Dadurch wird »frau« auch im Netz auf höhere »Fangquoten« kommen. Außerdem spielen die eigenen Suchkriterien eine große Rolle. Sind die nicht so »engmaschig«, lässt sich damit leichter fischen. Ich bin einfach ein schwer zu vermittelnder Fall! Andererseits lebe ich lieber allein als mit einem Falschen. Das sind Faktoren, die »frau« mit sich klären sollte, bevor sie die Netze auswirft, denn im Trüben zu fischen scheint mir die schwierigste Variante zu sein.

Meine ersten Schritte im Netz: Ich, absolut blauäugig, hatte nach etwa zwei Wochen ungefähr fünf Herren aus der Partnerbörse herausgefiltert, die mich interessierten. Durchweg Männer, die sehr schlagfertig mit Worten umgehen konnten und hartnäckig am Ball blieben. Mit der Vergabe meiner Telefonnummer war ich schnell dabei. Warum auch nicht? Schließlich ging es doch darum, sich näher kennenzulernen. Außerdem fand ich, dass Menschen in meinem Alter schließlich erwachsen sind. Eine meiner schlimmsten Fehleinschätzungen! Glücklicherweise scheint meine Menschenkenntnis in den Grundlagen nicht schlecht zu sein. Oder ich hatte einfach Glück, dass kein Stalker oder Ähnliches dabei war. Die ersten Dates wurden mir von Olivia verordnet, die inzwischen eine Art Internetsucht entwickelt hatte und sich bestens mit ihrem Online-Clan amüsierte. Bei ihr fing der Tag mit Guten-Morgen-Mails an und war mit Blind Dates nur so gespickt. Zum Abend hin wurde teils per Mail, teils schon per SMS das »Gute-Nacht-John-Boy«-Rundschreiben herausgegeben. Nun ist sie einerseits vom Spieltrieb befallen, andererseits aber sehr bodenständig. Das wirkte sich dahingehend aus, dass Olivia jeden Tag im gleichen Lokal saß, aber einen anderen Herrn erwartete. Den Kellnern war das schon aufgefallen. Wahrscheinlich würde sie irgendwann mit einem Herrn vom Personal durchbrennen. Olivias Freundeskreis hatte sich in kürzester Zeit auf nützlichste Weise verdoppelt. Sie hatte es schon geschafft, einen Klempner aus dem Netz zu fischen – seither tropfte der lästige Wasserhahn im Bad nicht mehr –, einen Salsa-Tänzer, der ihrer eher dezenten Freude an viel Bewegung etwas Beine machte, einen Computer-Freak – ihr altersschwaches Laptop verschluckte sich öfter mal an den Daten- bzw. »Date«-Mengen …

Ein Mann, der Olivia ins Netz gegangen war, beim Date für gut befunden wurde, aber für den sie selbst keine Verwendung fand, stand jetzt auf meiner To-do-Liste in Sachen Dates. »*Ein total netter junger Mann. Hat Manieren. Sieht gut aus … Jetzt stell dich nicht so an!*« Damit war mein erstes Date perfekt, und ICH saß in besagtem Lokal.

DAS IN-GUTE-HÄNDE-ABZUGEBEN-DATE

Von dem netten jungen Mann mit Manieren erfuhr ich in den ersten fünf Minuten unseres Treffens, dass er schon mit einer mir bekannten Model-Kollegin in der Badewanne gesessen hatte. Im Bad hat sie ein lebensgroßes Bild ihrer selbst an der Wand hängen. Natürlich habe er sie darauf hingewiesen, dass dieses Bild mit der Realität nicht im Mindesten in Einklang stünde, es eher ein Wunschtraum sei.

Für Olivias Freundinnen, die alle rund zehn Jahre früher auf die Welt gekommen waren als er und ich, hatte er auch viele Verbesserungsvorschläge parat, bis hin zum Ganzkörperlifting. Also wirklich »gute Manieren«. Nach diesem Date wusste ich zumindest, dass ich mich besser auf meine eigene Menschenkenntnis verlasse als auf Olivias. Es folgten zwei Dates in Hamburg. Ein Kaffee reichte, um festzustellen, dass es nie ein gemeinsames Frühstück geben würde. Ein Date am Dortmunder Bahnhof, als Reiseunterbrechung nach Hamburg. Ein Fotograf, mit dem ich nette Telefongespräche geführt hatte. Seine Profil-Fotos fand ich auch sehr ansprechend. Allerdings war ich mit dem optischen Eindruck nicht auf dem neuesten Stand, wovon ich mich beim Anblick der mindestens zehn Jahre älteren Version dieses Mannes bei einer Tasse Kaffee selbst überzeugen konnte. Wir haben trotzdem eine angenehme Stunde miteinander verbracht. Ein netter Mann, aber nichts für mich. Die restlichen drei Stunden Reisezeit bis Hamburg habe ich damit verbracht, eine »Nein-danke-SMS« zu verfassen, die so vorsichtig formuliert sein sollte, dass sie nicht beleidigte, aber auch so deutlich, dass sie unmissverständlich war. Ich habe Blut und Wasser geschwitzt. Genau das ist die Situation danach, die mich so viel Energie kostet.

Ich habe dann etwas gesimst wie: »*Hallo X. Sorry, aber bei mir hat es leider nicht ›klick‹ gemacht. Ich wünsche dir viel Glück bei deiner weiteren Suche. Liebe Grüße. Judith.*« Keine Meisterleistung für eine Journalistin – nach drei Stunden! Ich weiß. Bis heute habe ich keinen besseren Satz gefunden. Im Fall dieses Herrn bin ich auf eine verständnisvolle Seele getroffen. Er hat sich sogar nett für meine Ehrlichkeit bedankt. Ein Mann mit Rückgrat. Ich wünsche ihm, dass er inzwischen eine passende Partnerin gefunden hat. Gehört habe ich nie wieder etwas von ihm. Danach habe ich mir eine Date-Verschnaufpause verordnet, um zu überdenken, wie ich die »Treffer-Quote« vielleicht erhöhen könnte. Olivia datete natürlich fröhlich weiter, und ehe ich michs versah, hatte ich, trotz meiner selbst verordneten Auszeit, mein lustigstes Date:

Ich war ein paar Tage bei Olivia in Köln zu Besuch. Die Guten-Morgen-Mails waren bei ihr inzwischen Standard. Die Fax-Leitung als Telefonleitung für die verschiedenen Herren freigegeben. Wenn es dort klingelte, war klar: Ein Mann aus dem Netz ruft an. Ihre Haupt-Telefonnummer war nur für berufliche Zwecke und für ihre Freundinnen bestimmt. Beim Handy liefen alle zusammen, zumindest die Männer, die zur engeren Auswahl gehörten. Es klingelte ständig. Mal war es eine Netzbekanntschaft. Mal eine Freundin, die News aus Olivias Netzbetrieb hören wollte. Mein Vorschlag, das Handy direkt ins Ohr transplantieren zu lassen, fand keinen Anklang, weil mir kein passender Vorschlag zur Bedienung des SMS-Modus einfallen wollte. Wir waren gerade dabei, das Haus zu verlassen, als das »Nur-für-Männer-Telefon« klingelte. Eine sympathische Männerstimme sprach im Laut-Modus auf den Anrufbeantworter. Wir hatten es allerdings eilig, und Olivia entschied sich, später zurückzurufen. Erklärte mir kurz, dass es sich hier um einen äußerst sympathischen jungen Mann handeln würde, der sie vor zwei Tagen angeschrieben hätte und mit dem sie seither in regem Mailkontakt stand. Dies sei sein erster Anruf, dafür müsse sie sich Zeit nehmen. Deshalb der Rückruf später. Der Mann liefe ja schließlich nicht weg. Nach einem ausgefüllten Tag kamen wir gegen Abend wieder in Olivias Wohnung an. Klar, das Erste, was sie machte: Der Laptop musste angeschaltet werden. Nachdem sie ihre Mails gesichtet und teilweise mit lauten Kommentaren versehen beantwortet hatte, wollte sie wissen, was sich denn so in meiner Mailbox tummelte. Ich tat ihr den Gefallen und loggte mich ein. Außerdem war ich natürlich auch neugierig, denn ich war immer noch fest davon überzeugt, in spätestens einem halben Jahr, wenn nicht in drei Monaten, meinen Traummann über dieses Medium gefunden zu haben. Interessiert schaute mir Olivia dabei über die Schulter, wollte die zugehörigen Profile genauer sehen und vergab Bewertungsnoten, ähnlich wie die Preisrichter beim Turniertanz. Auf einmal stieß sie einen spitzen Schrei aus: »*Ja, aber das ist doch Sporty!!!!!!!!! ... Das ist der, der heute Morgen hier angerufen hat.*« Mit versteinertem Gesicht stand sie neben mir – und sich. »*Olivia, das ist eine Flirtline. Das ist normal, dass auch die Männer hier mehrere Frauen anschreiben. DIE DÜRFEN DAS!*«, versuchte ich sie zu beruhigen. Diese Seite hatte sie bislang nicht wirklich durchdacht, nehme ich an. Olivia: »*Also, da schreibt der dich an, dabei habe ich dem doch gemailt, dass ich Besuch von meiner Freundin aus Hamburg habe.*«

Auf dem Monitor oben rechts war deutlich die Anzahl der User und Userinnen angezeigt, die gerade online waren. Zusammen etwa 5.000! Nicht einmal Sherlock Holmes hätte aus Olivias Angaben folgern können, dass ausgerechnet Try2find aus Hamburg diese Freundin ist. Olivia wollte die Sache aber trotzdem nicht einfach so auf sich beruhen lassen und schmiedete Rachepläne. Ich musste besagten Herrn – er war gerade erkennbar online – direkt anschreiben. Das fand ich jetzt allerdings auch lustig:

TRY2FIND: »*Hallo Sporty. Danke für die Mail. Ich bin gerade bei einer Freundin in Köln zu Besuch. LG ty2find*«

Seine Antwortmail zeigte: Das hatte ihn noch nicht auf die richtige Fährte geführt.

TY2FIND: »*... und wir finden, du hast einen guten Geschmack.*« Wieder eine ahnungslose Mail seinerseits. »*... aber eine langsame Auffassungsgabe ... Sagt Olivia auch!!!!*«

Zehn Minuten Schweigen.

Try2find: »*Hallo? Hast du gerade einen Herzinfarkt erlitten. Das war nicht unsere Absicht ;-)!*«

Sporty: »*... ich musste nur mal in meiner Mailbox nachsehen, wie das zusammenhängt. Ich kann mir richtig vorstellen, wie ihr euch die Bäuche vor Lachen haltet ...*«

Ein paar Mails weiter, und wir waren für den nächsten Abend verabredet. Zu dritt. »*Wenn er kommt*«, bemerkte Olivia vorsichtig, die schon einige Male das »Warten auf Godot« (Theaterstück von Samuel Beckett. Alle warten, aber Godot erscheint nie.) erlebt hatte, was mir zu diesem Zeitpunkt noch fremd war. Aber ich habe später in dieser Hinsicht enorm aufgeholt.

Nächster Abend. Unser Lieblingslokal. Wir zu zweit, was die Kellner vollends verwirrt, und unser gemeinsamer neuer Freund erscheint tatsächlich. Natürlich loben wir ihn, ganz ehrlich gemeint, erst einmal für seinen ungewöhnlichen Mut. Wir amüsieren uns alle drei köstlich über diesen seltsamen Zusammenhang. Das Internet ist tatsächlich ein Dorf. Der Abend ist mehr als unterhaltsam. Aber leider ist keiner von uns für den anderen bestimmt. Das ist uns allen gleichermaßen klar und wird auch offen ausgesprochen. Auf dem Nachhauseweg beschließt Olivia, dass es Verschwendung sei, mich wieder alleine nach Hamburg zu schicken, wo ich doch so gut koche und sie so gerne isst ... und macht mir einen Heiratsantrag. Ist das vielleicht die Lösung? :-)

Einige Wochen später erhalte ich die erste Mail von Luigi aus Florida: »*Hi I am from West Palm Beach. I like your profile. Do you like mine?*« ... und das Verhängnis nahm seinen Lauf. Doch dazu kommen wir später. Von der ersten Mail bis zum realen Treffen im Sommer vergingen aber noch etwa drei Monate, in denen ich von Luigi auch nicht viel hörte. In dieser Zeit lernte ich einen Hamburger kennen, den ich sehr nett fand. Erst einmal virtuell, versteht sich. Sein Schreibstil fiel mir zuerst auf. Der Humor.

Dazu war er angenehm unaufdringlich, aber trotzdem zur richtigen Zeit präsent. Nach etwa sechs Wochen, gespickt mit tief greifenden Mails über Gott und die Welt, habe ich das gute Gefühl, ihn zu kennen. Sein winziges Foto im Netz zeigt einen sportlichen, geradschultrigen Mann mit schönen blonden Locken im Beach-Boy-Look. Damit kann ich mich durchaus anfreunden, obwohl mein bevorzugter Männertyp eher mediterran ist. Ein unüberbrückbares Manko ist aber schon zu Anfang klar: Sein Alter. 37 ist eigentlich zu jung. Gerade so um die vierzig stellt sich die Kinderfrage. Will »Mann« oder nicht. Bei mir war die Frage schon lange mit »*Nein*« beantwortet. »*Vielleicht*« steht dazu in seinem Profil, was ja fast ein »*Ja*« ist? Trotzdem kommt es zu einem Treffen:

DAS FORMWANDLER-DATE

Tropische Temperaturen in Hamburg. So heiß, dass es trotz Nordseebrise kaum auszuhalten ist. Ich sitze dennoch in der City in einem Café und warte auf mein Date. Das Wetter passt ja irgendwie zu dem Beach Boy, den ich erwarte. »BB« ist bislang nicht auszumachen. Das Stadtbild um diese späte Nachmittagszeit ist geprägt von dunkel gekleideten Banker-Typen. Die müssen sich doch totschwitzen in ihren Anzügen?

Über seinen Beruf wollte BB nichts verraten. Er hatte nur angedeutet, dass er viel unterwegs sei. Vielleicht Reisebranche? Oder ein Journalisten-Kollege? Mein Handy klingelt. Es ist BB. Er teilt mir mit, dass er schon da sei, und zeitgleich tritt einer der »anzüglich« gekleideten Herrn an meinen Tisch. »*Ich hatte gehofft, dass du das bist. Du siehst tatsächlich aus wie auf deinen Fotos*«, stellt er mit einem scannenden Blick zufrieden fest. »*Du nicht!*«, entfährt es mir. Ich blicke in ein sommersprossiges Gesicht mit kurz geschorenen Haaren und runder Nickelbrille. Er erinnert mich an den Formwandler in der Fernsehserie »Star Trek«, der sich in jede erdenkliche Person verwandeln kann. BB erklärt seine unglaubliche Metamorphose vom Beach Boy zum Anzugträger, indem er mir lachend eine Visitenkarte über den Tisch schiebt. AHA! Er ist also ein ganz hohes Tier in einem ganz wichtigen Amt. BB steht also nicht für Beach Boy, auch nicht für Boris Becker, sondern für Besonderer Banker. Seine Art gefällt mir, aber mein Typ ist er in dieser Version überhaupt nicht mehr. Wir verbringen trotzdem einen angenehmen Abend, lachen viel.

Er ist richtig nett. Wir wechseln die Location. Ich nehme ihn mit zu einem meiner Lieblingslokale an der Alster. Das mache ich nur in besonderen Fällen, denn ich möchte nicht überall da, wo ich mich gerne aufhalte, irgendwelchen Ex-Dates begegnen. Wir treffen viele meiner Freunde. BB wird von allen Seiten begutachtet und gleich in tief greifende Gespräche verwickelt. Ich schaue ihn mir noch mal genau von der Seite an. Sogar meine Freunde finden ihn toll, das kann ich leicht erkennen. Endlich hat sie mal einen vernünftigen Mann im Schlepptau, denken sie, das steht ihnen auf der Stirn geschrieben. Offensichtlich bin ich in diesem Spiel die Verrückte? Aber was soll ich tun? Gefühle lassen sich nun mal nicht erzwingen. Am Ende dieses wirklich schönen Abends besteht er darauf, mich nach Hause zu fahren. Vor meinem Haus versucht er, mir einen Kuss aufzudrücken. In mir sträubt sich alles. Ab da weiß ich: Es hat keinen Sinn, mir und ihm etwas vorzumachen. Das wird nichts. Meinen Bauch kann ich nicht überlisten. Unangenehme Dinge erledige ich möglichst sofort. Kaum habe ich also meine Wohnung betreten, greife ich zu meinem Handy und verfasse eine »dreiseitige« SMS. Bei ihm tut es mir besonders leid, dass aus uns nichts wird. Das versuche ich auch in Worte zu fassen. Es dauert dementsprechend lange, bis ich mit meinem Text zufrieden bin. Auf meine SMS kommt umgehend seine Antwort, in der er mir mitteilt, dass ich sowieso nicht küssen könne – woher will er das denn wissen? – und es sinnvoll gewesen wäre, er hätte mir da Nachhilfe gegeben. »So long!« ist sein Abschiedsgruß. Und ich mache mir so viele Gedanken? Für einen Besonderen Banker finde ich das ziemlich infantil. Aber es hat einen Vorteil: Ich kann ihn danach schnell vergessen und plage mich nicht mehr mit Gewissensbissen. Einige Tage später sitze ich im Flieger nach München, um Luigi zu treffen.

EINE VERHÄNGNISVOLLE AFFÄRE

Luigi ist meine erste Erfahrung mit dem Erfolgsfaktor 100 % – also Mr. Right. Nach etwa einem Monat bei Neu.de habe ich seine Mail in der Box. »*Hi. I am Luigi from West Palm Beach. I like your profile. Do you like mine? Ich spreche auch deutsch. Ciao. L.*«

L's Profil zeigt zwei Fotos: das Porträt eines attraktiven Mannes von 39 Jahren – steht in seinem Profil – mit dem Gesicht eines italienischen Hollywood-Stars. Das zweite Foto: L Gitarre spielend. Das schwarze Haar modern gestylt. Lässig mit Jeans und weißem T-Shirt unter einer Palme sitzend. Seine Angaben auf dem Profil zeigen: Er erfüllt alle Suchkriterien für Mr. Right! Bis auf das Alter. Ein bisschen jung finde ich ihn schon. Egal. »Frau« kann nicht alles haben. Mit seiner muskulösen Figur erscheint er mir wie der Cola-Mann aus der Werbung. Mein Gesichtsausdruck ist sicher ähnlich träumerisch wie der der Damen in diesem TV-Spot. Nach all den Fröschen im Netz ein echter Märchenprinz. Echt? Ich habe Zweifel. Im »Netz« kann jeder alles sein. Vor meinem geistigen Auge entsteht das Bild eines unscheinbaren Mannes. In einem Schrebergarten in Gelsenkirchen-Buer sitzend, bei dem Spiel »Mein-Haus-mein-Auto-meine-Pferdebetreuerin«. »*Judith, sei positiv*«, versuche ich mich selbst zu trösten, »*bei dir glaubt ja auch niemand, dass du auf der Suche bist.*« Ich schreibe also nett zurück, wie ich es immer mache, beschließe aber, das Ganze erst einmal nicht ernst zu nehmen. Es entwickelt sich ein Mailkontakt über mehrere Wochen. Zu dieser Zeit bin ich bestens über die Wetterlage in Florida informiert. »*Hi judith, thank's for u mail. Ja wir haben gerade hier ein phantastisches wetter 24–27 grad, nachts 17–20, das kann man aushalten oder?*« L lebt, so erfahre ich, seit Jahren in Florida, ist frisch getrennt, von der amerikanischen Oberflächlichkeit so genervt, dass er eine deutsche Frau sucht. Noch vor einigen Jahren hat er in München gelebt. Dort wohnt heute noch sein Bruder, und der hat auch L's Profil ins Netz gestellt. In wenigen Wochen würde er zu Besuch in seiner alten Münchener Heimat sein, um seinen Bruder zu besuchen und mich gleich dazu. Natürlich war L auch

Gesprächsthema im Freundinnenkreis. Die Neu.de-Updates in Sachen Kontaktpflege waren für Olivia und mich zu dieser Zeit DAS Gesprächsthema überhaupt. War L nun ein Fake oder nicht? Olivia bleibt skeptisch und beobachtet L's Online-Aktivitäten genau.

Anfang Juni erhalte ich einen Anruf. Per Handy: »*Guess who I am*«, fragt eine tiefe Stimme. Ich habe täglich mit zig Menschen zu tun. Mal geschäftlich, mal privat. Sich so zu melden ist für mich völlig bescheuert. Es kann sich nur um einen Verrückten handeln. Ich lege auf. Eine Minute später klingelt es wieder. »*Sorry, ich wollte dich nicht erschrecken. Hier ist L!*«, sagt die tiefe Stimme am anderen Ende in einwandfreiem Deutsch. Der Anfang eines stundenlangen Telefonats, das mir alle Zweifel nimmt und mit einer Einladung nach München endet, die ich gerne annehme.

Kurz im Internet einen passenden Flug für den nächsten Tag gebucht – apropos fliegen: Ich spürte einige Schmetterlinge in meinem Bauch –, Handgepäck für – na, sagen wir mal zwei Tage – gepackt, und am nächsten Tag geht es los. Vorsichtshalber informierte ich meinen Freund George, der gerade ein paar Tage in München verbringt. Mit »Notfall-Telefonnummer« und Visa Card bin ich für alle Fälle gewappnet. Olivia lass ich dabei aus. Ich habe keine Lust, mir dieses spannende Date durch Skepsis versauen zu lassen. Wenn es schiefgeht, würde ich das auch überleben. Jetzt wollte ich erst einmal dieses Prickeln genießen.

Flughafen München. Früher Nachmittag. Ein guter Zeitpunkt, falls sich dieses Date als »geht gar nicht« entpuppen sollte. Einen Rückflug würde ich für heute noch bekommen, das habe ich im Internet schon gesehen. Die Zeiten habe ich mir vorsichtshalber ausgedruckt. L, der »*39-jährige Italo-Neuamerikaner mit deutschem Pass*«, steht schon wartend am Rande der Menge. Ich sehe ihn aus dem Augenwinkel. Mit modernem Hemd, lässiger Jeans und einer roten Rose in der Hand. Wow. Ein attraktiver Anblick, allerdings in der von mir schon erwarteten zehn Jahre älteren Version. Erfahrungswert! Natürlich hat auch er mich bemerkt. Seine Haltung strafft sich, und ich weiß, er hofft, dass ich diejenige bin, auf die er wartet. Bei der Menschenmenge, die gerade ankommt, darunter auch zahlreiche Blondinen, ist das durchaus nicht klar. Gleichzeitig kann ich an mir alle Symptome für »verschärftes Interesse« feststellen: Mein Gang wird katzenhafter, mein Blick intensiver, das blonde Haar fällt wie zufällig ins Gesicht und muss natürlich mit einer subtilen Geste weggestreichelt werden. Ich gehe zielstrebig auf L zu. Mit einem verheißungsvollen Lächeln hauche ich ein Hallo auf seine Wange.

WAS IST LOS MIT MIR? Diese Weibchennummer ist eigentlich gar nicht meine Art. Fast bin ich erstaunt, dass ich das überhaupt kann. Egal!!! L's dunkle Augen haben mit Wohlwollen registriert, was sie sehen. Mein für mich seltsames Verhalten scheint er völlig normal zu finden und setzt ein echt italienisches Macho-Image dagegen. Damit sind die Rollen festgelegt. Eigentlich gehöre ich zur Abteilung Selbstständige Alleskönnerin. Auf dem Gebiet weiblich-hilflos bin ich neu, aber auch neugierig und anscheinend lernfähig, was Olivia sicher mit einem »*Liebschen, damit hättest du es auch leichter bei den Männern*« kommentieren würde. L reicht mir die dunkelrote Rose. Sein Blick sagt mehr als tausend Worte. Meine letzte Möglichkeit für einen schnellen Rückzug ... verstreicht. Ich bin mir darüber im Klaren, dass das hier ein Spiel mit dem Feuer ist. L gehört zu der Art Mann, die ich im »richtigen Leben« als attraktiv zur Kenntnis nehmen, aber als zu gefährlich gleich wieder aussortieren würde. Ergo: Ohne das Internet wäre ich nie in so eine Situation geraten. Ist das jetzt gut oder schlecht? Und sollte nicht jede Frau in ihrem Leben mal eine heiße Affäre mit einem glutäugigen Südländer haben?

Die Frage, OB ich einen Tag – oder mehr ? – mit ihm verbringen möchte, stellt sich nicht mehr. Nur noch: WO? Auch darauf weiß ich eine Antwort. ICH MÖCHTE ZUM TEGERNSEE! L schnappt sich meine Tasche, führt mich zu seinem Leihwagen, der direkt vor der Halle parkt, und los geht es. Die ersten Minuten sind ein bisschen gezwungen, aber das vergeht sehr schnell. Am See angekommen, stecken wir schon mitten in einer tiefsinnigen Unterhaltung. Es ist ein kühler Junitag, die Sonne lässt sich nur ab und zu blicken. Heiß ist mir trotzdem. Ich komme mir vor wie in einem Rosamunde-Pilcher-Film. Kein Wunder in dieser traumhaften Umgebung. Mit einem Traummann. Genau mein Typ: groß, gute Figur, modern in Kleidung und Ansichten. Dazu weit gereist, weltgewandt und unterhaltsam. Sein dichtes schwarzes Haar fällt ihm fast über die dunklen Augen. Ich schätze ihn auf mindestens 50. Das ist mir weitaus lieber als die 39-jährige Online-Version. Ich bin schließlich auf der Suche nach einem verlässlichen Partner, der weiß, was er will. Einen Mann für den Rest meines Lebens. Ein 50-Jähriger wird diese Eigenschaft sicher eher haben als ein 40-Jähriger.

Der See ist fast menschenleer. Nur das kleine Boot eines Anglers dümpelt auf der spiegelglatten Oberfläche. Wir finden einen sonnigen Platz auf einer Bank, die aussieht, als würde sie im Spotlight stehen. Für mich ein absolut positives Omen. Ich fühle mich super und habe Schmetterlinge im Bauch. Ein Gefühl, das auch die nächsten Tage anhält. Tegernsee: der erste Kuss. München: romantisches Abendessen. Starnberger See: die erste Übernachtung. Ab hier möchte ich verständlicherweise nicht unbedingt ins Detail gehen. Nur so viel: Es ist traumhaft. Am nächsten Morgen haben sich meine Schmetterlinge zu einem ganzen Schwarm vermehrt, und ich schwebe auf Wolken. Das Macho-Weibchen-Spiel gefällt mir. L scheint ähnlich zu empfinden, und wir haben viel Spaß in diesen vier Tagen.

Ich bin so aufgeregt, dass ich Olivia darüber völlig vergessen habe. Sie weiß ja nicht, was ich gerade so treibe, und normalerweise telefonieren wir mindestens jeden zweiten Tag. Ihr Anruf ist also eigentlich überfällig. Irgendwann auf der Autobahn zwischen Starnberger See und Alpen klingelt mein Handy und Olivia fragt wie üblich, wenn sie mich nicht auf dem Festnetz erreichen kann: »*Liebschen, wo bist du?*« Ich schaue gerade auf das wunderbare Panorama der Alpen vor uns und antworte wahrheitsgemäß: »*Am Alpenrand.*« Verdutztes Schweigen am anderen Ende des Handys. »*Am Alpenrand!!!???? Wat machst DU am Alpenrand!!!???*«

Olivia ist ziemlich verwirrt, tippt auf eine spontane Buchung als Model. Ich erkläre in kurzen Worten, wie es dazu gekommen ist und dass es sich um einen rein privaten »Termin« handelt. Über L hatten wir häufiger gesprochen. Ich wusste, dass Olivia mich vor ihm warnen würde, denn Männern wie L traute sie nicht über den Weg. Das liegt daran, dass L ihrem Vater sehr ähnlich ist und sie vermutete, dass sich das nicht nur auf Äußerlichkeiten bezog. Ihre Mutter hatte unter diesem Hallodri ziemlich zu leiden. Doch Olivia lässt sich erst mal beruhigen. Allerdings habe ich ab diesem Zeitpunkt etwa alle vier Stunden mit einem Kontrollanruf von ihr zu rechnen, was ja auch gar nicht so verkehrt ist, denn eigentlich hat sie ja recht: Ich kenne diesen Mann neben mir nicht wirklich. Bei normalem Bewusstsein hätte ich auch jeder Freundin von so einem Unterfangen abgeraten. Doch ich bin gerade von glücklich machenden Endorphinen benebelt und nicht zurechnungsfähig. Es ist einfach zu schön mit diesem Mann, und ich möchte das genießen.

Doch der Alltag holt uns ein. Ich muss zurück nach Hamburg. L in die USA, aber er verspricht, bald wieder nach Deutschland zu kommen. Ich verlasse München in dem Glauben, Mr. Right gefunden zu haben, auch wenn ich noch nicht weiß, wie das weitergehen soll. Zwei erwachsene Menschen werden doch wohl einen Weg finden können? Es folgt ein wochenlanger intensiver E-Mail-Kontakt zwischen den Kontinenten. Eine Art Online-Tagebuch, das uns am Leben des anderen teilhaben lässt. Dazu ruft L regelmäßig an und vermittelt mir das Gefühl ernsten Interesses. Ich lasse meine Zweifel langsam fallen. Nicht so Olivia. Sie warnt mich: Während ich mich bei der Partnerbörse abgemeldet habe, sei L immer noch ständig online. Natürlich frage ich L danach. Er behauptet, sein Bruder würde auf seinem Profil durchs Netz chatten und hätte seinen Spaß damit. Der Service sei schließlich für ein Jahr bezahlt. Ich gebe mich mit dieser Erklärung zufrieden. Zu diesem Zeitpunkt bin ich noch davon überzeugt, dass Menschen ab 40 infantile Verhaltensweisen – dazu zähle ich auch Casanovatum – abgelegt haben. Olivia dagegen bleibt skeptisch, aber ich will nichts Negatives in Sachen L hören. Anfang September ist es so weit: L besucht mich in Hamburg. Dieser Aufenthalt gestaltet sich schwieriger als die gemeinsamen Ferien in Bayern. Ich muss zwischendurch immer wieder arbeiten. L langweilt sich und vertreibt sich die Zeit an meinem Computer. Zwischendurch besucht er seinen Bruder und einige Freunde in München, um dann wieder für eine weitere Woche nach Hamburg zu kommen. Ich zeige ihm die Stadt, den Michel, den Hafen, meine Lieblingsplätze an der Alster. Ich werde traumhaft bekocht, und wir führen anregende Gespräche bis tief in die Nacht. Natürlich wissen wir zu dieser Tageszeit auch noch andere wichtige Dinge miteinander anzufangen.

Wir verstehen uns richtig gut. Es ist anders als das leicht-luftige Feriengefühl, das wir in Bayern erlebt haben. Irgendwie ruhiger, aber dafür viel reeller. Ich finde, wir passen auch im Alltag gut zusammen. Für meine Begriffe haben wir diesen Test – um nichts anderes handelte es sich schließlich – bestanden. Dann heißt es wieder Abschied nehmen. Am letzten Abend werde ich italienisch bekocht. Ein wunderbares Dinner. Ein Strauß roter Rosen. Ein kleiner Liebesbrief. Ein perfekter, romantischer Abend. Wir kuscheln uns in den Schlaf, und L scheint genauso traurig zu sein wie ich, dass er fliegen muss. Es ist fast noch Nacht, als er sich verabschiedet. Schon ein paar Stunden später erhalte ich seinen ersten Anruf. Er sei in Amsterdam, müsse gleich den Flieger in die USA besteigen und würde mich jetzt schon vermissen. Das macht mir Mut, vertreibt die düsteren Gedanken. Schließlich sollte es zwei erwachsenen Menschen gelingen, auch über größere Entfernung zueinanderzufinden. In unserem Alter sollte man/frau froh sein, überhaupt so ein ideales Gegenstück zu finden. Ich spiele schon gedanklich durch, wie wohl ein Leben für mich in den USA aussehen könnte. Wieder halten E-Mails unsere Beziehung frisch. Zusätzlich ruft L mehrmals die Woche an.

Anfang November. Durch L's »Paradies« wirbelt einer der zahlreichen Hurrikane, diesmal eine weibliche Verwüstung namens Wilma. L auf der Flucht Richtung Las Vegas und nicht erreichbar. Ich schicke ihm mehrere E-Mails, auf die ich keine Antwort erhalte, und mache mir richtig Sorgen. Eine amerikanische Telefonnummer habe ich nicht, was mir in dieser Notsituation erst richtig bewusst wird. Zeitgleich herrscht in der Modebranche Hochkonjunktur. Ich arbeite meine Modenschau-Termine ab. Zufall oder Schicksal?

Jedenfalls treffe ich auf eine Model-Kollegin, die ebenfalls virtuell auf Partner-Pirsch ist und die sehr hellhörig wird, als ich ihr von L erzähle. Sie chattet gerade mit einem User aus Florida, der sich bei näherer Betrachtung als L entpuppt. Ich erfahre durch die Mails an meine Kollegin, dass er sich gerade in Texas aufhält. Nicht in Las Vegas. Meine rosarote Brille wird jäh wieder glasklar. In Texas lebt die angebliche (?) Ex von L, die offensichtlich gar keine Ex ist, sondern die Immer-noch-Freundin. Ich lasse mir die entsprechenden Mails von meiner Kollegin zufaxen. Genau L's Stil! Ich brauche eine Weile, bis ich wieder klar sehe. Muss ich zugeben, dass ich mir die Augen aus dem Kopf geheult habe? Wut, Scham, Verletztheit. Die ganze Palette, die auch das »normale Leben« für solche Fälle bereithält, schütteln mich über Tage. Plötzlich wird mir jeder einzelne Moment bewusst, der mir schon lange vorher hätte klarmachen können, dass L nicht so ehrenhaft ist, wie er sich gerne verkauft. Einmal hat er von Hamburg aus einen »Freund« in Kiel besucht. Angeblich. Er wollte eigentlich dort übernachten, rief dann aber mitten in der Nacht an, dass er auf dem Rückweg nach Hamburg sei. Leicht betrunken. Er hätte sich mit dem Leihwagen verfahren. Ich habe dann als externes Navigationsgerät fungiert und ihn zurückgelotst. Zu nachtschlafender Zeit. Wieder hat er so geschickt vom Thema abgelenkt, dass ich, auch aus Müdigkeit, gar nicht weiter gefragt habe. So bin ich auch nicht, immer das Schlechte zu vermuten, und eigentlich finde ich das auch gut so.

Nach ein paar Tagen habe ich mich beruhigt und schaue mir noch mal das Fax meiner Kollegin an. Unter dem Originalfax hat sie handschriftlich festgehalten, was sie von L hält: »*Der Kerl ist ein A..., vergiss ihn!*« Ich füge noch ein paar »nette« Worte hinzu: »*... und falls irgendwann ein Hurrikan namens Judith über Florida hinwegfegt, verkriech dich wieder bei deiner ›Ex‹!*« Dann scanne ich das Ganze ein und schicke es an L's private E-Mail-Adresse, in dem Glauben, das sei das traurige Ende der Story. Falsch!

Ich erhalte eine private Mail von L: »*Unglaublich to you!*« Zeitgleich bekommt meine Kollegin über Neu.de eine Mail von ihm bzw. seinem angeblichen Bruder: »*Es ist nicht schön zu spionieren.*

X der Bruder von L«. Dieser kindische Versuch soll offenbar beweisen, dass tatsächlich L's Bruder hinter diesem Profil steckt. Dazu erhalte ich L's empörten Anruf mit gleicher Erklärung: »*Mein Bruder surft auf meiner VK und hat seinen heiligen Spaß damit. Das habe ich dir doch erzählt.*« Eine sehr unglaubwürdige Ausrede angesichts der erdrückenden Beweise, zumal ich in den Temporary-Dateien meines Computers inzwischen einige Twentysomethings gefunden habe, die L offensichtlich während seines Kurzurlaubs bei mir im Netz beglückt hat – wenn ich die Story mit Kiel dazurechne, wahrscheinlich nicht nur dort –, während ich arbeiten musste. Darunter auch eine Maria_24. Auch das hätte ich vorher erkennen können, wenn … Aber ist das wirklich der Sinn? Anderen von vornherein zu misstrauen? Ich möchte nicht zu einer misstrauischen Zicke werden. Ich möchte Menschen Glauben schenken können. Andererseits hasse ich es, wenn »Mann« mich für dumm verkaufen will!!! Ich würde den Spieß umdrehen, so mein Plan, und L auf frischer Tat ertappen. Ich will handfeste Beweise, dass er immer noch im Netz auf Frauenfang geht und nicht sein Bruder. Nur so, als kleine Streicheleinheit für mein angeschlagenes Ego und um ihm zu zeigen, dass Frauen nicht ganz so doof sind, wie er wahrscheinlich denkt. Ich schnappe mir also eine 80er-Jahre-Strickzeitung, die aus unerfindlichen Gründen seit Jahren bei mir herumliegt, und scanne ein langhaariges blondes Gift ein. Unscharf – was die Bildqualität betrifft, ansonsten aber genau L's Typ.

Als Maria_34 (quasi die große Schwester der von L beglückten Maria_24) aus NRW mit einer Eins-a-Lebensstory gehe ich ins Netz – und L mir: Eigentlich ist es viel zu leicht. Kaum bin ich online, schon habe ich seine Mail in der Box und wir chatten. Ich komme mir vor, als hätte ich ein Déjà-vu. Diese Mails habe ich als Judith schon einmal bekommen. Genau wie damals will er meine Telefonnummer. Ich habe leider keine, die er noch nicht kennt, also muss ich ihn über eine neu installierte Maria-E-Mail »fangen«. Mit seiner privaten Absender-Adresse wird er sich als Nutzer des umstrittenen Profils outen. »*Es gibt so viele unehrliche Menschen im Netz. Im Moment möchte ich meine Telefonnummer noch nicht heraus-*

geben«, so mein Argument als Maria. L zeigt großes Verständnis: »*hi maria. Ja, ich weiß eine menge verrueckte hier im internet … ich hoffe wir beide gehören nicht dazu. Wir sollten einen weg finden uns naeher zu kommen. Ich habe geplant weihnachten bei meinem freund in texas zu verbringen. Aber mir würde es passen, wenn du mal im januar nach florida kommst.*« Aha. Freund(in) in Texas!!!! Witzigerweise sind es immer die, die selbst mit gezinkten Karten spielen, die nie darauf kommen, dass andere das Gleiche mit ihnen machen könnten. Keine Frage, wie das Ganze ausgeht: L schreibt mir auf meine brandneue Maria-E-Mail-Adresse – natürlich – von seinem Privat-Mail-Account. Damit ist die Bruder-Ausrede durch. Meine letzte Mail an L: »*Den Ehrenmann hast du gut gespielt. Aber leider alles nur Fassade. Ich darf dich zitieren: Unglaublich to you! Maria, die virtuelle Schwester von Judith.*«

Ich lösche alle Maria-Accounts, bekomme aber noch eine weitere böse Rückmail auf meine private Judith-E-Mail-Adresse. L teilt mir darin mit, dass ich mit dieser Aktion unsere glorreiche Zukunft auf dem Gewissen habe und er nun, wegen ungebührlichen Verhaltens meinerseits, leider diese Beziehung beenden müsse! Ein Italo-Neuamerikaner-mit-deutschem-Pass lässt sich eben nicht gern von einer Blondine in die gezinkten Karten schauen. Ich muss zugeben: Mir hat diese Aktion gutgetan und ich habe mich bestens amüsiert. L ist auch nach dieser Episode noch fleißig bei Neu.de auf Frauenfang. Sein Profil zeigt immer noch sein gefühltes Alter – 39 –, genau wie die Fotos. Das Internet ist also ein wahrer Jungbrunnen. Leider hat sich der anfängliche 100 %-Erfolgsfaktor zu einer glatten Nullnummer entwickelt. Trotzdem denke ich gerne an die schöne Zeit am Tegernsee zurück.

DER RICHTIGE MANN ZUM FALSCHEN ZEITPUNKT

Dass »Mann« mit braunen Augen so blauäugig gucken kann! Das war mein erster Eindruck von Daniel. Nach meiner verhängnisvollen Affäre mit L bin ich drei Monate später wieder online auf der

Suche nach Mr. Right. Und gleich in den ersten Wochen treffe ich auf einen richtigen Traummann? Seine Mail ist sehr nett verfasst und deutlich. Daniel: »*Ich würde dich gerne näher kennenlernen*«, steht da zum Schluss.

Alles ist irgendwie stimmig. Der Text ist nicht zu lang und nicht zu kurz. Ein paar Daten zur Person, die nicht auf seinem Profil zu finden sind, aber nicht gleich der ganze Lebenslauf. Ein Fehler, den viele Männer zu Anfang machen, der mich überfordert. Dieser Mann hier hat alles richtig gemacht. Dazu ist er noch im richtigen Alter. Er hat gleich eine ganze Serie von Fotos, offensichtlich auf einer Party aufgenommen, ins Netz gestellt. Mal lachend. Mal ernst. Ganz authentisch. Da weiß »frau« absolut, mit wem sie es zu tun hat. Alles in allem: ein Hauptgewinn in der Partnerbörse. ABER! Das Leben ist kompliziert – besser gesagt, ich bin zurzeit kompliziert, denn ich bin immer noch L-geschädigt und halte meine Gefühle im Zaum. Diese fiese Geschichte hat mir sehr zu denken gegeben. Vielleicht bin ich einfach zu gutgläubig? Vielleicht muss ich meine Art ändern und nicht erst das Gute im Menschen erwarten, um dann enttäuscht zu werden? Geht es denn andersherum? Das Schlechte erwarten und sich im besten Fall danach am Positiven erfreuen? Ich bin jedenfalls ziemlich durcheinander. Deshalb bin ich im Fall von Daniel sehr vorsichtig. Nach mehreren Wochen mit zahlreichen Mails und vielen Telefonaten entschließen wir uns trotzdem zu einem Treffen. Es soll an der Ostsee stattfinden. Daniel will dort ein paar Tage ausspannen und hat mich in sein Ferienhaus im Ostseebad Ahrenshoop eingeladen. Eigentlich freue ich mich, ABER! Ich komme mir vor, als hätte ich auf der einen Schulter einen kleinen Engel sitzen, auf der anderen den passenden Teufel dazu und beide zanken sich über meinen Kopf hinweg, was denn nun zu tun sei. Ich gehe zurzeit nur mit großen Gefühlsschwankungen durch den Tag, die sich stündlich ändern können. Die letzten Ausläufer des Liebeskummers, den ich L zu verdanken habe. In diesem desolaten Zustand treffe ich das erste Mal am Rostocker Hauptbahnhof auf Daniel, der mich, wie verabredet, hier abholt. Er ist eine geniale Mischung aus jungenhaft und männlich. Groß und gut gewachsen mit einer geraden Haltung. Dunkle Haare, braune Augen. In einem Film wäre er die Idealbesetzung eines ungarischen Edelmannes zur Kaiserzeit. Das Schönste an ihm: Er hält sich für einen absolut normalen Mann und würde tatsächlich rot werden, würde er das hier lesen.

Mein Engel, mein Teufel und ich sitzen also irgendwann auf Daniels Beifahrersitz auf dem Weg ins Ferienhaus. Auch von dieser Seite betrachtet ist er ein Traumtyp. Er bemüht sich sehr, mich zu unterhalten, und schafft das auch auf angenehme Art und mit angenehmer Stimme. Trotzdem wünsche ich mich nach Hause auf mein Sofa. Dieses Gefühlschaos macht mir richtig zu schaffen. Alle zwei Sekunden sagt mir mein Teufel: »*Das ist auch nur ein Mann.* TRAU IHM NICHT!« Mein Engel flüstert mit zarter Stimme: »*Da sitzt dein Mr. Right.* DU MUSST NUR ZUGREIFEN!« Der Teufel widerspricht: »DAS HAST DU BEI L AUCH GEDACHT!« Daniel bemerkt davon natürlich nichts, aber ich bin völlig unentspannt. Ein Gefühl, das seinen Höhepunkt erreicht hat, als wir die Ferienwohnung betreten. Ich flüchte sofort in das »Kinderzimmer« und platziere meine persönlichen Dinge dort. Daniel ist schon einige Tage länger hier. Er hat das »Elternschlafzimmer«. Bei der Wohnungsbesichtigung fällt mir sofort auf: BEIDE Betten im »Elternschlafzimmer« sind bezogen. Mein Teufel sagt schadenfroh: »SIEHSTE!« Ich bin froh, als wir zum Dinner aufbrechen.

Die Gegend ist wirklich wunderschön. Eigentlich ganz mein Geschmack. Es ist Vorsaison und daher nicht viel los. Wir sind ziemlich allein auf weiter Flur. Im Normalzustand würde ich gerade das toll finden, aber im Moment verstärkt das meine innere Einsamkeit noch. Während des Essens und nach einem Glas Wein werde ich ein bisschen entspannter. Wir unterhalten uns wunderbar. Lachen viel. Kurz: Wir sind auf einer Wellenlänge. Ich schaue in die schönsten braunen Augen, die ich je bei einem Mann gesehen habe. Schöne Hände hat er auch und ein sehr zuvorkommendes Benehmen. Er ist in der DDR groß geworden. Wir vergleichen unserer beider Kindheit in Ost und West und kommen zum Schluss, dass da kein Unterschied vorhanden ist. Erst im Teenageralter wird der deutlich sichtbar. Aber auch nur äußerlich. Unsere Grundwerte scheinen ziemlich ähnlich zu sein. Er gefällt mir wirklich sehr gut. Ich versuche, ihm meine ziemlich konfuse Gefühlswelt zu erklären. Er kennt die L-Story natürlich aus den zahlreichen E-Mails, die wir uns geschrieben haben. Es war mir wichtig, dass er darüber Bescheid weiß. Was ich allerdings selbst nicht geahnt habe, ist, dass mir das noch so sehr in den Knochen steckt. Der Liebeskummer ist zwar verflogen, aber ein ganz schlimmes Misstrauen ist zurückgeblieben. Daniel geht aber sehr entspannt mit mir um. Kein Versuch, zum »Ziel« zu kommen. Das macht ihn noch sympathischer. Hätte er es allerdings versucht, wäre es ihm sicher gelungen und wir wären heute wahrscheinlich ein Paar. Ich weiß, ganz schön wirr, und es ist mir auch leider nicht gelungen, das Ganze zu diesem unglücklichen Zeitpunkt zu entwirren.

Die Nacht habe ich also ganz brav im Kinderzimmer verbracht, Daniel im elterlichen Schlafzimmer. Die Situation am Morgen: Ich komme die Treppe herunter in den Wohnraum und sehe einen Traum von einem Mann mit Sweatshirt und Handtuch um die Hüften (der Cola-Mann aus der TV-Werbung ist nichts dagegen!) bei der Herstellung von Spiegeleiern. Mein ausgeschlafener Engel auf der Schulter sagt dazu: »DU BIST JA WOHL TOTAL BESCHEUERT. LETZTE CHANCE: GREIF ZU!« Aber natürlich hat mein kleiner Teufel auch noch was dazu zu sagen, und das Gefühlschaos geht direkt wieder los. Nach einem ausgedehnten Spaziergang bitte ich Daniel, mich zum Bahnhof zu fahren. Ich bin inzwischen müde vom Wechselbad zwischen Glücksgefühl und Panikattacken. Seinen Blick, als der Zug anfährt, werde ich nie vergessen. Sorry dafür. Ich habe mich in dieser Situation auch nicht verstanden und verstehe es bis heute nicht wirklich. Zu Hause in Hamburg sitze ich dann auch mit Liebeskummer auf der Couch. Diesmal wegen Daniel. Ist das nicht total bescheuert? Der richtige Mann zur falschen Zeit! Wir haben es bis heute nicht geschafft, einen »richtigen« Zeitpunkt zu finden, obwohl unser Kontakt nicht abgebrochen ist. In den folgenden Monaten ging es mir besser, und ich habe mehrfach versucht, ihn nach Hamburg zu locken. Es ist mir nicht gelungen, und ich kann ihn auch verstehen. Einmal, nach einem Jahr, habe ich ihn wiedergesehen. Ich hatte in seiner Heimatstadt zu tun. Ich wusste, dass er inzwischen eine Partnerin hat. Klar, nicht alle Mädels sind blind! Oder blöd? Er hat sich trotzdem die Zeit genommen für eine kleine Stadtführung, einen Drink und eine gute Unterhaltung, und ich war wieder ein bisschen traurig, als ich fahren musste. *»Die größte Liebe ist immer die, die unerfüllt bleibt!«* (Peter Ustinov)

Nach meinem Treffen mit Daniel brauchte ich mal wieder eine Internet-Pause. Erst nach einigen Monaten habe ich mich wieder auf die Suche gemacht. Diesmal in einem anderen Partnerforum, und zwar bei Match.com.

AUF AUGENHÖHE MIT HÖHENUNTERSCHIED

»Zum Niederknien« war mein erstes Date nach einer langen Pause. Sollte der hier beschriebene Herr diese Zeilen lesen, ich bin sicher, er würde sich sofort in diesem Satz wiedererkennen. Ich erhielt seine Zuschrift über Match.com.

In der ersten Version dieser Partnerbörse gab es keinen Mailverlauf innerhalb der Börse. Die Mails wurden an meine private Mailadresse geschickt, und ich musste sie selbst ordnen. Ich steckte mitten im Kampf gegen diesen Wirrwarr, den die ca. 40 verschiedenen Zuschriften auf meinem Computer anrichteten. Da ich den geordneten Verlauf der Postein- und -ausgänge bei Neu.de gewohnt war, hatte ich ziemliche Probleme, den Durchblick zu finden. Auf dem kleinen Foto auf seiner Mail, dem einzigen, das Match.com damals gestattete, lächelte mich ein sehr sympathischer Mann Mitte 40 an. Dazu ein wirklich guter Text auf seinem Profil. Sein witzig-lockerer Schreibstil. Ich war hin und weg. Natürlich schrieb ich sofort zurück. Eine Woche flogen die Mails hin und her. Ich erhielt weitere Fotos zugeschickt, fünf an der Zahl, auf denen sich ein Mann präsentierte, der durchaus als Fotomodell hätte arbeiten können. Die Art dieser Präsentation ließ darauf schließen, dass

ER sich sehr wohl seines Aussehens bewusst war. Das fand ich ein bisschen unmännlich, und es kratzte am Bild, das ich mir von ihm natürlich schon gemacht hatte. Außerdem zeigte eines dieser Fotos eine gut aussehende Blondine! Was sollte das denn werden? Seine Exfreundin, die wie ich als Fotomodell tätig war, erklärte er mir. Ob ich sie denn kennen würde, war seine Frage. Das war nicht der Fall. Es folgte eine Aufzählung einiger größerer Aufträge seiner Ex. Was sollte mir das wohl sagen?!? Ein etwas seltsames Verhalten, aber bisher überwogen die positiven Eindrücke. Sein Versprechen eines ersten Telefonats per SMS: »*... bin bis Sonntag unterwegs. Werde dich aber Montag anrufen!!!!!*«, musste ich allerdings einfordern. Am Dienstag simste ich ihm: »*Du X. Wann ist denn Montag? ... ;-)*«

Nach unzähligen Erfahrungen mit seltsamen Verhaltensweisen vieler Männer auf dem Gebiet der reellen Kontaktaufnahme war ich davon überzeugt, wieder an einen Mann geraten zu sein, der eher mit einem Tiger kämpfen würde, als den Telefonhörer in die Hand zu nehmen. Falls das so wäre, wollte ich es sofort wissen und diesen unsinnigen Kontakt abbrechen. Doch tatsächlich: Er rief an!!! Ein mehrstündiges Telefonat. Witzig, tiefsinnig, sympathisch. Auf meiner Mr.-Right-Liste kletterte X ganz nach oben. Seine Aussage, dass er eine wichtige Konferenz durch unser Telefonat verpasst habe, ließ mich glauben, dass auch er ähnlich empfand. Dazu eine nette SMS in der Nacht, nach einem vergeblichen Versuch seinerseits, mich noch einmal ans Telefon zu bekommen: »*Klar, dass du schon schläfst. Es ist auch schon spät. Wollte dich nur wissen lassen, dass ich gerade an dich denke und den Nachmittag wirklich sehr genossen habe. Sweet Kiss. X.*« Das erste Date ließ auf sich warten. Als Manager musste mein Mr.-Right-Anwärter »seiner« Truppe irgendwo in Rio incentivetechnisch zur Seite stehen. Keine einzige SMS in dieser Zeit!!! Nur der verabredete Termin stand fest. Doch nach zehn Tagen Schweigen war ich überhaupt nicht mehr »treff«-sicher. Meine Frage per SMS: »*Hallo X. Ich habe lange nichts von dir gehört. Do we still have a date on Monday? LG Judith.*« Die Antwort kam prompt: »*War in drei*

Ländern in den letzten drei Tagen … Sorry! Bin auf dem Weg nach London … would for sure still like to see you a lot … werde Montagabend pünktlich da sein. gLG X.« Besagter Montag war drei Tage später. Das abendliche Treffen fand um 19 Uhr in Düsseldorf statt. In einem Lokal, das wir beide kannten. Ich hatte den Tisch reserviert und war pünktlich »vor Ort«. Er kündigte telefonisch seine voraussichtliche Ankunftszeit an und schaffte es tatsächlich, fast pünktlich zu sein.

Mein erster Eindruck von ihm: ein supergepflegter Mann. Groß, gute Figur, mit einem modernen, teuren Anzug bestens gekleidet. Die Haare etwas länger als auf dem Foto. Ein ebenmäßiges Gesicht. Ein schöner Mann. Fast zu schön. Mein Mr. Right vom ersten Foto wäre mir lieber gewesen. Irgendetwas war nicht richtig, aber ich konnte es nicht analysieren. Diese leichten Zweifel gingen ziemlich schnell in einer interessanten Unterhaltung unter, die erst Stunden später endete. Es war alles andere als langweilig. Geschickt machte er klar, in welch finanziell gehobener Liga er spielt: Bei der Wohnung, die er zu kaufen gedachte, wurde sein Millionen-Angebot doch glatt von einem superreichen Ehepaar überboten, und bei Schnee fuhr er, aus Sicherheitsgründen, doch lieber mit seinem Geländewagen statt mit dem Porsche. Körperlich war er NATÜRLICH superfit und bewies sein Können in Sachen Asia-Kampfkunst mit einem Handkantenschlag gegen die Wand, der die Kellnerin vor Schreck fast zu Fall brachte.

Männliches Balzgehabe bin ich gewohnt. Dieses hier war aber wenigstens intelligent verpackt. Streicheleinheiten für mich als Begleitmaßnahme zeigten, dass ich wohl ziemlich genau in sein Beuteschema passte. Er erzählte von seiner Zeit in Düsseldorf, in der er mit seinen Arbeitskollegen auch immer in diesem Lokal zu Gast gewesen war, in dem wir uns gerade trafen. Einer dieser Herrn hatte hier jeden zweiten Abend *»gepunktet«*. Ich brauchte eine Zeit, bis mir klar wurde, dass es darum ging, Mädels abzuschleppen. Das ließ natürlich sofort meine Alarmglocken läuten.

Gegen 23 Uhr musste ich den Abend beenden. Ein bisschen abrupt, zugegeben. Aber ich musste den letzten Zug nach Köln noch erwischen, denn ich wohnte ein paar Tage bei Olivia. Außerdem hatten wir ein zweites Treffen für den nächsten Tag geplant, und ich wollte erst einmal über die verschiedenen Eindrücke nachdenken, besonders über das »Punkten«. So ganz klar war ich mir nicht bei diesem Mann. Einerseits gefiel er mir. Wir hatten uns viel zu erzählen und viel gelacht. Aber einige Punkte waren mir suspekt, vor allem die Frage, ob ich nicht selbst nur ein solcher auf einer längeren Liste war? Seine SMS noch an diesem Abend: » *War wirklich sehr anregend!* :-) *Had a lot of fun … WIE ERWARTET!!! (finde es übrigens supersexy, wie groß du bist … aber natürlich nicht NUR DEINE Größe.*» Der nächste Abend sollte Klarheit bringen, kam aber nicht zustande. Kurz bevor ich mich auf den Weg zum Treffpunkt machen wollte, teilte er mir telefonisch mit, dass er zu einem Notfall gerufen wurde und nicht einmal Zeit hatte, seine Sachen zu packen – das hätte seine Sekretärin für ihn erledigen müssen –, und schon am Flughafen sei. Während des Gesprächs war es ziemlich hektisch. Offensichtlich stand er gerade am Ticketschalter und checkte ein. Es war eher ein »Nebenbei«-Gespräch, in dem er mir mitteilte, wie leid ihm das täte und dass wir das Treffen natürlich nachholen würden.

Wochenlang keine SMS, keine Anrufe, keine Mails. Erst sechs Wochen später rief er wieder an. Ich hatte ihn natürlich längst nicht mehr als Maybe-Mr.-Right im Visier. Das Telefonat war seltsam. Er erzählte mir, dass er zwischenzeitlich mit einer Traumfrau »*zum Niederknien*« zusammen war. »*Diese Augen*«, schwärmte er.

WAS INTERESSIERT MICH DAS? Allerdings interessieren mich Menschen und ihre Eigenarten. Ich wollte herausfinden, was dieser Mann damit bezweckt, mir das zu erzählen. Ich hörte also weiter zu. Irgendwie gerecht fand ich, dass er diese »*Traumfrau zum Niederknien*« niederkniend vor einem anderen bei einer sehr eindeutigen Tätigkeit erwischt hatte, als er sie eines Tages früher als erwartet besuchte. Immerhin wusste ich jetzt, warum ich von ihm nichts mehr gehört hatte. Aber was ich immer noch nicht verstand: Warum erzählt er das MIR? Bei solchen Fragen muss mein Freund George regelmäßig herhalten. Als Coach und Mann ist er der beste

Ratgeber in solchen Situationen. George meinte dazu: »*Vielleicht will er reinen Tisch machen und das soll ein Neustart sein. Was du mir so erzählt hast, scheint ihr ja ganz gut zusammenzupassen, und Irren ist männlich, aber auch menschlich. Versuchs einfach noch mal mit ihm. Du weißt, wie schwer es ist, in unserem Alter jemanden zu finden.*«

Irren ist also männlich. Trotzdem. Ich hatte eher den Eindruck, der Mann hatte niemanden sonst, der ihm zuhörte. Aber gut. Ich lass das mal weiterlaufen und schaue, was daraus wird. Mehrere Versuche, uns zu treffen, scheiterten daran, dass wir uns immer gerade an verschiedenen Orten aufhielten.

JUDITH: »*Hallo X. Am nächsten Freitag bin ich in deiner Lieblingsstadt. Bist du zufällig auch da?*«

ANTWORT: »*Hallo Judith. ZU GERNE, wäre die Antwort gewesen … leider bin ich am Mi und Do in … Was machst du eigentlich nach der Woche Schweiz? Wir sollten uns unbedingt mal wieder sehen. LG X Have you been kissed lately?*«

Ein Hin und Her, das damit endete, dass wir uns tatsächlich in seiner Heimatstadt treffen wollten. Ich hatte dort beruflich zu tun. Meine SMS-Anfrage, ob er in der folgenden Woche da sei, wurde erfreut beantwortet: »*Da freut sich aber einer!!!!!!:-) Bin am Mo und Di da … hab deine Hoteladresse schon ins Navi eingegeben … :-) X*« Seine Reaktion insgesamt war so überschwänglich, dass ich fast den Eindruck hatte, er meinte es wirklich ernst. Wir simsten noch ein bisschen hin und her, und schon war es so weit.

Montag in München. Während meines Termins wunderte ich mich ab und zu, dass ich so gar nichts von ihm hörte. Aber es konnte doch wohl unmöglich sein, dass dieser Mann einen Tag vorher fast zerfloss vor Freude und heute unser Date platzen ließ? Ich besitze offensichtlich sehr feine Antennen für solche Situationen. Gegen 18 Uhr war ich zurück im Hotel. Keiner meiner Freunde in

München wusste, dass ich in der Stadt war. Sie hätten erwartet, dass ich Zeit für sie habe. Aber ich hatte ja ein Date. Hatte ich das? Eine halbe Stunde später wählte ich seine Nummer. Tatsächlich. Ich erwischte ihn am Handy. Die Situation kam mir bekannt vor: Er musste leider spontan an diesem Abend die Stadt verlassen, um die Welt zu retten. Es täte ihm furchtbar leid. Er rase schon mit dem Auto gen Norden und telefoniere gerade über Autotelefon mit mir. Lange genug, um von den nächsten Traumfrauen, klar, alle »*zum Niederknien*«, zu erzählen, die er so »zwischendurch« kennengelernt hatte. Ein Fotomodell aus den Niederlanden. Super Frau, »*zum Niederknien*«. Sie hatte alle Attribute einer Mrs. Right, aber dieses Niederländisch wäre ihm später bestimmt auf die Nerven gegangen. Ein aktuelles Playmate. »*Nicht eine von 1970, Haha!*« Ebenfalls »*zum Niederknien*«, wenn auch ein bisschen jung für ihn. Ich hörte mir die ganze Story an, ohne Kommentar. Hätte ich den Mund aufgemacht, wäre ich wahrscheinlich ausfallend geworden. Glaubt dieser Typ wirklich, dass ich ihm diesen Schwachsinn abnehme? Der Mann hatte einfach keine Lust auf ein Treffen und zu wenig Rückgrat, um das klar zu sagen. Mal abgesehen davon, dass der Zeitpunkt dafür längst überschritten war, und weil er sich selbst so besch… fühlte, musste er sich nach außen besonders toll präsentieren: ein James-Bond-Verschnitt, der täglich aufs Neue die Welt rettet, aber Angst vor seinen Bond-Girls hat! Eine SMS hätte doch ausgereicht, um mir zu entgehen: »*Sorry, ich bin in der Woche nicht da*« wäre die einfache Variante gewesen. Da muss ein Mann doch nicht so tun, als würde er mit 280 Sachen die Stadt verlassen und noch dazu das »Who is Who« der Supermodels auswendig lernen! Ich war stinksauer. Was für eine miese Art. Der Mann hatte mir einen schönen Abend in München versaut, den ich in netter Gesellschaft alter Freunde hätte verbringen können. Eine halbe Stunde vorher abzusagen ist wirklich unentschuldbar. Ich löschte ihn sofort aus meinem Handy. So was brauchte ich nicht in meinem Leben. Ein halbes Jahr später – ich bin seit zwei Monaten wieder bei Match.com – meldet er sich bei mir per Mail, als wäre nie etwas vorgefallen:

X (42): »:-)))) *welch eine schöne Überraschung, dich hier zu sehen!!! Schöner denn je ;-) wenn du doch nur in München wohnen könntest ... Herzlichste Grüße. Du hast heute ein Lächeln auf mein Gesicht gezaubert. Du besondere Frau.*«

TRY2FIND: »*Hallo X, dass ich nicht in München wohne, ist reine Rücksichtnahme. Sonst müsstest du TÄGLICH die Stadt verlassen. Freut mich, dass es mir gelungen ist, wenn auch auf indirektem Wege, der Welt ein Lächeln zu schenken ;-) Liebe Grüße, Judith.*«

Die Anspielung hat er offensichtlich nicht verstanden, denn der Mailkontakt geht weiter:

X: »*Betreff: WIEDERSEHEN!!!! Hallo Judith, wann gehen wir eigentlich mal wieder zu diesem netten, leckeren, kleinen Italiener in Düs? Da hätte ich wohl richtig Lust zu! Es kann doch einfach nicht sein, dass wir bei all der Reiserei NIE in derselben Stadt sind?!?;-) X. Hast du eigentlich noch meine Tel? xxxx/xxxxx.*«

Hält der Mann mich für eine Masochistin? Glaubt der, dass ich sein mieses Benehmen vergessen habe? Gut. Er hat es nicht anders gewollt und auch nicht anders verdient:

TRY2FIND: »*Hallo X, nein. Deine Telefonnummer habe ich nicht mehr. Irgendwann habe ich mal alle – sorry – Karteileichen aussortiert ;-) ... und was die Rubrik ›same place – same time‹ betrifft: Wo ein Wille ist, ist auch ein Weg. ›Wenn Männer wirklich etwas wollen, dann schaffen sie es auch beim Tauchgang zu telefonieren‹, lautet ein Leitsatz aus meinen inzwischen sehr umfangreichen Lebensweisheiten ;-) Ich glaube, du hast zur Zeit einfach nur ein bisschen Langeweile, und keine Frau ›zum Niederknien‹ ist gerade in Sicht – übrigens eine Lebenshaltung, die ich als ungesund empfinde. Nicht nur*

für den Rücken. In deinem Alter ;-) Für mich ist eine Partner-
schaft auf Augenhöhe die einzig mögliche Beziehungsform.
Schade eigentlich, dass es bei uns nicht funktioniert hat ...
aber wie sollte es auch, bei den Höhenunterschieden ;-) Liebe
Grüße aus Hamburg nach München. Judith.«

Ah. Hat das gutgetan! Karteileichen sollte »frau« nicht wieder-
beleben. Sie bleiben leb- bzw. lieblose Zombies. Zwei Tage später,
und ich habe erneut ein Date. Wie sich das schon anhört! Lust habe
ich keine. Ich könnte vorsichtshalber die Stadt verlassen? :-) Nein.
So was mache ich nicht. Versprochen ist versprochen.

Mit dem Herrn, den ich gleich treffen werde, habe ich einige
Mails ausgetauscht, dazwischen hatte er sich bei der Partnerbörse
abgemeldet. Dann war er plötzlich wieder online und bat mich um
ein Treffen. Er habe sich nur meinetwegen wieder angemeldet und
möchte mich gerne kennenlernen, hieß es in seiner Mail. Ehrlichkeit, finde ich nach wie vor, sollte belohnt werden. Ich hatte nur
einen vagen optischen Eindruck von ihm. Genauer gesagt, von seinem Hinterkopf. Ich befürchtete deshalb: Geht gar nicht! Na toll!
Genau die Situation, die ich immer zu vermeiden suche, in die
mich meine manchmal nicht angebrachte Höflichkeit hineinma-
növriert hat. Na gut. Für keinen von uns beiden bedeutete dieses
Treffen großen Aufwand, wir wohnen beide in Hamburg. In wei-
ser Voraussicht habe ich ein schnelles Treffen zu einem Kaffee vor-
geschlagen. Mache ich fast immer beim ersten Date. Falls sich daraus doch ein netter Kontakt ergibt, umso besser. So was lässt sich
spontan ausdehnen oder wiederholen. Passt es aber für beide Seiten – oder auch nur für meine – nicht, macht das auch nichts. Eine
Stunde hält »frau« es mit jedem halbwegs normalen Menschen
aus. Aber »Geht gar nicht« hat so lange an unserem Date herum-
gefeilt, bis wir zu einem Abendessen verabredet sind. Wir treffen
uns also vor dem Lokal, das er ausgesucht hat. »Geht gar nicht«
macht seinem Titel, den ich hoffte, gegen »ist doch ganz nett« austauschen zu können, sofort alle Ehre. Das bezieht sich nicht mal
auf die Optik. Die war okay. Aber er fühlt sich verpflichtet, darauf

hinzuweisen, dass, wenn wir nun wirklich und unwiderruflich dieses Lokal betreten würden – hatte ich schon erwähnt, dass es sein Vorschlag war? –, wir auch eine Kleinigkeit essen müssten. Mir ist sofort klar: »Geht gar nicht« ist ein Geizhals. Da es weit und breit keine Alternative gibt, gehen wir in dieses Lokal. Außerdem habe ich Hunger. »GG« bestellt beim Kellner, ohne mich zu fragen: »*Wir nehmen dann erst mal ein Wasser!*« Geiz ist geil? Mein Essen kann ich gut allein bezahlen. Ich kann aber auch allein bestellen – und was mir im Moment am liebsten wäre, auch diesen Abend allein verbringen. Mein erster Eindruck hat mich nicht getäuscht. Ich habe einfach keinen Draht zu diesem Mann. Hätte ich doch nur auf dem »schnellen Kaffee« bestanden. Da muss ich jetzt wohl oder übel durch. Ich ordere also beim Kellner eine Weinschorle für mich und einen kleinen Vorspeisenteller. Das »*gönnt*« er sich dann auch. In kürzester Zeit weiß ich, warum dieser arme Mann so furchtbar sparen muss: Er besitzt eine Harley, einen ausgefallenen Sportwagen, ein kleines Stadtauto, ein Haus, ein Boot … Die Unterhaltung plätschert vor sich hin. Nach eineinhalb Stunden beende ich das Ganze mit der Ansage, dass ich nun nach Hause müsse, krame in meiner Tasche, um meine Geldbörse herauszuholen. Normalerweise zahle ich in solchen Fällen ganz bewusst auf Heller und Pfennig meine Zeche. Aber bei ihm sehe ich das als Schmerzensgeld und nehme sein großzügiges »*Ach du, lass mal, ich mach das schon*« – das so klingt, als hätte er mich zu einem Fünf-Gänge-Menü im Ritz eingeladen – freundlich lächelnd an. Es ist ihm deutlich anzusehen, dass ihm diese »Investition« wehtut. Minuten später stehen wir vor seinem großartigen Sportwagen. Ich kann verhindern, dass er mich nach Hause fährt, schlage eine Wochenendtour aus und flüchte in die U-Bahn. Zu Hause angekommen, verfasse ich eine Mail, in der ich deutlich sage, dass ich uns nicht als Paar sehe.

Try2find: »*Hallo X, danke für den netten Abend. Aber bei mir hat es leider nicht ›klick‹ gemacht. Ich selbst bin immer dankbar, wenn die ›andere‹ Seite ehrlich mit mir umgeht, und ich hoffe, du weißt das auch zu schätzen. Ich wünsche dir viel Glück bei deiner weiteren Suche. LG Judith.«*

In seiner Antwort findet er das alles natürlich auch.

X: *»Hallo Judith. Ich sehe das genauso. Schon weil unsere Hobbys so gar nicht zusammenpassen. Dir auch viel Glück. X.«*

Nach meinen Hobbys hatte er überhaupt nicht gefragt.

DAS MATRIXMANN-DATE

Anfang Februar. Der Start in die Wintersaison. Modisch gesehen. Die Modewelt arbeitet weit vorausschauend. Seit Weihnachten war ich wieder bei Match.com und hatte einen sehr schönen Mailkontakt zu einem gleichaltrigen Herrn aus Baden-Württemberg aufgebaut. Ich weiß, ganz schön weit weg, aber für Mr. Right ... Auch wenn ich das Argument *»Sorry, du wohnst zu weit entfernt«* gerne in meinen *»Nein danke«*-Mails verwende. Das ist dann aber nur die höfliche Form von *»Du gefällst mir nicht«*.

Die erste Mail vom »Matrixmann« erhielt ich Anfang Januar. Es war die erste ansprechende Mail seit Langem. Darin stellte er sich kurz vor und fragte an, ob ich Interesse an einem weiteren Kontakt hätte. Ich klickte auf sein Profil, und was ich da las, gefiel mir gut. Er hatte zwei Kinder, war seit Längerem geschieden. Seine Interessen stimmten weitestgehend mit meinen überein, und optisch gefiel er mir auch.

Morgens im Showroom – ich bin gerade mal wieder als Model tätig – ist »Matrixmann«, von uns inzwischen liebevoll als »MM« bezeichnet, derzeit also das Thema Nummer eins. Maria und Leonie, meine beiden Kolleginnen, lassen sich tatsächlich noch einmal positiv in Sachen Internet stimmen. Eigentlich sind sie so weit, dass sie mir von weiteren Versuchen, einen Partner im Internet zu finden, abraten. Die unglaublichen Übereinstimmungen zwischen MM und mir, seine schöne Art zu schreiben sprechen allerdings für ihn, genauso wie die Tatsache, dass er sich regelmäßig um seine beiden Kinder kümmert, jederzeit per Handy erreichbar ist und deshalb keine Leiche im Keller bzw. Frau im Leben haben konnte. Seine Aussage, dass er nur ein einmonatiges Probeabo bei Match. com habe und dann wieder aus dem Netz gehen wolle, weil diese oberflächliche Welt nichts für ihn sei, lassen die Augen von Leonie und Maria vor Wohlwollen geradezu strahlen.

»*Und wie sieht er aus?*«, fragt Leonie vorsichtig. Ich habe sie einmal auf eigenen Wunsch durch den »Herrenkatalog« im Netz geführt. Seither ist sie doppelt dankbar, dass sie einen so gut aussehenden, gepflegten Mann hat. Ich zeige meinen Kolleginnen also die ausgedruckten Fotos von MM. Er hat mich darauf hingewiesen, dass viele meinen, er habe eine deutliche Ähnlichkeit mit Keanu Reeves. Das kann ich nicht wirklich erkennen, aber er sieht trotzdem gut aus. Leonie und Maria sind gleichermaßen beeindruckt, wenn auch Maria direkt verkündet: »*Also, der wirkt aber sehr feminin. So weich. Na, ob das mit dir gut geht!*« Seit ihrer richtigen Einschätzung bei Luigi, dessen Foto sie gleich mit einem »*Der Prototyp des Ur-Machos. Mit dem wirst du nicht glücklich!*« abgetan hat und dabei völlig richtig lag, höre ich bei ihren Randbemerkungen genauer hin. Bei MM orakelt sie: »*Du bist für so einen Mann viel zu selbstständig und zu intelligent. Der hat Angst vor dir.*« Ihr Standard-Argument. »*Bin ich ein Monster?*«, so meine Gegenfrage. »*Natürlich nicht. Aber das weiß er ja nicht.*« Tolle Logik! Der Hintergrund auf MM's Bildern wird von uns dreien aufs Genaueste analysiert: Die moderne weiße Eckcouch kommt gut an. Kein altdeutscher Eichenschrank in Sicht, der auf eine ebenfalls antiquierte Persönlichkeit hätte schließen lassen. Keine kitschigen Blümchenkissen oder Schondecken! Ein modern gekleideter Mann in einer modernen Dachgeschosswohnung. Die karge Einrichtung eines gerade erst eingezogenen Menschen bestätigte seine Aussage, dass er erst vor ein paar Monaten eingezogen sei. Wegen der Kinder haben seine Frau und er es länger miteinander ausgehalten, lebten aber schon einige Zeit getrennt. Also ein verantwortungsbewusster Mensch. Ich mochte seine direkte Art, die Dinge anzusprechen:

MATRIXMAN (44): »*Hallo Judith. Bist du daran interessiert, mich kennenzulernen? Oder möchtest du mich dabei lieber auslassen? Gerne eine ehrliche Antwort – ohne falsche Scheu. Ich bin an dir interessiert. Darüber hinaus ist Ehrlichkeit eine unverrückbare Säule gesunden Beziehungslebens. Respektvollen Gruß, X.*«

Ist er vielleicht der von mir gesuchte »*Partner, mit dem sich das Leben einfach besser anfühlt, bei dem die Schmetterlinge in meinem Bauch wieder fliegen lernen … mit einem guten Charakter, mit Rückgrat und Humor*«?

Meine Kolleginnen verfolgen meinen Mailkontakt mit MM interessiert. Inzwischen zeige ich nämlich deutliche Verliebtheitssymptome. Es kribbelt im Bauch. So, wie ich es mir gewünscht habe. Bis jetzt gefällt mir alles an diesem Mann: seine Fotos, seine Stimme, seine Art. Aber am tollsten sind einfach seine Mails. Er liebt Wortspiele genauso sehr wie ich, und es macht mir riesig Spaß, dass ich jemanden gefunden habe, der zwischen meinen Zeilen lesen kann und meine manchmal etwas schwierigen Späße genauso spaßig findet wie ich und dementsprechend kontert. Genau mein Fall. MM hat ebenfalls mit Medien zu tun. Also auch noch jemand, der mein seltsames Berufsprofil versteht.

Nach einigen Wochen des Hin-und-her-Mailens bin ich so weit, dass ich mich morgens auf seinen virtuellen Gruß zum Tagesbeginn freue. Abends über die kleinen Nachtgedanken und auch dazwischen noch über das eine oder andere unterhaltsame Wortspiel. Die Schmetterlinge in meinem Bauch haben sich längst zu einem Schwarm entwickelt. Die Tage scheinen heller als sonst. Ich bin bester Laune, und vor meinem geistigen Auge bin ich bereits nicht mehr einsam, sondern zweisam. Die Tatsache, dass ich genau das tue, was ich den vielen Männern, die mich schon mit ihren ersten Mails als Traumfrau, Prinzessin oder Engel in den Himmel heben, zum Vorwurf mache, verdränge ich. Ich habe mir einen virtuellen Traumprinzen nach meinen Idealen gebastelt. Okay. Ich weiß vieles über MM. Durch die Mails. Durch die Telefonate. Durch die Fotos. Die Wahrscheinlichkeit, dass er Mr. Right sein könnte, wächst mit jedem Pluspunkt. Aber jede Wahrscheinlichkeitsrechnung birgt eine große Unsicherheit in sich. »Hätte, könnte, würde« sind einfach nur Annahmen, in diesem Fall Wünsche, aber (noch) keine Realität. Würde mir der reale MM genauso gefallen wie die virtuelle Version? Diesmal musste ich einfach den Richtigen aus dem Netz gefischt haben. Das habe ich nach all den Fehlgriffen verdient. Ich stimme also erfreut zu, als er mir ein Treffen vorschlägt. Das soll an meinem einzigen freien Wochenende im Februar stattfinden. Also noch zehn Tage bis zum Tag X. Die Mails und SMS werden inniger, die Telefonate häufen sich. Unsere Mails laufen natürlich längst über meine private E-Mail-Adresse, denn ich habe mich bei Match.com abgemeldet. Das finde ich nur fair. Auch MM ist nicht mehr im Netz. Sein Monatsabo ist abgelaufen. Fairness von beiden Seiten. So soll es eigentlich sein. Ich strahle trotz der anstrengenden Tage im Showroom. Maria und Leonie fiebern mit mir. Ich bekomme »Support« von ihnen: »… und sag nichts!« wird zum Running-Gag, der mir helfen soll, mein Temperament am Tag X zu zügeln. Denn immer noch steht Marias Warnung im Raum: »*Das ist ein ganz weicher Typ. Halt dich zurück!*«

Tag X: Ich stehe also am Flughafen und warte auf MM. Ziemlich aufgeregt. Erst jetzt wird mir klar, was ich da gerade tue. Ich habe einen völlig fremden Mann zu mir nach Hause eingeladen. Oh Gott! Bin ich eigentlich verrückt? Es ist kalt, aber ich habe Schweißperlen auf der Stirn. Schuld ist auch der Déjà-vu-Effekt: Hier habe ich zwei Jahre zuvor schon einmal gestanden und Luigi erwartet, als er mich in Hamburg besuchte. Wie das ausging, wissen wir. Ein schlechtes Omen? Egal. Da muss ich jetzt durch. Wer sich die Suppe einbrockt …

Die Menschen strömen nur so aus dem Gate heraus. Wiedersehensfreude überall. Ich hätte MM in der Menge am Flughafen nicht erkannt, aber er findet mich. Er ist deutlich kleiner, als ich ihn mir vorgestellt habe, und wer hat ihm nur erzählt, dass er aussieht wie Keanu Reeves? Und mein persönlicher Märchenprinz sieht auch ganz anders aus. Er ist sichtlich nervös und zapplig. Anders als mein männlicher »Fels in der Brandung«, den ich mir so erdacht hatte. Als er mich anlächelt, weiß ich, warum ich nie ein Foto von ihm mit einem strahlenden Lachen gesehen habe. Seine Zähne stehen ziemlich windschief übereinander. Aber zumindest sind sie weiß. Egal. Ich will es versuchen. Die inneren Werte sind schließlich die wichtigeren und die von MM glaube ich inzwischen gut zu kennen. Er scheint der ehrliche Partner mit Rückgrat und Verantwortungsbewusstsein zu sein, den ich suche. Äußerlichkeiten sind erst mal zweitrangig. Außerdem: Ich finde meine Männer zu Anfang nie superattraktiv. Das werden sie erst, wenn ich mich in sie verliebe, und dazu brauche ich ein bisschen Zeit. Vielleicht ist das auch das einfache Geheimnis vieler glücklicher Ehen: nicht gleich aufgeben!? Unsere Begrüßung fällt beidseitig etwas zögerlich aus. Hätte ich bloß nicht die hohen Schuhe angezogen. Ich komme mir neben ihm irgendwie riesig vor, und ich habe den Eindruck, dass er das aus seiner Sicht genauso sieht. Unsere ersten Sätze im »Real Life« sind entsprechend holprig: »*Wie war dein Flug?*« – »*Du hast Glück, das Wetter ist zurzeit super!*«

Als Filmdialog hätte unser Geplänkel lediglich Komödienqualität. Für eine große Liebesszene ungeeignet. Im Taxi geht es zu mir. Es ist meine Stadt, somit auch mein Taxi, also zahle ich den Fahrpreis. Wir haben uns vorher geeinigt, dass es okay ist, wenn er bei mir wohnt. Im eigenen Zimmer, versteht sich. Zwei Erwachsene sollten mit so einer Situation wohl umgehen können. Theorie und Praxis klaffen hier aber deutlich auseinander. Wir sind beide peinlich berührt, als wir gemeinsam meine Wohnung betreten. Er stellt kurz sein Gepäck in sein Zimmer und wir machen uns schnellstmöglich auf zu einer Hamburg-Tour. Das perfekte Verkehrsmittel dafür ist die U-Bahn. Ich wohne wunderbar zentral. An der U-Bahn-Station kaufe ich zwei Tageskarten und starte sofort in meinen »Job« als Stadtführer. Während der Fahrt erkläre ich ihm, dass dieses Flüsschen die Alster sei, dass man darauf mit einer Art

Taxi-Boot von mir aus bis zum Jungfernstieg fahren kann ... Die Situation ist deutlich erträglicher als in der Wohnung, aber immer noch beidseitig ziemlich angespannt. Okay. Da müssen wir jetzt durch, und ich versuche meinem zappeligen Gegenüber die Situation so angenehm wie möglich zu gestalten. Ich habe es einfacher, fühle mich hier schließlich zu Hause. Er fühlt sich sichtlich unwohl. In meine Überlegungen hinein beugt sich MM konspirativ vor, schaut mir wissend in die Augen und fragt in verständnisvollem Ton: »*Du, Judith, bist du nervös?*«

Also, ein bisschen sprachlos macht mich das schon, angesichts des herumzappelnden nervösen Herrn vis-à-vis. Aber gut, ich schalte auf den Klein-Mädchen-Modus, wie ich es Maria und Leonie versprochen habe, »*Sag nichts!*«, höre ich die beiden sagen, schaue MM mit großen blauen Augen an und frage: »*Merkt man das?*« Anscheinend ist das genau die richtige Reaktion meinerseits. Zufrieden lehnt sich MM zurück und wirft mir gönnerhaft ein paar beruhigende Sätze zu. Offensichtlich ist das eine Rolle, in der er sich wohlfühlt. Okay. Damit kann ich leben. Spaziergang um die Alster. Das gehört natürlich unbedingt zu einer Hamburg-Tour. Ich, immer noch in der Klein-Mädchen-Rolle, lasse ihn erzählen. Sein Job, seine Kinder. In seinen Erzählungen stellt er immer wieder klar, wie wichtig ihm sein Ehrenkodex ist: Verantwortung, Rückgrat, Integrität. Er wird mir immer sympathischer.

Ein bisschen selbstzufrieden kommt er auf seine frappante Ähnlichkeit mit Keanu Reeves zu sprechen. Dem Matrixmann. Auf seinen Fotos im Internet ist tatsächlich eine leichte Ähnlichkeit vorhanden. Im realen Leben leider nicht. Das hat ihm aber wohl noch niemand verraten, denn ich erfahre, dass er sich im Internet einen schwarzledernen »Matrixmantel«, wie ihn Reeves im Film trägt, bestellt hat. Ich schicke schnell ein Stoßgebet zum Himmel und bitte darum, dass ich niemals in die Situation kommen würde, mit ihm und dem Matrixmantel hier um die Alster spazieren zu müssen. Wenigstens hat ihm keiner erzählt, dass er aussähe wie Tobey Maguire, der Hauptdarsteller in »Spiderman«. Das Kostüm wäre die schlimmere Alternative. Nach einer dreiviertel Alsterumrundung treffen wir auf einen meiner Lieblingsplätze in der Stadt. Ein kleines Café, direkt am Seeufer, mit einer wunderbaren Aussicht. Dummerweise begegnen wir hier einigen meiner Kollegen. Im Job bin ich die selbstsichere Judith, die weiß, was sie tut. Mein Spagat zwischen der Job-Judith und der zarten Elfe, die ich gerade bei MM spiele, scheint mir nicht besonders zu gelingen. MM wird wieder sehr wortkarg. Eigentlich ist es ja auch nicht Sinn einer Partnerschaft, sich verstellen zu müssen, um miteinander klarzukommen. Aber darüber möchte ich jetzt nicht nachdenken.

Beim Abendessen in einem gemütlichen kleinen portugiesischen Lokal taut MM dann wieder auf. Nach zwei Glas Rotwein führen wir eine sehr witzige Unterhaltung. Ein wirklich schöner Abend und ziemlich romantisch. Das erste Händchenhalten. Er ist mir inzwischen mehr als sympathisch, und ich gratuliere mir selbst dazu, es einfach weiter versucht zu haben. Zumal ich den Eindruck habe, dass er das genauso sieht. Vielleicht ist das ja doch der richtige Weg? Wenn nicht, habe ich es wenigstens versucht. Unsere Gespräche knüpfen nahtlos an unsere Mails an, die wir uns wochenlang geschickt haben, und wir verlassen das Lokal händchenhaltend und in inniger Zweisamkeit. Die Nervosität auf beiden Seiten ist vollends verflogen. Er zahlt die Rechnung im Restaurant und sogar das Taxi. Unser romantischer Abend mündet in einer romantischen Nacht, und ich finde es wunderschön, morgens mal nicht alleine aufzuwachen.

Der Sonntag macht seinem Namen alle Ehre, die Stadttour führen wir fort, und es ist sehr viel entspannter als am ersten Abend. Mir geht es hervorragend und ihm offensichtlich auch. Am Montag hat mich die Arbeitswelt wieder. MM bleibt trotzdem noch bis Mittwoch, was ich sehr schön finde, denn so können wir feststellen, ob wir auch im Alltag gut zusammenpassen. Wir telefonieren mehrfach über den Tag verteilt. MM langweilt sich keineswegs bei mir daheim. Er hat seinen Laptop dabei und genug Arbeit, die er von mir zu Hause aus erledigen kann. Er bittet darum, meinen Computer nutzen zu dürfen, weil sein Laptop nicht internettauglich ist. Das erlaube ich ihm gerne. Ich habe nichts zu verbergen.

Von meinem Buchprojekt weiß er. Auf dem Nachhauseweg kaufe ich schnell ein und wir kochen am Abend. Ich möchte MMs Haushaltskasse nicht unnötig durch ständiges Essengehen belasten, denn ich habe den Eindruck, dass es ihm finanziell nicht allzu gut geht. So ist es aber auch sehr schön. Wir verstehen uns wirklich gut. Das ist viel mehr, als ich bei unserer ersten Begegnung erwartet habe.

Am Mittwoch muss MM wieder nach Hause. Als Abschiedsgeschenk bekomme ich ein Pfund Kaffee. Keine Blumen, obwohl am Hauseingang direkt ein Blumengeschäft zu finden ist. Das finde ich dann doch befremdlich?! Als er wieder zu Hause ist, werden seine Mails deutlich weniger, Telefonate finden gar nicht mehr statt, nur ein paar magere SMS dringen noch zu mir durch. Er reagiert nur noch, wenn ich ihn ansimse. Angeblich hat er viel aufzuholen, weil er sich für mich diese Auszeit genommen hat. Ich versuche Verständnis aufzubringen, obwohl mein Bauchgefühl schon auf Warnung geschaltet hat. So vergeht etwa eine Woche. Als ich auf eine meiner SMS nicht mal mehr eine Antwort bekomme, werde ich sauer. Wenn man es zugelassen hat, dass man sich so nahe kommt, wie wir es getan haben, sollte man wenigstens ein paar Worte darüber verlieren, wenn man das Ganze beenden möchte. Ich weiß: Er will sich davonschleichen. Ganz schön feige. So was kann ich nicht leiden.

Ich mache also den ersten Schritt. Meine »*Still alive?*«-Mail mit der Bitte um ein paar klärende Worte wird tatsächlich beantwortet. Sehr langatmig und theatralisch. »*Dieses ewige Vermissen*« könne er nicht ertragen, heißt es da. Vorwürfe an mich sind geschickt platziert, um die Schuldfrage in dieser missglückten Sache mal gleich zu klären. »*Du hast dich ja auch nicht gerade weit aus dem Fenster gelehnt.*« So ein Heuchler! Er hat doch meine Mails kaum noch beantwortet und will sich hier nicht nur davonschleichen, sondern mir auch gleich noch die Schuld in die Schuhe schieben? Wo bleibt denn hier das Rückgrat, das ihm so wichtig ist? Wenn zwei Menschen nicht zusammenpassen, dann ist das einfach so! Schuld ist daran keiner. Weder er noch ich. Diese scheinheilige Opferrolle, in der er sich hier suhlt, ist also völlig unnötig, was es eigentlich noch schlimmer macht. Meine Antwort ist dementsprechend kurz: »*Hallo X. Danke für die klaren Worte. LG Judith.*« und endgültig. Das ist also das unschöne Ende dieser dreimonatigen Episode. Ich bemerke, wie sich in mir dieses schale Gefühl, diese Leere breitmacht. Es ist keine riesengroße Enttäuschung. Wir kannten uns ja nur kurz, aber es ist eine weitere kleine Narbe auf der Seele, tief genug, um mir die Laune tagelang nachhaltig zu versauen.

Sechs Wochen später. Gerade habe ich mich bei Friendscout angemeldet, um vielleicht hier mein Glück zu finden. Ich habe mich erst einmal für einen Monat als zahlendes Mitglied eingetragen. Als ich mich einloggen will, bietet mir mein Computer einen zweiten Nickname an: »Marquis« steht da. Was ist das denn?! Ich fasse es nicht! Ein Eintrag dieser Art kann nur entstehen, wenn jemand von meinem Computer aus gesurft ist, der diesen Nickname als User verwendet und ihn hier eingetippt hat. Luigi war es in diesem Fall nicht, das ist schon zwei Jahre her. Bleibt mein Mr.-Right-Fehlgriff vom Februar: MM, den ich bei Match.com getroffen habe und der mir erzählt hat, er hätte sich dort nur für einen Monat verpflichtet, weil er für diese »*oberflächliche Internetwelt nicht geschaffen*« sei, dieses Medium sei ihm zu »*unseriös*«.

Ich ahne, was kommt, und logge mich mit meinem Nickname Try2find in die Börse ein, um diesen ominösen Marquis zu suchen: Es ist MM. Ich bin geplättet. Der Typ hat doch tatsächlich mit anderen Frauen geflirtet, während er das Wochenende bei mir war! Also hat er die Sache doch von Anfang an nicht ernst genommen. Wie unglaublich ist das denn wieder! Gut. Bei L habe ich das auch erlebt. Der hatte aber wenigstens ein südländisches Macho-Image zu verteidigen. Aber doch nicht dieser Normalo! Und dann noch – typisch für ihn – diese Edelmann-Nummer. Klar. Ein Marquis muss es sein.

Aber was nützt die hehre Hülle, wenn sich dahinter ein Schwein im Dreck suhlt? Langsam verliere ich den Glauben an diese Welt. Was soll das alles? Ich habe keine Lust, mit einem anstrengenden Ehrenkodex durch die Welt zu laufen und mich dabei von solchen Möchtegern-Edelmännern verarschen zu lassen. Ich muss dringend mein Leben überdenken. Vielleicht darf ich tatsächlich keinen Mann mehr ernst nehmen und muss sie meinerseits benutzen und wegwerfen? Nein danke. Dann komme ich im nächsten Leben lieber als Küchenschabe auf die Welt. Da gibt es wenigstens einen Gemeinschaftssinn und nicht nur einen Sinn fürs Gemeine. Ich entscheide mich gegen meinen ersten Impuls und schreibe Marquis alias MM nicht an. Der sieht auch so, dass ich auf seinem Profil war. Ich hätte nur gerne sein Gesicht gesehen. Solche Fassadenbauer, denen ihr Edelmann-Image so wichtig ist, können es überhaupt nicht ertragen, wenn ihr wahres Ich zum Vorschein kommt.

Mich macht diese neue Erkenntnis gar nicht glücklich. Wenn ich nicht auf mich aufpasse, werde ich irgendwann beziehungsunfähig, weil ich nur noch aus Misstrauen bestehe. Das ist wohl der Zustand, den mein schlauer Freund George mit »*Das Internet macht die Seele kaputt, wenn man nicht aufpasst*« beschreibt.

Dabei habe ich schon sehr viel gelernt in meinen zwei Jahren online. Ich schaffe es, in kürzester Zeit die wenigen für mich interessanten Männer innerhalb einer Partnerbörse zu finden. Trotzdem bin ich bisher gescheitert. Oft am ersten Date, das für Männer scheinbar einer todbringenden Mutprobe gleichkommt. Das aber gleichzeitig auch ein weiteres Auswahlkriterium ist. Wer schon nicht den ersten Schritt wagt, ist als Wegbegleiter durch ein ganzes Leben bestimmt nicht geeignet. Aber auch ein erster mutiger Schritt in die Realität ist immer noch kein sicheres Zeichen für einen möglichen Partner. Dazu malt unsere Vorstellungskraft einfach ein viel zu schönes Wunschbild eines Partners, mit dem der reale Mensch dann kaum konkurrieren kann. Ich muss darüber nachdenken, ob ich an meinem Verhalten etwas ändern kann, um vielleicht doch noch erfolgreich im Netz zu fischen.

EINE GANZ NORMALE DATE-WOCHE

Ein nasskalter grauer Novembertag. Ich stehe in der Ankunftshalle am Flughafen und warte auf einen Mann. Kommt Ihnen bekannt vor? Mir auch. Aber: Diesmal ist es anders. Der Mann gehört mir gar nicht. Ich bin hier sozusagen nur stellvertretend für meine Freundin Brunhild.

Aber dazu muss ich noch mal an den Mai erinnern, als wir – Brunhild, Kriemhild und ich – auf Sylt waren. Brunhild hatte zu dieser Zeit ja Geburtstag, und wir haben ihr eine Kontaktanzeige in der »Süddeutschen Zeitung« geschenkt. Partner-Suchanzeigen liest sie leidenschaftlich gern und hat auch schon einige beantwortet, denn sie war immer davon überzeugt, auf diesem Weg einen Partner zu finden – und sie hat recht behalten: Sie hat ihre große Liebe durch diese Zeitungsannonce gefunden. Das ist auch der Grund, warum sie gerade nicht in Hamburg ist. Brunhild schippert mit ihrem Schatz über das strahlend blaue Mittelmeer.

Neben ihrem Traummann hat ihr unsere Anzeige allerdings noch einen Brieffreund beschert. Mit ihm pflegt sie seit Mai einen regen Brief- und Mailkontakt. Eigentlich wollte sie das nicht, um ihren neuen Partner nicht in Verlegenheit zu bringen, doch Kriemhild und ich haben sie davon überzeugt, dass auch ein männlicher Freund eine Bereicherung fürs Leben sein kann, und ihr neuer Partner findet das auch okay. Gesehen haben sich Brunhild und ihr Brieffreund allerdings noch nie. Sie besitzt nicht einmal ein Foto von ihm. Warum auch? Der Platz an ihrer Seite ist ja bereits besetzt. Um das Äußere geht es hier also nicht, sondern nur um die inneren Werte, die sich in diesem Fall durch einen außergewöhnlich blumigen und gepflegten Schreibstil ausdrücken.

Jetzt stehe ich also hier am Flughafen und warte auf Brunhilds Brieffreund. Die Freunde meiner Freunde sind eben auch meine Freunde. Ich fühle mich also verantwortlich dafür, diesem Herrn einen netten Zwischenstopp in Hamburg zu bescheren. Darum hat mich Brunhild gebeten, und das mache ich natürlich gerne. Er ist auf der Durchreise und bleibt nur einige Stunden. Genau wie Brunhild habe auch ich keine Ahnung, wie dieser Mann aussieht, ich weiß nur, dass er ungefähr 60 Jahre alt ist, mit Werbung zu tun hat, in Paris lebt und als Agent einer Künstlerin in Deutschland unterwegs ist. Ich habe natürlich seine Handynummer. Notfalls rufe ich ihn halt an. Ähnliche Überlegungen scheint auch unser Pariser Freund anzustellen, denn direkt nach der Landung seiner Maschine bekomme ich eine kurze Beschreibung von ihm: Er trägt einen weißen Blouson und eine rote Hose. Fast bekomme ich einen Lachkrampf, als ich das lese. Ich stelle mir Brunhild an meiner Stelle vor. Sie hat so ihre eigenen Vorstellungen von einem gepflegten Erscheinungsbild. Da können die falschen Socken bei einem Mr.-Right-Anwärter schon zu einem Stirnrunzeln ihrerseits führen.

Rote Hosen sind für sie ein absolutes »*Geht gar nicht!*«. Das musste auch ihr Mr. Right feststellen. Auch er besaß mal eine rote Hose, bis Brunhild diesen unerwünschten Farbklecks mit den Worten »*Wenn ich was nicht leiden kann, sind das alte Männer in roten Hosen*« aus seinem Kleiderschrank beförderte. Ich warte also gespannt, was da – mit weißem Blouson und roter Hose – auf mich zukommt. Das Gate spuckt einen Schwall Fluggäste aus. Überall herrscht Wiedersehensfreude. Viele halten noch aufmerksam Ausschau nach der Person, die abgeholt werden soll. Auch ich beobachte gespannt die Türe, hinter der ich Gepäckbänder ausmachen kann. Ich bin erstaunt, wie viele weiße Blousons ich sehe. Ist das vielleicht ein Modetrend, der an mir vorbeigegangen ist? Fast glaube ich, dass ich mir zu viel vorgenommen habe, einen Unbekannten aus dieser Menschenmasse zu fischen, und will gerade zum Handy greifen, um ihn anzurufen, da biegt ein zierliches Männchen in roter Hose und weißem Blouson zielstrebig in meine Richtung ab. Ich weiß sofort: Das ist er! Er hat es auch deutlich leichter als ich, denn Brunhild hat ihm meine Internetseite verraten, die zahlreiche Bilder von mir enthält. Ich kämpfe mit einem Lachkrampf. Immer wieder erscheint dieses Bild vor meinem geistigen Auge: Brunhild, wie sie hier an meiner Stelle steht, in Erwartung eines ernst zu nehmenden Mr.-Right-Anwärters, mit diesem Anblick vor Augen! ER hat seine langen gelbgrauen Haare zu einem dünnen Zopf zusammengebunden. Der Übergang zum Gesicht ist kaum erkennbar, denn sein Teint zeigt den gleichen durchscheinenden Farbton, genau wie Augenbrauen und Wimpern. Auch sein altmodisch-rundes Brillengestell aus Horn, das auf seiner Nase thront, ist absolut farbidentisch. Ton in Ton. Völlig farblos. Ist das gewollt? Dafür treibt er es bei der Kleidung bunt: Der schneeweiße Blouson ist mit bunten Wappen und Emblemen verziert. So was besaß ich mal zu meinen besten Popper-Zeiten in den 8oern. Dazu die knallrote Jeanshose. Er zieht nicht nur seinen Rollkoffer hinter sich her, sondern auch ein Bein. Seine strumpflosen Füße stecken in Sneakers.

»*Na, wenigstens kann sich Brunhild hier nicht über die Socken aufregen*«, schießt es mir durch den Kopf, und wieder bin ich nah dran, mich vor Lachen zu kringeln. Was für eine Situation. Ich komme mir gemein vor, dass ich innerlich so über ihn lästere. Andererseits hat sich dieser Mann damals tatsächlich als möglicher Partner für meine moderne, immer gut gekleidete Freundin Brunhild gemeldet. Brunhild und ein Althippie!!! Mein Lachen ist überhaupt nicht gekünstelt, als ich Monsieur begrüße. Ich kämpfe immer noch gegen einen Lachkrampf an und kann einen Teil dieser Emotionen in ein strahlendes Lachen packen, was mir auch hilft, nicht loszuprusten. Das ist aber auch zu herrlich.

Ich stehe hier im dicken Daunenmantel. Er in Sommerklamotten als auffälliger Farbklecks in dieser grauen Menschenmenge am Flughafen. Er begrüßt mich mit blumigen Worten. Eine Sprache, wie ich sie schon aus den Briefen kenne, die uns Brunhild teilweise vorgelesen hat. Ich habe mich wieder im Griff, als ich mit ihm in ein Taxi Richtung Innenstadt steige. Am Dammtor-Bahnhof schließen wir sein Gepäck ein. Das holt er später am Abend wieder ab, wenn er weiterfährt nach Hannover, seinem eigentlichen Ziel. Er kennt Hamburg aus seiner Jugend und erzählt, wie sehr es sich verändert hat. Solche Geschichten mag ich. Ich höre interessiert zu und bin froh, dass er den unterhaltenden Part zum großen Teil übernimmt. Wir gehen zu Fuß weiter in die Innenstadt. Natürlich ist ihm kalt. Kein Wunder. In Hamburg herrscht tiefer Winter. Ich überlege, ob er morgen bei seinem geschäftlichen Termin so auftauchen will. Egal. Das ist nicht mein Problem. Wir gehen zur Galeria, einer Passage in der Innenstadt. Da befindet sich ein Lieblingstreffpunkt von Brunhild und mir. Auch Kriemhild hat versprochen, sich später dazuzugesellen, aber sie verspätet sich, und ich sitze Stunde um Stunde mit unserem Besuch aus Paris und erfahre so allerhand aus seinem Leben.

Ihm ist aufgefallen, dass mich fremde Kulturen und Länder interessieren. Er hat davon eine ganze Menge Storys auf Lager, und ich höre gerne zu. Er hat etwas von einem Alleinunterhalter, aber das gefällt mir besser als ein schweigendes Gegenüber und ist weniger anstrengend. Irgendwann, mitten in einem seiner Reiseberichte, der in Rom beginnt und in Wien enden soll, weil dort eine interessante Dame auf ihn wartet, erzähle ich, dass ich Rom als schönste Stadt Italiens empfinde, aber unbedingt auch mal nach Venedig müsse, denn das hätte ich noch nicht gesehen. Prompt verlässt er in seiner Story den direkten Weg von Rom nach Wien, weil er noch dringend etwas in Venedig zu erledigen hat. Ab hier höre ich genauer hin und bin mir zu guter Letzt nicht mehr sicher, was er wirklich erlebt hat und was er sich ausgedacht hat, um mir zu imponieren. Ich fange an, mich unwohl zu fühlen, und hoffe sehr, dass Kriemhild hier gleich auftaucht. Ich möchte weg aus dem Dunstkreis von Münchhausens Nachkommen.

Irgendwann ist es so weit. Kriemhilds hellblonder Schopf taucht am Horizont auf. Mit der üblichen Hektik, wie das so ihre Art ist. Als sie an unserem Tisch steht, starrt sie fassungslos auf meinen Begleiter. Er bemerkt, dass sie etwas sprachlos ist, kann das aber nicht einordnen. Ich schon. Vor Kriemhilds Augen spielt sich jetzt gerade der Film »*Brunhild trifft auf Althippie*« ab, und Kriemhild hat echte Probleme, diese Szene erst mal zu verdrängen, um nicht laut loszulachen. Ich überspiele ihr Ringen um Fassung, indem ich sie frage, wieso sie so spät ist. Das zieht bei ihr immer einen großen Schwall Erklärungen nach sich, die in der Früh beginnen und mit den Hindernissen des Tages gespickt sind. Im »Hier und Jetzt« angekommen, ist sie wieder bei sich. Sofort fragt sie unseren Begleiter, ob ihm nicht kalt sei in diesen Klamotten, was mir ein strahlendes Lachen ins Gesicht zaubert. Was für eine Situation. Ich finde, dass ich jetzt lange genug ausgeharrt habe. Vier Stunden immerhin.

Das reicht, zumal ich inzwischen glaube, dass unsere Einschätzung bezüglich Brunhilds Brieffreund ziemlich fehlgeleitet war.

Hinter der blumigen Sprache und den zahlreichen Zitaten aus der Weltliteratur steckt nicht, wie ich glaubte, eine weise Person mit Bildung und Herzensbildung, sondern ein Mensch, der versucht, eine glänzende Fassade aufzubauen, um sich dahinter zu verstecken. Damit möchte ich mich nicht weiter befassen. Wie bei einem Staffellauf übergebe ich unseren Paris-Import an Kriemhild. Handle mir damit einen hilfeheischenden Blick ihrerseits ein. Mir egal. Ich habe mein Soll mehr als erfüllt. Die letzte Stunde bis zu seiner Abreise nach Hannover ist Kriemhild gefragt. Ich verabschiede mich also freundlich, wünsche meinem nachmittäglichen Vertretungsdate noch einen schönen Aufenthalt und mache mich erleichtert auf nach Hause. Ob das eine gute Idee von Kriemhild und mir war, unsere Freundin Brunhild dazu zu überreden, diese Brieffreundschaft aufrechtzuerhalten? Das wird sie selbst klären. Kaum eine Stunde später meldet sich Kriemhild telefonisch bei mir. Sie hat IHN am Bahnhof abgesetzt.

O-Ton: »*Das habe ich nicht mehr ausgehalten.*« Anders als ich, die ich schon wieder von einem Lachkrampf geschüttelt werde, findet sie das gar nicht komisch. »*Das ist doch wohl nicht sein Ernst. Wie kann der Mann denken, dass er ein Partner für Brunhild sein könnte. DAS GEHT JA GAR NICHT! Diese ungepflegten Fusselhaare und dann noch in diesem Alter einen Zopf und was der anhat und was der für einen Stuss erzählt hat.*« Kriemhild will sich gar nicht mehr einkriegen. Mir zeigt dieses Treffen nur wieder, dass die meisten Menschen eine völlig verschobene Selbstwahrnehmung haben. Dieser Mann hält sein Auftreten wahrscheinlich für einen Ausdruck von Kreativität. Damit ist er aber offensichtlich in seiner Glanzzeit, die dem Outfit nach in den Achtzigern war, stehen geblieben. Ich glaube ihm auch sein Alter nicht und halte ihn für einiges älter als sechzig. Aber eigentlich geht mich das Ganze auch nichts an. Ich beschließe, das Thema zu vergessen. Das gelingt mir aber nicht, denn ich erhalte an diesem Abend noch einige SMS meiner langhaarigen Nachmittagsbeschäftigung. »*Vielen Dank ... wunderschöner Nachmittag ... hoffe bald wieder.*« Ich schreibe eine höfliche, aber betont knappe SMS zurück und wünsche ihm viel Erfolg in Hannover. Das ist aber nicht das Ende. Er philosophiert blumig weiter. Ich antworte nicht mehr. Ich möchte keinen weiteren Kontakt. Ich war nur die Vertretung für einen Nachmittag. Das ist Brunhilds Brieffreund! Er lässt sich von meinem Schweigen aber nicht stoppen. Im Gegenteil.

Er läuft zur Höchstform auf und erklärt mir per Mail, dass unser Gespräch für ihn einen »*hocherotischen Aspekt hatte*«. Ich könnte mich auf der Stelle übergeben. IGITT! ICH MÖCHTE MIR NICHT VORSTELLEN, DASS SICH DIESER MANN HOCHEROTISCHES IN VERBINDUNG MIT MEINER PERSON VORSTELLT!

Ich fühle mich bedrängt. Ich antworte natürlich auch darauf nicht, sondern stelle mein Handy aus. Am nächsten Morgen erhalte ich eine Entschuldigungs-SMS: »*… hoffe, du hast das nicht falsch verstanden …!*« Was könnte ich daran falsch verstehen, deutlich, wie das war? Irgendwann gibt er auf, und ich höre nichts mehr von ihm.

Einige Tage später ist Brunhild zurück in Hamburg. Natürlich steht ihr Brieffreund mit ihr in regem SMS-Kontakt. Mehr denn je. Nach meiner und Kriemhilds Berichterstattung hat sie eigentlich keine Lust mehr, ihn zu treffen, glaubt aber, ihm ein Treffen schuldig zu sein. Doofe Situation, kenne ich gut, ich verfange mich auch immer wieder mal in moralischen Verpflichtungen, lasse mich zu unsinnigen Dates drängen. Auf jeden Fall möchte Brunhild die Sache zu Ende bringen. Sie ist natürlich auf seinen Anblick vorbereitet.

Die beiden sind in einer Hotellobby verabredet, aber zum verabredeten Zeitpunkt ist ER nicht da. Sein Handy ist aus. Brunhild trinkt einen Kaffee und simst ihm, dass sie gleich wieder weg sei. Eigentlich ist sie froh über die Situation und hofft, ihn so ganz unverschuldet zu verpassen. Kaum ist ihre Mail abgeschickt, ruft ER an. Er ist gerade nicht im Hotel – was ja an sich schon bescheuert ist, wenn man sich gerade mal vor zwei Stunden um genau diese Zeit dort verabredet hat –, wäre stattdessen mit zwei tollen Russinnen in einem Inlokal in der Nähe und würde sich sofort auf den Weg machen. Sie soll bloß nicht weggehen. Brunhild wartet also. Sie will dieses Treffen hinter sich bringen.

ER kommt außer Atem eine halbe Stunde später im Hotel an. Brunhild beschreibt die Situation später so: »*Diese Geschichte mit den Russinnen glaube ich ihm nicht, das sollte ihn nur interessant machen, aber ich war froh, dass ich nur noch eine halbe Stunde Zeit hatte und wieder weg konnte.*«

Ich stimme ihr zu, zumal ich mich an seine konfusen Erzählungen erinnere, die verschlungenen Reisewege, an deren Ende immer irgendwo eine Traumfrau auf ihn wartete. Wobei die Betonung hier sicher auf »Traum« liegt. Das Thema »Brieffreund« ist damit für uns erledigt. Brunhild hat ihm deutlich gemacht, dass diese Brieffreundschaft wohl ein Fehler war. Ein paar Tage später sitze ich mit Brunhild wieder auf unserem Stammplatz in der Galeria. Mein Handy klingelt. Eine mir unbekannte Stimme am anderen Ende antwortet auf meine Frage, wer denn dran sei: »*Das wird nicht verraten.*« Ich drücke diesen Verrückten also weg. Auf so was stehe ich gar nicht. Am Telefon hat man sich mit Namen zu melden. Besonders am Handy. Ich stelle das Telefon stumm. Meine Mailbox meldet sich kurze Zeit später. Bei dem Anrufer handelte es sich um Brunhilds Brieffreund, der sich darüber beschwert, dass ich ihn so schnell weggedrückt habe. Den gleichen Text erhalte ich etwas später noch mal als Mail. Brunhild dagegen hört nichts von ihm und lächelt selig. Offensichtlich sucht der Brieffreund eine neue Brieffreundin für den »*hocherotischen Aspekt im Leben*«. Ich spüre wieder diese Übelkeit und keinerlei Lust, diesen Part zu übernehmen.

AFTER-WORK-DATE MIT STARBESETZUNG

Ich bin mal wieder mit meinem Freund George unterwegs. Sie erinnern sich, der Coach, der aussieht wie George Clooney. Der Wunschschwiegersohn meiner Mutter, was er leider nie werden kann, denn er ist schwul. Ich finde das allerdings super, denn das macht diese Beziehung so umproblematisch. Wir besuchen eine After-Work-Party in einem namhaften Hotel in Hamburg. Einmal waren wir schon hier und haben uns köstlich amüsiert, dank hervorragender Liveband und netter Leute. Für heute hat sich ein Chatpartner von mir angekündigt, obwohl ich ihm gesagt habe, dass ich zurzeit in festen Händen bin ... was nur bedingt stimmt.

Ich interessiere mich lediglich für einen bestimmten Mann und will diese Noch-nicht-Beziehung nicht gleich im Keim ersticken, indem ich wild herumdate. Ich bin sozusagen gerade ein Monogam-Dater. Abgesehen davon finde ich diesen neuen Interessenten zwar unterhaltsam, aber als Mr.-Right-Anwärter sehe ich ihn nicht. Er hat mich, ohne ein Foto im Netz zu haben, angeschrieben, es aber mit seiner etwas frechen Art geschafft, dass ich ihm meine private E-Mail-Adresse gegeben habe, damit er mir eines schicken kann. Geködert hat er mich mit seiner Aussage, dass er aussieht wie Thomas Heinze, ja sogar öfter mal auf großen Events mit selbigem verwechselt wird ... und Thomas Heinze finde ich toll!!!

Er schickt mir also sein Foto. Es ist eine Schwarz-Weiß-Aufnahme. Ich bin baff. Wer hat diesem Mann erzählt, dass er aussieht wie Thomas Heinze? Mir gefällt er nicht. Aber es ist ja auch gar nicht sicher, dass er – nennen wir ihn »Thomas« – auch tatsächlich kommt, denn richtig verabredet sind wir nicht. Ich habe ihm nur gesagt, dass ich heute mit Freunden hier bin. Mit dieser Begründung habe ich eigentlich nur eine Einladung seinerseits ausgeschlagen. Er hat sich daraufhin mehr oder weniger selbst eingeladen. Ich bin also eigentlich zu nichts verpflichtet. Direkt am Eingang zur Lounge, in der schon das rege Leben tobt, erwartet uns der Hotelchef, ein guter Bekannter von George. Beim Begrüßungscocktail bemerke ich einen Mann, der strategisch richtig steht, um den Eingang zu beobachten. Sein Blick zielt immer wieder auf mich, ich fühle mich beobachtet und schaue natürlich auch ab und zu rüber. Ein paar Blicke später fällt es mir wie Schuppen von den Augen: Das ist der Mann, der sich für einen Thomas-Heinze-Doppelgänger hält. Auch im realen Leben kommt er dem echten Thomas nur so nah wie Tatjana Gsell der echten Barbie. Na gut. Da muss ich jetzt durch. Ich gehe also direkt auf ihn zu, sage artig »hallo«, um diesem gegenseitigen Anstarren ein würdiges Ende zu bereiten. Im Gegensatz zu den meisten Männern habe ich mit dem ersten Schritt wenige Probleme, zumindest bei denen, die mich sowieso nicht interessieren. Nach einem kurzen Geplänkel gehe ich zu George zurück, der natürlich sofort fragt, wer das denn sei. Als ich ihm erkläre, dass es sich hier um die Zweitausgabe von Thomas Heinze handelt – George ist natürlich informiert –, schaut er sich den Herrn noch einmal ausführlich an und sagt: »*Ich glaube, Thomas Heinze wäre darüber aber nicht sehr glücklich.*«

Thomas scheint zu glauben, dass es sich bei George um den Mann handelt, den ich bei Finya mit »*Ich habe das Glück, jemanden gefunden zu haben, der mir sehr gut gefällt*« beschrieben habe, und lässt mich zufrieden. Ich glaube, er hat auch gemerkt, dass er nicht mein Typ ist. Einmal allerdings kommt er tatsächlich kurz zu mir rüber, wir unterhalten uns. Er ist ganz nett, und ich möchte nicht so unhöflich sein, ihn allein stehen zu lassen, bitte ihn also an unseren Tisch. Da haben sich inzwischen verschiedene interessante Leute eingefunden, darunter auch eine ganze Traube von Frauen. Alle Freundinnen. Alle sehr liebenswert und unterhaltsam. Alle sehr hübsch und alle sehr klein. Sie reichen George und mir gerade bis zur Schulter. Ich habe sie deshalb Jacob Sisters getauft. Es geht also etwas turbulenter zu in unserer Ecke. Thomas gibt zu bedenken, dass er in Begleitung eines Freundes hier ist, den er nun wieder nicht allein lassen möchte. Er zeigt in die Richtung, und ich sehe einen südländisch wirkenden, einsamen Herrn dort stehen. Mit einem »*Das ist doch kein Problem*« gehe ich zielstrebig auf den Herrn zu, stelle mich kurz vor: »*Hallo, ich bin Judith*«, reiche ihm die Hand, während er mich erfreut anlächelt und mir auf Englisch mit italienischem Akzent klarmacht, dass er Deutsch nicht versteht. Auch das ist »no problem«, ich wechsle ins Englische und bitte ihn rüber an unseren Tisch, was er hocherfreut annimmt. Natürlich bin ich im Glauben unterwegs, dass Thomas uns folgt, aber von ihm ist seltsamerweise nichts mehr zu sehen.

Roberto heißt unser Neuzugang am Tisch, und die Jacob Sisters sind äußerst erfreut darüber. Roberto ist Italiener, erkläre ich den Mädels, und dass er wegen eines Seminars heute in Hamburg ist.

Keiner der Jacob Sisters spricht gut Englisch, aber Probleme bei der Konversation gibt es trotzdem nicht. Hände und Füße scheinen zu reichen. Roberto ist vom deutschen Fräuleinwunder umzingelt und strahlt über das ganze Gesicht. Das muss das Paradies für einen italienischen Mann sein. Das sei einer der »*most beautiful evenings*«, die er je erlebt hat, versichert er mir dann auch strahlend. Ich schaue mich nach der Zweitausgabe von Thomas Heinze um. Er steht, wie zu Anfang, wieder an diesem Tisch. Ein anderer Mann ist jetzt dabei. Der war gerade aber nicht da. Da stand nur Roberto in der Nähe. Mir schwant Böses. Ich frage Roberto, ob er den Mann dort am Tisch, also Thomas, kenne. Er schaut kurz rüber und versichert mir, dass er niemanden hier in Hamburg kennen würde. Auch nicht diesen Mann. Ich bekomme einen Lachkrampf. So ganz für mich alleine. Die anderen schauen mich dabei immer wieder mal etwas verständnislos an. Niemand hat mich gefragt, wo ich Roberto eigentlich her habe. Würde das jetzt jemand nachholen, müsste ich antworten: »*Ich habe mich nur vergriffen!*« Ich liebe diese Situationskomik. Nachdem ich mich beruhigt habe, gehe ich rüber zu Thomas' Tisch, begrüße kurz den richtigen Freund, der, wie ich erfahre, gerade von der Toilette zurück ist. Ich erkläre beiden, was mir da gerade passiert ist, und gerate wieder an den Rand eines Lachkrampfes. Aber weder der Thomas-Heinze-Doppelgänger noch sein Freund teilen meinen Humor. Sie halten mich für absolut durchgeknallt. Das sehe ich an ihren irritierten Blicken. Kurze Zeit später ist das Thomas-Heinze-Double nebst Anhang verschwunden.

Immerhin: Ich habe den Mann mit Sicherheit von der fixen Idee befreit, ich könnte seine Traumfrau sein. Im Gegenteil: Er hält mich jetzt eher für einen Alptraum und ist sicher froh, schadlos daraus erwacht zu sein. Das ist doch eigentlich ein richtiger Freundschaftsdienst meinerseits. Dazu kommt Roberto, der statt alleine in der Ecke zu stehen, »*the most wonderful evening of his whole life*« erlebt, woran eine der blonden langhaarigen Jacob Sisters nicht ganz unschuldig ist. Ich finde, ich habe heute Abend einen Gutschein für diebaldige Verleihung eines Heiligenscheins verdient.

Ein paar Tage später: George ist am Telefon. Er hatte gestern ein Date mit einem Ben-Affleck-Double. O-Ton: »*Du Judith, ist Ben Affleck wirklich so dick?*« :-)

NACKTE TATSACHEN AUF WIENER ART

Parallel zu Finya bin ich seit einigen Wochen bei Parship angemeldet. Letzteres hat mir Brunhild aufs Auge gedrückt. »*Wenn du schon einen Partner über das Internet suchen musst, dann wenigstens seriös und gehoben*«, findet sie.

Ich bin also brav und gehorche. Nach ihrer erfolgreichen Partnersuche ist sie bei mir als Expertin anerkannt. Bei Parship langweile ich mich allerdings fürchterlich. Ich weiche also auf Finya aus. Hier gefällt es mir viel besser. Natürlich sind, wie überall, die interessanten Männer rar. Aber ein paar sind dabei, und die Kontakte sind unterhaltsam. Ich habe hier sogar ein paar sehr nette Frauen gefunden, mit denen ich maile. Heute Abend bin ich mit einem der Herren aus der Abteilung »interessant« verabredet. ER ist seit etwa zwei Wochen mein unterhaltsamer Sparrings-Partner bei Finya. Über seinen Profiltext habe ich mich köstlich amüsiert. Er hat das Frage-und-Antwort-Spiel wirklich aufs Unterhaltsamste gelöst. Kein Wunder, der Mann ist Werbe-Experte. Ich habe mir seine Website angesehen. Er scheint eine Koryphäe in der Werbebranche zu sein. Klar, dass er mit Worten umgehen kann. Auch unser Mailkontakt ist absolut unterhaltsam. Wir kennen uns jetzt seit zwei Wochen, und mir kommt er vor wie ein alter Bekannter. Gestern Abend hat er mich zum Essen eingeladen, mir dabei seine Telefonnummer übermittelt, und ich habe ihn auch sofort angerufen. Wir haben uns, wie erwartet, gleich verquatscht und nach einer halben Stunde Nonstop-Konversation beschlossen, dass wir das alles am nächsten Abend vis-à-vis erzählen möchten.

ER ist Mitte 50. Gerade mal so groß wie ich. Aber in diesem Fall geht es ja auch nicht um einen möglichen Partner, denn in der Rubrik »Beziehung« auf seinem Profil steht: »*Fester Freund.*«

Der Mann ist also schwul, genau wie George, einer meiner besten Freunde, der mir schon zu meiner Anfangszeit hier in Hamburg freundschaftliche Wärme gespendet hat. Ohne George wäre ich an der für mich ungewohnten kühlen hanseatischen Art verzweifelt und sicher wieder zurück nach Düsseldorf gezogen. Vielleicht wird aus meiner neuen Bekanntschaft eine ähnlich schöne Freundschaft? Ich stehe also ganz entspannt und voller Vorfreude vor der Haustür meines neuen Freundes, der so gern kocht. Nennen wir ihn also Cooky. Cooky öffnet die Türe, und ich übergebe ihm einen dicken Strauß Callas als Gastgeschenk. Ein Mann mit so vielen weiblichen Genen wird sich darüber sicher genauso freuen wie jede meiner Freundinnen, und das tut er auch. Ich schaue in ein sympathisches Gesicht mit wachen Augen. Sein Porträt im Internet zeigt allerdings einen deutlich schmaleren Mann, der mich ein bisschen an Wolfgang Joop erinnert. Das Original dagegen ist eher mit dem freundlich lächelnden Vollmond aus Kinderbüchern zu vergleichen. Cooky sucht eine Vase, und ich schaue mir seine traumhafte Wohnung an. Eine wunderbare Mischung aus Stil und Kitsch, so, wie sie nur Kreative oder Schwule gekonnt zusammenstellen können. In diesem Fall doppelt gut, weil sich ja beide Eigenschaften in Cooky vereinen. Gemeinsam manövrieren wir den monströsen Callas-Strauß in eine halbwegs passende Vase. Da habe ich wohl ein bisschen übertrieben. Sieht aber hübsch aus und passt zu den weißen Lilien, die schon auf dem Vier-Meter-Tisch stehen.

Seine Wohnung ist wirklich sensationell. Zwei riesengroße Räume, durch eine Schiebetüre getrennt, die aber halb geöffnet ist. Im hinteren Bereich kann ich ein üppig dekoriertes Schlafzimmer erkennen. Ein Kamin ist natürlich auch vorhanden und eine extravagante Stuckdecke. Hier stehe ich also in der hochherrschaftlichen Variante hanseatischen Lebens. Anders als meine Wohnung. Die ist in der gutbürgerlichen Abteilung angesiedelt, aber ich mag sie. Hier kann von Mögen keine Rede sein – hier ist es einfach traumhaft. Neben dem langen Tisch steht ein Fernseher. Er läuft, nur der Ton ist ausgeschaltet. Seltsam. Ich würde einen Fernseher ganz ausschalten, wenn ich Besuch habe. Auf dem Tisch steht ein Laptop.

Daraus dudelt Musik zur Untermalung. Cooky erzählt mir, dass es sich hier um die ganz Großen der Musikbranche handelt, die gemeinsam und ganz geheim diese Platte aufgenommen haben. Da er Musikfan ist, hat er das natürlich frühzeitig erkannt, lange bevor andere davon erfahren haben. Wir machen ein bisschen Stimmenraten.

Wer ist das? Aha, George Harrison ... Und der? Wieder weiß ich es nicht: Bryan Adams ... Die Musik untermalt weiter unsere Unterhaltung, klingt angenehm ... Allerdings dieser Fernseher ... und dann noch im XXL-Format. Irgendwann stehe ich dann neben Cooky in der Küche und den größten Wiener Schnitzeln gegenüber, die ich je gesehen habe. Das ist also der Grund, warum aus dem Cooky-Halbmond ein Vollmond wurde. Die Küche ist nur durch eine halbhohe Mauer vom Wohnraum getrennt. Ich gehe wieder ins Wohnzimmer und nehme schon mal die Salatschüssel entgegen, um sie auf dem Tisch zu platzieren. Danach starte ich einen Rundgang durch die Bildergalerie an der Wand. Cooky beobachtet mich über die Küchentheke hinweg und kommentiert meine Wohnungsbegehung. Bond-Girls als Originalzeichnungen hängen neben Fotografien verschiedener Fotografen-Legenden. »Alles Originale!«, kommentiert Cooky und kredenzt mir, neben einem gehaltvollen Rotwein, die jeweils unterhaltsame Geschichte, wie er an das entsprechende Kunstwerk gekommen ist. Er kennt viele Berühmtheiten, auch unter den Fotografen. Klar. Als Werber. Das ist jobbedingt, und er war dadurch auch viel in der Weltgeschichte unterwegs. Ich bin fasziniert. Menschen mit so einem ungewöhnlichen Leben finde ich spannend. Endlich mal wieder jemand, der weit über den Tellerrand hinausgeschaut hat. Ich erreiche bei meinem kleinen Rundgang die Abteilung »private Fotosammlung«. Hier sehe ich den jugendlichen Cooky, also den schlanken aus dem Internet, und ein junges Mädchen, dessen Entwicklung vom Kleinkind bis hin zum Teenager bildlich festgehalten wurde. Scheint ja eine wichtige Person in Cookys Leben zu sein. Seine Nichte vielleicht? Ich weiß von meinem Freund George, dass viele Homosexuelle gerne Familie hätten, sich, mangels eigenen Nachwuchses, durchaus gern als Patenonkel zur Verfügung stellen und diese Funktion mit viel Engagement ausfüllen. »*Wer ist das?*«, frage ich den in der Küche zaubernden Meister der Pfannen. »*Meine Tochter!*«, ist die Antwort. Ich bin verdutzt. Eine Tochter? Wann hat der Mann denn entdeckt, dass er schwul ist? Na, besser spät als nie. War das sein Trennungsgrund? Die Erkenntnis, schwul zu sein? Ich frage ihn nach seinem Profil-Eintrag: »*... und was ist mit deinem festen Freund?*« – »*Ach, das habe ich nur geschrieben, damit mich die Mädels aus dem Internet mit ihrem Schwachsinn in Ruhe lassen. Ich such mir die interessanten Frauen lieber selbst aus.*«

Das glaube ich ja nicht. Ich bin sprachlos. Ich schreibe gerade ein ganzes Buch über die Partnersuche im Internet, warne eindringlich davor, zu einem Fremden in die Wohnung zu gehen: »*Planen Sie ein erstes Date auf jeden Fall in der Öffentlichkeit, in einem Café, einer Bar*« ... Und jetzt stehe ich hier, drei Schritte vom Schlafzimmer eines Heteros, der sich mir als schwul verkauft hat. Habe ich eigentlich irgendwas gelernt in den fast drei Jahren im Netz? Da hat mich dieser Typ doch tatsächlich unter völlig falschen Voraussetzungen hierhergelockt, und ich gutgläubiges Schaf stell nichts davon infrage!

Cooky tut, als hätte er mein Zögern nicht bemerkt – doch er hat! –, und erzählt fröhlich weiter. Er hatte eine Beziehung – natürlich mit einer Frau – bis vor drei Monaten. Jetzt ist nicht nur die Küchenmauer zwischen uns. Ich bin überhaupt nicht mehr locker. Was für eine blöde Situation. Soll ich wie ein kleines Mädchen aus dem Haus fliehen? Ist ja auch irgendwie blöd. Er hat mich bisher weder dumm angemacht noch angefasst, und in den Wiener Schnitzeln wird schon keine Droge drin sein, die mich willenlos macht. Außerdem wissen George und Brunhild, wo ich bin, und haben Adresse und Telefonnummer. Und: Ich bin deutlich größer als Cooky. Also, was soll's? Jetzt ist es sowieso zu spät. Ich entscheide mich zu bleiben. Dann wird der Mann halt zu einem Kapitel in meinem Buch. Er weiß, dass ich eines schreibe. Cooky sehe ich also fortan mit den Augen einer Autorin. ER sucht sich also lieber selbst die Frauen aus, die ihm gefallen. Ich glaube nicht, dass

bei ihm eine solche Vorsichtsmaßnahme nötig ist, um die Damenwelt daran zu hindern, ihm die Türe einzurennen. Cooky ist sehr
lässig gekleidet. Weite Hose, Polohemd darüber, Schuhe ohne Socken. Er ist einen halben Kopf kleiner als ich und ganz schön be-
leibt. Der smart-schlanke Cooky aus dem Internet wird da wohl
noch irgendwo drinstecken. Der aktuelle Cooky hat eher die Form
einer kleinen, breiten Kommode mit viel zu kurzen Beinchen. Ich
habe mich nahezu beruhigt, als Cooky vermeldet, dass die Riesen-
schnitzel fertig sind. Ich bekomme die kleinen Monster über die
Küchentheke gereicht und platziere sie auf den Tischsets. Der Tisch
ist schön gedeckt. Wir sitzen uns gegenüber. Ich sitze so, dass ich
den Fernseher aus den Augenwinkeln sehe. Der läuft immer noch
tonlos vor sich hin.

Cookys Platz ist gegenüber. Er schaut also direkt darauf. Ich
finde es seltsam. Er nimmt seinen Platz am Fenster ein. Es ist halb
geöffnet, obwohl es draußen irrsinnig kalt geworden ist. Aber
Cooky friert nicht in seinem Halbarmshirt, versichert er mir. Im
Normalfall läuft er sogar in seinen Kuschelshorts hier herum. DAS
ist also normal? Ich versuche mir das jetzt NICHT vorzustellen. Allerdings gelingt es mir nicht ganz, denn Cooky steht auf, um, ganz
Gentleman, das Fenster zu schließen, damit mir nicht kalt wird.
Dabei dreht er mir sein Hinterteil zu. Auf Augenhöhe. JETZT hat
sich das Bild natürlich zwangsläufig auf meiner Festplatte einge-
brannt. Na, toll! Wenn ich etwas nicht mag, dann ist das die gemeinsame Verwahrlosung von Paaren auf dem Sofa. Dazu gehört
vorrangig der Jogginghosen-Schlabberlook – auch die Sommerver-
sion! Aber das wird in diesem Fall ja niemals zu meinem Problem
werden. Wir plaudern über dies und das. Der Mann hat wirklich
viel von der Welt gesehen und viele interessante Menschen getroffen. Er ist in der Werbung offenbar eine bekannte Größe. Natürlich
hat er auch einige der so genannten Supermodels getroffen. Das bekomme ich immer wieder auf verschiedenste Art serviert. Das soll
mir wahrscheinlich zeigen, dass ich zwar in der Landesklasse spiele,
aber lange nicht in der obersten Liga. Nachdem er MICH richtig
platziert hat, macht er sich daran, sein eigenes Denkmal zu errich-

ten. Ich muss mich rübersetzen an seine Seite. Er tätschelt meinen Arm. Anfassen kann ich in dieser Situation aber gar nicht vertragen. Er bemerkt das natürlich. Klar. Wenn ich so drauf bin wie gerade eben, steht das deutlich auf meiner Stirn geschrieben. Er unterlässt erst einmal weitere Tätscheleien, und wir schauen gemeinsam seine Arbeiten an, die er auf seinem Laptop gespeichert hat. Durchweg bekannte TV-Spots. Er ist beruflich richtig gut, aber ich möchte mich ja nicht für einen Job bewerben. Nicht von ihm ist der Spot »Mein Haus – Mein Auto – Meine Pferdebetreuerin«, aber er beschreibt bestens die Situation, in der ich mich gerade befinde. Aber, das habe ich inzwischen feststellen dürfen, diese Positionierung kommt bei jedem Mann an dieser Stelle. Das ist so was wie ein Ritual. Klar ist aber: Ich werde hier NICHT die Pferdebetreuerin. Leider ist die ganze entspannte Atmosphäre weg. Ich bin verkrampft, und jedes weitere Armtätscheln seinerseits lässt mich weiter versteinern. Das wird nichts mit einer lockeren Freundschaft. Alleine diese Blicke kann ich nicht ertragen. Ich kenne diese Situation. Ein langjähriger Freund von mir löst ähnliche Gefühle in mir aus. Er will einfach nicht einsehen, dass ich nicht seine Traumfrau sein kann, weil es von meiner Seite aus nicht passt. Wir haben in unserer langen Bekanntschaft dreimal über diese Situation gesprochen. Weder diese Gespräche noch die Wortwahl sind mir dabei leichtgefallen, aber ich habe mir die Mühe gemacht, ihm meine Empfindungen zu erklären, und auch die Tatsache, dass es von meiner Seite aus immer nur eine Freundschaft sein kann. Aber trotz aller Erklärungen tritt er immer wieder über diese imaginäre Grenze, und ich winde mich dann wie ein Wurm. Inzwischen ist es so weit, dass ich keine Lust mehr habe, mit ihm zu telefonieren, geschweige denn, ihn zu treffen. Ich fühle mich jedes Mal seelisch vergewaltigt, wenn ich mit diesem halb leidenden, halb begehrlichen Verhalten konfrontiert werde.

Jetzt und hier mit Cooky geht es mir ähnlich, allerdings scheint er das zu bemerken und hält sich zurück. Nach Sichtung seiner beruflichen Erfolge auf dem Laptop setze ich mich wieder auf meinen alten Platz, ihm gegenüber. So ein Tisch zwischen uns ist im Moment genau das Richtige. Auf diese Weise schaffen wir es mit interessanten Gesprächsthemen und einem wirklich köstlichen Essen, den Abend bis in die Nacht hinein zu verlängern. Schade eigentlich, dass er nicht schwul ist, er hätte einen tollen Freund abgegeben. Zwischenzeitlich vergesse ich sogar die doofe Situation, in der ich stecke. Irgendwann fällt mir Cookys flackernder Blick auf, der zwischen mir und dem Fernseher hin und her wandert. Das Ding läuft immer noch. Ich drehe meinen Kopf ein bisschen zur Seite und sehe aus dem Augenwinkel eine nackte Frau, die an sich herumspielt! Offensichtlich ist gerade Sendepause. Bei mir auch! Ich will nach Hause. Ich erkläre Cooky, dass ich müde bin, springe dabei schon mal auf, fische nach meinem Mantel und bin startbereit. Er ruft mir ein Taxi. Wir verabschieden uns. Ich bedanke mich artig für das köstliche Essen. Das ist ehrlich gemeint. Am nächsten Morgen schreibe ich noch eine höfliche Mail. Das war's von meiner Seite.

Als ich die Story meiner Freundin Brunhild erzähle – geht im Moment nur telefonisch, denn sie ist natürlich immer noch superglücklich mir ihrem Traummann und ist zu ihm nach Cannes gezogen –, kriegt sie einen mittleren Tobsuchtsanfall und erklärt mir, wie sie die Situation gemeistert hätte. Sie wäre direkt nach dem »Outing« von Cooky als heterosexueller Mann – ist das nicht sonst immer nur andersherum ein Thema? – aus dem Haus geflüchtet und hätte ihm zum Abschied die passenden Worte rund um das Thema Betrug dagelassen. Sie hätte sich da natürlich deutlicher ausgedrückt, und so eine nette Danksagungsmail danach hätte es von ihrer Seite schon mal gar nicht gegeben, denn DAS geht gar nicht, oder soll man sich etwa neuerdings noch dafür bedanken, wenn jemand einen verar…? Brunhild fiel noch ganz viel Text dazu ein.

Olivia hat sich diese Story natürlich auch interessiert angehört. O-Ton: »*Ja, hätt dä se noch all?*« Natürlich wäre sie geblieben, denn mit gutem Essen kann man Olivia immer bestechen. Allerdings hätte sie einige böse Sprüche losgelassen, die ihm ganz klar gezeigt hätten, dass er null Chancen bei ihr hat. »*Zu alt, zu klein, zu dick* …«, hätte sie ihm die Wahrheit ins Gesicht geklatscht, danach wäre sie gut gesättigt und zufrieden davongerauscht. George hat sich über die Story halb tot gelacht: »*Ich habe noch nie gehört, dass sich jemand als Homosexueller tarnt!*« Als er sich wieder eingekriegt hat, erklärt er mir, dass er glaube, dass dieser Mann genau wusste, was er tat. Er wollte sich erst mal ins rechte Licht setzen, mir seine beruflichen Erfolge präsentieren, seine tolle Wohnung, seine Kochkünste, vom Haus auf Mallorca berichten ... Viele Frauen seien schließlich käuflich. »*Kann er ja nicht wissen, dass so was bei dir nicht funktioniert. Männer sind immer noch davon überzeugt: Im Krieg und bei Frauen ist alles erlaubt! Auch wenn sie sich damit selbst ins Aus kicken.*«

Natürlich denke ich nach solchen Dates immer darüber nach, ob ich mich falsch verhalten habe. Hätte ich vorher wissen müssen, dass alles auf einer Lüge basiert? Meine Blauäugigkeit im Vorfeld halte ich nach wie vor nicht für einen Fehler. Im Gegenteil. Das ist und bleibt die Kunst bei der Partnersuche in meinem Alter. Ich habe aber einen seltsamen Charakterzug an mir entdeckt. Wenn ich mich in Situationen befinde, in denen ich mich emotional bedrängt fühle, bin ich immer noch zu normaler Konversation fähig, aber nehme meine Umgebung wie durch Watte gefiltert wahr. Natürlich ist das ein Selbstschutz. Oft werden mir unangenehme Details erst am nächsten Tag richtig bewusst. Zum Beispiel diese Fernsehbilder der sich selbst befriedigenden Frauen. Das ist mir auch erst am nächsten Tag richtig klar geworden. In dem Moment, als das passierte, wusste ich nur: Ich möchte nach Hause! Auch die ganze Situation, dass »Mann« mich eigentlich bewusst belogen hat, um mich überhaupt so weit zu kriegen, dass ich zu ihm nach Hause komme, lege ich in so einer Situation unter »*Ist morgen zu bearbeiten*« ab. Deshalb flippe ich wahrscheinlich auch nicht aus. Das gilt natürlich nur für Situationen, von denen ich weiß, dass ich sie auch bewältigen kann, ohne in Gefahr zu geraten. Würde mich jemand körperlich attackieren, würde ich mich, ohne zu überlegen, wehren und das sehr erfolgreich, wie ich aus einigen Erfahrungen weiß. Ich bin also ziemlich angstfrei. Allerdings würde ich nach wie vor jeder Frau raten, sich niemals das erste Mal bei einem fremden Mann zu Hause zu treffen oder ihn zu sich einzuladen. Das war ganz schön dumm von mir. Das ist einfach gefährlich. Cafés, Bars oder andere öffentliche Orte sind mit Sicherheit eine bessere Alternative. Zumal man so seine Adresse erst einmal nicht preisgeben muss. Das kann einigen Ärger ersparen, wenn sich der Mann der Träume vielleicht doch als Alptraum erweist. Außerdem sollte auch immer eine Freundin Bescheid wissen, mit wem man sich wo trifft. Also IMMER auch die Telefonnummer und Mailadresse von dem Date-Partner weitergeben. Für alle Fälle.

DAS DREIJAHRESPLAN-DATE

»Leben ist das, was passiert, während wir planen ...« In meiner Zeit bei Neu.de, also meiner absoluten Anfängerzeit in Sachen Partnersuche im Internet, hatte ich einen Chatpartner, der in Hannover lebte. Trotz der vielfältigen Kontakte in dieser Zeit kann ich mich gut an ihn erinnern. Er hatte ein ansprechendes Foto im Netz. Das war so gut, dass ich bei ihm nicht sicher war, ob er ein Model-Kollege oder das Foto ein Fake war. Seine Mails waren sehr nett verfasst, intelligent, unaufdringlich, amüsant. Er sah auf seinem Foto aus wie ein Gentleman, und auch sein Benehmen war sehr stilvoll. Das gefiel mir. Andererseits hat er nie auf ein Treffen gedrängt, was die zweite Version meiner Theorie untermauerte. Die Männer, die bei den Fotos schwindeln, wollen sich fast nie treffen. Logisch. Im »Real Life« fliegen sie sofort auf. Ich habe ihn also beim Verlassen von Neu.de aus den Augen verloren. Nach zwei Jahren hat er mich auf einer anderen Plattform wiedergefunden. Ich hatte zwar meine Fotos geändert, aber immer noch den gleichen Nickname. Ich hätte keine Chance gehabt, ihn zu erkennen. Er hatte seinen Nickname gewechselt und war ohne Foto im Netz. Nachdem er sich zu erkennen gegeben und mir ein aktuelles Foto von sich geschickt hat, das einen durchaus attraktiven Mann zeigt, haben wir unsere Telefonnummern ausgetauscht und uns selbst am Telefon. *»Offensichtlich sind wir beide schwer vermit-*

telbar«, war mein erster Satz. Von mir weiß ich, dass es an meinen »*hohen Ansprüchen*« liegt. Was sind seine Gründe? Ich bin neugierig. Seine Telefonstimme ist sehr sympathisch, klar, männlich, ausdrucksstark. Gefällt mir. Seine Art zu sprechen auch. Ich bin nun mal ein Hochdeutsch-Fan und finde Dialekte nur bedingt gut. Er spricht reinstes Hochdeutsch. Klar, Hannover ist dafür schließlich bekannt. Was also hat die Damenwelt bisher davon abgehalten, diesen Mann aus dem Netz zu fischen? Er erzählt mir, dass er inzwischen zweimal dachte, dass er die Frau fürs Leben gefunden hätte. Einmal war es eine total hübsche Kölnerin. Das andere Mal eine supertolle Frau aus Frankfurt. Zweimal hat es nicht funktioniert. Ich hake nach: »*Warum nicht?*« Er druckst ein bisschen herum und kommt zum Knackpunkt: Er ist verheiratet, lebt mit seiner Frau zusammen in Hannover und hat drei Töchter. Eine davon gerade erst volljährig. Alle gehen noch zur Schule, und er möchte ihr Leben nicht durch eine Scheidung durcheinanderbringen. Noch nicht! Aber in drei Jahren, so sein Plan, wird er sich auf jeden Fall von seiner Frau trennen. Das weiß er heute schon. Inzwischen möchte er sich eine neue Beziehung aufbauen. Seine Frau und er gehen ohnehin schon lange getrennte Wege, ja feiern sogar Silvester jeder für sich. Sie würde also keine Probleme machen. Im Gegenteil, er nimmt an, dass eine Trennung auch in ihrem Sinne sei. Ich denke kurz an meine unschönen Erfahrungen mit der Ex eines früheren Partners. Bei diesen beiden ging die Trennung sogar von der Frau aus. Trotzdem ist sie total ausgerastet, als ich als neue Frau an »seiner« Seite auf der Bildfläche erschien, und hat alles in Bewegung gesetzt, um ihren von ihr verschmähten Ex wiederzubekommen. Trotz ihrer neuen Partnerschaft. Nach dieser Erfahrung glaube ich, dass sich mein »Hannoveraner« kräftig täuscht, was den leichten Abschied aus seinem alten Leben betrifft. Ich sage ihm das und auch, dass ich mit so einem Dreijahresplan sowieso nicht umgehen kann. »*Ich hatte das befürchtet*«, ist seine Antwort. Trotzdem möchte er mich treffen. »*Schon allein, um zu wissen, dass ich nichts verpasse.*« Was soll das denn heißen? Natürlich verpasst der Mann was. Mich! :-)

Eigentlich wollten wir uns in Hannover treffen, aber mein Termin dort ist geplatzt. Er schlägt vor, sich auf halber Strecke zu treffen. »*Irgendwo an der A7.*« Meine Antwort: »*Die A7 ... meine Liiiiiieeeeeeblingsautobahn!*« Er versteht sofort, dass ich das völlig unromantisch finde und auch nicht vorhabe, nach Kenntnis des Dreijahresplans, eine größere Strecke zurückzulegen, um einen Mann kennenzulernen, der für mich sowieso kein Partner sein kann. Ihm scheint dieses Treffen aber wichtig zu sein. Wie die meisten Männer glaubt er wahrscheinlich, dass er trotzdem Chancen hat, wenn wir uns erst gegenübersitzen. Ich glaube das nicht. Ich mag ungeordnete Verhältnisse nicht und werde mich hüten, mich in diesen Mann zu verlieben. So toll er auch sein mag.

Wir verabreden uns also in der Bar eines bekannten Hotels in Hamburg. Ich habe seine Handynummer. Er hat sich schon bei mir gemeldet. Ich weiß, dass er schon vor Ort ist. Ich suche also einen etwa 1,80 m großen Mann mit kurzen grauen Haaren. Er sitzt im Eingangsbereich der Bar in einem gemütlichen Sessel und hat die Tür im Blick. Seinen erfreuten Blick, als meine Augen ihn erst streifen und dann als einzig mögliches Suchergebnis in diesem Raum wieder einfangen, sagt mir klar: Das ist er. Ich gehe also direkt auf ihn zu, lächle ihn an. Er strahlt zurück. Ich bleibe vor dem Sessel stehen und frage: »*Bist du X?*« Er strahlt mich immer noch an, sagt aber nichts, und ich muss ihn noch mal fragen, ob er mein Blind Date ist. »*Nein. Leider!*«, ist seine Antwort. WIE PEINLICH! Jetzt ist mir passiert, was ich immer schon befürchtet habe: Ich habe einen falschen Mann angesprochen. Ich entschuldige mich also, bin ein wenig irritiert, denn ich weiß nicht, ob er mich weiter anlacht oder auslacht, und schaue mich wieder in der Bar um. Dabei sehe ich ein identisches Exemplar Mann. Er geht gerade den langen Gang von den Toiletten zu seinem Tisch. Der ist es aber nun wirklich, denn er winkt mir zu. Ich umrunde also die lange Bar – Hauptsache weg aus dieser peinlichen Situation – und gehe auf ihn zu. Er ist ein Stück kleiner als ich. Ansonsten aber ein wirklich gut aussehender Mann. Könnte mir gefallen, wenn ich nicht von seinem Dreijahresplan wüsste. Immerhin hat er mir ehrlich seine Situation geschildert. Das tun auch nicht alle, wie ich aus einigen bösen Erfahrungen weiß. Diese Ehrlichkeit und die lange Zeit, die wir uns eigentlich schon kennen, lassen ihn in einem freundschaftlichen Licht erstrahlen. Trotzdem ist die erste Sekunde ein bisschen blöd. Leicht unbeholfen verknoten wir uns bei der Küsschen-auf-die-Wange-Begrüßung derart, dass wir uns fast auf den Mund knutschen. Das ist natürlich wieder witzig. Wir müssen lachen, und die Peinlichkeit ist damit futsch. Es ist ein unterhaltsamer Abend. Wir haben uns viel zu erzählen. Er weiß natürlich, dass ich ein Buch schreibe. Ich frage ihn Löcher in den Bauch. Ich bin neugierig. Wie sind die anderen Frauen im Netz? Was ist ihm inzwischen Seltsames passiert? Ich erfahre von Frauen, die ihre sexuellen Wünsche über das Internet verwirklichen. Staune über den Mut – oder die Ahnungslosigkeit? – einer Frau, die sich in das SM-Studio eines Users locken lässt. Ohne ihn zu kennen. Sie hat per Mail die Verhaltensregeln bekommen. Sie darf sich erst im Raum umsehen, soll sich dann die Augen freiwillig verbinden, bevor der Mann sich überhaupt blicken lässt, und ist diesem Unsichtbaren danach völlig ausgeliefert. »*Da ist meine Essens-Einladung eines Nicht-Schwulen doch nichts dagegen*«, schießt es mir durch den Kopf. Ich erzähle im Gegenzug die Geschichte von Cooky und handle mir damit ein Kopfschütteln ein. »*So was sollte eine Frau niemals tun! Was hättest du denn gemacht, wenn der sich nicht nur als Lügner, sondern gleich noch als Sexualverbrecher herausgestellt hätte?*« Mein Einwand, dass die Frau aus seiner Erzählung sich sogar wissentlich in eine viel schlimmere Situation begeben hat, lässt er nicht gelten: »*So was ist immer ein Risiko. Männer sind nun mal die Stärkeren. Als Frau wäre ich da doppelt vorsichtig!*« Eine Warnung von einem, der es wissen muss. Ich lege das Gelübde ab, dass ich bei weiteren Dates vorsichtiger sein werde. Dann frage ich ihn nach seiner letzten Beziehung. Er hat am Telefon angedeutet, dass er gerade wieder solo sei, was seine Zweitbeziehung angeht. Diese Dame wohnte in Frankfurt, und er hatte sich dort schon ein Wohnbüro eingerichtet, was er jetzt aber wieder auflösen wird. Diese Frau konnte mit der Situation nicht umgehen und war ständig beleidigt, wenn er sich mal einen Tag nicht gemeldet hat. Das mündete in echte Eifersuchtsattacken. Ich erkläre ihm, dass er aus meiner Sicht immer mit seinem Dreijahresplan scheitern wird, weil kaum eine Frau das aushalten kann. Die einen ersticken an ihren Eifersuchtsattacken, die anderen werden von wachsendem Misstrauen gebeutelt. Dazu würde ich gehören, würde ich auf diese Beziehung eingehen, denn ich hätte später immer die Frage vor Augen: »*Bastelt er parallel schon an einem neuen Leben ohne mich?*«

Er schaut mich bei dieser Erklärung ein bisschen traurig an. Ich glaube, ihm ist inzwischen auch klar, dass diese Art Planwirtschaft bei Partnerschaften nicht funktioniert. Vier Stunden haben wir uns jetzt schon fröhlich verquatscht. Wirklich unterhaltsam. Das ist kein falsch investierter Abend. Aber jetzt muss er nach Hause. Er hat noch etwa zwei Stunden Autofahrt vor sich. Ich bringe ihn bis zum Parkhaus, dann kommt die große Verabschiedung. Er steht ein bisschen verloren und traurig da. Aber meine Entscheidung steht fest, das wusste er auch vorher schon. Ich passe nicht in so einen Dreijahresplan. Wir haben immer noch Mailkontakt und grüßen uns wie alte Bekannte, die wir ja auch sind, wenn wir uns online begegnen. Dann diskutieren wir über wichtige Fragen wie: »*Schließen sich Freundschaft und Sex eigentlich aus?*« Ich finde es interessant, und wenn ich wieder mal in Hannover bin, gehe ich bestimmt einen Kaffee mit ihm trinken, wenn er Zeit hat. Immerhin. Da hat mir das Internet zumindest einen netten Gesprächspartner beschert.

Ich habe natürlich mit George über diesen Dreijahresplan gesprochen. Ich finde das ganz schön feige, sich ein Parallel-Leben aufzubauen, ohne dass der derzeitige Partner das weiß, und wenn der Probelauf mit der neuen Partnerin nicht klappt, einfach völlig schadlos wieder ins alte Leben zurückzukehren. O-Ton George: »*Das ist nicht feige. Das ist männlich.*«

Geplatzte Dates

Inzwischen schaue ich auf eine ganze Versetzt-werden-Serie zurück, daher bin ich mittlerweile rigoros: Während ich früher noch Verständnis gezeigt habe nach dem Motto »im Zweifel für den Angeklagten«, kommt für mich jetzt ein zweites Treffen nicht mehr infrage. Sollte einer der zahlreichen Männer in unvorhersehbarer Zeitnot wirklich nichts dazu können – sein Pech. Meine Erfahrung hat gezeigt, dass es, wenn es beim ersten Date nicht klappt, nie klappt. Nicht mit und nicht ohne Goodwill meinerseits.

Dates, die ich gar nicht möchte

Klingt verrückt, oder? Wenn man ein Date nicht will, sollte man es doch einfach nicht annehmen? Eigentlich richtig. Trotzdem bin ich des Öfteren in diese dumme Situation geraten, weil ich nicht rechtzeitig »*Nein danke!*« gesagt habe. Aber es gibt ja auch noch eine ganze Menge Land zwischen der Insel der Glückseligen und der der Einsamen. Vielleicht findet »frau« auf diesem Weg einen neuen Freund? Ich habe mich möglichst immer auf ein Treffen zum Kaffee beschränkt und damit ihm und mir die Chance gegeben herauszufinden, was im realen Leben hinter diesem Mailkontakt steckt. So haben beide Seiten wenigstens eine abgeschlossene Angelegenheit und keinen unerledigten Fall. Allerdings ist es mir bisher in keinem dieser Fälle gelungen, einen neuen Freund zu gewinnen. Im Vorfeld treffe ich deutliche Aussagen wie: »*Erwarte nicht zu viel von diesem Treffen*«, »*Wenn du ZUFÄLLIG in der Stadt bist, kannst du dich ja mal melden*«. Aber: So was nützt überhaupt nichts. Männer, die sich in den Kopf gesetzt haben, als Mr. Right anerkannt zu werden, hören da überhaupt nicht hin. Im Gegensatz zu Olivia, die Meisterin darin ist, aus Möchtegern-Lovern Freunde zu machen, bin ich in dieser Disziplin eine Niete. Mich nerven diese Situationen. Diese erwartungsvollen Blicke, dieses ewige »*Vielleicht geht da ja doch noch was*«. Ich kann damit nicht umgehen. Für mich geht hier nur: Kontakt abbrechen. Olivia schafft es trotzdem, diese Männer als Freunde zu gewinnen. Das ist wahrscheinlich eine Typfrage. Eines dieser Freundschaftsdates hatte ich mit einem Kollegen. Er wusste von meinem Buch und war gerne bereit, mir seine Date-Erfahrungen mitzuteilen. Wir haben uns dafür zweimal getroffen. Das erste Mal hat mir gut gefallen, da war er sehr locker, und der Abend war ganz entspannt und unterhaltsam. Wir haben über die seltsamen Verhaltensweisen gesprochen, die uns während unserer Partnersuche so begegnet sind. Zu diesem Zeitpunkt war ich nicht mal auf Partnersuche, denn ich hatte jemanden gefunden, der mir wichtig war, und das hatte ich deutlich auf meinem Profil vermerkt. Deshalb dachte ich, ich hätte vielleicht tatsächlich das Glück, einen neuen Freund zu finden. Aber schon beim zweiten Treffen schlug die Stimmung um, und es wurde anstrengend. Seine SMS danach zeigten deutlich, dass er sich in die fixe Idee verrannt hatte, dass er nun doch lieber den Mr.-Right-Platz an meiner Seite erobern wollte, was von mir aus aber gar nicht möglich war. Er bat mich, ihm beim nächsten Date seine Fehler zu nennen. Auf meine Frage, wie er das denn meinen würde, kam folgende SMS: »*Für kurze Augenblicke spüre ich manchmal das Bedürfnis, diesen Mr. Wrong bei dir abzulösen. Wie soll ich da vorgehen?*«

Ich schrieb darauf: »*Dann kann ich dir deinen Fehler nennen. Du hörst nicht zu. Eine Beziehung stand bei uns nie zur Debatte. Du hattest mir angeboten, mir über deine Dates zu berichten: trotz meines vorhandenen Mr. Rights. Auf dieser Basis haben wir uns getroffen. Vielleicht hätte daraus sogar eine Freundschaft werden können, aber unter diesen Umständen ist das leider nicht möglich. Tut mir leid. Ich wünsche dir, dass du bald deine Mrs. Right triffst. Ich bin es nicht. Alles Gute. Judith.*« Und er: »*Ist okay. Ich war etwas euphorisch und einfach fasziniert. Können wir Freunde werden?*« Vielleicht denke ich ja nur, dass ich mich klar ausdrücke, oder das Verständnisproblem zwischen Mann und Frau ist größer als angenommen?

WENN ICH GLAUBE, MR. RIGHT GEFUNDEN ZU HABEN?

Ich gehe aus dem Netz. Das ist für mich die normale Verhaltensweise. Wenn ER dann weiterhin durchs Netz surft, kann ich davon
ausgehen, dass ER das bei weitem nicht so ernst sieht wie ich. Auch
ein Erfahrungswert. Unwahrscheinlich, dass ich dann Mr. Right erwischt habe. Wahrscheinlich ist eher, dass es sich um einen Inter-
netplayboy oder einen Internetsüchtigen handelt. Beides Kategorien »Mann«, die für eine Beziehung nicht taugen.

Sollte ER genauso reagieren, sich dadurch als Mr.-Right-An-
wärter platzieren und ich sitze ihm bei einem romantischen Can-
dle-Light-Dinner gegenüber – ich zeichne hier mal den Idealfall –,
habe ich Sprechstörungen, bin hypernervös und benehme mich genauso bescheuert wie jeder andere verliebte Mensch auch. Ist das
normal? Ich glaube, ja. Schön, wenn er genauso unter Hormon-
Drogen steht, dann merkt er es nicht. Schlecht, wenn er es nicht ist,
denn dann sieht er klar, und ich habe in meinem liebeswirren Zustand kaum eine Chance, mich als die zu präsentieren, die ich wirklich bin, und er lernt gar nicht die richtige Judith kennen, sondern
eine liebestrunkene Frau, die selbst mir fremd ist. Vielleicht würde
er mich im Normalzustand sogar toll finden. Wer weiß? Aber wie
heißt es so schön: Es gibt keine zweite Chance für einen ersten Eindruck. That's Life!

DAS AZORENHOCH-DATE

»João.« Höflich, kurz, aber prägnant stellt er sich mit seiner ersten Mail bei mir vor. In bestem Englisch. Das macht mich neugierig, und ich klicke sein Profil an. Wohnort Wiesbaden, steht da.
Dazu mehrere Fotos, die einen sehr gut aussehenden Mann Mitte
vierzig zeigen. Mal vor dem Schreibtisch, mal ganz verwegen auf
einem Pferd. Das Ganze in mehrfacher Ausführung. Auf jedem der
Fotos sieht er gleich gut aus. Gefällt mir. Er erfüllt auch alle anderen Suchkriterien. Ich antworte also gerne. Außerdem ist das eine

gute Übung, um mein Englisch wieder etwas aufzufrischen. Das Wörterbuch habe ich vorsichtshalber schon mal herausgekramt. Wie sich schnell herausstellt, haben wir viele »Gesprächsthemen«, die so tief greifend sind, dass ich oft im Wörterbuch nachschlagen muss. Nach einigen Tagen freue ich mich schon auf seine Mails, wenn ich morgens den Computer anschalte. Irgendwann gehen wir zum »normalen« E-Mail-Kontakt über, um das Ganze etwas einfacher zu gestalten und damit wir uns nicht immer erst im Internet-Portal einloggen müssen.

Seine erste Mail an meine Privatadresse flattert dann auch recht schnell ins Haus. In seiner Adressangabe tut sich allerdings Seltsames – für einen Wiesbadener. Am Ende steht die Landesbezeichnung »pt«. Ich weiß natürlich längst, dass mein derzeitiger Lieblings-Mail-Partner Portugiese ist. Aber eben einer, der in Wiesbaden wohnt, also ein »de« am Ende seiner Mailadresse haben müsste. Der Einfachheit halber, hier der Mailkontakt in der deutschen Übersetzung:

TRY2FIND: »*Hi João ... ich fürchte ... xx@xx.pt bedeutet Portugal? Das ist natürlich nur ein minimaler Unterschied zu Wiesbaden. Eigentlich nur ein kleiner Schritt weiter auf der Landkarte. Sozusagen in direkter Nachbarschaft.*«

JOÃO: »*Entfernung bedeutet doch heutzutage nichts mehr. Wenn wir uns entscheiden, dass wir uns kennenlernen möchten, kann ich jederzeit vorbeikommen. Ich bin eigentlich immer auf der Suche nach einem guten Grund, Deutschland zu besuchen. Ich liebe es. Ich lebe übrigens nicht direkt in Portugal, sondern ein bisschen weiter, gehört aber auch zu Portugal, auf den Azoren, wo es wunderschön ist.*«

TRY2FIND: »*Aha, also sozusagen nicht ›direkt‹ neben Wiesbaden, sondern noch ein kleines bisschen weiter. Mitten im Atlantik. Na toll! Außerdem sind deine Angaben ›Familienstand: Sag ich später‹ und ›Kinder: Sag ich später‹ irgendwie nichts sagend. Kann es sein, dass ich es hier mit einem verheirateten Nicht-Wiesbadener mit zehn Kindern zu tun habe?«*

Ein paar Mails plänkeln noch so hin und her. Das Geheimnis um Familienstand und Kinder wird dabei nicht gelüftet, was aber angesichts der enormen Entfernung sowieso egal ist.

Der Mann wohnt da, wo das schöne Wetter herkommt: auf den Azoren! Ich bin sprachlos und auch ein bisschen enttäuscht. Ich beende diesen Kontakt und verabschiede mich, denn das hat für mich keinen Sinn. Ich bin nicht im Netz, um Brieffreundschaften zu pflegen oder als Unterhaltungsprogramm für internetsüchtige Herrn zu dienen. Ich suche einen Partner fürs reale Leben. Ein paar Tage schlage ich mich tatsächlich mit schlechter Laune herum. Bleibe aber bei meiner Entscheidung. Ein ganzes Jahr später:

João: »*Ola Judith. Kennst du mich noch? Ich bin der Typ, der sehr weit weg wohnt, aber immer noch daran interessiert ist, dich zu treffen. Ich wünsche dir einen schönen Tag. João.*«

Try2find: »*Ola João, natürlich erinnere ich mich an dich. Der Mann, der direkt neben Wiesbaden wohnt ;-) ... und ich bin sicher, daran hat sich auch nichts geändert? Schöne Grüße aus Hamburg, Judith.*«

Bei weiteren Mails kommt heraus: Er hat es tatsächlich irgendwie geschafft, eine berufliche Angelegenheit so umzulenken, dass er sich für mehrere Wochen in Hamburg aufhalten wird. Für mich ist das mal wieder ein Beweis: Wenn Männer wirklich wollen, können sie Berge versetzen. Etwas scherzhaft bitte ich ihn, das passende Sommerwetter von den Azoren mitzubringen. Diese Hausaufgaben hat er gemacht. Mit seiner Ankunft kehrt auch der Hochsommer in Hamburg ein. Ich sitze also mit einem luftigen Sommerkleid in meinem Lieblingslokal, in dem wir uns treffen wollen. Leider steckt sein Flieger in Frankfurt fest, denn dort herrschen gerade unwetterartige Verhältnisse. Ich habe also Zeit, ein bisschen nachzudenken. Schmetterlinge fühle ich nicht mehr im Bauch. Dazu ist das Ganze zu lange her und hat jetzt wieder zu plötzlich angefangen, denn von der ersten Mail bis heute sind gerade mal fünf Tage vergangen. Ich habe das erste Mal seine Stimme am Telefon gehört. Sehr angenehm. Zum Verlieben … Aber das Gefühl pfeife ich sofort wieder zurück. Erst einmal abwarten, was der Abend so bringt. An unseren Mail-Austausch kann ich mich ziemlich genau erinnern. Aber nicht an seine Fotos. Die habe ich vorsichtshalber aus meinem, inzwischen ziemlich umfangreichen, Partnerbörsen-Ordner herausgesucht. Nach zwei Jahren Immer-wieder-mal-im-Netz hat sich da ganz schön was angesammelt. Ich erkenne ihn auch sofort, als er mit suchendem Blick auf das Lokal zukommt und direkt auf mich zusteuert. Es braucht keine drei Sätze, und ich bin hin und weg. Der ganze Mann gefällt mir. Sein offenes Gesicht, seine Art, sich zu bewegen, sich auszudrücken, die Stimme. Es zeigt sich: Auch in der realen Welt haben wir keinerlei Schwierigkeiten, Gesprächsstoff zu finden. Ich erfahre vieles über die Azoren, seine Pferde, seinen Beruf. Ich erzähle ihm mehr über mein Leben, über Hamburg, meine Familie. Immer wieder sagt er zwischendurch so schöne Dinge wie: »*Ich freue mich so, dass ich hier bei dir sitze.*« Dabei hält er meine Hand. Ein schönes Gefühl. Die ersten Schmetterlinge haben sich in meinem Bauch wieder eingefunden.

Stunden und einige Gläser Wein später kommen wir selbstverständlich auch auf das Thema Partnersuche zu sprechen. Ich erkläre ihm, warum ich noch keinen passenden Mann gefunden habe. Das hat natürlich mit meiner Suche nach dem »Besonderen« zu tun. Den gibt es eben nicht an jeder Ecke. Aber irgendwo wird er schon sein, und wenn nicht, dann lieber allein als mit einem Falschen. Natürlich möchte ich wissen, warum es ihm bisher noch nicht geglückt ist, eine Frau zu finden. Er nimmt meine Hand und streichelt zart darüber, schaut mir tief in die Augen und sagt: »*Ich habe eine Frau!*« Schmetterlinge tot! Er wolle da ehrlich sein und auf jeden Fall vermeiden, dass einer von uns nachher (was für ein nachher?) Kummer habe. Überhaupt sei ihm Ehrlichkeit sehr wichtig (!?). Ich erkläre ihm, dass wir nicht hier sitzen würden, hätte ich das vorher gewusst. Das sei ihm klar, deshalb habe er das ja auch vorher nicht erwähnt. Er wollte mich erst treffen, um mir das dann persönlich mitzuteilen. Wir seien doch erwachsene Menschen und könnten doch immer noch die positiven Dinge darin sehen. Er sei schließlich ganze fünf Wochen hier. Dabei streichelt er immer noch meine Hand, was ich in meiner inzwischen weinseligen Laune und wirren Gedanken gar nicht richtig mitbekomme. Tief schaut er mir in die Augen und fragt tatsächlich, ob ich mit ihm in sein Hotel komme. Ich bin sprachlos. Ich setze ihn in ein Taxi, verhindere, dass er mich nach Hause fährt, nehme mir ein anderes und bin immer noch ganz platt ob dieser platten Anmache. Wirke ich wirklich so blond, oder werden die Typen immer dreister?

Zeitgleich im richtigen Leben ...

Ich sitze in einem der zahlreichen Hamburger Cafés, die direkt am Wasser liegen. Ein schwüler wundervoller Sommerabend. Ein Tag vor der Ankunft von João. Gisa und George sind auch dabei. Irgendwann läuft mir ein alter Bekannter aus meiner Zeit in Düsseldorf über den Weg, der neuerdings auch in Hamburg wohnt. Er setzt sich zu uns. Wir unterhalten uns gut. Etwas später taucht auch Kriemhild auf. Leicht aufgelöst. Ein verheirateter Mann, den wir auf einer Party als netten Unterhalter kennengelernt und bis dahin als sehr gut erzogen angesehen haben, hatte ihr gerade auf sehr platte Art einen sehr eindeutigen Antrag gemacht. Sozusagen aus dem Nichts heraus. Dabei wollte Kriemhild ihm nur einen Mantel übergeben, den er auf unserem gemeinsamen Nachhauseweg vergessen hatte. Und sie erzählt: »*Er hat wörtlich gesagt, dass er dieses ewige Balzgehabe im Vorfeld satt habe und sich das ewige Essengehen sparen möchte. Er wollte lieber sofort mit zu mir und zur Sache kommen. Ich bin echt platt.*«

Wir waren allesamt gleichermaßen geplättet. Mein Kommentar dazu – noch nicht wissend, dass mir am nächsten Tag mit João Gleiches widerfahren würde: »*Das würde sich bei mir keiner trauen!*« Wir haben natürlich das Thema Männer voll im Fokus. George wird gerne von meinen Freundinnen, sozusagen als Fachmann, um Rat gefragt. Gisa, Mitte dreißig, hat uns gerade erst ihr Leid geklagt, dass sämtliche Rentner hinter ihr her seien, aber kein Mann im passenden Alter. George gibt ihr den Tipp, selbst die Initiative zu ergreifen und gleich hier im Café damit anzufangen. Gisa hat auch gleich ihr »Objekt der Begierde« ausgemacht. Einer von zwei Männern, die sich so lässig auf den Loungemöbeln räkeln, soll es sein. Die Idee findet bei uns allgemeine Zustimmung. Gisa schnappt sich also eine Streichholzschachtel, leert sie aus und schreibt ihre Telefonnummer auf die Innenseite mit einem kessen Spruch: »*Solltest du Feuer brauchen, ruf mich einfach an.*« Tatsächlich geht sie rüber, übergibt die Schachtel, kommt zurück. Sie ist hochrot, zittert sogar ein bisschen, ist aber gleichzeitig ganz schön stolz. Das darf sie auch sein, finden wir alle. Kurz berichtet sie: »*Er hat gesagt, so etwas Charmantes hätte er noch nie erlebt, und er würde sich sehr freuen.*« Sie ist völlig außer Atem, hat den Mut für heute Abend aufgebraucht und will nur schnellstmöglich nach Hause, was sie auch sofort in die Tat umsetzt. Wir Verbliebenen beobachten die beiden Herren. Ihr vorher so angeregtes Gespräch ist gänzlich verstummt. Fast ratlos schauen sie sich an. Um es kurz zu machen: Der Streichholzschachtelmann hat tatsächlich bei Gisa angerufen. Sein Freund und er wären sehr erstaunt gewesen. So etwas wäre bisher keinem von beiden je passiert. Sie haben kurz überlegt, was »Mann« in so einer Situation denn nun tun solle. Rüberwinken? Oder nicht? Lieber so tun, als wäre das normal? Ihren Gesprächsfaden hatten sie komplett verloren und der wurde an diesem Abend auch nicht wiedergefunden. Sie wären auch deshalb bald nach Gisas Verschwinden ebenfalls nach Hause gegangen. Das Telefongespräch mit ihrem Streichholzschachtel-Mann war sehr angenehm, sagt Gisa, und sie haben sich ein paar Tage später zum Essen getroffen. Leider hat es bei ihnen nicht gefunkt. Aber, sagt Gisa, sie hatten einen sehr schönen, unterhaltsamen Abend, und sie wäre heute noch stolz auf sich, dass sie so mutig war ...

Nachdem sich Gisa an dem Abend im Alsterufer-Café verabschiedet hat, wendet sich Kriemhild meinem Düsseldorfer Bekannten zu, der für sie noch ein Unbekannter ist. Er ist ein gut aussehender Mittvierziger mit einem sehr dunklen Teint, der deutlich sichtbar aus seiner afrikanischen Abstammung resultiert. Sie fragt ihn fröhlich: »*Und du bist also von den Azoren!?*« Was ihm, der die João-Story als Einziger am Tisch nicht kennt, glatt die Intelligenz aus dem Gesicht zaubert und uns anderen den Lacher des Abends beschert.

Ich bin dann mal weg

Es ist November. Natürlich kann man längst nicht mehr von Lebkuchen und Christstollen auf die Jahreszeit schließen, denn beides ist ja inzwischen fast schon im Sommer in den Supermarktregalen zu finden. Ich habe da inzwischen als Backexperten sowieso eher Osterhasi in Verdacht als Nikolausi.

Nein, das Vorweihnachts-Feeling stellt sich bei mir immer mit den entsprechend niedrigen Temperaturen ein und den dunklen, kurzen Tagen. Dann werde ich deutlich häuslicher, was sich natürlich auch auf meinen Umgang mit dem Computer im privaten Bereich auswirkt. Nach meiner selbst verordneten Internet-Sommerpause habe ich mich bei Finya angemeldet. Ein Freund aus dem Rheinland hat mir den Tipp gegeben. Diese Börse sei etwas norddeutschlastig. Also erhöhte Chancen für mich, einen passenden Partner in räumlicher Nähe zu finden. Ich habe auch direkt in den ersten Tagen ein paar nette Kontakte. Ein Mann, der mich interessiert, wohnt sogar bei mir um die Ecke. Ich werde von ihm auch ganz spontan zu einer Suppe bei einem Asiaten auf dem Kiez eingeladen. Leider zu spontan an diesem Abend. Ich muss noch ein paar berufliche Dinge erledigen. Diese Schnelligkeit verblüfft mich. Ich kenne das nur aus dem Rheinland und habe anscheinend inzwischen selbst schon die etwas zurückhaltendere Mentalität des Nordens angenommen. Keine Ahnung, ob diese Einladung ernst gemeint war, trotz späterer Gegeneinladung meinerseits ist es nie zu einem Treffen gekommen. Ich habe ihn dann irgendwann unter »virtueller Kontakt« abgehakt.

In all dem Wust an Zuschriften stach mir irgendwann ein Mann besonders ins Auge, was natürlich wieder mit der gekonnten Wortwahl seiner Mails zu tun hatte. Kein Wunder, dass er gut mit Worten umgehen konnte. Sein Beruf: Journalist. Auf seinem Profil hatte er ähnliche Einstellungen zum Leben angegeben, wie ich sie auch habe. Unter anderem: »*Das Internet zeigt, wer Rückgrat hat. Wer es schafft, trotz zahlreicher Möglichkeiten treu zu sein ...*« Das gefiel mir. Dazu bezeichnete er sich als »*tendenziell dominant*«. Das machte mich neugierig. Ich stellte mir darunter betont männliches Verhalten in bestimmten horizontalen Lebenslagen vor. Nichts dagegen. Bei unserem weiteren Mailkontakt war dieses Thema natürlich präsent. Kein Wunder, dass unsere Mails ziemlich schnell einen leicht erotischen Touch hatten. Allerdings fand ich ihn mit 38 Jahren zu jung für mich. Dieses Argument entkräftete er aber schnell, zumal er schon 39 sei, wie er verriet. Eine Freundin hatte ihn ins Netz gesetzt und wusste es nicht besser. Außerdem würde er zurzeit so viel arbeiten, dass er bald aussehen würde wie 50. Ich war auf jeden Fall neugierig genug, um auf seine Einladung zum Date einzugehen. Den Treffpunkt bestimmte er: ein Café in der Nähe seiner Agentur. Er habe aber nur eine Stunde Zeit, denn er müsse an diesem Abend noch arbeiten. »*Als Chef hat man halt nie frei*«, platzierte er sich schon mal richtig.

Wir hatten uns vor dem Café verabredet, um uns auch sicher zu finden. Im Netz hatte er ein sehr verfremdetes Porträt eingestellt, aber er hatte mir einige weitere Fotos zugeschickt. So erhielt ich auch seine E-Mail-Adresse und seinen Nachnamen, den ich mit seiner Telefonnummer, die ich inzwischen natürlich auch besaß, in mein Handy speicherte. Für alle Fälle. Seine Fotos zeigten ihn in moderner Jeans und Shirt, als durchtrainierten, gut aussehenden Mann. Ich wusste also ungefähr, was auf mich zukam. Dachte ich zumindest. Der Mann im etwas zu groß wirkenden Anzug, der so zielstrebig auf mich zusteuerte, erstaunte mich dann aber doch. Als er vor mit stand, schaute ich in sympathische grünbraune Augen, auf gleicher Höhe. Innerlich musste ich schmunzeln, denn ich finde: »Tendenziell« kommt Dominanz besser rüber, wenn sie von einer »höheren Warte« aus praktiziert wird. Die ersten Sekunden bei so einer Begrüßung sind immer doof. Gibt man sich die Hand oder ist man angesichts der Tatsache, dass man durch all die Mails nahezu das halbe Leben des anderen kennt, schon befreundet? Haucht man sich also einen Begrüßungskuss auf die Wange? Wir haben uns für die letzte Version entschieden. Stellten uns dabei aber extrem blöd an, was zu einem befreienden Gelächter führte. Ein lockerer Typ. Das gefiel mir gut. Bei einem Kaffee im Café hatten wir während unserer angeregten Unterhaltung genug Zeit, uns zu mustern. Seltsam, dass Männer dabei immer so auffällig agieren. Ich hatte alle »wichtigen« Infos schon unbemerkt gescannt. Er hatte etwas längere Haare als üblich, was ihm einen leicht verwegenen Beach-Boy-Touch gab. Ein jungenhaftes Gesicht, in das sich schon eine tiefe Falte um die Mundwinkel gegraben hatte. Der Anzug verbarg viel von seiner Figur. In diesem Ding wirkte er eher untersetzt. Ich wusste aber von den Fotos, dass sich darunter durchaus gut trainierte Muskeln befanden. Zumindest hoffte ich, dass die noch da waren. Ich war mir noch nicht so ganz sicher, was ich von ihm halten sollte. Er passte irgendwie nicht in seinen Anzug. Er wirkte beinahe ein bisschen verkleidet. Trotzdem: Ich fühlte mich ganz wohl in seiner Nähe. Gut aufgehoben, wie bei einem langjährigen Freund, und da ich Männer nie direkt bei der ersten Begegnung toll finde, ich bin da ein Spätzünder, sammelte ich erst mal nur die Eindrücke, ohne sie weiter auszuwerten. Offensichtlich hatte ich es bei ihm auch durch die »Musterung« geschafft, denn er lud mich spontan zum Essen ein, in eine Gaststätte direkt um die Ecke. Ich nahm erfreut an. Wir waren gerade mitten in einem guten Gespräch, das ich gerne weiterführen wollte. Aber was war mit seiner noch dringend zu erledigenden Arbeit? »*Die habe ich abgesagt*«, war die Antwort auf meine diesbezügliche Frage, was ich sehr lustig fand, denn er hatte zwischenzeitlich nicht telefoniert. Es musste sich hier also um eine telepathische Absage handeln. Wahrscheinlicher war es aber einfach eine vorgefertigte Notlüge gewesen, um bei Nicht-gefallen den geordneten Rückzug antreten zu können.

Wir sprachen beim Essen über unsere Ex-Beziehungen: Wer mit wem wie lange. Beide hatten wir also zwei lange Beziehungen hinter uns. Er, witzigerweise, hat zweimal die Schnapszahl 11 Jahre erfüllt. Macht 22 zu 39? Hat ganz schön früh angefangen, der Mann, wenn man die von ihm beschriebene Leidenszeit und Pause dazwischen mitrechnet ... Aber weiter dachte ich erst mal nicht darüber nach. Ab da trafen wir uns regelmäßig. Leider nur einmal die Woche. Er hatte viel zu tun. Ich auch, und irgendwie war es schwer, unsere beiden Terminkalender zu koordinieren. Telefonate und viele SMS pro Tag überbrückten dieses zeitliche Manko. Bei unseren weiteren Dates erschien er in Jeans und Sweatshirt. So mochte ich ihn wesentlich lieber als in seinem »Dienstdress«. Wir bevorzugten beide die asiatische Küche und hatten inzwischen so was wie einen Lieblingsasiaten, bei dem wir uns trafen.

Inzwischen waren wir bei dem Thema angelangt, das mich besonders interessierte. Immer noch rein platonisch: der »tendenziellen« Dominanz. Sehr spannend, wie ich fand. Allerdings war mir klar, dass ich keinesfalls eine devote Person bin, deshalb war ich neugierig, wie wir dieses »Gefälle« in unsere Beziehung integrieren wollten. Vor allem wollte ich erst einmal die Grenzen ausloten, denn ab dem Punkt, wo es wehtut, ist das Thema Dominanz für mich tabu. Aber es schien, dass es sich um ein spielerisches Modell handelte. Ich bekam spannende Dresscodes als Aufgabenstellung für einen netten Abend. Alles im stilvollen Rahmen. Also bislang keine Probleme in Sicht. Aber die fangen, nach meiner Erfahrung, ja auch erst an, wenn es zur »Sache« geht bzw. hinterher. So weit waren wir aber von meiner Seite aus noch lange nicht. Ich hatte nicht vor, wieder mal blauäugig in mein Unglück zu rennen. Inzwischen hatten wir eine freundschaftliche Ebene erreicht, die mir die nötige Sicherheit in diesem Spiel gab, ohne die Erotik zu zerstören. Das ist eine Kunst, wie ich finde. In diesem Zustand hielten wir unsere Beziehung schon etwa sechs Wochen, als Weihnachten vor der Tür stand. Bei mir war es schon seit einiger Zeit beruflich etwas ruhiger, der Terminkalender entspannt. Bei ihm genau andersherum. Er hatte einen besonderen Stresstermin am 12. Dezember, auf den er hinarbeitete. Das Leben nach besagtem Tag sollte dann aber endlich entspannt laufen. Darauf freute ich mich schon. Allerdings vergeblich, denn der Stress schien sich bei ihm nicht legen zu wollen. Ich hoffte also auf die Weihnachtstage. Da hat jeder Mensch Zeit. Nicht dieser! Freunde hatten sich angesagt und mussten betreut werden. Ich sah ihn über Tage nicht und erhielt Heiligabend eine Mail meines Mr. Right: *»Feier schön und iss was Leckeres.«* Damit war es mit meiner Contenance vorbei. Ich simste natürlich zurück, aber ziemlich unterkühlt: *»Ich wünsche dir auch ein schönes Fest. Frohe Weihnachten. Judith.«*

Hier stimmte etwas ganz und gar nicht. Meine Gedanken verselbstständigten sich: *»Wahrscheinlich ist der Typ verheiratet.«* Meine Freundin Brunhild, mit der ich Weihnachten verbrachte, stimmte mir zu: *»Ja, das sind die typischen Anzeichen. Oder die Freunde sind ihm wichtiger. Dann ist er auch nicht der Richtige für dich.«* Na, toll. Weihnachten mit Abschiedsschmerz gewürzt statt mit friedvollem Frohlocken ... und schuld ist natürlich wieder ein Kerl! »Frau« sollte Männer einfach abschaffen. Gedacht und beschlossen. Von meiner Seite aus herrschte Funkstille. Der erste Weihnachtstag war auch der erste Tag nach fast zwei Monaten, an dem wir uns keine SMS schickten. Erst am zweiten Weihnachtstag erhielt ich eine Nachricht von ihm: *»War es das?«* Ich mag nicht ohne ein abschließendes Gespräch eine Beziehung beenden, welcher Art die auch immer sein mag. Also simste ich zurück: *»Wichtige Dinge möchte ich nicht per SMS besprechen. Dazu brauche ich ein ›richtiges‹ Gespräch.«* Kurze Zeit später rief er tatsächlich an, und ich wurde meinen gesammelten Frust los. Ich erklärte ihm in deutlichen Worten, dass ich sein Verhalten als Desinteresse werten würde, und war davon überzeugt, dass ich damit unser beziehungstechnisches Ende eingeläutet hatte. Aber nein. Von seiner Seite aus sehe er das nicht so. Es war nur alles für diese Weihnachtszeit, schon bevor wir uns kannten, geplant. Da konnte er nicht aussteigen. Zumal er seine Freunde superselten sehen würde. Alle würden

im Ausland leben, und diese Weihnachts-Treffen seien Tradition ...
und überhaupt sei ich »*eine tolle Frau*«. Aha. Kaum zicke ich rum,
bin ich toll. Die Welt ist verrückt. Die Männer auch.

Unsere »Beziehung«, die ja immer noch keine war, lief also weiter. Erschwerend kam hinzu, dass er sich eine dicke Bronchitis ein-
gefangen hatte, die immer wieder ausbrach, wie er sagte. Pünktlich zu Silvester hatte er einen Rückfall. Er hustete sich ins neue
Jahr, ich prostete mich mit meinen Freunden hinein – ohne ihn, versteht sich. Inzwischen hatte ich ihn seit zwei Wochen nicht mehr
gesehen. Kann vorkommen? Ich wusste auch nicht mehr, was ich
davon halten sollte. Neujahr schien er sich wieder besser zu fühlen, und wir verabredeten uns. Ich wollte herausfinden, was hinter
dieser ganzen Sache steckte. Wir trafen uns also wieder bei unserem Lieblingsasiaten und redeten. Das alte, vertraute Gefühl stellte
sich wieder ein, und der Abend endete in einer wilden Knutsche-
rei. In den Tagen danach gab es dann eine entsprechende »Hotline« per SMS. Er verstand es sehr gut, die weibliche Phantasie an-
zuregen, ohne niveaulos zu werden. Es war klar, dass das nächste
Treffen der Wendepunkt unserer platonischen Beziehung werden
würde. Ich erfüllte also meine Rolle im »tendenziellen« Kräftemes-
sen zwischen Devotsein und Dominanz, indem ich den Dresscode
brav befolgte, der mir allerdings besser in der warmen Jahreszeit
angebracht schien, denn es ging hier um das Weglassen wichtiger
Kleidungsstücke. Natürlich von anderen unbemerkt. Aber in meiner neuen und ungewohnten Rolle wollte ich natürlich nicht gleich
durch Kritik an ›meinem Meister‹ das Spiel stören. Außerdem fand
ich es unglaublich aufregend. Nach einem kurzen Auftritt in der
Öffentlichkeit, sozusagen als erotische Vorspeise – natürlich in unserem Lieblingslokal –, entlud sich die aufgebaute Spannung zwischen uns in meiner Wohnung in trauter Zweisamkeit auf sehr angenehme Weise. Auch für mich. Tendenziell dominant gefiel mir
gut. Sorry, dass ich hier jetzt nicht ins Detail gehe. Auch mein
Gegen- bzw. Mitspieler schien sehr zufrieden zu sein. Ein gemeinsames Aufwachen am nächsten Morgen war allerdings nicht eingeplant. Es passte nicht in seinen Terminkalender, denn er musste

sehr früh am nächsten Morgen zum Flughafen und wollte von seiner Wohnung aus in den anstrengenden Businesstag starten. Das
konnte ich durchaus verstehen. Ich hätte das genauso geregelt.

In den nächsten Tagen hatten unsere Handys allerhand auszuhalten. Mein SMS-Account übertraf gerade sogar meine immer
recht hohe Telefonrechnung. In dieser Zeit waren wir beide noch
bei Finya aktiv. Ganz offen. Wir hatten sogar jedes Mal einen sehr
unterhaltsamen Mailkontakt, wenn wir uns online trafen. Ich
liebte das. Mein Profil hatte ich geändert und in meinem persönlichen Statement vermerkt, dass ich glaubte, jemanden gefunden zu
haben, der Mr. Right werden könnte, und deshalb von weiteren
Dates erst einmal absehen wollte. Die Reaktionen darauf waren
seltsam. Zahlreiche User gratulierten mir. *Nein, dass es das wirklich gibt!* So und ähnlich hörte sich das an. Mich wunderte, dass
sich jeder wunderte. Das war doch schließlich das erklärte Ziel
aller sich hier Herumtreibenden? Seltsam fand ich auch die Reaktion meines vermeintlichen Mr. Rights: *Ich verstehe nicht, dass du
das hier so öffentlich machst. Würde ich nie tun. Du scheinst das
ja ganz schön ernst zu nehmen hier?* Ja. Natürlich. Entgegen der
Tatsache, dass ich mich bei verschiedenen Mailkontakten bestens
amüsiere und mir mit nicht ganz ernst gemeinten Wortspielen die
Zeit vertreibe, nehme ich die Menschen dahinter ernst. Ich möchte
also niemanden glauben machen, ich sei zu haben, und ihn blöd herumgraben lassen, wenn das keinen Sinn macht. Ganz hat er mich,
glaube ich, nicht verstanden. Ich jedenfalls machte ihm klar, dass
ich noch ein bisschen für mein Buch recherchieren wollte. Davon
wusste er natürlich. Er machte mir klar, dass er durchaus Kontakt
zu anderen Damen pflegen würde, natürlich nur per Mail. Das war
für mich okay. Erst einmal. Natürlich folgte bald ein weiteres intimes Date. Auch das war sehr schön. Ich fühlte mich eigentlich ganz
wohl in meiner etwas ungewohnten Rolle. Allerdings war ich mir
inzwischen sicher, dass die Tendenz zur Dominanz bei meinem Mr.
Right mit unseren Aktivitäten noch lange nicht ausgeschöpft war.
Unsicher war ich mir allerdings, wie tief ich in diese ungewohnte
Welt eintauchen wollte. Das würde sich sicher später zeigen. Inzwi-

schen gab es noch immer nicht das angestrebte ruhige Leben »nach dem 12. Dezember«, im Gegenteil. Er hatte ein paar lukrative Neukunden aufgetan und musste trotz wieder aufkeimender Bronchitis für eine Woche nach Japan. Aber nicht nur er kränkelte vor sich hin. Auch unser bis dahin sehr aktiver SMS-Kontakt, dessen Taktung er irgendwann selbst mal vorgegeben hatte. Vor Japan stand München bei ihm auf dem Programm. Eigentlich hatte er mich eingeladen mitzukommen, aber leider ließ das mein Terminplan nicht zu. In dieser Zeit brach unser Kontakt ab. Das kam mir fast vor wie ein Entzug. Erst gab es jeden Tag mindestens zwei bis durchaus zwanzig SMS. Dann null!? Vielleicht hatte er wirklich viel zu tun. Als ich Montagmittag immer noch nichts von ihm hörte, meldete ich mich. Ich bekam umgehend eine Antwort, aber eine knappe, fast geschäftliche. Ganz anders als sonst. »*Bin gerade zurück und schon wieder krank. Sorry. Will nicht jammern wie ein Mädchen. Nervt mich ja selbst schon. Muss gleich wieder los nach Frankfurt. Melde mich. LG.*« Stress oder ist etwas passiert, was ich vielleicht wissen sollte? Bis Freitag der gleichen Woche kein Funkkontakt. Na toll. So was kann ich gar nicht leiden. Ich ahnte, dass unsere Beziehung den Bezug verloren hatte. Aber wenn es so war, möchte ich nach all den Monaten nicht einfach ohne Erklärung stehen gelassen werden. Das hat was mit Respekt zu tun, und ich möchte respektvoll behandelt werden.

Ich schickte eine SMS: »*Ich habe in den letzten Tagen über uns nachgedacht. Dass wir uns selten sehen, ist eine Sache, aber inzwischen ist sogar der SMS-Kontakt eingeschlafen. Das ist zu wenig für mich. Ich brauche mindestens ein reales Treffen in der Woche, um meine Gefühle pflegen zu können. Ich hoffe, es ist tatsächlich nur Zeitmangel oder der falsche Zeitpunkt? Nach zweimal elf Jahren – ist ja fast schon wie lebenslänglich – kann ich das sogar irgendwie verstehen. Mit beiden Varianten könnte ich besser umgehen als mit schnödem Desinteresse. LG Judith.*« Es folgte eine »*Verstehe*«-Mail seinerseits mit dem Versprechen, sich »*heute oder morgen*«, der letzten Möglichkeit vor seinem Abflug nach Japan, zu melden.

Zwei Wochen später, in denen ich nichts von ihm gehört hatte. Auch der versprochene Anruf ist ausgeblieben. Ich schreibe ihm eine SMS: »*Jetzt muss ich doch wohl langsam davon ausgehen, dass du deiner schweren Bronchitis erlegen bist. Unter diesen Umständen war ›mädchenhaftes‹ Jammern natürlich erlaubt ;-) Als Alternative bliebe ansonsten nur: Beide Arme in Gips, was das Bedienen eines Telefons natürlich unmöglich macht, oder ein irreparabler Schaden des Rückgrats ...*«

Letzteres als kleine Anspielung auf seinen hehren Text im Internet. Nein, keine Arme in Gips und auch NOCH kein Bein. Der Mann war gerade im Skiurlaub, wie er mich per SMS wissen ließ, wollte sich aber gerne am nächsten Donnerstag mit mir treffen, dann sei er wieder in Hamburg. Nichts hätte ich lieber getan als das. Nein. Nicht, weil ich diese bezuglose Beziehung wieder aufleben lassen wollte, sondern weil ich wissen wollte, was da hinter den Kulissen passiert ist. Hatte ich es hier mit einem verheirateten Mann zu tun? Hatte er inzwischen einen kleinen Harem aufgebaut? In einem hatte er recht: Das Internet zeigt, wer Rückgrat hat. Diejenigen, die es besitzen, finden auch den Mut zu klaren Worten, um eine Beziehung ordentlich zu beenden. Einige Rätsel um seine Person konnte ich allerdings auch ohne seine Mithilfe lösen. Zum Beispiel die Zeitfrage zur wahlweise engen Taktung oder frühkindlichem Beginn seiner beiden jeweils elfjährigen Beziehungen. Nachdem ich sein Businessprofil im Internet fand, fand ich auch die Antwort. Sein wahres Alter: 44 Jahre. Der Mann hat es aber auch mit Schnapszahlen! Natürlich konnte ich diese Nachforschungen erst vornehmen, nachdem ich herausgefunden hatte, dass der Nachname, den ich anhand seiner E-Mail-Adresse in mein Handy gespeichert hatte, falsch war. Okay. Darüber haben wir nie explizit gesprochen. Ich habe es damals einfach als gegeben hingenommen, dass es sich bei dem Namen in seiner E-Mail-Adresse um seinen realen Nachnamen handelte. In den folgenden Wochen trafen wir uns zufällig auf der Straße. Er telefonierte, hatte mir den Rücken zugekehrt, und ich erkannte ihn nicht sofort. Unser letztes Treffen war ja auch schon Monate her. Ich weiß noch genau, dass ich dachte:

»*Einer von den Jungunternehmern, die in ihren Anzügen aussehen, als müssten sie noch hineinwachsen.*«

Dann drehte er sich um, und mir fiel nichts Besseres ein als: »*Was machst du denn hier!*« Er hat nicht etwa aufgehört zu telefonieren, sondern sein Telefon nur ein bisschen weggehalten und fragte, ob wir denn gleich mal telefonieren wollten? Er würde mich anrufen. Ich signalisierte mein Einverständnis und dachte im Weitergehen: »*Kenn ich. Heut oder morgen.*« Ich habe nicht mit seinem Anruf gerechnet, aber überraschenderweise: Diesmal rief er an. Wir sollten uns doch noch mal treffen, wieder an einem speziellen Tag, an dem ich nicht konnte. Dann eben nächste Woche, er würde sich melden. Natürlich wollte und würde ich immer noch gerne wissen, was damals eigentlich passiert ist. Was diesen Bruch hervorgerufen hat. Olivia fand, ich sollte vorsichtshalber einige »heiße« Mails tauschen. Dann würde es garantiert zu einem Treffen kommen. Ich habe auf sie gehört, war gespannt auf seine Reaktion und erhielt auch interessierte Antworten. Irgendwie wollte sich aber die einstige Hochspannung zwischen uns nicht wieder einstellen. Mehr als Niedervolt kam dabei nicht heraus, und ich hielt das Ganze bald für reine Energieverschwendung. Zumal er offensichtlich nicht vorhatte, sich tatsächlich mit mir zu treffen. Immerhin. Auch da hat mir das Internet zu einer positiven Veränderung verholfen: In früheren Zeiten hätte ich mich ewig mit so einem Problem, dem Warum und Wieso, herumgeschlagen. Inzwischen reichen mir einfache Fakten als Erklärung: Wenn ein Mann wirkliches Interesse hat, ruft er an. Sogar aus Japan, und das lieber heute als morgen.

Außerdem habe ich ja immer noch meinen Freund George, um wichtige Fragen zu diskutieren. In diesem Fall interessierte es mich brennend, wie das denn zusammenpasst: »*Dominanz ohne Rückgrat! Geht das denn überhaupt?*« Georges schlaue Antwort hat mich mal wieder verblüfft: »*Man dominiert einen anderen Menschen doch am meisten, wenn man ihn ohne jegliche Erklärung im Regen stehen lässt, was ja wiederum das Rückgratloseste ist, was es in einer Beziehung gibt.*«

NETZ EINHOLEN:
ZIEL ERREICHT?

The End. Die drei Jahre sind rum. Ich habe mich auf vielen verschiedenen Plattformen herumgetrieben. Einige waren platter als andere. In einigen Foren habe ich mich aber sehr wohlgefühlt. Ich habe viele Männer getroffen. Viele hundert virtuell und etwa fünfzig auch im richtigen Leben.

Ob ich dabei auf Mr. Right getroffen bin, kann ich noch nicht sagen. Es gibt einen Mann, mit dem ich mich seit drei Monaten regelmäßig treffe, an den ich oft denke. Allerdings ist das eine Beziehung, die nicht völlig problemlos ist. Zwei fertige Leben zusammenzubringen ist nicht ganz einfach. Damit sind wir bei dem Grundproblem der Partnersuche von Menschen mit Vergangenheit, das sich nur durch viel Toleranz und Verständnis füreinander überwinden lässt. Ich werde einfach abwarten, Gelassenheit an den Tag legen und versuchen, meine Erwartungshaltung im Zaum zu halten. Vielleicht schaffe ich es auf diese Weise, unerwartet Schönes einfach auf mich zukommen zu lassen und mich daran zu freuen und nicht, wie oft erlebt und falsch gemacht, Befürchtungen wahr werden zu lassen. Zurzeit funktioniert das ganz gut. Ich habe sogar ein paar Schmetterlinge im Bauch entdeckt, bin aber noch zu feige, sie einfach fliegen zu lassen.

Auch für den Fall, dass es sich herausstellen sollte, dass ER nicht Mr. Right ist, bleibt mein Schlusswort trotzdem ein Plädoyer für die Partnersuche im Internet. Mir hat diese Zeit viel gebracht. Ich habe erkannt, dass ich in meinem Leben bisher immer nach Männern gesucht habe, die mir gar nicht guttun. Klar, dass ich sie auch immer gefunden habe. Durch die vielen verschiedenen Kontakte im Internet ist mir mein eigenes Verhalten erst richtig bewusst geworden. Bei richtigem Umgang kann das Internet also durchaus thera-

peutischen Wert haben. Mir hat es geholfen, mein falsches Männerbild loszuwerden. Das ist mir bei einem meiner letzten Dates so
richtig bewusst geworden. Ich habe mich mit einem Mann getroffen. Typ Manager. Gut gekleidet bis hin zur hochwertigen Uhr, an-
genehmes Äußeres, weiße Zähne, straffe Haut, gerade Haltung,
richtige Größe, richtiges Alter, männliches Auftreten. So weit genau
mein Typ. Vor einigen Jahren hätte ich an diesem Punkt schon beschlossen, dass ER mein Mr. Right werden würde, und hätte gar
nicht mehr genau hingeschaut, was sich im Gespräch zwischen den
Zeilen hätte lesen lassen. Aber inzwischen reagiere ich anders. Ich
höre sehr genau hin. Wir verbrachten einen Abend in einer schönen Bar an einem Alsterarm. Eigentlich war ich erstaunt, als er auf
mich zukam. Ich habe einen ganz anderen Mann erwartet. Seine
Fotos im Internet zeigten ihn als den netten Typ von nebenan. Ganz
anders als der energiegeladene, vor Selbstbewusstsein strotzende
Mann, der mir jetzt gegenübersaß.

Ich erfuhr, dass er »*sein Geld*« in der Mobiltelefonbranche –
»*genau zur richtigen Zeit*« – gemacht hatte. Dann in eine andere
Branche gewechselt ist – auch »*genau zur richtigen Zeit*« – und
jetzt wieder »*genau richtig*« ins Internet-TV-Geschäft eingestie-
gen ist. Wichtige Statements unterstrich er mit einer energischen
Geste: Er ruckte seinen Hemdkragen gerade und zupfte dann nach-
einander die rechte und linke Manschette seines Hemdes zurecht.
Diese Geste begegnete mir an diesem Abend oft, denn er hatte viele
wichtige Dinge zu sagen. Als Nächstes erfuhr ich, dass er gleich in
doppelter Ausführung Autos und Dachterrassen besaß. Letztere in
der besten Gegend Hamburgs. Er war Mitglied in den wichtigen
Clubs der Stadt. Gern gesehener Gast bei den großen Events. Klar,
dass dabei kräftig am Hemd gezupft wurde.

Dann schweifte er ab in die schwierige Welt der Partnersuche.
O-Ton: »*Wenn man im Premiumsegment sucht, hat man es nicht
leicht. Es muss so viel passen: das Aussehen, die Bildung, die politische Einstellung …*« Ich ließ ihn reden und staunte, dass meine
mit einem Augenzwinkern geschriebenen »Zehn Charaktereigenschaften von Mrs. Right« aus meiner »Einleitung für Eilige« (siehe

www.try2find.de) hier offensichtlich völlig ernst gemeint waren. Dazu kam der Dresscode. Jeans waren ein No-go. »*Guck sie dir doch an*«, zeigte er auf die anderen Gäste im Lokal, »*das ist doch stillos!*« Unschwer zu erraten, dass ich ebenfalls in Jeans gekleidet war. Das hatte er bislang nur nicht sehen können, weil ich schon am Tisch Platz genommen hatte, bevor er das Lokal betrat. Überhaupt ist die Jeans mein Lieblingskleidungsstück im harten Hamburger Winter. Als modisch enge Variante mit hohen Overkneestiefeln kombiniert. Geht für einen klassischen Hanseaten wahrscheinlich gar nicht. Ich machte mir den Spaß, genau in dieser Sekunde einen Gang zu den »Restrooms« zu tätigen, damit sich mein Alpha-Mann an meinem hochmodischen Outfit erfreuen konnte – und ich mich an seinem leicht irritierten Gesichtsausdruck. Kaum zurück, versuchte er den Schaden zu beheben: »*Bei Frauen ist das ja was ganz anderes. Bei dir sieht das natürlich total sexy aus.*« Klar.

Er führte seine Liste der »Verhaltensregeln im Premiumsegment« weiter. Vor meinem geistigen Auge stand ich mit einer Art Grundgesetz für ein Leben im hanseatischen Stil mit Prada-Outfit und klassischen Pumps auf einer seiner Dachterrassen mit bester Aussicht auf die Stadt und legte die Mrs.-Right-Eignungsprüfung ab, wenn ich da nicht überhaupt schon durchgefallen war. Nein? Offensichtlich doch nicht, denn er suchte immer wieder dezent den Körperkontakt, während er mir weitere Einsicht in seine Lebensweisheiten gewährte. Sehr bestimmt. Widerspruch zwecklos. Meine ruhigen Blicke nahm er als Zuspruch, was ihn zu regelrechten Höhenflügen anstachelte. Eine falsche Einschätzung seinerseits, denn ich schaute nicht ihn voller Interesse an, sondern ich beobachtete mich. Ich hatte einen richtigen Kloß im Magen und wusste nicht genau, warum: Vor nicht allzu langer Zeit hätte ich diesen Mann direkt als Mr. Right eingestuft. Im Moment hatte ich aber das Gefühl, dass er mir die Luft abschnürte. Mitten in seine Ausführungen hinein fragte ich ihn: »*Kann es sein, dass sie bei deiner Geburt vergessen haben, dir noch ein paar andere Nuancen außer Schwarz und Weiß mitzugeben?*« Wieder war er leicht irritiert. Ich auch, denn ich hatte gerade herausgefunden, was es war, das mir die Luft abschnürte. Dieser Mann suchte keine Frau, die er lieben konnte, sondern ein weiteres Statussymbol für sein perfektes Leben, das natürlich nach seinen Regeln perfekt funktionieren musste. Sollte ich in sein Leben treten, würde ich meine Persönlichkeit an seiner Wohnungstür abgeben müssen. Dafür hätte ich sicher ein finanziell abgesichertes Leben »im Premiumsegment«. Aber eben nicht mehr meines.

Ich überlegte, wieso ich immer auf diese Art Männer hereingefallen war. Es heißt ja, dass »frau« ihr Vaterbild als Leitgedanken durch ihr Leben trägt. Ich habe einen ruhigen, bestimmten Papa, der die männliche Verhaltensweise eines John Wayne in den 50ern gelernt hatte, nebst dazugehörigem Ehrenkodex. Eine seiner Grundregeln: Männer zeigen keine Gefühle! Unbewusst habe ich nach Männern mit ähnlichem Verhalten gesucht, weil ich das ja als männlich erlernt hatte. Denen habe ich dann aber die gleichen tiefen Gefühle zugetraut, wie mein Herr Papa sie für mich hat, auch wenn er es nicht zeigt. Genau hier liegt meine Fehleinschätzung: Papa würde seinen rechten Arm für mich hergeben, wenn das mein Leben retten würde. Diese Männer würden eher ihren rechten Arm retten und mich gegen eine Neue tauschen. Von diesen Gedankengängen bekam mein Alphatier gegenüber natürlich nichts mit. Ich staunte über mich selbst. Unglaublich, wie lange »frau« braucht, um zu einer so einfachen Erkenntnis zu gelangen, und wie viele Frösche sie dafür küssen muss. An diesem Abend saß mir nun leider auch nicht der passende Mann gegenüber. Manchmal ist aber der Falsche der Richtige. Dieser Mann hatte mir zu einer wertvollen Einsicht verholfen, und das war sehr nett von ihm.

Nett war auch der Abend insgesamt. Unterhaltsam. Niveauvoll von den Gesprächen her – nach der Einführung in das »Premiumsegment«. Es war relativ spät, als wir uns verabschiedeten. Vor der Türe bekam ich sogar zwei Küsschen. Ganz unhanseatisch. Ob er mich anrufen dürfte? Zehn Tage nur noch bis Weihnachten. Die waren bei ihm sehr gefüllt. Aber er würde sich nach Weihnachten gerne melden. Noch mal Küsschen rechts und links. Das war jetzt aber fast ein Gefühlsausbruch. Guten Abend und Tschüss. Auf dem

Nachhauseweg dachte ich darüber nach, wie erstaunlich es doch ist, dass Männer glauben, wir Frauen würden geduldig warten und es als ernsthaftes Interesse werten, wenn unsere Date-Partner sich irgendwann in ferner Zukunft mal wieder zu melden gedenken. Wahres Interesse fühlt sich für mich anders an. Gemeldet hat er sich tatsächlich. Mitte Januar. Dann allerdings gleich mehrfach. Angestachelt dadurch, dass ich keine Zeit hatte. Der Jagdinstinkt? Vielleicht hatte er aber auch alle anderen durch, die im »Premiumsegment« verfügbar waren, und für nicht passend erachtet, und ich war das kleinste Übel? Keine Ahnung. Ich glaube nicht, dass ich einen anderen Eindruck bei einem zweiten Treffen von ihm bekommen hätte. Für das erste Treffen bin ich aber sehr dankbar. Es war genau der Tropfen, der das Fass mit meinem falschen Männerbild zum Überlaufen gebracht hat. Endlich. Ich hoffe, dass dadurch der Weg für mich frei ist in eine erfüllte Partnerschaft. Auf »Augenhöhe«. Obwohl ich mich zu Anfang dieses Buches noch darüber lustig gemacht habe, dass es aus männlicher Sicht immer ein leichtes Gefälle nach unten geben sollte – was die Höhe des Augenkontaktes, auch mental, angeht. Ich trau mich aber und suche sie: die »Nadel im Heuhaufen«, oder habe ich sie schon gefunden?

DIE AUTORIN

Judith Alwin war während ihres Studiums der Wirtschaftsinformatik an der Uni Duisburg international als Model tätig. Zeitgleich erschienen ihre ersten journalistischen Veröffentlichungen in den Bereichen Mode, Beauty und Lifestyle.

Es folgte eine berufliche Laufbahn bei verschiedenen Printmedien als Tageszeitungsredakteurin, Reporterin und Ressortleiterin. Heute lebt Judith Alwin in Hamburg und arbeitet als Journalistin, Model und Moderatorin für TV und Bühne.

Weitere Infos: *www.try2find.de* und *www.judith-alwin.de*.

Judith Alwin
INS NETZ GEGANGEN
Partnersuche im Internet. Mein Online-Tagebuch
ISBN 978-3-89602-856-3
1. Auflage September 2008
2. Auflage Januar 2009

KATALOG

Wir senden Ihnen gern kostenlos unseren Katalog
Schwarzkopf & Schwarzkopf Verlag GmbH / Abt. Service
Kastanienallee 32 | 10435 Berlin
Telefon: 030 – 44 33 63 00 | Fax: 030 – 44 33 63 044

INTERNET | E-MAIL

www.schwarzkopf-schwarzkopf.de
info@schwarzkopf-schwarzkopf.de